敬語のお辞典

坂本 達・西方草志 編著

三省堂

ご挨拶《あいさつ》

この本《ほん》は、若《わか》い人《ひと》たちに、敬語《けいご》をもっと身近《みぢか》なものに感《かん》じて欲《ほ》しい、という思《おも》いから編《あ》んだものです。

敬語《けいご》を含《ふく》む会話例《かいわれい》約《やく》五千《ごせん》を、キーワード（敬語《けいご》以外《いがい》の語《ご》も含《ふく》む）を見出《みだ》しに立《た》てて、意味別《いみべつ》・場面別《ばめんべつ》に一《いち》ページ単位《たんい》で並《なら》べました。

「こんな気持《きも》ちを相手《あいて》に伝《つた》えたいのだけれど、どう表現《ひょうげん》したらいいのだろう」と思《おも》った時《とき》に、気《き》に入《い》った言葉《ことば》を見《み》つけて、アレンジして使《つか》ってください。

私《わたし》たちは二人《ふたり》とも、学校《がっこう》で敬語を特《とく》に勉強《べんきょう》した憶《おぼ》えはありません。「ほーっ。なかなかしゃれた言葉《ことば》を知《し》ってるね」と感心《かんしん》されたり、思《おも》い切《き》って使《つか》ってみたら「ん？」と首《くび》を傾《かし》げられて恥《は》ずかしい思《おも》いをしたり…。敬語《けいご》とは、そうした実際《じっさい》の経験《けいけん》から身《み》につけていくものだと思《おも》っています。つまり「慣《な》れる」ことが大切《たいせつ》。そう考《かんが》えて、たくさんの会話例《かいわれい》を盛《も》り込《こ》みました。

私《わたし》たちは、コピーライターとして四十年《よんじゅうねん》以上《いじょう》、言葉《ことば》で商《あきな》いをしてきました。その経験《けいけん》を元《もと》に、会話例《かいわれい》はできるだけシンプルに一息《ひといき》で読《よ》める長《なが》さにしました。会話《かいわ》の中《なか》でその言葉《ことば》が使《つか》われる場面《ばめん》や、使《つか》う人《ひと》の雰囲気《ふんいき》が伝《つた》わるように工夫《くふう》しましたので、時《とき》には声《こえ》に出《だ》して読《よ》んでみてください。

書名《しょめい》に『敬語《けいご》のお辞典《じてん》』とあるように、本書《ほんしょ》がこだわったのは「御」です。

衣食住《いしょくじゅう》や人称《にんしょう》、時代劇《じだいげき》や幼児語《ようじご》まで、「御」のつく言葉《ことば》を集《あつ》めました。これらの言葉《ことば》からは、人々《ひとびと》がどんな物《もの》に愛着《あいちゃく》をもって生活《せいかつ》してきたかが伝《つた》わってきます。

「御」は自分《じぶん》の行為《こうい》につけて相手《あいて》に対《たい》する敬意《けいい》を表《あらわ》すこともできます。「何々《なになに》させていただきます」と言《い》う代《か》わりに「お送《おく》りします」「ご紹介《しょうかい》します」と言《い》えば、短《みじか》くすっきり表現《ひょうげん》できます（見出《みだ》しに［自《じ》］と表示《ひょうじ》した語《ご》が該当《がいとう》します）。

ある言葉《ことば》に御《お》がつくのか御《ご》がつくのか知《し》りたい時《とき》は、巻末索引《かんまつさくいん》を引《ひ》いてください。

この索引は敬語《けいご》からも、普通《ふつう》の語《ご》からも引《ひ》けます。

「御」の字《じ》にはいろいろな読《よ》み方《かた》がありますが（御祭《おまつ》り、御希望《ごきぼう》、御仏《みほとけ》など）、読《よ》み方《かた》の区別《くべつ》がつくように、本書《ほんしょ》ではひらがなで表記《ひょうき》しました。

また、日本語学習者《にほんごがくしゅうしゃ》にも読《よ》めるように、全《すべ》ての漢字《かんじ》にふりがなを付《つ》けました。

言葉《ことば》の分類《ぶんるい》や索引《さくいん》は、三省堂出版部《さんせいどうしゅっぱんぶ》の阿部正子《あべまさこ》さんの力《ちから》をお借《か》りしました。

この本《ほん》が、皆《みな》さんの暮《く》らしに少《すこ》しでもお役《やく》に立《た》てたら幸《さいわ》いです。

坂本《さかもと》　達《とおる》・西方草志《にしかたそうし》

◎敬語《けいご》のお辞典《じてん》【目次《もくじ》】

■あ行《ぎょう》

挨拶《あいさつ》・お元気《げんき》？　2
挨拶《あいさつ》・久《ひさ》しぶり　3
挨拶《あいさつ》・近所《きんじょ》で　4
挨拶《あいさつ》・子《こ》ども　5
あいづち・同意《どうい》　6
アイデア・工夫《くふう》　7
会《あ》う　8
会《あ》う・初対面《しょたいめん》　9
会《あ》う・紹介《しょうかい》する　10
赤《あか》ちゃん・お産《さん》　11
遊《あそ》ぶ　12
暑《あつ》い・寒《さむ》い　13
集《あつ》まる・集《あつ》める　14
謝《あやま》る・許《ゆる》す　15
謝《あやま》る・言葉《ことば》　16
改《あらた》める　18
現《あらわ》れる・登場《とうじょう》　19
歩《ある》く・通《かよ》う　20
安心《あんしん》　21
言《い》う　22
家《いえ》・住《す》む　23
家《いえ》・住《す》まい　24
家《いえ》・建《た》てる　25
怒《いか》る　26
怒《いか》る・不満《ふまん》　27
行《い》く・出《で》かける　28
意見《いけん》・考《かんが》え　29
意見《いけん》・助言《じょげん》　30
意見《いけん》・議論《ぎろん》　31
忙《いそが》しい・急《いそ》ぐ　32
一緒《いっしょ》・連《つ》れ　33
移転《いてん》・引《ひ》っ越《こ》す　34
引退《いんたい》　35
祝《いわ》う・言葉《ことば》　36
祝《いわ》う　37
受付《うけつけ》・案内《あんない》　38
選《えら》ぶ・迷《まよ》う　40
遠慮《えんりょ》・我慢《がまん》　41
応募《おうぼ》・入選《にゅうせん》　42
送《おく》る・受《う》け取《と》る　43
教《おし》える・指導《しどう》　44

驚《おどろ》く・焦《あせ》る　45
お参《まい》り　46
お祭《まつ》り　47
お礼《れい》　48
終《お》わり・終《お》わる　49
■か行《ぎょう》
買《か》う・売《う》る　50
買《か》う・商品《しょうひん》　51
買《か》う・注文《ちゅうもん》　52
買《か》う・値段《ねだん》　53
返《かえ》す・直《なお》す　54
帰《かえ》る　55
書《か》く　56
書《か》く・文章《ぶんしょう》　57
獲得《かくとく》　58
確認《かくにん》・疑《うたが》う　59
勝《か》つ・競争《きょうそう》　60
がっかり　61
学校《がっこう》　62
金《かね》　64
金《かね》・会計《かいけい》　65
金《かね》・貸《か》し借《か》り　66
金《かね》・寄付《きふ》　67
金《かね》・支払《しはらい》　68
金《かね》・収入《しゅうにゅう》　69
体《からだ》・美《うつく》しい　70
体《からだ》・化粧《けしょう》　71
体《からだ》・頭《あたま》・首《くび》・耳《みみ》　72
体《からだ》・顔《かお》　73
体《からだ》・口《くち》　74
体《からだ》・目《め》・鼻《はな》　75
体《からだ》・手《て》・指《ゆび》　76
体《からだ》・胸《むね》・腰《こし》　77
体《からだ》・足《あし》　78
体《からだ》・怪我《けが》　79
関係《かんけい》　80
関係《かんけい》・調整《ちょうせい》　81
関心《かんしん》・注目《ちゅうもく》　82
関心《かんしん》・ひいき　83
感動《かんどう》　84
管理《かんり》・受《う》け渡《わた》し　85
聞《き》く　86
期待《きたい》　87
鍛《きた》える　88
決《き》める　89
客《きゃく》・訪問《ほうもん》の挨拶《あいさつ》　90
客《きゃく》・迎《むか》えの挨拶《あいさつ》　91
客《きゃく》・帰《かえ》りの挨拶《あいさつ》　92

客《きゃく》・見送《みおく》る挨拶《あいさつ》　93
行事《ぎょうじ》　94
行事《ぎょうじ》・正月《しょうがつ》　95
協力《きょうりょく》する　96
嫌《きら》う・いや　97
着《き》る　98
着《き》る・着物《きもの》　99
銀行《ぎんこう》　100
銀行《ぎんこう》・運用《うんよう》　101
国《くに》・故郷《こきょう》　102
暮《く》らし向《む》き　103
来《く》る　104
計画《けいかく》・積《つ》もり　105
芸事《げいごと》・趣味《しゅみ》　106
計算《けいさん》　108
契約書《けいやくしょ》　109
結婚《けっこん》　110
結婚式《けっこんしき》　111
研究《けんきゅう》・学問《がくもん》　112
検討《けんとう》する　113
公《こう》・選挙《せんきょ》　114
公《こう》・役所《やくしょ》　115
公演《こうえん》　116
心《こころ》・気持《きも》ち　117
言葉《ことば》・フォーマル　118
言葉《ことば》・口上《こうじょう》・啖呵《たんか》　120
断《ことわ》る　122
困《こま》る　123
■さ行《ぎょう》
在不在《ざいふざい》　124
探《さが》す・探《さぐ》る　125
作業《さぎょう》　126
作業《さぎょう》・片付《かたづ》け・掃除《そうじ》　128
作品《さくひん》・写真《しゃしん》　129
裁《さば》く・裁判《さいばん》　130
参加《さんか》　131
自覚《じかく》　132
叱《しか》る　133
式典《しきてん》　134
仕事《しごと》・就《つ》く　135
仕事《しごと》・移籍《いせき》　136
仕事《しごと》・勤務《きんむ》　137
仕事《しごと》・経営《けいえい》　138
仕事《しごと》・雇《やと》う　139
自然《しぜん》　140
知《し》っている　141
質問《しつもん》　142
質問《しつもん》・答《こた》える　143

質問《しつもん》・道案内《みちあんない》 144
死《し》ぬ・遺《のこ》す 145
死《し》ぬ 146
支配《しはい》・指揮《しき》 148
支配《しはい》・法《ほう》・ルール 149
社寺《しゃじ》 150
社寺《しゃじ》・ご利益《りやく》 151
社寺《しゃじ》・○○様《さま》 152
社寺《しゃじ》・人《ひと》 153
準備《じゅんび》・用意《ようい》 154
証明《しょうめい》 155
招待《しょうたい》・呼《よ》ぶ・誘《さそ》う 156
食《しょく》・酒《さけ》 158
食《しょく》・接待《せったい》（主人《しゅじん》） 160
食《しょく》・接待《せったい》（客《きゃく》） 161
食《しょく》・接待《せったい》 162
食《しょく》・食《た》べる 163
食《しょく》・食生活《しょくせいかつ》 164
食《しょく》・料理《りょうり》する 165
食《しょく》・米《こめ》・餅《もち》 166
食《しょく》・食《た》べ物《もの》 167
食《しょく》・調味料《ちょうみりょう》 168
食《しょく》・野菜《やさい》 169
食《しょく》・惣菜《そうざい》 170
食《しょく》・食器《しょっき》 171
調《しら》べる 173
信《しん》じる 174
心配《しんぱい》 175
親切《しんせつ》・情《なさ》け 176
親切《しんせつ》・配慮《はいりょ》 177
好《す》き・好《この》み 178
好《す》き・自由《じゆう》に 179
勧《すす》める 180
スポーツ・運動《うんどう》 181
する 182
成功《せいこう》・活躍《かつやく》 183
生死《せいし》・誕生《たんじょう》 184
席《せき》・出席《しゅっせき》 185
席《せき》・立《た》ち居《い》 186
席《せき》・中座《ちゅうざ》 187
葬式《そうしき》・弔《とむら》い 188
葬式《そうしき》・お悔《く》やみ 190
相談《そうだん》 191
贈答《ぞうとう》・あげる 192
贈答《ぞうとう》・もらう 193
贈答《ぞうとう》 194
育《そだ》つ・育《そだ》てる 195

習《なら》う 243
逃《に》げる 244
寝《ね》起《お》き 245
願《ねが》う・祈《いの》る 246
ねぎらう・苦労《くろう》 247
ねぎらう・同情《どうじょう》 248
ねぎらう・○○様《さま》 249
乗物《のりもの》 250

■は行《ぎょう》

励《はげ》ます 251
励《はげ》む・努力《どりょく》 252
場所《ばしょ》 253
恥《は》ずかしい 254
話《はな》す 255
反対《はんたい》 256
反論《はんろん》 257
人《ひと》・人数《にんずう》 258
人《ひと》・年齢《ねんれい》・老若《ろうにゃく》 260
人《ひと》・年寄《としよ》り 261
人《ひと》・店《みせ》の客《きゃく》 262
人《ひと》・一人称《いちにんしょう》・二人称《ににんしょう》 263
人《ひと》・三人称《さんにんしょう》 264
人《ひと》・家族《かぞく》・親族《しんぞく》 266
人《ひと》・家族《かぞく》・子《こ》 267
人《ひと》・父《ちち》・おじ 268
人《ひと》・夫《おっと》 269
人《ひと》・母《はは》・おば 270
人《ひと》・妻《つま》 271
人《ひと》・兄弟《きょうだい》 272
人《ひと》・息子《むすこ》 273
人《ひと》・姉妹《しまい》 274
人《ひと》・娘《むすめ》 275
人柄《ひとがら》・育《そだ》ち 276
人柄《ひとがら》・立派《りっぱ》 277
人柄《ひとがら》・良《よ》い 278
人柄《ひとがら》・のんき 279
人柄《ひとがら》・偉《えら》い人《ひと》 280
ひま・退屈《たいくつ》 281
秘密《ひみつ》 282
評価《ひょうか》 283
病気《びょうき》・看病《かんびょう》 284
病気《びょうき》・診察《しんさつ》 285
病気《びょうき》・病院《びょういん》 286
病状《びょうじょう》 287
服《ふく》を買《か》う 288
服《ふく》を仕立《した》てる 289
仏事《ぶつじ》・経《きょう》・お供《そな》え 290
風呂《ふろ》・清潔《せいけつ》 292

へりくだる・謙虚《けんきょ》　293
報告《ほうこく》・知《し》らせる　294
訪問《ほうもん》　295
ほめる・上手《じょうず》　296
■ま行《ぎょう》
任《まか》せる・引《ひ》き受《う》ける　298
間違《まちが》える　300
待《ま》つ　301
学《まな》ぶ　302
守《まも》る・味方《みかた》　303
店《みせ》・業務《ぎょうむ》　304
店《みせ》・栄枯《えいこ》　305
認《みと》める　306
身《み》の回《まわ》りの物《もの》　307
見《み》る・見《み》せる　308
見《み》る・観《み》る　309
迎《むか》える　310
持《も》っている　311
■や・ら・わ行《ぎょう》
約束《やくそく》　312
役割《やくわり》・役目《やくめ》　313
休《やす》む・くつろぐ　314
やめる・中止《ちゅうし》　315
やり遂《と》げる　316
予定《よてい》・延期《えんき》　317
要求《ようきゅう》・要望《ようぼう》　318
幼児《ようじ》に　320
読《よ》む　324
喜《よろこ》ぶ・笑《わら》う　325
冷淡《れいたん》　326
恋愛《れんあい》　327
別《わか》れる　329
わかる・理解《りかい》　330
わかる・察《さっ》する　331
悪巧《わるだく》み　332
■時代劇《じだいげき》
女《おんな》　333
人称《にんしょう》　334
侍《さむらい》　335
人《ひと》　336
言葉《ことば》　338
■索引《さくいん》

装丁《そうてい》・イラスト　和《わ》久《く》井《い》昌幸《まさゆき》

【本書《ほんしょ》の構成《こうせい》】

約《やく》五千《ごせん》の会話例《かいわれい》を三百余《さんびゃくあま》りに分類《ぶんるい》して一《いち》ページ単位《たんい》で並《なら》べた。

会話《かいわ》の中《なか》のキーワード（敬語以外《けいごいがい》の語《ご》も含《ふく》む）を見出《みだ》しにたてた。

［自］＝自分《じぶん》の行為《こうい》に「御」（お・ご）をつけて、相手《あいて》に対《たい》する敬意《けいい》を表《あらわ》す語《ご》。

巻末索引《かんまつさくいん》は、敬語《けいご》と普通《ふつう》の語《ご》の両方《りょうほう》から引《ひ》ける。

読《よ》み方《かた》の区別《くべつ》がつくように「御」はひらがなで表記《ひょうき》した。

挨拶《あいさつ》・お元気《げんき》？

いかが
お変《か》わり
お元気《げんき》
お丈夫《じょうぶ》
お健《すこ》やか
ご健康《けんこう》
ご健在《けんざい》
ご健勝《けんしょう》
ご壮健《そうけん》
ご健脚《けんきゃく》
ご健啖《けんたん》
ご息災《そくさい》
ご安全《あんぜん》
ご機嫌《きげん》
ご様子《ようす》

いかがお過《す》ごしでしたか？
ご家族《かぞく》の皆《みな》さんも、お変わりありませんか？
お元気でした？／お元気そうで、ようございました。
羨《うらや》ましいわ、お丈夫でいらっしゃるから。
いつもお健やかで、結構《けっこう》ですね。
ご健康を取《と》り戻《もど》されたようですね、ほっとしました。
ご両親《りょうしん》ともにご健在ですか、結構《けっこう》ですね。
ご健勝で何《なに》よりです。
相変《あいか》わらずご壮健で、何《なに》よりです。
エレベーターはお使《つか》いにならないんですか、ご健脚ですね。
ステーキを二人前《ににんまえ》？　相変《あいか》わらずご健啖ですね。
ご息災のご様子《ようす》、何《なに》よりでございます。
今日《きょう》も一日《いちにち》、ご安全に。
ご機嫌いかが？／今日《きょう》は、ご機嫌いかがですか？
近頃《ちかごろ》、どんなご様子ですか？

挨拶《あいさつ》・久《ひさ》しぶり

お変《か》わりない
お変《か》わりになる
変《か》わられる
お懐《なつ》かしい
お久《ひさ》しい
お久《ひさ》しぶり
お見《み》えにならない
お見限《みかぎ》り
お珍《めずら》しい
ご消息《しょうそく》
ご無沙汰《ぶさた》する［自］
ご安否《あんぴ》
ご活躍《かつやく》
ご無事《ぶじ》
病気《びょうき》なさる

お久《ひさ》しぶりね、ちっともお変《か》わりなくて…。
しばらくお会《あ》いしないうちに、ずいぶんお変わりになりましたね。
変わられましたね、ずいぶんお若《わか》くなりましたよ。
まあ、お懐かしい、何年《なんねん》ぶりかしら。
お久しゅうございます。
本当《ほんとう》に、お久しぶりでございます。
しばらくお見えにならなかったので、心配《しんぱい》していました。
ずいぶん、お見限りでしたわね。（店《みせ》で。久《ひさ》しぶりに来《き》た客《きゃく》に）
これはお珍しい、お久《ひさ》しぶりです。
あの方《かた》のご消息はつかめましたか？
ご無沙汰しております。お変《か》わりありませんか？
ご連絡《れんらく》がないので、ご安否が気《き》になっておりました。
ご活躍のようですね、良《よ》かったわ。
ひどい地震《じしん》でしたでしょ？　ご無事で何《なに》よりです。
病気なさったそうですね。もうすっかりよろしいんですか？

挨拶《あいさつ》・近所《きんじょ》で

いい按配《あんばい》
行《い》ってらっしゃい
お出《で》かけ
お早《はや》い
お早《はよ》うございます
ご精《せい》が出《で》る
こんにちは
こんばんは
生憎《あいにく》のお天気《てんき》
お暑《あつ》い
お寒《さむ》い
お湿《しめ》り(雨《あめ》)
お天気《てんき》
日《ひ》が長《なが》くなる
日《ひ》が短《みじか》くなる

今日《きょう》はポカポカとして、いい按配ですね。
行ってらっしゃい、お気《き》をつけて。
皆《みな》さん、お揃《そろ》いでお出かけですか？
今日《きょう》はお早いですね、お散歩《さんぽ》ですか？
お早うございます。今日《きょう》もいいお天気《てんき》ですね。
お早《はよ》うございます。朝早《あさはや》くから、ご精が出ますね。
こんにちは、お暑《あつ》うございます。今日《きょう》は蒸《む》しますね。
こんばんは、お寒《さむ》うございます。ずいぶん冷《ひ》えますね。
生憎のお天気ですね。／はっきりしない生憎のお天気ですね。
こんにちは、お暑うございます。／今日《きょう》もお暑いですね。
お寒うございます。今日《きょう》はやけに冷《ひ》えますね。
久《ひさ》しぶりに、いいお湿りですね。／結構《けっこう》なお湿りですね。
いいお天気ですね。やっとおふとんが干《ほ》せますね。
ずいぶん、日が長くなりましたね。
日が短くなりましたね、まだ五時前《ごじまえ》なのに、うす暗《ぐら》くて。

挨拶《あいさつ》・子《こ》ども

ありがとう
お座《すわ》り！
ごめんなさい
お早《はよ》う
おやすみなさい
行《い》ってまいります
行《い》ってらっしゃい
ただいま
お帰《かえ》り
お帰《かえ》りなさい
お腹《なか》
ご飯《はん》
いただきます
ごちそうさま
ちょうだい

お母《かあ》さん、お弁当《べんとう》いつもありがとう。
うちのタマは「お座り！」と言《い》っても全然《ぜんぜん》だめなんだ。
ごめんなさい、これからはもうしません。
おじいちゃん、お早う。
眠《ねむ》くなったから、もう寝《ね》るよ。おやすみなさい。
行ってまいりま〜す。
行ってらっしゃい、早《はや》く帰《かえ》ってきてね。
ただいま〜、おやつは何《なに》？
おばあちゃん、お帰り、早《はや》かったね。
お父《とう》さん、お帰りなさい。
お腹すいた、ご飯《はん》まだ？
みんなが揃《そろ》うと、ご飯おいしいね。
いただきま〜す、わぁおいしそう。
ごちそうさま、もうお腹《なか》いっぱい！　テレビ見《み》ていい？
お母《かあ》さん、おこづかいちょうだい。

あいづち・同意《どうい》

いいお考《かんが》え
お説《せつ》の通《とお》り
おっしゃる通《とお》り
ご想像通《そうぞうどお》り
ご判断《はんだん》
ごもっとも
その通《とお》り
同感《どうかん》です
なるほど
結構《けっこう》です
ご異議《いぎ》がない
ご賛成《さんせい》
賛成《さんせい》します
ご賛同《さんどう》
ご同意《どうい》

それはいいお考えですね。
全《まった》く、お説の通りだと思《おも》います。
そうですとも、おっしゃる通りです。
課長《かちょう》のご想像通りでした。
それは正《ただ》しいご判断だと思《おも》います。
お説《せつ》ごもっとも。／仰《おお》せごもっとも。／ご立腹《りっぷく》ごもっとも。
恐《おそ》れ入《い》ります、全《まった》くその通りでございます。
同感です、私《わたし》もそう思《おも》います。／おっしゃる通《とお》り、全《まった》く同感です。
なるほど、そういう見方《みかた》もございますね。
それで結構でございます。
ご異議がないようでしたら、採決《さいけつ》に入《はい》りたいと思《おも》います。
何《なに》とぞ、三分《さんぶん》の二《に》のご賛成をいただきたいのです。
そのお考《かんが》えに賛成いたします。
ご賛同をいただきまして、ありがとうございます。
ご同意いただきまして、ありがとうございます。

アイデア・工夫《くふう》

意図《いと》なさる
お知恵《ちえ》
思《おも》いつかれる
苦心《くしん》なさる
工夫《くふう》なさる
ご考案《こうあん》
考案《こうあん》なさる
ご構想《こうそう》
構想《こうそう》なさる
ご着眼《ちゃくがん》
着眼《ちゃくがん》なさる
ご着想《ちゃくそう》
着想《ちゃくそう》なさる
発想《はっそう》をなさる
発明《はつめい》なさる

あなたがこの作品《さくひん》で特《とく》に意図なさったのは、どんなところですか？
奥様《おくさま》はお知恵はあるのですが、決断力《けつだんりょく》がないのです。
バラの花束《はなたば》に詩《し》を添《そ》えて？　よく思いつかれたものですね。
グループ分《わ》けには、さぞ苦心なさったでしょうね。
この新製品《しんせいひん》、ずいぶん、工夫なさいましたね。
曇《くも》らないフロントガラスを、ご考案になったそうですね。
社長《しゃちょう》が、ナノ・ウォーターを考案なさったんですか？
宇宙戦争《うちゅうせんそう》が舞台《ぶたい》とは、何《なん》とも壮大《そうだい》なご構想ですね。
映画《えいが》での町興《まちおこ》しを構想なさったのは、先生《せんせい》だそうですね。
それは素晴《すば》らしいご着眼ですね。
人《ひと》の気《き》がつかない所《ところ》に着眼なさるのは、さすがですね。
この一局《いっきょく》は、勝負所《しょうぶどころ》のご着想が素晴《すば》らしいのです。
そんな斬新《ざんしん》な着想なさるのは、あなたの他《ほか》にいませんよ。
あなたはいつもユニークな発想をなさるから、驚《おどろ》きです。
土《つち》に溶《と》ける新物質《しんぶっしつ》を発明なさったそうですね。

会《あ》う

お会《あ》いする[自]
お会《あ》いしたい[自]
お会《あ》いできる[自]
お会《あ》いになる
会《あ》われる
お目《め》にかかる[自]
ご挨拶《あいさつ》
ご挨拶《あいさつ》する[自]
ご挨拶《あいさつ》なさる
会釈《えしゃく》なさる
お辞儀《じぎ》なさる
ご再会《さいかい》
再会《さいかい》なさる
ご対面《たいめん》
対面《たいめん》なさる

近々《ちかぢか》、またお会いしましょう。
ぜひとも、本日中《ほんじつちゅう》にお会いしたいのですが。
次《つぎ》にお会いできる日《ひ》を楽《たの》しみにしております。
またいつでも、お会いになれますよ。
息子《むすこ》さんに会われる日《ひ》が待《ま》ち遠《どお》しいですね。
あれ以来《いらい》、長《なが》いことお目にかかってませんね。
明日《あす》、ご挨拶に伺《うかが》います。／堅苦《かたくる》しいご挨拶は抜《ぬ》きにしましょう。
それでは、会長《かいちょう》が一言《ひとこと》、ご挨拶申《もう》しあげます。
先生《せんせい》に、ご挨拶なさいましたか？
あちら様《さま》が会釈なさってますが、お知《し》り合《あ》いですか？
今《いま》あなたにお辞儀なさった方《かた》は、どなたですか？
十年《じゅうねん》ぶりのご再会なんですって？
三社祭《さんじゃまつ》りで偶然《ぐうぜん》に再会なさったんですか？
今回《こんかい》が初《はじ》めてのご対面ですか？
十年越《じゅうねんご》しの宿敵《しゅくてき》と対面なさったご感想《かんそう》は？

会《あ》う・初対面《しょたいめん》

お初《はつ》に
初《はじ》めまして
お目《め》にかかる〔自〕
お目《め》にかかった
お電話《でんわ》ばかりで
お噂《うわさ》
申《もう》し遅《おく》れる
ご挨拶《あいさつ》が後回《あとまわ》し
お名刺《めいし》
お名前《なまえ》
よろしく
お見知《みし》り置《お》き
お付《つ》き合《あ》いのほど
ご縁《えん》
お目通《めどお》り

お初にお目《め》にかかります。
初めまして、西方《にしかた》と申《もう》します。
お目にかかれて光栄《こうえい》です。
先生《せんせい》には、以前《いぜん》お目にかかったことがあります。
いつも、お電話ばかりで失礼《しつれい》しております。
お噂は、かねがね伺《うかが》っておりました。
申し遅れましたが、叔父《おじ》の坂本《さかもと》と申《もう》します。
ご挨拶が後回しになりまして、失礼《しつれい》いたしました。
お名刺を頂戴《ちょうだい》できますか？
珍《めずら》しいお名前ですね、何《なん》とお読《よ》みするのですか？
今後《こんご》とも、よろしくお願《ねが》いいたします。
どうぞ、以後《いご》お見知り置きを、お願《ねが》いいたします。
今後《こんご》ともお付き合いのほど、よろしくお願《ねが》いいたします。
これをご縁に、よろしくお願《ねが》いいたします。
ようやく大使《たいし》にお目通りが叶《かな》いました。

会《あ》う・紹介《しょうかい》する

お会《あ》わせする[自]
お合《あ》わせになる
お世話《せわ》する[自]
ご仲介《ちゅうかい》
お引《ひ》き合《あ》わせする[自]
お引《ひ》き回《まわ》し
お見合《みあ》い
お見合《みあ》い写真《しゃしん》
ご紹介《しょうかい》
ご紹介《しょうかい》する[自]
紹介《しょうかい》なさる
お会《あ》いする[自]
お目《め》にかかる[自]
お目文字《めもじ》を賜《たまわ》る
ご尊顔《そんがん》を拝《はい》す

実《じつ》は、あなたにお会わせしたい人《ひと》がいるのよ。
お二人《ふたり》が顔《かお》をお合わせになるのは、初《はじ》めてですか？
私《わたし》がお婿《むこ》さんを、お世話しましょうか？
あなたのご仲介のおかげで、お会《あ》いすることができました。
いつぞやお話《はな》しした館長《かんちょう》さんに、お引き合わせしましょう。
よろしく、お引き回しください。／存分《ぞんぶん》に、お引き回しください。
お見合いも二十回目《にじゅっかいめ》となると、飽《あ》きるでしょ？
よく写《うつ》ってるわ、お見合い写真になさったら？
私《わたくし》、先日《せんじつ》ご紹介いただいた西方《にしかた》と申《もう》す者《もの》です。
それでしたら、その道《みち》のエキスパートをご紹介しましょう。
人《ひと》を紹介なさる時《とき》は、よくお考《かんが》えになった方《ほう》がいいですよ。
まあ、嬉《うれ》しい、一度《いちど》ぜひお会いしたいと思《おも》っておりました。
近々《ちかぢか》、お目にかかりたいと存《ぞん》じます。（手紙文《てがみぶん》）
奥方様《おくがたさま》にお目文字を賜りたいのですが。（手紙文《てがみぶん》）
ぜひ一度《いちど》、奥様《おくさま》のご尊顔を拝したいと存《ぞん》じます。（手紙文《てがみぶん》）

赤《あか》ちゃん・お産《さん》

赤《あか》ちゃん
お食《く》い初《ぞ》め
おくるみ
お七夜《しちや》
おしゃぶり
玉《たま》のような
お産《う》みになる
お産《さん》
おめでた
ご安産《あんざん》
ご出産《しゅっさん》
出　産《しゅっさん》なさる
立《た》ち会《あ》われる
妊娠《にんしん》なさる
宿《やど》される

まあ、可愛《かわい》い赤ちゃんね、ぽっちゃりしてて。
お食い初めに、お父様《とうさま》をお呼《よ》びになったら？
出産祝《しゅっさんいわ》いに、おくるみをお贈《おく》りするわね。
何事《なにごと》もなく、お七夜を迎《むか》えることができました。
赤《あか》ちゃんが、おしゃぶりを落《お》としましたよ。
まあ、玉のような赤《あか》ちゃんですこと。
三人《さんにん》もお産みになってるから、赤《あか》ちゃんのあやし方《かた》がお上手《じょうず》ね。
良《よ》かったですね、お産が軽《かる》く済《す》んで。
娘《むすめ》さん、おめでただそうですね。
ご安産だったそうで、良《よ》かったわね。
ご出産おめでとう、初《はじ》めてのお子《こ》さんだそうで。
予定日《よていび》より、かなり早《はや》く出産なさったんですって？
奥様《おくさま》のお産《さん》に立ち会われて、いかがでした？
もしかして、妊娠なさってるんじゃありませんか？
念願《ねんがん》のお子《こ》さんを宿されたそうですね。

遊《あそ》ぶ

お遊《あそ》びになる
お囲《かこ》みになる
お戯《たわむ》れになる
お手《て》合《あ》わせ
お手柔《てやわ》らかに
お道楽《どうらく》
おめくりになる
ご指南《しなん》
お相子《あいこ》
お医者《いしゃ》さんごっこ
お馬《うま》さん（競馬《けいば》）
お茶屋《ちゃや》さん遊《あそ》び
お手玉《てだま》
お手《て》付《つ》き
おはじき

たまには羽目《はめ》をはずして、お遊びになることも必要《ひつよう》だと思《おも》います。
社長《しゃちょう》は応接室《おうせつしつ》で、一局《いっきょく》お囲みになっていらっしゃいます。
旦那様《だんなさま》は小猫《こねこ》とお戯れになっています。
部長《ぶちょう》、一局《いっきょく》お手合わせ願《ねが》えませんでしょうか。
先輩《せんぱい》、お手柔らかにお願《ねが》いします。
総長《そうちょう》のお道楽にも困《こま》ったもんです。
あなたの番《ばん》よ、カードをおめくりになってください。
先輩《せんぱい》、一手《ひとて》ご指南、お願《ねが》いします。
一勝一敗《いっしょういっぱい》、これでお相子にしましょう。
私《わたし》はお医者さんごっこなんて、しませんでしたよ。
お馬さんには、いつも遊《あそ》ばれています。
いいかげんに、お茶屋さん遊びをおやめになったらいかがですか。
おばあちゃんは、お手玉が上手《じょうず》なんですよ。
かるたでは、お手付きはだめですよ。
姉《あね》たちのおはじきのじゃまをして、よく怒《おこ》られたものです。

暑《あつ》い・寒《さむ》い

汗《あせ》をおかきになる
汗《あせ》をかかれる
お暑《あつ》い
お涼《すず》みになる
涼《すず》まれる
お温《ぬく》もり
温《あたた》まられる
越冬《えっとう》なさる
お入《い》れになる
おくるみになる
お寒《さむ》い
お濡《ぬ》れになる
お冷《ひ》えになる
お炬燵《こた》
お火鉢《ひばち》

まあ、シャツが絞《しぼ》れるほど汗をおかきになって。
ずいぶん、汗をかかれるのですね。ご体質《たいしつ》ですか?
お暑うございます。一雨欲《ひとあめほ》しいですね。/今日《きょう》もお暑いですね。
暑《あつ》いわね、こちらでお涼みになるといいわ。
先生《せんせい》は、庭《にわ》の東屋《あずまや》で涼まれるのがお好《す》きでした。
寒《さむ》い夜《よる》は、湯《ゆ》たんぽでお温もりになるのが一番《いちばん》です。
今日《きょう》は冷《ひ》えるから、温泉《おんせん》でゆっくり温まられるといいですよ。
南極《なんきょく》で越冬なさるんですか、それは大変《たいへん》なお仕事《しごと》ですね。
今日《きょう》は寒《さむ》いから、カイロをお入れになったら?
冬《ふゆ》のラグビーの観戦《かんせん》には、膝《ひざ》をおくるみになる物《もの》をお忘《わす》れなく。
お寒くありませんか?/お寒うございます。雪《ゆき》になりそうですね。
お濡れになりますから、傘《かさ》をお持《も》ちください。
雨《あめ》に濡《ぬ》れて、お冷えになったんじゃありませんか?
お炬燵に入《はい》って、みかんでも食《た》べましょう。
お火鉢を跨《また》ぐなんて、お行儀《ぎょうぎ》が悪《わる》いですよ。

集《あつ》まる・集《あつ》める

一堂《いちどう》に会《かい》される
お集《あつ》まり
お集《あつ》まりになる
お揃《そろ》いになる
お集《つど》いになる
集《つど》われる
ご結成《けっせい》
結成《けっせい》なさる
ご参集《さんしゅう》
ご集合《しゅうごう》
集合《しゅうごう》なさる
お持《も》ちより
お集《あつ》めする［自］
お揃《そろ》えになる
お募《つの》りになる

ご一族《いちぞく》が一堂に会されるのは、久々《ひさびさ》だそうですね。
次《つぎ》のお集まりの時《とき》に、細目《さいもく》をお知《し》らせいたします。
皆様《みなさま》、あちらでお集まりになっておいでです。
皆《みな》さんお揃いになりましたか？／お揃いになるまで待《ま》ちましょう。
シャンソンの好《す》きな人《ひと》たちが、お集いになるそうですよ。
記念日《きねんび》には、創業時《そうぎょうじ》のメンバーが集われる予定《よてい》です。
グループご結成十周年《じゅっしゅうねん》と伺《うかが》いました、早《はや》いものですね。
また新《あら》たにチームを結成なさるんですか、それは楽《たの》しみですね。
新人歓迎会《しんじんかんげいかい》に、どうぞご参集ください。
ご集合の時間《じかん》をお忘《わす》れにならないようにお願《ねが》いいたします。
八重洲口《やえすぐち》の銀《ぎん》の鈴《すず》に集合なさってください。
次《つぎ》の集《あつ》まりからは、お料理《りょうり》はお持ちよりにしましょう。
必要《ひつよう》なメンバーは、私《わたし》がお集めしましょう。
これだけのワインをお揃えになるのは、大変《たいへん》だったでしょう。
連句《れんく》のお仲間《なかま》を、お募りになっているのですか？

謝《あやま》る・許《ゆる》す

頭《あたま》をお下《さ》げになる
お謝《あやま》りになる
お見逃《みのが》しになる
お目《め》こぼし
お許《ゆる》し
お許《ゆる》しになる
お詫《わ》び
お詫《わ》びする［自］
ご寛恕《かんじょ》
ご寛大《かんだい》
ご勘弁《かんべん》
ご寛容《かんよう》
ご無礼《ぶれい》
ご無礼《ぶれい》する［自］
ご容赦《ようしゃ》

ここはひとつ、あなたが頭をお下げになった方《ほう》がよろしいのでは？
先日《せんじつ》のことは、彼女《かのじょ》にお謝りになったんですか？
どうか、お見逃しください。ほんの出来《でき》心《ごころ》らしいのです。
この件《けん》は、どうぞお目こぼしのほどを。
礼《れい》の件《けん》、お許しをいただきたいのですが？
この度《たび》のこと、どうぞお許しください。
お詫びの申《もう》しあげようもありません。
失礼《しつれい》がありましたら、お詫び申《もう》しあげます。
例《れい》の件《けん》、どうかご寛恕を賜《たまわ》りたく、お願《ねが》い致《いた》します。（手紙文《てがみぶん》）
どうぞ、ご寛大な処置《しょち》を、お願《ねが》いいたします。
二度《にど》といたしません、どうぞご勘弁ください。
理事長《りじちょう》のご寛容な処置《しょち》には、敬服《けいふく》いたしました。
ご無礼は承知《しょうち》の上《うえ》でまかり出《で》ました。／ご無礼をお許《ゆる》しください。
気《き》がつきませんで、ご無礼いたしました。
何《なに》とぞ、ご容赦ください。／平《ひら》に、ご容赦願《ねが》います。

謝《あやま》る・言葉《ことば》

相《あい》すみません
遺憾《いかん》
一言《いちごん》もない
お聞《き》き苦《ぐる》しい
お気《き》に障《さわ》る
お粗末《そまつ》
お見苦《みぐる》しい
お見捨《みす》てなく
お耳触《みみざわ》り
お目触《めざわ》り
お騒《さわ》がせする[自]
至《いた》りませんで
気《き》が利《き》きませんで
気《き》がつきませんで
行《ゆ》き届《とど》きませんで

この度《たび》は、誠《まこと》に相すみません。
この度《たび》の失態《しったい》、誠《まこと》に遺憾に存《ぞん》じます。
とんだ失態《しったい》をいたしまして、一言もありません。
お聞き苦しいところを、お聞《き》かせしまして…。
私《わたし》の言葉《ことば》がお気に障ったなら、お詫《わ》びいたします。
とんだお粗末をしてしまいました。／なんともお粗末でした。
お見苦しい所《ところ》をお見《み》せしてしまいました。
どうか、お見捨てなきよう、お願《ねが》いいたします。
お耳触りかと思《おも》いますが、しばらくの間《あいだ》、ご辛抱《しんぼう》ください。
片付《かたづ》けましょうか？　お目触りではありませんか？
つまらぬ事《こと》でお騒《さわ》がせして、申《もう》し訳《わけ》ありません。
至りませんで、申《もう》し訳《わけ》ございません。
気が利きませんで、誠《まこと》に相《あい》すみません。
うっかりいたしました。気がつきませんで、相《あい》すみません。
行き届きませんで、何《なん》ともはや申《もう》し訳《わけ》ございません。

ご迷惑《めいわく》
ごめん
ごめんなさい
ご面倒《めんどう》
失敬《しっけい》
失礼《しつれい》
ひとえに
平《ひら》に
不行《ふゆ》き届《とど》き
不手際《ふてぎわ》
不徳《ふとく》
申《もう》し訳《わけ》ありません
申《もう》し訳《わけ》ないけど
私《わたし》の顔《かお》に免《めん》じて
私《わたし》の不明《ふめい》

この度《たび》は、大変《たいへん》ご迷惑をおかけしました。
三十分《さんじゅっぷん》も遅《おく》れちゃって、ごめん。
せっかくですけど、私《わたし》飲《の》めないんです。ごめんなさい。
この度《たび》は、ご面倒をおかけしました。
失敬いたしました。／失敬、前《まえ》を通《とお》らせていただきます。
大変《たいへん》失礼いたしました。
失礼《しつれい》の段《だん》、ひとえにお詫《わ》び申《もう》しあげます。
平にご勘弁《かんべん》ください。／平にご容赦願《ようしゃねが》います。
当方《とうほう》の不行き届きで、誠《まこと》に申《もう》し訳《わけ》ございません。
私《わたし》の不手際でした、申《もう》し訳《わけ》ございません。
落選《らくせん》は、私《わたし》の不徳の致《いた》すところでございます。
何《なん》とも申し訳ありません。当方《とうほう》のチェックミスでした。
申し訳ないけど、その話《はなし》はよしましょう。
私の顔に免じて、ここはひとつ、お許《ゆる》しのほどを。
私の不明から、このような事態《じたい》を招《まね》きまして、申《もう》し訳《わけ》ありません。

改《あらた》める

一新《いっしん》なさる
お変《か》えになる
気《き》が変《か》わられる
お気《き》が済《す》む
気《き》が済《す》まれる
改心《かいしん》なさる
ご改善《かいぜん》
改善《かいぜん》なさる
改良《かいりょう》なさる
ご更新《こうしん》
更新《こうしん》なさる
お改《あらた》めになる
改造《かいぞう》なさる
転身《てんしん》なさる

お部屋《へや》の家具《かぐ》を一新なさったんですね。
その方針《ほうしん》は、お変えになった方《ほう》がよろしいかと存《ぞん》じます。
そんなに簡単《かんたん》にお気が変わったのは、なぜですか？
もし気が変わられたら、お電話《でんわ》くださいね。
それなら、お気が済むまでお飲《の》みになったら？
どうぞ殴《なぐ》ってください。これで気が済まれましたか？
そろそろ改心なさる方《ほう》がよろしいですよ。
先生《せんせい》は市民《しみん》の食習慣《しょくしゅうかん》を、ご改善になりました。
病気予防《びょうきよぼう》のためにも、食生活《しょくせいかつ》を改善なさるべきでしょう。
この製品《せいひん》を改良なさるのは何年《なんねん》ぶりですか？
許可証《きょかしょう》のご更新は、お早《はや》めにお願《ねが》いいたします。
車《くるま》の免許《めんきょ》を更新なさる頃《ころ》ではございませんか？
今後《こんご》、態度《たいど》をお改めになることを期待《きたい》しております。
総理《そうり》、いつ内閣《ないかく》を改造なさるおつもりですか？
いよいよ、政治《せいじ》の世界《せかい》に転身なさるそうですね。

現《あらわ》れる・登場《とうじょう》

お出《いで》なすった
お姿《すがた》を拝見《はいけん》
姿《すがた》をお見《み》せになる
お出《で》になる
お出《で》まし
お見受《みう》けする〔自〕
お見《み》えになる
お見《み》かけする〔自〕
お目見《めみ》え
顔《かお》をお出《だ》しになる
ご出現《しゅつげん》
ご出没《しゅつぼつ》
ご登場《とうじょう》
登場《とうじょう》なさる
ご入来《にゅうらい》

そうら案《あん》の定《じょう》、お出なすった。
春《はる》の園遊会《えんゆうかい》で、お姿を拝見しました。
旅行《りょこう》してらしたの？　暫《しばら》く姿をお見せにならなかったわね。
師匠《ししょう》は人前《ひとまえ》にお出になるのが苦手《にがて》なんです。
よくそんなところへ、お出ましになったものですね。
息子《むすこ》さん、帰省《きせい》なさったんですね、今朝《けさ》、港《みなと》でお見受けしました。
先生《せんせい》がご挨拶《あいさつ》にお見えになりました。／暫《しばら》くお見えにならなかったですね。
浅草《あさくさ》では荷風先生《かふうせんせい》を、よくお見かけしたものです。
表通《おもてどお》りにお目見えしたフレンチの店《みせ》、評判《ひょうばん》はいかが？
たまには、お店《みせ》に顔をお出しになってよ。
この世《よ》の中《なか》、救世主《きゅうせいしゅ》のご出現とはならないものですかな。
相変《あいか》わらず、夜《よる》の新宿《しんじゅく》にご出没ですか？
いよいよ、切《き》り札《ふだ》のご登場ですね。
次《つぎ》は、お待《ま》ちかねの八代目《はちだいめ》が登場なさいますよ。
これはこれは、珍客《ちんきゃく》のご入来だ。／いよいよ大先生《おおせんせい》のご入来です。

歩《ある》く・通《かよ》う

お歩《ある》きになる
歩《ある》かれる
歩《ある》き回《まわ》られる
お進《すす》みになる
闊歩《かっぽ》なさる
ご散策《さんさく》
散策《さんさく》される
お散歩《さんぽ》
散歩《さんぽ》なさる
行《い》き来《き》なさる
往復《おうふく》なさる
お通《かよ》いになる
通《かよ》われる
お回《まわ》りになる
回《まわ》られる

待《ま》ってください、そんなに速《はや》くお歩きにならないで。

驚《おどろ》きました、二駅《ふたえき》も歩かれるんですか。

パジャマであちこち歩き回られるとはね。

お召《め》し物《もの》を汚《よご》さぬよう、気《き》をつけてお進みになってください。

初《はじ》めてパリの町《まち》を闊歩なさったご気分《きぶん》は、いかがでしたか？

老師《ろうし》は山寺《やまでら》で気《き》ままにご散策を楽《たの》しんでおられます。

コスモス畑《ばたけ》を散策されるのもいいんじゃないですか？

お客様《きゃくさま》、お散歩でしたら、海辺《うみべ》がよろしいかと思《おも》います。

犬《いぬ》と一緒《いっしょ》に散歩なさるのが、院長先生《いんちょうせんせい》の日課《にっか》です。

毎週《まいしゅう》、東京《とうきょう》と大阪《おおさか》を行き来なさるとは、お忙《いそが》しいですね。

同一路線《どういつろせん》を往復なさる方《かた》には、割引《わりびき》があるという話《はなし》です。

英会話教室《えいかいわきょうしつ》に、お通いになっていらっしゃるそうですね。

あの店《みせ》に足繁《あししげ》く通われるのは、何《なに》かお目当《めあ》てがあるんでしょ？

今日《きょう》はどちらにお回りになるんですか？

火《ひ》の用心《ようじん》で町内《ちょうない》を回られるんですって？

安《あん》心《しん》

ご安心《あんしん》
安心《あんしん》なさる
ご安堵《あんど》
安堵《あんど》なさる
お気《き》が休《やす》まる
お心丈夫《こころじょうぶ》
お心強《こころづよ》い
お心《こころ》を安《やす》らかに
お安《やす》らか
肩《かた》の荷《に》を下《お》ろされる
ほっとなさる
胸《むね》を撫《な》で下《お》ろされる
ご安泰《あんたい》
ご磐石《ばんじゃく》
安定《あんてい》なさる

もう大丈夫《だいじょうぶ》です。どうぞご安心ください。
就職《しゅうしょく》が決《き》まって、ご両親《りょうしん》も、さぞ安心なさったことでしょう。
もう大丈夫《だいじょうぶ》、峠《とうげ》は越《こ》えました。ご安堵なさってください。
娘《むすめ》さんが結婚《けっこん》されて、安堵なさったんじゃないですか？
お仕事《しごと》が一段落《いちだんらく》して、やっとお気が休まりますね。
息子《むすこ》さんが帰国《きこく》なさって、お心丈夫でしょうね。
ご主人《しゅじん》が戻《もど》られて、奥様《おくさま》もお心強いですね。
どうぞ、お心を安らかにお持《も》ちください。
ご隠居《いんきょ》は、お安らかなお顔《かお》でお寝《やす》みになっています。
ご子息《しそく》のお勤《つと》め先《さき》が決《き》まって、肩の荷を下ろされましたね。
ケガも軽《かる》くて、ほっとなさったんじゃないですか？
大事《だいじ》に至《いた》らず、校長《こうちょう》も胸を撫で下ろされています。
坊《ぼっ》ちゃんが店《みせ》を継《つ》がれる、そりゃ良《よ》かった。これでご安泰だ。
こんな時代《じだい》でも、御社《おんしゃ》はご磐石ですね。
肝機能《かんきのう》の数値《すうち》もいいので、このまま安定なさるといいですね。

言《い》う

お言《い》いになる
言《い》われる
おっしゃる
言《い》い出《だ》される
言《い》ってごらん
お言葉《ことば》
言葉《ことば》をおかけになる
お述《の》べになる
述《の》べられる
ご口上《こうじょう》
申《もう》しあげにくい
申《もう》しあげる
申《もう》しかねる
申《もう》し出《で》る
申《もう》す

ご不満《ふまん》があるなら、はっきりお言《い》いになったらよろしいのに。
僧正《そうじょう》は、今《いま》の場所《ばしょ》でがんばることが一所懸命《いっしょけんめい》だと言われました。
あなたのおっしゃることにも一理《いちり》ある。
そんなことを急《きゅう》に言い出されても困《こま》るわ、どうかなさったの？
まあ生意気《なまいき》な、もう一度《いちど》言ってごらん！
私《わたし》には、過分《かぶん》なお言葉でございます。
皇后様《こうごうさま》は、避難所《ひなんじょ》の方々《かたがた》に優《やさ》しい言葉をおかけになっていました。
ご自分《じぶん》の意見《いけん》をストレートにお述べになりましたね。
ここは、ご自分《じぶん》の意見《いけん》を率直《そっちょく》に述べられるべきですよ。
頭《かしら》のご口上は今年《ことし》も見事《みごと》でしたね。
誠《まこと》に申しあげにくいのですが、今回《こんかい》は落選《らくせん》です。
この度《たび》のこと、心《こころ》からお礼《れい》申しあげます。
大変《たいへん》申しかねますが、お会計《かいけい》をお忘《わす》れではございませんか？
残業代《ざんぎょうだい》の件《けん》を申し出たのは、店長《てんちょう》です。
お役所《やくしょ》仕事《しごと》には、物《もの》申したいことが多《おお》すぎます。

家《いえ》・住《す》む

お家《うち》
お住《す》まい
お宅《たく》
ご自宅《じたく》
ご邸宅《ていたく》
御殿《ごてん》
小宅《しょうたく》(自宅《じたく》)
拙宅《せったく》(自宅《じたく》)
お住《す》みになる
住《す》まわれる
ご同居《どうきょ》
同居《どうきょ》なさる
お手狭《てぜま》
お庭《にわ》
ご門構《もんがま》え

いいお家がてきましたね。/緑《みどり》も多《おお》くて、結構《けっこう》なお家ですね。
立派《りっぱ》なお住まいですね、お庭《にわ》も広《ひろ》くて。
降《ふ》ってきましたね、お宅まで車《くるま》でお送《おく》りしましょう。
ご自宅はこのお近《ちか》くですか?
これは、ご邸宅と呼《よ》ぶにふさわしい純和風建築《じゅんわふうけんちく》ですね。
まるで御殿のようなお住《す》まいですね。
お近《ちか》くにお出《いで》の節《せつ》は、どうぞ小宅をお訪《たず》ねください。(手紙文《てがみぶん》)
たまには拙宅へも、お立《た》ち寄《よ》りください。(手紙文《てがみぶん》)
この家《いえ》には、三世代十人《さんせだいじゅうにん》がお住みになっているんですか?
急《きゅう》なご転勤《てんきん》で、結局《けっきょく》あの家《いえ》には住まわれなかったんですか?
お姑《しゅうとめ》さんとご同居ですか…いろいろありますでしょ?
部長《ぶちょう》は、息子《むすこ》さんご家族《かぞく》と同居なさっているそうですね。
今《いま》のお部屋《へや》が、お手狭なんですね?
これだけ広《ひろ》いと、お庭のお手入《てい》れも大変《たいへん》でしょうね。
こんなに立派《りっぱ》なご門構えの家《いえ》は、最近珍《さいきんめずら》しいですね。

家《いえ》・住《す》まい

お勝手《かって》
お勝手口《かってぐち》
お釜《かま》
おくどさん（かまど）
お蔵《くら》
お玄関《げんかん》
お座敷《ざしき》
お障子《しょうじ》
お台所《だいどころ》
お茶《ちゃ》の間《ま》
お納戸《なんど》
お仏間《ぶつま》
ご仏間《ぶつま》
お二階《にかい》
お廊下《ろうか》

寒《さむ》い時《とき》のお勝手仕事《しごと》は大変《たいへん》ですね。
三河屋《みかわや》さん、お勝手口へ回《まわ》ってちょうだい。
お釜で焚《た》いたご飯《はん》は格別《かくべつ》に美味《おい》しいですね。
子《こ》どもの頃《ころ》、おくどさんの前《まえ》で、よく漫画《まんが》を読《よ》みました。
彼《かれ》の実家《じっか》のお蔵には、お宝《たから》が眠《ねむ》っているらしいですよ。
お玄関にどなたかいらっしゃってますよ。
お客様《きゃくさま》を奥《おく》のお座敷にお通《とお》ししてください。
いい風《かぜ》だから、お障子は開《あ》けておきましょうね。
お台所は、使《つか》ったらきれいに片《かた》しておかないと駄目《だめ》ですよ。
お孫《まご》さんは、いつもお茶の間の人気者《にんきもの》ですね。
お納戸のあるお宅《たく》が羨《うらや》ましいわ。
子《こ》どもの頃《ころ》、お仏間がなんだか気味悪《きみわる》いと思《おも》っていました。
広《ひろ》くて落《お》ち着《つ》きのあるご仏間ですね。
花火《はなび》をご覧《らん》になるのでしたら、お二階がよろしいですよ。
お廊下を走《はし》ってはいけませんよ。

家《いえ》・建《た》てる

お建《た》てになる
お披露目《ひろめ》
ご改築《かいちく》
改築《かいちく》なさる
改修《かいしゅう》なさる
改装《かいそう》なさる
解体《かいたい》なさる
ご修繕《しゅうぜん》
修繕《しゅうぜん》なさる
ご新居《しんきょ》
ご新築《しんちく》
ご普請《ふしん》
普請《ふしん》なさる
お下見《したみ》
下見《したみ》なさる

女性《じょせい》の建築家《けんちくか》に頼《たの》んで、お建てになったのですか？
棟梁《とうりょう》に建《た》ててもらった木《き》の家《いえ》を、皆《みな》さんにお披露目したいわ。
本店《ほんてん》をご改築だそうですね、この不況時《ふきょうじ》に何《なん》とも羨《うらや》ましい。
ご自宅《じたく》を改築なさったそうですね？
そろそろ改修なさる頃合《ころあ》いではありませんか？
お店《みせ》を改装なさるそうですね、思《おも》いきりましたね。
築百年《ちくひゃくねん》の母屋《おもや》を解体なさるんですか、惜《お》しいですね。
浴室《よくしつ》のご修繕、確《たし》かに承《うけたまわ》りました。
地震《じしん》で傾《かたむ》いた家《いえ》を修繕なさるのは大変《たいへん》ですね。
都心《としん》にご新居をお建《た》てになるとはすごい！
ご新築のお祝《いわ》いに、お酒《さけ》をお持《も》ちしました。
いいご普請ですね、総檜《そうひのき》でしょう？
そろそろ屋根《やね》を普請なさる必要《ひつよう》がありますね。
今日《きょう》はご新居《しんきょ》のお下見《したみ》ですか？
下見なさるなら、やはり雨《あめ》の日《ひ》の方《ほう》がよろしいでしょうね。

怒《いか》る

いらいらなさる
お当《あ》たりになる
お怒《いか》り
お怒《いか》りになる
おいらだち
お冠《かんむり》
お腹立《はらだ》ち
激怒《げきど》なさる
激昂《げっこう》なさる
ご機嫌《きげん》が悪《わる》い
ご憤慨《ふんがい》
ご立腹《りっぷく》
お怒《いか》りを納《おさ》める
お気《き》を鎮《しず》める
機嫌《きげん》を直《なお》される

そんなにいらいらなさると、お身体《からだ》に毒《どく》ですよ。
お子《こ》さんにお当たりになるのは、良《よ》くないわ。
奥様《おくさま》のお怒りは、ごもっともです。
お怒りになるお気持《きも》ちは、よく分《わ》かります。
一時間《いちじかん》もお待《ま》たせして、おいらだちはごもっともです。
社長《しゃちょう》はたいそうお冠ですから、覚悟《かくご》して行《い》った方《ほう》がいいですよ。
お客様《きゃくさま》のお腹立ちは、ごもっともです。
温厚《おんこう》なあの方《かた》が激怒なさるなんて、よほどのことね。
そんなに激昂なさるのは、大人気《おとなげ》ないと思《おも》いますが…。
今日《きょう》はご機嫌が悪いですね。何《なに》かあったんですか？
会長《かいちょう》が大変《たいへん》ご憤慨だそうですよ。
あなたのご立腹は当然《とうぜん》ですよ。／学長《がくちょう》は、いたくご立腹です。
課長《かちょう》、そろそろお怒りを納めていただけませんか？
お怒《いか》りは分《わ》かります、どうか、お気を鎮めてお聞《き》きください。
やっと機嫌を直されたようで、ほっとしました。

怒《いか》る・不満《ふまん》

お恨《うら》みになる
お気《き》に障《さわ》る
お心残《こころのこ》り
お妬《ねた》みになる
気《き》を悪《わる》くなさる
後悔《こうかい》なさる
ご機嫌斜《きげんなな》め
ご気色《きしょく》
ご不快《ふかい》
ご不興《ふきょう》
ご不満《ふまん》
ご無念《むねん》
僻《ひが》まれる
お黙《だま》りになる
沈黙《ちんもく》なさる

そんなに私をお恨みにならないで…。
もしお気に障ったら、許《ゆる》してくださいね。
花嫁姿《はなよめすがた》をひと目《め》、と願《ねが》っていたお母様《かあさま》は、お心残りだったでしょうね。
幸《しあわ》せそうなお友達《ともだち》を、お妬みになるのは良《よ》くないわ。
どうか、気を悪くなさらないでください。
それでよろしいの？　後悔なさるわよ、きっと。
今日《きょう》は彼《かれ》、ご機嫌斜めだから明日《あす》になさった方《ほう》がいいですよ。
ご気色がよろしくないようですから、今日《きょう》は失礼《しつれい》します。
私《わたし》の言葉《ことば》がご不快でしたら、お許《ゆる》しください。
とうとう、贔屓筋《ひいきすじ》のご不興を買《か》ってしまいましたね。
ご不満が、お顔《かお》に出《で》ていますよ。
再度《さいど》の落選《らくせん》、さぞかしご無念でございましょう。
いつもお姉《ねえ》ちゃんばかり得《とく》してと、僻まれていましたね。
先生《せんせい》が急《きゅう》にお黙りになった時《とき》は、気《き》をつけた方《ほう》がいいですよ。
監督《かんとく》は、この度《たび》の裁定《さいてい》に沈黙なさるんですか？

行《い》く・出《で》かける

足《あし》をお運《はこ》びになる
足《あし》を運《はこ》ばれる
お運《はこ》び
お行《い》きになる
行《い》かれる
いらっしゃる
伺《うかが》う
お伺《うかが》いする[自]
お出《で》かけ
お出《で》かけになる
お出《で》向《む》きになる
出向《でむ》かれる
外出《がいしゅつ》なさる
参上《さんじょう》する
参《まい》る

わざわざ足をお運びいただくには及《およ》びません。
毎月《まいつき》、鎌倉《かまくら》の座禅会《ざぜんかい》まで、足を運ばれているそうですね？
どうぞ、宴会場《えんかいじょう》の方《ほう》へお運びください。
また、ゴルフにお行きになるんですか？
ハワイに行かれるなら、火山見物《かざんけんぶつ》をお勧《すす》めします。
あなたがいらっしゃるなら、私《わたし》も付《つ》いて行《い》きたいわ。
明日《あす》の午後《ごご》、お宅《たく》に伺ってもよろしいですか？
明後日《みょうごにち》、必《かなら》ずお伺いいたします。
今日《きょう》はどちらへお出かけですか？
そのお客様《きゃくさま》でしたら、つい今《いま》しがた、お出かけになりました。
わざわざ成田《なりた》まで、お出向きになるのですか？
社長《しゃちょう》が出向かれる必要《ひつよう》はありません。私《わたくし》が代《か》わりに…。
外出なさる方《かた》は、ナースステーションでお名前《なまえ》をご記入《きにゅう》ください。
私《わたくし》が明朝《みょうちょう》、参上いたします。
明日《あす》一番《いちばん》で参ります。／打《う》ち合《あ》わせが終《お》わり次第《しだい》、参ります。

意見《いけん》・考《かんが》え

お思《おも》いになる
お考《かんが》え
お説《せつ》
ご意見《いけん》
ご意向《いこう》
ご見解《けんかい》
ご高見《こうけん》
ご高説《こうせつ》
ご高論《こうろん》
ご趣旨《しゅし》
ご認識《にんしき》
ご理念《りねん》
貴説《きせつ》
卑見《ひけん》
愚考《ぐこう》

あなたはそのことを、どうお思いになってるんですか？
あなたのお考えをお聞《き》かせください。／どうなさるお考えですか？
お説の通《とお》りだと思《おも》います。／お説を拝聴《はいちょう》して目《め》が覚《さ》めました。
ご意見をお聞《き》かせください。／忌憚《きたん》のないご意見をいただきたい。
先方《せんぽう》のご意向を確《たし》かめてからの方《ほう》がよろしいのでは？
教授《きょうじゅ》は実《じつ》に斬新《ざんしん》なご見解を示《しめ》されました。
この国《くに》の未来《みらい》について、先生《せんせい》のご高見を賜《たまわ》りたいのです。
ご高説を拝聴《はいちょう》する機会《きかい》に恵《めぐ》まれ、幸運《こううん》でした。
所長《しょちょう》はシュバイツァー博士《はかせ》のご高論を聴《き》いたことがあるそうです。
その商店街活性化《しょうてんがいかっせいか》プラン、ご趣旨には全《まった》く同感《どうかん》です。
トップお二人《ふたり》のご認識が違《ちが》うようでは、選挙《せんきょ》に勝《か》てません。
御社《おんしゃ》のご理念を生《い》かしたスローガンをお作《つく》りしましょう。
斬新《ざんしん》な貴説には敬服《けいふく》いたしました。(手紙文《てがみぶん》)
お許《ゆる》しいただければ、私《わたくし》が卑見を開陳《かいちん》いたします。
私《わたくし》が愚考いたしますところ、問題《もんだい》はないと存《ぞん》じます。

意見《いけん》・助言《じょげん》

アドバイスなさる
お示《しめ》しになる
示《しめ》される
ご示唆《しさ》
ご指摘《してき》
指摘《してき》なさる
ご指南《しなん》
ご助言《じょげん》
ご助言《じょげん》する[自]
助言《じょげん》なさる
ご進言《しんげん》
ご進言《しんげん》する[自]
進言《しんげん》なさる
ご発言《はつげん》
発言《はつげん》なさる

宗匠《そうしょう》はアドバイスなさるのが、とてもお上手《じょうず》です。
先輩《せんぱい》は、身《み》をもってお示しになるので、よく分《わ》かります。
先生《せんせい》はくどくど言《い》わず、いつも方向《ほうこう》だけを示されます。
ご示唆に富《と》んだアドバイス、誠《まこと》にありがとうございます。
お気《き》づきの点《てん》がありましたら、ご指摘ください。
あの先生《せんせい》は、細部《さいぶ》まで、こまかく指摘なさるのが常《つね》です。
大先輩《だいせんぱい》として、ビジネスの正道《せいどう》をご指南ください。
温《あたた》かいご助言を賜《たまわ》り、心《こころ》からお礼申《れいもう》しあげます。
あなたのために、少《すこ》しご助言しておきましょう。
それに気《き》がついたら、助言なさるべきだと思《おも》います。
部長《ぶちょう》は、課長《かちょう》のご進言をきっと待《ま》っていらっしゃいますよ。
店舗《てんぽ》のサービス改善策《かいぜんさく》を、ご進言いたします。
ボスに進言なさるのは、あなたしかいませんよ。
お立場上《たちばじょう》、ご発言はお控《ひか》えください。
裁判員制度《さいばんいんせいど》について、どうぞ順《じゅん》に発言なさってください。

意見《いけん》・議論《ぎろん》

お通《とお》しになる
おまとめになる
ご議論《ぎろん》
議論《ぎろん》なさる
交換《こうかん》なさる
考慮《こうりょ》なさる
ご結論《けつろん》
ご主張《しゅちょう》
主張《しゅちょう》なさる
ご熟考《じゅっこう》
熟考《じゅっこう》なさる
ご討論《とうろん》
討論《とうろん》なさる
尊重《そんちょう》なさる
論議《ろんぎ》なさる

あまり無理《むり》をお通しになるのは、どうかしら。
バラバラの意見《いけん》を、どうやっておまとめになるんですか？
皆様《みなさま》のご議論を参考《さんこう》に、再提案《さいていあん》させていただきます。
どうぞ活発《かっぱつ》に議論なさってください。
意見《いけん》を交換なさると、お互《たが》い見《み》えてくるものがあるはずです。
高齢《こうれい》という弱者《じゃくしゃ》のことも、十分《じゅうぶん》に考慮なさるべきです。
とうとうそのようなご結論に至《いた》りましたか。
あなたのご主張はもっともだと思《おも》います。
そこまで主張なさるなら、裏付《うらづ》けがしっかりしてませんと。
先生《せんせい》のご熟考の結果《けっか》ですから、不満《ふまん》はありません。
その問題《もんだい》は、再度《さいど》熟考なさる方《ほう》がよろしいかと思《おも》いますが。
お二人《ふたり》のご討論、興味深《きょうみぶか》く拝聴《はいちょう》しました。
朝《あさ》まで討論なさって、お疲《つか》れになったでしょ。
他人様《ひとさま》の意見《いけん》も、時《とき》には尊重なさった方《ほう》がいいですよ。
シンポジウムでは、水辺《みずべ》の再生《さいせい》を論議なさったんですね？

忙《いそが》しい・急《いそ》ぐ

お忙《いそが》しい
お忙《せわ》しい
お気《き》が早《はや》い
お取《と》り込《こ》み中《ちゅう》
ご多忙《たぼう》
ご多用《たよう》
お慌《あわ》てになる
お急《いそ》ぎ
お急《いそ》ぎになる
お駆《か》けになる
お駆《か》けつけになる
馳《は》せ参《さん》じる
お早《はや》い
お早々《はやばや》
お早《はや》めに

お忙しいところを申《もう》し訳《わけ》ありません。
いつもお忙しい方《かた》ですね。
もう賀状《がじょう》の準備《じゅんび》ですか、ずいぶんお気が早い。
お取り込み中のところ、失礼《しつれい》いたします。
ご多忙のところ、申《もう》し訳《わけ》ありません。
ご多用中《ちゅう》にもかかわらず、よくお出《いで》くださいました。
そんなにお慌てにならなくても、間《ま》に合《あ》います。
間《ま》もなく開演《かいえん》です。お急ぎください。
そんなにお急ぎにならなくても、十分《じゅうぶん》時間《じかん》はございます。
ラッシュ時《じ》にお駆けになると、とても危険《きけん》です。
せっかくお駆けつけになったのに残念《ざんねん》、売《う》り切《き》れです。
自分《じぶん》は、姐《あね》さんのためならどこへでも馳せ参じるつもりです。
遊《あそ》びとなると、お早いお出《で》かけなんですね。
お早々と、賀状《がじょう》ありがとうございました。
申告《しんこく》の手続《てつづ》きは、なるべくお早めにお願《ねが》いします。

一緒《いっしょ》・連《つ》れ

お揃《そろ》い
お付《つ》き添《そ》い
付《つ》き添《そ》われる
お連《つ》れする〔自〕
お連《つ》れになる
お連《つ》れの方《かた》
お供《とも》
お供《とも》する〔自〕
ご一諸《いっしょ》する〔自〕
ご一諸《いっしょ》の方《かた》
ご引率《いんそつ》
ご同道《どうどう》
ご同伴《どうはん》
同伴《どうはん》なさる
同行《どうこう》なさる

お揃いでどちらへ？／皆《みな》さんお揃いですか？
病院《びょういん》までお付き添いをお願《ねが》いしたいんですけど…。
園長先生《えんちょうせんせい》は、熱《ねつ》を出《だ》した子《こ》にずっと付き添われていらしたんです。
お客様《きゃくさま》をお連れしました。
今度《こんど》、あの方《かた》をお連れになってください。
お連れの方は、先《さき》にお帰《かえ》りになりました。
今日《きょう》は、奥様《おくさま》のお買物《かいもの》のお供ですか？
夜《よる》の探訪《たんぼう》でしたら、喜《よろこ》んでお供します。
お花見《はなみ》、私《わたし》もご一緒してよろしいかしら。
ご一緒の方はどなたですか？
ご引率の先生《せんせい》はどちらにいらっしゃいますか？
お客様《きゃくさま》も現地《げんち》まで、ご同道いただけますか？
あの方《かた》でしたら、奥様《おくさま》ご同伴でよく店《みせ》にいらしてました。
同伴なさるのは、お嬢様《じょうさま》ですか？
お遍路《へんろ》には、奥様《おくさま》も同行なさったんですか？

移転《いてん》・引《ひ》っ越《こ》す

お移《うつ》りになる
移《うつ》られる
ご移転《いてん》
移転《いてん》なさる
立《た》ち退《の》かれる
お引《ひ》き払《はら》いになる
お引《ひ》っ越《こ》し
引《ひ》っ越《こ》される
ご転居先《てんきょさき》
転居《てんきょ》なさる
ご転任《てんにん》
転任《てんにん》なさる
転地《てんち》なさる
ご転入《てんにゅう》
転入《てんにゅう》なさる

近《ちか》く、富士《ふじ》の見《み》える別荘《べっそう》へお移りになると伺《うかが》いましたが…。
こちらへはいつ移られたんですか？
ご移転の通知《つうち》は、まだいただいておりません。
オフィスをいつ移転なさったんですか？
地主《じぬし》さんのお宅《たく》の相続《そうぞく》のために、立ち退かれるんですか？
もう、横浜《よこはま》の部屋《へや》はお引き払いになったんですか？
お引っ越しのお手伝《てつだ》いに伺《うかが》いましょうか？
お隣《となり》さんは、引っ越されましたよ。
お隣《となり》のご転居先をご存知《ぞんじ》ですか？
ご家族《かぞく》と一緒《いっしょ》に、名古屋《なごや》へ転居なさったそうですね。
沖縄《おきなわ》にご転任ですか？ お好《す》きな釣《つ》りができますね。
お子《こ》さんのことを考《かんが》えて、転任なさったんですって？
熱川温泉《あたがわおんせん》に転地なさるのですか？
それでは、ご転入の手続《てつづ》きをおとりください。
お子《こ》さんの受験《じゅけん》のために転入なさるのですね？

引《いん》退《たい》

隠居《いんきょ》なさる
ご引退《いんたい》
引退《いんたい》なさる
ご退官《たいかん》
退官《たいかん》なさる
ご退職《たいしょく》
退職《たいしょく》なさる
ご退陣《たいじん》
退陣《たいじん》なさる
ご退任《たいにん》
退任《たいにん》なさる
ご定年《ていねん》
退《しりぞ》かれる
勇退《ゆうたい》なさる
リタイアなさる

隠居なさるなんて早過《はやす》ぎますよ、まだまだ現役《げんえき》ですよ。
ご引退の前《まえ》に、もうひと花咲《はなさ》かせてくださいな。
引退なさるなんて、まだまだもったいないですよ。
いよいよご退官ですか、釣《つ》り三昧《ざんまい》の日々《ひび》が始《はじ》まりますね。
退官なさった後《あと》はどちらへ？
ご退職の記念《きねん》に、一同《いちどう》からの「気持《きも》ち」をお受《う》け取《と》りください。
こんなに早《はや》く退職なさるとは、残念《ざんねん》です。
引《ひ》き際《ぎわ》が、とてもきれいなご退陣だと思《おも》いました。
ここはひとつ、潔《いさぎよ》く退陣なさるのが賢明《けんめい》だと思《おも》います。
任期《にんき》を満了《まんりょう》されて、いよいよご退任ですね、お疲《つか》れ様《さま》でした。
理事長《りじちょう》は立派《りっぱ》な業績《ぎょうせき》を残《のこ》して退任なさいました。
ご定年ですか、おめでとうございます。
潔《いさぎよ》く監督《かんとく》の職《しょく》を退かれるように、アドバイスなさったんですね？
監督《かんとく》は今期《こんき》限《かぎ》りで勇退なさるそうですね。
来春《らいしゅん》リタイアなさったら、遊《あそ》びましょう。

祝《いわ》う・言葉《ことば》

幾久《いくひさ》しく
お羨《うらや》ましい
お幸《しあわ》せ
お日柄《ひがら》
おめでたい
おめでとう
おめでとうございます
お慶《よろこ》びする[自]
輝《かがや》かれる
ご幸運《こううん》
ご幸福《こうふく》
幸多《さちおお》き
花《はな》をお添《そ》えになる
ご同慶《どうけい》
ご繁栄《はんえい》

幾久しく、どうぞお幸《しあわ》せに。
玉《たま》の輿《こし》とは、何《なん》ともお羨ましい。
どうぞ末永《すえなが》くお幸せに。／お父様《とうさま》もお幸せそうでしたね。
本日《ほんじつ》はお日柄も良《よ》く、ご結婚《けっこん》おめでとうございます。
それはそれは、おめでたいお話《はなし》ですね。
卒業《そつぎょう》おめでとう、これからだね。
ご昇進《しょうしん》おめでとうございます。
この度《たび》の受賞《じゅしょう》、心《こころ》からお慶び申《もう》しあげます。
ますますあなたの人生《じんせい》が輝かれるといいですね。
それは良《よ》かったわ、ご幸運に恵《めぐ》まれましたね。
おめでとう！　お二人《ふたり》のご幸福を陰《かげ》ながら祈《いの》ってるわ。
幸多きサッカー人生《じんせい》を歩《あゆ》んでください。
昇進《しょうしん》で、第一子誕生《だいいっしたんじょう》に花をお添えになりましたね。
なんとも痛快無比《つうかいむひ》、ご同慶の至《いた》りです。（手紙文《てがみぶん》）
お店《みせ》のますますのご繁栄を、お祈《いの》りいたします。（手紙文《てがみぶん》）

祝《いわ》う

お祝《いわ》い
お祝《いわ》い返《がえ》し
お祝《いわ》い事《ごと》
お祝《いわ》いする[自]
お祝《いわ》いの言葉《ことば》
お祝《いわ》いの品《しな》
お祝《いわ》いの席《せき》
お祝《いわ》い物《もの》
お誕生《たんじょう》祝《いわ》い
お祝辞《しゅくじ》
ご祝儀《しゅうぎ》(祝辞《しゅくじ》)
ご祝儀《しゅうぎ》(金《かね》)
ご祝儀袋《しゅうぎぶくろ》
ご祝宴《しゅくえん》
ご祝賀《しゅくが》

落成式《らくせいしき》には喜《よろこ》んでお祝いに伺《うかが》います。
お祝い返しの品《しな》を選《えら》びに行《い》ってきました。
父《ちち》の米寿《べいじゅ》のお祝い事ですから、どうぞ遠慮《えんりょ》なさらないで。
心《こころ》からお祝い申《もう》しあげます。
それでは、お友達《ともだち》から、お祝いの言葉をどうぞ。
先様《さきさま》のお顔《かお》を思《おも》い浮《う》かべながら、お祝いの品を選《えら》ぶのは楽《たの》しいわね。
早速《さっそく》、お祝いの席を設《もう》けましょう。
お祝い物を持《も》ってあがりました。
お誕生祝いに、ベビーシューズを二足《にそく》というのも気《き》が利《き》いてますね。
それでは、会長《かいちょう》からお祝辞を賜《たまわ》りたいと存《ぞん》じます。
ご祝儀は、短《みじか》い方《ほう》が喜《よろこ》ばれますよ。
過分《かぶん》なご祝儀を頂戴《ちょうだい》いたしまして、ありがとうございます。
ご祝儀袋は、中身《なかみ》にふさわしいものでいいと思《おも》います。
当選《とうせん》のご祝宴は、とても賑《にぎ》やかでしたね。
お国元《くにもと》では、ご祝賀の行事《ぎょうじ》が続《つづ》いているそうですね。

う

受《うけ》付《つけ》・案《あん》内《ない》

お客様《きゃくさま》
お名前《なまえ》
お約束《やくそく》
ご訪問《ほうもん》
ご用《よう》
ご用件《ようけん》
ご用《よう》向《む》き
承《うけたまわ》る
畏《かしこ》まる
お受《う》け付《つ》けする［自］
お申《もう》し付《つ》け
お入《い》り用《よう》
ご入用《にゅうよう》
ご不足《ふそく》
ご用事《ようじ》

お客様がお見《み》えになりました。
お客様《きゃくさま》のお名前を頂戴《ちょうだい》できますか？
本日《ほんじつ》は、お約束でいらっしゃいますか？
ご訪問の趣旨《しゅし》を、お聞《き》かせ願《ねが》えますか？
お急《いそ》ぎのご用でしょうか？
ご用件はどのようなことでございますか？
こちらにお見《み》えになったのは、どのようなご用向きでしょうか？
私《わたくし》でよろしかったら承ります。／係《かか》りの者《もの》が承ります。
畏まりました。しばらくお待《ま》ちください。
ご面会《めんかい》はこちらでお受け付けしております。
私《わたくし》に何《なん》なりとお申し付けください。
お入り用のものがございましたら、お申《もう》し付《つ》けください。
取材旅行《しゅざいりょこう》には、ワゴン車《しゃ》がご入用だそうですね。
ご不足のものは、ございませんか？
ご用事が済《す》むまで、ここでお待《ま》ちします。

ご用命《ようめい》
ご来社《らいしゃ》
お通《とお》しする[自]
お取《と》り次《つ》ぎする[自]
お見《み》えになる
ご案内《あんない》する[自]
応対《おうたい》なさる
御社《おんしゃ》
貴社《きしゃ》
ご担当者様《たんとうしゃさま》
当社《とうしゃ》
小社《しょうしゃ》
弊社《へいしゃ》
係《かか》りの者《もの》
担当《たんとう》の者《もの》

ご用命をいただきまして、ありがとうございます。
明日《みょうにち》、午後一時《ごごいちじ》にご来社ください、とのことです。
お客様《きゃくさま》を応接室《おうせつしつ》に、お通しいたしました。
ただいま、お取り次ぎいたします、少々《しょうしょう》お待《ま》ちください。
小説家《しょうせつか》の先生《せんせい》が、お見えになりました。
応接室《おうせつしつ》にご案内します。どうぞこちらへ…。
あの方《かた》はどなたにも穏《おだ》やかに応対なさるわね。
御社におかれましては、ますますのご発展《はってん》で…。
貴社の成長《せいちょう》の秘密《ひみつ》は、どこにあるんですか？
御社《おんしゃ》のご担当者様に、お伝《つた》え願《ねが》えませんか？
当社に限《かぎ》って、そのような偽装《ぎそう》はございません。
石《いし》の上《うえ》にも三年《さんねん》、小社もやっと軌道《きどう》に乗《の》りました。
弊社が社運《しゃうん》を賭《か》けた新製品《しんせいひん》を発表《はっぴょう》いたします。
ただいま、係りの者が参《まい》ります。
担当の者が承《うけたまわ》ります。／担当の者とお話《はな》しください。

え

選《えら》ぶ・迷《まよ》う

お選《えら》びする[自]
お選《えら》びください
お選《えら》びになる
お見立《みた》て
お見立《みた》てする[自]
お目《め》が高《たか》い
ご吟味《ぎんみ》
吟味《ぎんみ》なさる
選《え》り好《ごの》みなさる
ご選択《せんたく》
選抜《せんばつ》なさる
選考《せんこう》なさる
選別《せんべつ》なさる
お迷《まよ》いになる
お目移《めうつ》り

お似合《にあ》いの品《しな》を、私《わたし》がお選びいたしましょうか？
お客様《きゃくさま》のお好《す》きなお支払方法《しはらいほうほう》をお選びください。
いい人《ひと》をお選びになりましたね。
あなたのお見立てなら間違《まちが》いはないはずだ。
プレゼントですか？　良《よ》さそうなのをお見立てしましょうか？
さすがにお目が高いですね、恐《おそ》れ入《い》りました。
ご吟味は、もうお済《す》みですか？
十分《じゅうぶん》に吟味なさる方《ほう》がよろしいかと存《ぞん》じます。
そりゃ、選り好みなさるのはあなたのご自由《じゆう》ですけど。
あなたのご選択は間違《まちが》いないと思《おも》います。
最強《さいきょう》メンバーを選抜なさいましたね、監督《かんとく》！
応募作品《おうぼさくひん》を選考なさってください。
りんごは、糖度《とうど》で選別なさるそうですね。
どちらも捨《す》てがたい、お迷いになるのは当然《とうぜん》です。
いい男《おとこ》が揃《そろ》ったから、お目移りするのも無理《むり》ないわね。

遠慮《えんりょ》・我慢《がまん》

ご遠慮《えんりょ》
遠慮《えんりょ》なさる
お気《き》詰《づ》まり
お義理《ぎり》
お堪《こら》えになる
お断《た》ちになる
お控《ひか》えする[自]
お控《ひか》えになる
お減《へ》らしになる
我慢《がまん》なさる
気兼《きが》ねなさる
ご辛抱《しんぼう》
辛抱《しんぼう》なさる
自粛《じしゅく》なさる
自重《じちょう》なさる

どうか、お煙草《たばこ》はご遠慮ください。
遠慮なさらず、ご自分《じぶん》でお決《き》めになってください。
お気詰まりでしょうが、いましばらくのご辛抱《しんぼう》を。
お義理のチョコレートとはいえ、嬉《うれ》しいものですね。
ここはひとつ、お堪えになってくださいな、私《わたし》に免《めん》じて。
ご主人《しゅじん》の回復《かいふく》を願《ねが》って、好《す》きなコーヒーをお断ちになったの？
ご指示《しじ》のあるまで、ご連絡《れんらく》はお控えいたします。
アルコールはしばらく、お控えになった方《ほう》がいいですよ。
夜《よる》のお付《つ》き合《あ》いを、少《すこ》しお減らしになってくださいね。
数値《すうち》がもう少《すこ》し下《さ》がるまで、お酒《さけ》は我慢なさったら？
義理《ぎり》でもご兄弟《きょうだい》でしょ、気兼ねなさることはないと思《おも》いますけど。
もう一《いち》、二年《にねん》ご辛抱ください。／しばらく、ご辛抱ください。
石《いし》の上《うえ》にも三年《さんねん》というじゃない？　もう少《すこ》し辛抱なさったら？
どういう理由《りゆう》で自粛なさっているんですか？
お腹立《はらだ》ちでしょうが、ここは自重なさってください。

応募《おうぼ》・入選《にゅうせん》

ご応募《おうぼ》
応募《おうぼ》なさる
ご出願《しゅつがん》
出願《しゅつがん》なさる
ご出展《しゅってん》
出展《しゅってん》なさる
ご出品《しゅっぴん》
出品《しゅっぴん》なさる
投稿《とうこう》なさる
受《う》けられる
ご受賞《じゅしょう》
受賞《じゅしょう》なさる
ご入選《にゅうせん》
入選《にゅうせん》なさる
入賞《にゅうしょう》なさる

国民文化祭《こくみんぶんかさい》の「連句《れんく》」にご応募ください。
応募なさった論文《ろんぶん》が入賞《にゅうしょう》されたそうですね。
特許《とっきょ》ご出願の手続《てつづ》きは、もうお済《す》みですか？
画期的《かっきてき》な発明《はつめい》ですね、特許《とっきょ》を出願なさった方《ほう》がいいですよ。
久々《ひさびさ》のご出展、楽《たの》しみにしております。
この度《たび》出展なさる絵《え》は、何号《なんごう》ですか？
この度《たび》ご出品いただけたこと、厚《あつ》くお礼申《れいもう》しあげます。
公募展《こうぼてん》に出品なさったらいかがですか？
投稿なさった句《く》が、今朝《けさ》の新聞《しんぶん》に載《の》ってましたね。
この際《さい》、巡《めぐ》り合《あ》わせと思《おも》って表彰《ひょうしょう》を受けられたらいかがですか？
ご受賞記念《きねん》パーティーには出席《しゅっせき》させていただきます。
執念《しゅうねん》ですね、とうとうN賞《エヌしょう》を受賞なさるとは。
念願《ねんがん》のご入選、おめでとうございます。
入選なさったのは、今度《こんど》で何回目《なんかいめ》ですか？
国体《こくたい》のスキーで、入賞なさったことがあるそうですね。

送《おく》る・受《う》け取《と》る

お送《おく》りする[自]
お納《おさ》めする[自]
送《おく》っていただく
お包《つつ》みになる
お届《とど》け先《さき》
お届《とど》けする[自]
ご送付《そうふ》
ご送付《そうふ》する[自]
ご転送《てんそう》する[自]
ご郵送《ゆうそう》
発送《はっそう》なさる
お受《う》け取《と》りになる
ご査収《さしゅう》
拝受《はいじゅ》する
落手《らくしゅ》する

旬《しゅん》の牡蠣《かき》を少々《しょうしょう》お送りしました。
お約束《やくそく》の品《しな》、私《わたくし》が間違《まちが》いなくお納めします。
お手数《てすう》ですが、送っていただく訳《わけ》にはいきませんでしょうか？
出産《しゅっさん》のお祝《いわ》いを、お包みになったそうですね。
こちらに、お届け先をご記入《きにゅう》ください。
ご注文《ちゅうもん》の品《しな》は、のちほどお届けいたします。
ご送付先《さき》は、ご自宅《じたく》でよろしいでしょうか？
明日《あす》、まちがいなくご送付いたします。
最新《さいしん》のデータをそちら様《さま》へご転送いたします。
申込書《もうしこみしょ》は、ご郵送いただけますか？
展示品《てんじひん》は、もう発送なさいましたか？
京都《きょうと》から送《おく》らせましたので、お受け取りになってください。
お改《あらた》めの上《うえ》、ご査収の程《ほど》お願《ねが》い申《もう》しあげます。（手紙文《てがみぶん》）
クール便《びん》にて明太子《めんたいこ》を拝受しました。（手紙文《てがみぶん》）
お送《おく》りいただいた資料《しりょう》、本日《ほんじつ》、確《たし》かに落手いたしました。（手紙文《てがみぶん》）

教《おし》える・指導《しどう》

育成《いくせい》なさる
お教《おし》え
お教《おし》えする[自]
お教《おし》えになる
ご教育《きょういく》
教育《きょういく》なさる
啓発《けいはつ》なさる
ご講演《こうえん》
ご教示《きょうじ》
ご講義《こうぎ》
講義《こうぎ》なさる
お導《みちび》きになる
ご指導《しどう》
ご指導《しどう》する[自]
指導《しどう》なさる

多《おお》くの後進《こうしん》を育成なさった所長《しょちょう》の功績《こうせき》は、大《おお》きいと思《おも》います。
これからは、お教えの通《とお》りにいたします。
博識《はくしき》のあの方《かた》には、何《なに》もお教えすることはありません。
お教えいただいたおかげで、五段《ごだん》に合格《ごうかく》しました。
二代目《にだいめ》のご教育係《がかり》を仰《おお》せつかってしまったよ。
自然《しぜん》に囲《かこ》まれた所《ところ》でご子息《しそく》を教育なさるのが夢《ゆめ》と伺《うかが》いましたが…。
飲酒運転《いんしゅうんてん》の防止《ぼうし》は、もっと啓発なさる必要《ひつよう》がありますね。
実務的《じつむてき》で、とても仕事《しごと》に役《やく》に立《た》つご講演でした。
師範《しはん》、正《ただ》しい稽古《けいこ》の方法《ほうほう》をご教示ください。
あの先生《せんせい》の退官記念《たいかんきねん》のご講義、お聴《き》きになりました？
先生《せんせい》が倒《たお》れた？　昨日《きのう》までお元気《げんき》で講義なさっておられたのに。
どうぞ、私《わたし》をお導きください。
これからも変《か》わらず、ご指導くださいますように。
あの大先生《おおせんせい》にスキーをご指導することになりました。
あの宗匠《そうしょう》は、指導《しどう》なさるのがとてもお上手《じょうず》です。

驚《おどろ》く・焦《あせ》る

驚《おどろ》かれる
ぎくりとなさる
驚愕《きょうがく》なさる
緊張《きんちょう》なさる
動揺《どうよう》なさる
びっくりなさる
あくせくなさる
焦《あせ》られる
お焦《あせ》りになる
右往左往《うおうさおう》なさる
お取《と》り乱《みだ》しになる
おろおろなさる
ご狼狽《ろうばい》
狼狽《ろうばい》なさる
混乱《こんらん》なさる

さぞ驚かれたことと思《おも》います。／驚かれるのは無理《むり》もないわ。
ぎくりとなさったのは、図星《ずぼし》だったからでしょ？
一番弟子《いちばんでし》の訃報《ふほう》では、師匠《ししょう》が驚愕なさるのも無理《むり》はない。
そんなに緊張なさらないで、どうぞ気《き》をお楽《らく》に。
思《おも》わぬ結果《けっか》に、かなり動揺なさっているようですね。
突然《とつぜん》私《わたし》が現《あらわ》れて、びっくりなさったの？
そんなにあくせくなさると、お身体《からだ》に良《よ》くないわ。
焦られる気持《きも》ちも分《わ》かるけど、ここはじっと我慢《がまん》だと思《おも》います。
そんなにお焦りになると、できるものもできなくなりますよ。
グルメ本《ぼん》を手《て》に右往左往なさるなんて、あなたらしくないわね。
社長《しゃちょう》はマルサが入って、お取り乱しになっています。
そんなことでおろおろなさるなんて、情《なさ》けないですよ。
そのご狼狽ぶりは尋常《じんじょう》ではありませんね。
こんなことで狼狽なさらないで…。
あなたがそんなに混乱なさるなんて、珍《めずら》しいわね。

お参《まい》り

お祓《はら》い
お祓《はら》いになる
ご難続《なんつづ》き
お参《まい》り
お参《まい》りする
お伊勢参《いせまい》り
お寺参《てらまい》り
お百度参《ひゃくどまい》り
お宮参《みやまい》り
お礼参《れいまい》り
ご参詣《さんけい》
参詣《さんけい》なさる
お神籤《みくじ》
お清《きよ》めする
御手洗《みたらし》

深川《ふかがわ》のお不動《ふどう》さんで、車《くるま》のお祓いをしてもらいました。
浅草寺《せんそうじ》で厄《やく》をお祓いになったんですか？
このところ、何《なん》だかご難続きですね。
正月《しょうがつ》は成田山《なりたさん》へのお参りを欠《か》かしたことがありません。
受験《じゅけん》の前《まえ》に、天神様《てんじんさま》にお参りした方《ほう》がいいんじゃないの？
一生《いっしょう》に一度《いちど》くらいは、お伊勢参りをしたいね。
お寺参りも久《ひさ》しぶりだね。
あなたは私《わたし》がお百度参りをした理由《りゆう》をご存知《ぞんじ》かしら？
お孫《まご》さんのお宮参りですか？
天神様《てんじんさま》へ合格《ごうかく》のお礼参りに行《い》ってらっしゃい。
東照宮《とうしょうぐう》へのご参詣は、初《はじ》めてですか？
参詣なさる方《かた》は、こちらにお並《なら》びください。
お神籤に「大凶《だいきょう》」ってあるのかしら。
明日《あす》は祝日《しゅくじつ》ですから、参道《さんどう》をお清めしてくださいね。
お参《まい》りの前《まえ》には御手洗を忘《わす》れないようにしましょう。

お祭《まつ》り

お神楽《かぐら》
お行列《ぎょうれつ》
お旅所《たびしょ》
お稚児《ちご》さん
お練《ね》り
お囃子《はやし》
お捻《ひね》り
お祭《まつ》り
お神酒《みき》
お神輿《みこし》
お面《めん》
お蠟燭《ろうそく》
ご祭典《さいてん》
ご祭礼《さいれい》
ご例祭《れいさい》

お神楽のお面《めん》のような恐《こわ》い顔《かお》しないでくださいよ。
今年《ことし》はお行列の主役《しゅやく》をなさるんですって？
お旅所に今《いま》、お神輿《みこし》が到着《とうちゃく》しました。
もうじき、可愛《かわい》いお稚児さんの行列《ぎょうれつ》が通《とお》りますよ。
山車《だし》のお練りが始《はじ》まりましたね。
今年《ことし》も、子《こ》どもたちのお囃子の練習《れんしゅう》が始《はじ》まりましたね。
わぁ～びっくり、舞台《ぶたい》がお捻りでいっぱいですよ。
お祭りが近《ちか》づくと、何《なん》だか浮《う》き浮《う》きしてくるね。
昔《むかし》から、お神酒あがらぬ神《かみ》はなしって言《い》いますからね。
お神輿は、神様《かみさま》をお運《はこ》びする気持《きも》ちで担《かつ》がないといけないよ。
この小面《こおもて》のお面は、まるで生《い》きているようですね。
提灯《ちょうちん》のお蠟燭に火《ひ》をつけてくださいね。
開基千年《かいきせんねん》のご祭典が、滞《とどこお》りなく営《いとな》まれました。
今年《ことし》は四年《よねん》に一度《いちど》のご祭礼ですね。
今年《ことし》のご例祭には、大《おお》きな宮神輿《みやみこし》が出《で》るそうですね。

お礼《れい》

ありがとう
おおきに
おかげ
おかげ様《さま》
お世話《せわ》になる
お礼《れい》
お礼《れい》にあがる
お礼状《れいじょう》
お礼《れい》のお品《しな》
お礼回《れいまわ》り
お礼《れい》をする
ご丁重《ていちょう》
ご丁寧《ていねい》
ご厄介《やっかい》
毎度《まいど》

飛《と》び切《き》りの笑顔《えがお》を、どうもありがとう。
毎度《まいど》おおきに！　三河屋《みかわや》です。
私《わたし》の今日《こんにち》があるのも、お世話《せわ》になった先生《せんせい》のおかげです。
おかげ様で、この度《たび》は大助《おおだす》かりでした。
その節《せつ》はお世話になりました。／永《なが》らくお世話になりました。
こんなにしていただいて、お礼の申《もう》しあげようもありません。
一度《いちど》、ゆっくりお礼にあがります。
旅《たび》から戻《もど》ると、すぐにお礼状を書《か》かれるそうですね。
お礼のお品をお持《も》ちしました。／お礼のお品を選《えら》ぶのも難《むずか》しいね。
一軒《いっけん》ずつお礼回りをする方《ほう》がいい、と言《い》われました。
あなた方《がた》には十分《じゅうぶん》、お礼をさせてもらいますよ。
ご丁重なお見舞《みまい》をいただき、恐縮《きょうしゅく》しております。
これはこれはご丁寧に。／まあご丁寧に。／ご丁寧に恐《おそ》れ入《い》ります。
いつも主人《しゅじん》がご厄介になりまして。
毎度！　ご贔屓《ひいき》いただきまして、ありがとうございます。

終《お》わり・終《お》わる

お終《しま》い
お済《す》ませになる
お済《す》み
お済《す》みになる
お閉《と》じになる
お披楽喜《ひらき》
お開《ひら》き
終《お》わらせていただく
終《お》わりになさる
ご終了《しゅうりょう》
終了《しゅうりょう》なさる
解散《かいさん》なさる
ご決着《けっちゃく》
決着《けっちゃく》なさる
清算《せいさん》なさる

さあ、これでお終いにしましょ。／お終いまでお聞《き》きください。
先《さき》に手続《てつづ》きをお済ませになる方《ほう》がいいですよ。
お昼《ひる》はもうお済み？　良《よ》かったらご一緒《いっしょ》に。
手続《てつづ》きがお済みになるまで、ここでお待《ま》ちします。
今日《きょう》で、鉄道員人生《てつどういんじんせい》の幕《まく》を、お閉じになるんですね。
ご両家《りょうけ》のご披露宴《ひろうえん》は、これにてお披楽喜でございます。
そろそろお開きにしようじゃないか、皆《みな》さん、お手《て》を拝借《はいしゃく》。
この一件《いっけん》をもって私《わたし》の役目《やくめ》を終わらせていただきます。
地方巡業《ちほうじゅんぎょう》は今年《ことし》で終わりになさると伺《うかが》いましたが…。
本日《ほんじつ》でパソコン上級《じょうきゅう》コースがご終了です。お疲《つか》れ様《さま》でした。
これで無事《ぶじ》、正規《せいき》のコースを終了なさいました。
バンドを解散なさると聞《き》いて驚《おどろ》きました。
お二人《ふたり》のもめごとも、これでご決着ですね。
そんなことは早《はや》く決着なさるべきですよ。
彼《かれ》のこと、早《はや》く清算なさる方《ほう》がいいわよ。

買《か》う・売《う》る

いただく
お買上《かいあげ》
お買物《かいもの》
お買《か》いになる
買物《かいもの》なさる
お買《か》い求《もと》めになる
お求《もと》めになる
ご購入《こうにゅう》
購入《こうにゅう》なさる
ご利用《りよう》
お売《う》りする[自]
お売《う》りになる
お譲《ゆず》りする[自]
お譲《ゆず》りになる
販売《はんばい》なさる

それほどおっしゃるなら、あなたを信《しん》じて、ひとついただくわ。
お買上いただきまして、ありがとうございます。
それはいいお買物をなさいましたね。
箱《はこ》でまとめて、お買いになっているそうですね。
いつも、週末《しゅうまつ》にまとめて買物なさるんですか？
前売券《まえうりけん》をお買い求めになるお客様《きゃくさま》は、こちらへどうぞ。
このお皿《さら》は、どちらでお求めになったんですか？
いつも当社製品《とうしゃせいひん》をご購入いただき、ありがとうございます。
この百科事典《ひゃっかじてん》を購入なさるなら、分割払《ぶんかつばら》いでも結構《けっこう》です。
特売品《とくばいひん》のコーナーを、どうぞご利用ください。
非売品《ひばいひん》ですが、それほどおっしゃるなら、お売りしましょう。
その株《かぶ》、一刻《いっこく》も早《はや》くお売りになった方《ほう》がいいわよ。
この宝石《ほうせき》、もっと相応《ふさわ》しい方《かた》にお譲りしたいのですが。
お譲りになるなら、コレクターをご紹介《しょうかい》しましょう。
お店《みせ》で販売なさっているお面《めん》は、バリ島《とう》のものですか？

買《か》う・商品《しょうひん》

お品《しな》
お品物《しなもの》
お求《もと》めの品《しな》
ご希望《きぼう》の品《しな》
お歳暮《せいぼ》
お中元《ちゅうげん》
お遣《つか》い物《もの》
ご進物《しんもつ》
ご贈答品《ぞうとうひん》
お勧《すす》め品《ひん》
お勤《つと》め品《ひん》
お引換券《ひきかえけん》
ご優待券《ゆうたいけん》
謹製《きんせい》
ご用達《ようたし》

お客様《きゃくさま》、お探《さが》しのお品はこちらでは？
お目《め》が高《たか》い。こちらのお品物は特別製《とくべつせい》です。
お求めの品は、こちらの八点《はってん》でございますね？
ご希望の品は大変《たいへん》な人気《にんき》で、ただいま切《き》らしております。
お世話《せわ》になったあの方《かた》に、お歳暮をお贈《おく》りします。
今年《ことし》のお中元は何《なに》にしましょうか？
お客様《きゃくさま》、これはお遣い物ですか？　ご自宅用《じたくよう》ですか？
ご進物ですか、それともお持《も》ち帰《かえ》りですか？
こちらはご贈答品として大変人気《たいへんにんき》があります。
こちらが当店《とうてん》のお勧め品でございます。
お勤め品を探《さが》し歩《ある》くのも楽《らく》じゃないわね。
お引換券をお持《も》ちですか？
どうぞ、こちらのご優待券をお使《つか》いください。
創業百年《そうぎょうひゃくねん》、当店《とうてん》謹製の羊羹《ようかん》でございます。
お醤油《しょうゆ》にも、宮内庁《くないちょう》ご用達があるのですね。

買《か》う・注文《ちゅうもん》

お決《き》まり
お探《さが》し
お探《さが》しする[自]
お詰《つ》めする[自]
お手《て》に取《と》る
お取《と》り置《お》きする[自]
お取《と》り寄《よ》せ
お願《ねが》いする[自]
お持《も》ち帰《かえ》り
お持《も》ちする[自]
お持《も》ちになる
ございます
ご注文《ちゅうもん》
注文《ちゅうもん》なさる
発注《はっちゅう》なさる

ご注文《ちゅうもん》は、お決まりですか?
お客様《きゃくさま》、何《なに》かお探しでしょうか?
少々《しょうしょう》お待《ま》ちください、お探しして参《まい》ります。
このお祝《いわ》いの品《しな》、桐箱《きりばこ》にお詰めいたしますか?
どうぞ、お手に取ってご覧《らん》ください。
それでは、お取り置きいたしましょうか?
この本《ほん》は、お取り寄せになりますが。
打《う》ちたて、茹《ゆ》でたてをお願いします。
お持ち帰りですか? ドライアイスは一時間分《いちじかんぶん》でよろしいでしょうか?
何《なに》か冷《つめ》たいものでもお持ちしましょうか?
お客様《きゃくさま》、お持ちになりますか? それともお送《おく》りしますか?
お茶碗《ちゃわん》をお探《さが》しですか? 珍《めずら》しい白天目《はくてんもく》もございますが…。
ご注文の品《しな》はお揃《そろ》いでしょうか?
今日《きょう》は何《なに》を注文なさいますか?
新型《しんがた》モデルを発注なさったとか、楽《たの》しみですね。

買《か》う・値段《ねだん》

おいくら
お値段《ねだん》
お高《たか》い
お高《たか》め
お安《やす》い
お値打《ねう》ちもの
お得《とく》
お買得《かいどく》
お手頃《てごろ》
お徳用《とくよう》
ご奉仕《ほうし》価格《かかく》
お付《つ》けする[自]
お引《ひ》きする[自]
おまけ
おまけする

このコロッケ、ひとつおいくら？
お値段を伺《うかが》ってびっくり。／お値段はどこにも負《ま》けません。
さすがに、イタリア製《せい》はお高いのね。
こちらは素材《そざい》が貴重《きちょう》な分《ぶん》、少々《しょうしょう》お高めになっております。
けっしてお安くはありませんが、しっかりとした品物《しなもの》です。
この花瓶《かびん》は、お値打ちものですよ。
いい物《もの》は長持《ながも》ちしますから、結局《けっきょく》、お得です。
こちらは本日《ほんじつ》のお買得商品《しょうひん》でございます。
こちらはお手頃価格《かかく》になっております。
こちらの洗剤《せんざい》が、お徳用になっております。
こちらはご奉仕価格になっております。
本日《ほんじつ》お買上《かいあげ》の方《かた》には、ポイントを三倍《さんばい》お付けします。
サービス期間中《きかんちゅう》ですので、一割《いちわり》お引きいたします。
おまけがつくと聞《き》くと、つい買《か》ってしまうのよね。
奥《おく》さん、今日《きょう》は特別《とくべつ》に、おまけしましょう。

返《かえ》す・直《なお》す

お返《かえ》しする〔自〕
お返《かえ》しになる
お取《と》り替《か》えする〔自〕
お直《なお》しする〔自〕
お直《なお》しになる
お帰《かえ》しになる
ご修理《しゅうり》
ご返却《へんきゃく》
返却《へんきゃく》なさる
ご返送《へんそう》
返送《へんそう》なさる
返上《へんじょう》なさる
ご返品《へんぴん》
返品《へんぴん》なさる
返還《へんかん》なさる

お借《か》りした資料《しりょう》、明日《あす》必《かなら》ずお返しします。
あの献金《けんきん》は、お返しになった方《ほう》がよろしいのでは？
傷《きず》がありますね。新《あたら》しい物《もの》とお取り替えいたします。
お直ししたテレビは、その後《ご》いかがですか？
居間《いま》をフローリングにお直しになるのですね？
車《くるま》は会社《かいしゃ》に、お帰しになったんですか？
パソコンのご修理でしたら、私《わたし》どもが承《うけたまわ》ります。
お渡《わた》しした資料《しりょう》は、ご返却には及《およ》びません。
図書館《としょかん》で借《か》りた本《ほん》は返却なさったんですか？
先日《せんじつ》の資料《しりょう》、速達《そくたつ》でご返送ください。
返送なさる時《とき》は、こわれ物《もの》のシールを貼《は》ってくださいね。
休日《きゅうじつ》を返上なさるなんて、仕事《しごと》の鬼《おに》ですね。
ご返品でしたら、一週間《いっしゅうかん》以内《いない》にお願《ねが》いいたします。
色《いろ》が違《ちが》うなら、返品なさった方《ほう》がよろしいですよ。
記念《きねん》の年《とし》ですから、優勝旗《ゆうしょうき》を返還なさる必要《ひつよう》はありません。

帰《かえ》る

お帰《かえ》り
お帰《かえ》りになる
帰《かえ》られる
お里帰《さとがえ》り
お戻《もど》りになる
戻《もど》られる
帰京《ききょう》される
帰省《きせい》される
ご帰宅《きたく》
ご帰還《きかん》
帰宅《きたく》される
ご帰郷《ききょう》
ご帰国《きこく》
ご帰朝《きちょう》
午前様《ごぜんさま》

お帰りをお待《ま》ちしておりました。
お客様《きゃくさま》は、先《さき》ほどお帰りになりました。
何年《なんねん》ぶりですか？　日本《にほん》に帰られるのは。
お孫《まご》さんを連《つ》れてのお里帰り、親御《おやご》さんはお喜《よろこ》びでしょうね。
部長《ぶちょう》はお戻りになりましたでしょうか？
部長《ぶちょう》は何時頃《なんじごろ》に戻られるご予定《よてい》ですか？
午前《ごぜん》の便《びん》で帰京されるのですね、空港《くうこう》までお迎《むか》えにあがります。
久《ひさ》しぶりに帰省されて、ご家族《かぞく》がお喜《よろこ》びになったでしょう。
ご主人《しゅじん》は、ご帰宅でしょうか？
社長《しゃちょう》が帰宅されるのは、かなり遅《おそ》い時間《じかん》になると思《おも》います。
先生《せんせい》はアフガンから無事《ぶじ》ご帰還になりました。
久《ひさ》しぶりのご帰郷、後援会《こうえんかい》の皆様《みなさま》が楽《たの》しみにしているでしょうね。
博士《はかせ》のご帰国を、みんな首《くび》を長《なが》くして待《ま》っています。
ご帰朝報告会《ほうこくかい》には、ぜひとも出席《しゅっせき》させていただきます。
また昨日《きのう》も午前様だったんですか、いけませんねぇ。

書《か》く

お書《か》きする［自］
お書《か》きになる
書《か》かれる
お訳《やく》しになる
加筆《かひつ》なさる
ご寄稿《きこう》
記載《きさい》なさる
ご記述《きじゅつ》
ご記入《きにゅう》
ご校閲《こうえつ》
ご口述《こうじゅつ》
ご執筆《しっぴつ》
執筆《しっぴつ》なさる
ご推敲《すいこう》
ご明記《めいき》

私《わたし》が代《か》わって、お礼状《れいじょう》をお書きしましょうか？
あの夏《なつ》の日《ひ》のことは、ぜひ、お書きになってください。
半世紀《はんせいき》のご体験《たいけん》をもとに、自叙伝《じじょでん》を書かれたのですね。
源氏物語《げんじものがたり》を現代語《げんだいご》にお訳しになったんですね？
先生《せんせい》が加筆なさると、不思議《ふしぎ》と論文《ろんぶん》が生《い》き生《い》きとしてきます。
新《あたら》しい雑誌《ざっし》へも、ぜひご寄稿ください。楽《たの》しみにしております。
書類《しょるい》に必要事項《ひつようじこう》を記載なさってください。
報告書《ほうこくしょ》にそんなご記述があったんですか？
この書類《しょるい》に、必要事項《ひつようじこう》をご記入ください。
先生《せんせい》、明日《あす》の朝《あさ》までにご校閲をお願《ねが》いいたします。
水《みず》の流《なが》れるようなご口述には、ほとほと感心《かんしん》しました。
ついに、長編小説《ちょうへんしょうせつ》をご執筆ですね。
執筆なさるのは夜《よる》ですか、それとも昼間《ひるま》？
明日《あす》の朝《あさ》までに、ご推敲をお願《ねが》いいたします。
お届《とど》け先《さき》のご住所《じゅうしょ》、お電話番号《でんわばんごう》をご明記ください。

書《か》く・文章《ぶんしょう》

お原稿《げんこう》
玉稿《ぎょっこう》
貴著《きちょ》
ご手記《しゅき》
ご著書《ちょしょ》
ご本《ほん》
ご刊行《かんこう》
ご出版《しゅっぱん》
貴誌《きし》
貴紙《きし》
小誌《しょうし》
拙著《せっちょ》
拙文《せつぶん》
弊誌《へいし》
弊紙《へいし》

それでは一週間後《いっしゅうかんご》に、お原稿を頂戴《ちょうだい》にあがります。
早々《そうそう》に玉稿を賜《たまわ》り、厚《あつ》くお礼申《れいもう》しあげます。（手紙文《てがみぶん》）
貴著のご指摘《してき》はとても斬新《ざんしん》だと存《ぞん》じます。（手紙文《てがみぶん》）
引揚《ひきあ》げ体験《たいけん》のご手記は、涙《なみだ》なくして読《よ》めません。
ご著書の指摘《してき》には感服《かんぷく》しました。よくぞ書《か》いてくれました！
お書《か》きになったご本、拝読《はいどく》しました。
自叙伝《じじょでん》のご刊行、おめでとうございます。
いよいよ念願《ねんがん》のご出版が決《き》まりましたね。
貴誌をぜひ購読《こうどく》いたしたく、一部申《いちぶもう》し込《こ》みます。（手紙文《てがみぶん》）
貴紙の信条《しんじょう》はどこにおありなのでしょうか？（手紙文《てがみぶん》）
インターネット全盛《ぜんせい》で、小誌も苦戦《くせん》しております。
拙著をお読《よ》みいただけましたか、ありがとうございます。
拙文をお読《よ》みいただき、恐縮《きょうしゅく》です。
弊誌にも、ご執筆《しっぴつ》いただけないでしょうか？
弊紙の論調《ろんちょう》をどうお考《かんが》えですか？／弊紙の会長《かいちょう》は個性的《こせいてき》でして…。

獲《かく》得《とく》

お集《あつ》めになる
お摑《つか》みになる
手《て》に入《い》れられる
お増《ふ》やしになる
ご獲得《かくとく》
獲得《かくとく》なさる
ご収穫《しゅうかく》
収穫《しゅうかく》なさる
ご収集《しゅうしゅう》
収集《しゅうしゅう》なさる
ご手中《しゅちゅう》
ご所蔵《しょぞう》
取得《しゅとく》なさる
独占《どくせん》なさる
入手《にゅうしゅ》なさる

世間《せけん》の注目《ちゅうもく》をお集めになるご気分《きぶん》は、いかが？
とうとう、幸《しあわ》せをお摑みになりましたね、おめでとう！
運慶《うんけい》の仏像《ぶつぞう》を、偶然《ぐうぜん》手に入れられたんですって？
浮世絵《うきよえ》のコレクションを、またお増やしになったんですね。
今週《こんしゅう》はボーナスポイントご獲得のチャンスですよ。
何《なに》やら大《おお》きな賞金《しょうきん》を獲得なさったという噂《うわさ》ですよ。
ほう、松茸《まつたけ》を三本《さんぼん》も、それはご収穫でしたね。
見事《みごと》なさくらんぼ、そろそろ収穫なさる時期《じき》ですね。
切手《きって》をご収集ですか、お小《ちい》さい頃《ころ》から？
コインを収集なさるのがご趣味《しゅみ》と伺《うかが》いましたが。
連勝《れんしょう》して、タイトルをほぼご手中になさいましたね。
国宝級《こくほうきゅう》の軸《じく》をご所蔵というお話《はなし》ですが…。
小型船舶免許《こがたせんぱくめんきょ》を取得なさったんですって？
今年《ことし》は主《おも》な賞《しょう》を独占なさいましたね。
西行《さいぎょう》の貴重《きちょう》な資料《しりょう》を入手なさったそうですね。

確認《かくにん》・疑《うたが》う

お疑《うたが》い
お疑《うたが》いになる
疑《うたが》いをお持《も》ちになる
首《くび》を傾《かし》げられる
ご不審《ふしん》
ご不明《ふめい》
お疑《うたが》いが晴《は》れる
お改《あらた》めになる
お確《たし》かめする［自］
お確《たし》かめになる
ご確認《かくにん》
ご確認《かくにん》する［自］
確認《かくにん》なさる
ご納得《なっとく》
納得《なっとく》なさる

そんなお疑いはあんまりでございます。／そのお疑いは心外《しんがい》です。
何《なに》を根拠《こんきょ》に、私《わたし》をお疑いになるのですか？
私《わたし》に疑いをお持《も》ちになるなんて、ひどい！
納得《なっとく》がいかないのか、あの方《かた》、何度《なんど》も首を傾げられていましたよ。
ご不審の点《てん》がございましたら、お申《もう》し出《で》ください。
ご不明の点《てん》がございましたら、ご説明《せつめい》いたします。
お疑いが晴れましたか？　疑問《ぎもん》があれば何《なん》なりとおっしゃって。
八百円《はっぴゃくえん》のお返《かえ》しです。お改めください。
ご住所《じゅうしょ》をお確かめいたしますので、少々《しょうしょう》お待《ま》ちください。
ご注文《ちゅうもん》の品《しな》はお揃《そろ》いでしょうか、お確かめください。
お送《おく》りしたファックスの内容《ないよう》を、ご確認ください。
ただ今《いま》、ご確認いたします、少々《しょうしょう》お待《ま》ちください。
お求《もと》めの品《しな》、もう一度《いちど》確認なさいますか？
どうしても、ご納得がいただけませんか？
そんな説明《せつめい》では、お客様《きゃくさま》が納得なさるはずがありません。

勝《か》つ・競争《きょうそう》

挑《いど》まれる
お勝《か》ちになる
お倒《たお》しになる
お突《つ》きになる
お手《て》の内《うち》
お負《ま》かしになる
お破《やぶ》りになる
競《きそ》われる
競争《きょうそう》なさる
ご成算《せいさん》
ご対決《たいけつ》
ご挑戦《ちょうせん》
挑戦《ちょうせん》なさる
阻《はば》まれる
優勝《ゆうしょう》なさる

そりゃあなた、論戦《ろんせん》を挑まれるべきでしょう。
そんなに続《つづ》けてお勝ちになると、あとが怖《こわ》いですよ。
チャンピオンをお倒しになったそうですね？
あなたは相手《あいて》の弱点《じゃくてん》をお突きになるのが、上手《うま》いですね。
お手の内を相手《あいて》に読《よ》まれたら、敗《ま》けですよ。
駒落《こまお》ちとはいえ、名人《めいじん》をお負かしになるとは、すごい！
強敵《きょうてき》をお破りになったのね、お見事《みごと》！
ご兄弟《きょうだい》で競われるのは、いいことだと思《おも》いますよ。
そんな弱腰《よわごし》で競争なさるおつもりですか？
相手《あいて》は強《つよ》そうよ、ご成算はあるんですか？
お二人《ふたり》のご対決を拝見《はいけん》するのが楽《たの》しみです。
博士《はかせ》、それは未知《みち》の世界《せかい》へのご挑戦ということですね。
大食《おおぐ》い選手権《せんしゅけん》に挑戦なさるって本当《ほんとう》ですか？
ライバルチームの連続優勝《れんぞくゆうしょう》を阻まれたんですね、おめでとう。
技能《ぎのう》オリンピックで優勝なさったことがあるそうですね。

がっかり

意気《いき》消沈《しょうちん》なさる
萎縮《いしゅく》なさる
うなだれていらっしゃる
落《お》ち込《こ》まれる
お塞《ふさ》ぎになる
肩《かた》を落《お》とされる
がっかりなさる
気《き》を落《お》とされる
ご失望《しつぼう》
失望《しつぼう》なさる
ご消沈《しょうちん》
ご落胆《らくたん》
落胆《らくたん》なさる
力《ちから》を落《お》とされる
悲観《ひかん》なさる

失敗《しっぱい》したからって、そんなに意気消沈なさらなくても…。
そんなに萎縮なさることはないわよ、胸《むね》を張《は》って！
お母様《かあさま》は、息子《むすこ》さんの不祥事《ふしょうじ》にうなだれていらっしゃいました。
ずいぶん落ち込まれていますね、元気《げんき》を出《だ》してください。
そんなに、お塞ぎにならないでくださいね。
大会《たいかい》に出場《しゅつじょう》できなくなって、監督《かんとく》はがっくり肩を落とされています。
そんなに、がっかりなさらないでください。
チャンスを逃《のが》して、気を落とされるのは無理《むり》もない。
ご失望の色《いろ》が、お顔《かお》に出《で》ていますよ。
まだお若《わか》いんだから、失望なさることはありません。
どうなさったの？　ひどくご消沈のようですが。
棟梁《とうりょう》は、台風《たいふう》で五重塔《ごじゅうのとう》が破壊《はかい》されて、ご落胆のご様子《ようす》です。
明《あ》けない夜《よる》はないと言《い》いますよ、そんなに落胆なさらずに。
そんなに力を落とされることはありませんよ。
就職《しゅうしょく》試験《しけん》に落《お》ちたくらいで悲観なさることはありませんよ。

学《がっ》校《こう》

学生《がくせい》さん
生徒《せいと》さん
ご父兄《ふけい》
貴校《きこう》
当校《とうこう》
受《う》け持《も》たれる
ご参観《さんかん》
参観《さんかん》なさる
ご出題《しゅつだい》
出題《しゅつだい》なさる
授業《じゅぎょう》なさる
ご担任《たんにん》
担任《たんにん》なさる
ご来校《らいこう》
来校《らいこう》なさる

お勤《つと》めしてらっしゃるの？　学生さんかと思《おも》いました。
あの方《かた》は、生徒さんたちに人気《にんき》のある先生《せんせい》なんですよ。
下校時《げこうじ》の見守《みまも》りを、ご父兄の皆様《みなさま》にお願《ねが》いいたします。
貴校の国立大学進学率《こくりつだいがくしんがくりつ》はすごいですね。
当校は、小中一貫教育《しょうちゅういっかんきょういく》を実施《じっし》しております。
物理《ぶつり》を受け持たれていらっしゃるんですか？
ご父兄《ふけい》の皆様《みなさま》に、学芸会《がくげいかい》のご参観をお願《ねが》いいたします。
参観なさる方《かた》は、ここで上履《うわば》きに履《は》き替《か》えてください。
先生《せんせい》のご出題のテーマは「環境《かんきょう》」です。
入社試験《にゅうしゃしけん》の問題《もんだい》を近代史《きんだいし》から出題なさったんですか？
あの先生《せんせい》が授業なさるのは、今日《きょう》が最後《さいご》です。
帰国子女《きこくしじょ》クラスをご担任ですか、面白《おもしろ》そうですね。
小学一年生《しょうがくいちねんせい》を担任なさるのは大変《たいへん》ですね。
創立記念日《そうりつきねんび》にご来校いただきまして、感激《かんげき》です。
ノーベル賞受賞《しょうじゅしょう》の先生《せんせい》が来校なさるのは、今回《こんかい》で二度目《にどめ》です。

お試験《しけん》
お受験《じゅけん》
受験《じゅけん》なさる
合格《ごうかく》なさる
ご入園《にゅうえん》
ご入学《にゅうがく》
入学《にゅうがく》なさる
ご通学《つうがく》
通学《つうがく》なさる
登校《とうこう》なさる
ご進学《しんがく》
進学《しんがく》なさる
ご卒業《そつぎょう》
卒業《そつぎょう》なさる
落第《らくだい》なさる

お試験の日《ひ》は、大雪《おおゆき》で大変《たいへん》でした。
お宅《たく》は、お受験はどうなさるの？
驚《おどろ》いた、お嬢《じょう》さんは十校《じゅっこう》も受験なさったんですって？
志望校《しぼうこう》に合格なさって良《よ》かったですね、おめでとう。
春《はる》から幼稚園《ようちえん》にご入園ですか？　おめでとう。早《はや》いものですね。
ご入学の記念撮影《きねんさつえい》は、当店《とうてん》で承《うけたまわ》ります。
ご長男《ちょうなん》は国立大学《こくりつだいがく》の医学部《いがくぶ》に入学なさるそうですね。
遠距離《えんきょり》のご通学は大変《たいへん》でしたね。
満員《まんいん》のメトロを乗《の》り継《つ》いで通学なさったそうですね。
坊《ぼっ》ちゃん、元気《げんき》に登校なさってますか？
お父様《とうさま》と同《おな》じ学校《がっこう》にご進学ですか？
工学部《こうがくぶ》に進学なさるんですか、将来《しょうらい》が楽《たの》しみですね。
ご卒業おめでとう。就職《しゅうしょく》は都庁《とちょう》だそうですね。
やっと卒業なさるのね、感無量《かんむりょう》でしょう？
おじ様《さま》は、麻雀《マージャン》ばかりしていて落第なさったらしいわよ。

金《かね》

お金《かね》
お足《あし》
お札《さつ》
おぜぜ
お宝《たから》
お金《かね》持《も》ち
お大尽《だいじん》
ご身代《しんだい》
お金儲《かねもう》け
お稼《かせ》ぎになる
稼《かせ》がれる
お築《きず》きになる
工面《くめん》なさる
ご調達《ちょうたつ》
調達《ちょうたつ》なさる

お金では買《か》えないものもあるんですよ。
お足とはよく言《い》ったもんですね、逃《に》げ足《あし》が本当《ほんとう》に早《はや》い。
手《て》の切《き》れるようなお札を釣銭《つりせん》にしてる店《みせ》は、気分《きぶん》がいいですね。
このところ空《から》っ穴《けつ》でしてね。おぜぜの顔《かお》が見《み》たい！
お宝は大事《だいじ》に使《つか》わなくちゃいけないよ。
あなたって案外《あんがい》お金持ちだったのね、あら失礼《しつれい》。
私《わたし》どもと違《ちが》って、こちらはお大尽ですから…。
指《ゆび》折《お》りの旧家《きゅうか》だけあって、ご身代は相当《そうとう》なものらしい。
棟梁《とうりょう》はお金儲けが全《まった》く下手《へた》な人《ひと》なんです。
そんなにしゃかりきにお稼ぎになって、どうなさるの？
せっせと稼がれているそうですね。
代々《だいだい》お築きになった財産《ざいさん》を、一夜《いちや》でつぶす気《き》ですか？
そんな大金《たいきん》を、どうやって工面なさるおつもりですか？
僧正《そうじょう》は山門《さんもん》の建設《けんせつ》資金《しきん》を、とうとうご調達になりました。
どこから資金《しきん》を調達なさったんですか？

金《かね》・会計《かいけい》

お愛想《あいそ》
お会計《かいけい》
お勘定《かんじょう》
お代《だい》
お代金《だいきん》
お返《かえ》し（お釣《つ》り）
お釣《つ》り
細《こま》かいの
お立《た》て替《か》えする［自］
お立《た》て替《か》えになる
お持《も》ちあわせ
ご請求《せいきゅう》
ご請求《せいきゅう》する［自］
請求《せいきゅう》なさる
上様《うえさま》

美味《おい》しいお料理《りょうり》でした。お愛想してください。
お会計をお願《ねが》いします。
お勘定をお願《ねが》いします。／お勘定はいかほどでしょうか。
こちらはお代済《す》みでございます。
お代金は先《さき》に頂戴《ちょうだい》しています。
六千円《ろくせんえん》のお返しです、どうぞお確《たし》かめください。
どうぞ、お釣りをお返《かえ》しいたします。
細かいのをお持《も》ちではありませんか？
とりあえず、お立て替えしておきましたから…。
課長《かちょう》がお立て替えになったんですか？
生憎《あいにく》と、その日《ひ》はお持ち合わせが無《な》かったらしいの。
それでは、先日《せんじつ》の打《う》ち合《あ》わせ通《どお》りご請求ください。
先日《せんじつ》の一件《いっけん》、ご請求してよろしいでしょうか？
期限《きげん》はとうに過《す》ぎています。請求なさる方《ほう》がよろしいかと…。
領収書《りょうしゅうしょ》の宛先《あてさき》は、上様としてください。

金《かね》・貸《か》し借《か》り

お返《かえ》しする[自]
ご返済《へんさい》
返済《へんさい》なさる
お貸《か》しする[自]
お貸《か》しになる
お借《か》りする[自]
拝借《はいしゃく》
ご入用《にゅうよう》
肩代《かたが》わりなさる
ご融通《ゆうずう》
ご用立《ようだ》て
ご用立《ようだ》てする[自]
ご催促《さいそく》
催促《さいそく》がましい
催促《さいそく》なさる

給料《きゅうりょう》が入《はい》り次第《しだい》、お返しいたします。
今年中《ことしじゅう》に何《なん》とか、ご返済いただきたいのですが…。
宝《たから》くじを当《あ》てて、ローンを一括《いっかつ》返済なさったんですって?
お困《こま》りのようですから、お貸ししましょう。
金《かね》をお貸しになるのは、友人《ゆうじん》を失《な》くすことですよ。
それでは、ありがたくお借りいたします。
少々《しょうしょう》、拝借させていただけませんでしょうか?
現金《げんきん》をいかほどご入用ですか?
あの借財《しゃくざい》を肩代わりなさるとは、太《ふと》っ腹《ぱら》ですね。
漁労長《ぎょろうちょう》、五万円《ごまんえん》ほど、ご融通願《ねが》えませんか?
少《すこ》し、ご用立て願《ねが》えませんか?
では、あなたを信用《しんよう》して、ご用立てしましょう。
度々《たびたび》ご催促いただいて恐縮《きょうしゅく》ですが、もうしばらくお待《ま》ちください。
催促がましいことで、何《なん》とも心苦《こころぐる》しいのですが…。
あの方《かた》には、そろそろ催促なさる方《ほう》がいいですよ。

金《かね》・寄付《きふ》

お志《こころざし》
お賽銭《さいせん》
ご喜捨《きしゃ》
喜捨《きしゃ》なさる
ご寄進《きしん》
寄進《きしん》なさる
ご寄贈《きぞう》
寄贈《きぞう》なさる
ご寄付《きふ》
寄付《きふ》なさる
献金《けんきん》なさる
ご芳志《ほうし》
ご報謝《ほうしゃ》
奉納《ほうのう》なさる
募金《ぼきん》なさる

頭《かしら》、本祭《ほんまつ》りには多大《ただい》なお志をいただき大助《おおだす》かりです。
お賽銭を盗《ぬす》む奴《やつ》がいるというのは驚《おどろ》きますね。
過分《かぶん》なご喜捨をいただきまして、ありがとうございます。
あそこへは応分《おうぶん》に喜捨なさる方《ほう》がよろしいかと存《ぞん》じます。
先代《せんだい》は、社《しゃ》の発展《はってん》を願《ねが》って、社殿《しゃでん》をご寄進になったのです。
社長《しゃちょう》は、感謝《かんしゃ》の気持《きも》ちを込《こ》めて、大神輿《おおみこし》を寄進なさったのです。
ご寄贈の品、ありがたく頂戴《ちょうだい》いたします。
毎年《まいとし》、車《くるま》椅子《いす》を寄贈なさっているそうですね。
盲導犬《もうどうけん》普及《ふきゅう》のためのご寄付、ありがとうございます。
神輿《みこし》改修《かいしゅう》のため、先生《せんせい》はかなりの額《がく》を寄付なさったそうです。
あの大臣《だいじん》の凸凹会《でこぼこかい》に献金なさっているそうですね。
会長《かいちょう》から多額《たがく》のご芳志をいただきました。
お坊様《ぼうさま》へのご報謝を用意《ようい》しておいてくださいよ。
毎年《まいとし》、お祭《まつ》りにはお酒《さけ》を奉納なさってるそうですね。
ご遺言《ゆいごん》で、赤十字《せきじゅうじ》に募金なさるのですね?

金《かね》・支払《しはらい》

お支払《しはらい》
お支払《しはらい》する[自]
お支払《しはらい》になる
お出《だ》しになる
お払《はら》いする[自]
お支払窓口《しはらいまどぐち》
ご一括《いっかつ》
滞納《たいのう》なさる
お月謝《げっしゃ》
お家賃《やちん》
ご宿泊料《しゅくはくりょう》
ご料金《りょうきん》
ご費用《ひよう》
ご出費《しゅっぴ》
ご予算《よさん》

お客様《きゃくさま》、不足分《ふそくぶん》をお支払いいただけますか?
少々《しょうしょう》お待《ま》ちください、すぐにお支払いいたします。
税金《ぜいきん》をお支払になるなら、こちらの伝票《でんぴょう》です。
食事代《しょくじだい》は部長《ぶちょう》がお出しになりました。
現金《げんきん》でお払いいたします。
お支払窓口は、1番《いちばん》から3番《さんばん》でございます。
お支払《しはらい》は、ご一括でよろしいでしょうか?
一年間会費《いちねんかんかいひ》を滞納なさると、自動的《じどうてき》に除名《じょめい》ですよ。
お月謝をお忘《わす》れの方《かた》はいませんか?
今月分《こんげつぶん》のお家賃を持《も》ってまいりました。
ご宿泊料のうち、消費税分《しょうひぜいぶん》をサービスしております。
このツアーのご料金は、お一人様十万円《ひとりさまじゅうまんえん》でございます。
息子《むすこ》さんの留学《りゅうがく》のご費用も大変《たいへん》でしょう?
食《た》べ盛《ざか》りのお子《こ》さんが大勢《おおぜい》で、ご出費がかさみますね。
忘年会《ぼうねんかい》のご予算は、いかほどですか?

金《かね》・収入《しゅうにゅう》

お給金《きゅうきん》
お給料《きゅうりょう》
お車代《くるまだい》
お心付《こころづ》け
おこづかい
お駄賃《だちん》
お茶代《ちゃだい》
お使《つか》い賃《ちん》
お手当《てあて》
お年玉《としだま》
お捻《ひね》り
お布施《ふせ》
ご祝儀《しゅうぎ》
ご収入《しゅうにゅう》
ご報酬《ほうしゅう》

初《はじ》めてのお給金で、お母《かあ》さんにスカーフをプレゼントなさったんですって？
証券関係《しょうけんかんけい》のお仕事《しごと》ですと、お給料《きゅうりょう》もいいんでしょうね？
先生《せんせい》へのお車代は、どのくらいにすればいいでしょうか？
スタッフにまで過分《かぶん》なお心付け、ありがたく頂戴《ちょうだい》いたします。
おこづかいは大事《だいじ》に使《つか》わないといけませんよ。
お留守番《るすばん》ができたから、お駄賃あげるわね。
教授《きょうじゅ》がお茶代をはずんでくれましたよ。
子《こ》どもの頃《ころ》、お使い賃を貯《た》めてはプラモデルを買《か》ったものです。
皆《みな》さんへのお手当は大丈夫《だいじょうぶ》なんですか？
お年玉はお母《かあ》さんに預《あず》かってもらいなさいね。「ヤダッ！」
今日《きょう》はたくさんお捻りをもらえて、良《よ》かったね。
大僧正《だいそうじょう》が来《き》てくださったんですから、お布施をはずみましょう。
ご祝儀を包《つつ》んでおいてくださいね。
ご収入が急降下《きゅうこうか》、そりゃ大変《たいへん》ですね。
親方《おやかた》は、ご報酬より仕事《しごと》の中身《なかみ》が大事《だいじ》だとおっしゃってますよ。

体《からだ》・美《うつく》しい

お美《うつく》しい
お襟元《えりもと》
お顔立《かおだ》ち
おきれい
お首筋《くびすじ》
お白《しろ》い
お肌《はだ》
お鼻筋《はなすじ》
お目元《めもと》
お指元《ゆびもと》
お若《わか》い
ご風貌《ふうぼう》
ご容姿《ようし》
ご容色《ようしょく》
別嬪《べっぴん》さん

あなたは本当《ほんとう》にお美しい、お母様《かあさま》そっくり。
あの人《ひと》、お襟元が色《いろ》っぽいわね。
目鼻《めはな》のくっきりしたお顔立ちで、お母《かあ》さんに瓜二《うりふた》つですね。
そりゃあ、あなたはおきれいだし、弁《べん》も立《た》つもの。
お首筋のラインが、とてもおきれいですね。
ずいぶん色《いろ》がお白いのね、羨《うらや》ましいわ。
なんてきめ細《こま》かいお肌なんでしょう。
お父様《とうさま》は、お鼻筋の通った二枚目《にまいめ》ですね。
いつも涼《すず》しいお目元をしていらっしゃいますね。
お指元がきれいですね。
相変《あいか》わらず、お若くてお美《うつく》しい。
まるで古武士然《こぶしぜん》としたご風貌ね。
日本人離《にほんじんばな》れしたご容姿ですね、素敵《すてき》。
いつまでもご容色の衰《おとろ》えることがありませんね。
別嬪さんは何《なに》かとお得《とく》だよね。

体《からだ》・化粧《けしょう》

お鏡《かがみ》
お飾《かざ》りになる
お化粧《けしょう》
お化粧室《けしょうしつ》
お化粧品《けしょうひん》
お粉《こな》
お下《さ》げ
おしゃれ
お造《つく》りになる
お手《て》入《い》れ
お粧《めか》し
お粧《めか》しなさる
お河童《かっぱ》
お挿《さ》しになる
お結《ゆ》いになる

よくお似合《にあ》いです。お鏡をご覧《らん》になって。
ジュエリーであまりお飾りになると、かえって野暮《やぼ》ったく見《み》えますよ。
若《わか》い人《ひと》は、ナチュラルなお化粧の方《ほう》が美《うつく》しさが際立《きわだ》ちますね。
お化粧室にご案内《あんない》いたします。
どちらのお化粧品をお使《つか》いですか？
子《こ》どもが悪戯《いたずら》するから、早《はや》くお粉をしまいなさい。
お下げにしたら可愛《かわい》いんじゃない？
おしゃれして、どちらにお出《で》かけ？
大《おお》ママは、十歳《じゅっさい》は若《わか》くお造りになってますよね。
この頃《ごろ》は男性《だんせい》も、お肌《はだ》のお手入れをなさるんですね。
まあ、お粧しして、どちらへ？
お粧しなさると、まるで女優《じょゆう》さんみたいね。
最近《さいきん》は、お河童の子《こ》が少《すく》なくなりましたね。
髪《かみ》に桔梗《ききょう》をお挿しになるなんて、粋《いき》ですねぇ。
女将《おかみ》さん、春《はる》らしい髪《かみ》をお結いになりましたね。

体《からだ》・頭《あたま》・首《くび》・耳《みみ》

おつむ(頭《あたま》)
おでこ(額《ひたい》)
お髪《かみ》
お髪《ぐし》
お白髪《しらが》
お首《くび》
お肩《かた》
お喉《のど》
頷《うなず》かれる
お掻《か》きになる
お切《き》りになる
お伸《の》ばしになる
お揉《も》みする[自]
被《かぶ》られる
染《そ》められる

おつむが痛《いた》いの？ どれどれ？ お熱《ねつ》はどうかな？
お嬢《じょう》さんはちょっとおでこだけど、愛敬《あいきょう》があって可愛《かわい》いわね。
若々《わかわか》しいお髪になさったんですね。
黒々《くろぐろ》ときれいなお髪で羨《うらや》ましい。
めっきりとお白髪が増《ふ》えましたね、ご苦労《くろう》が多《おお》いのかしら。
お首は年齢《とし》が出《で》やすい所《ところ》ですから、お気《き》をつけて。
一日中《いちにちじゅう》パソコンで仕事《しごと》をなさってると、お肩が凝《こ》りませんか？
お喉が真《ま》っ赤《か》に腫《は》れていますよ。
お嬢《じょう》さんはこっくりと何度《なんど》も頷かれました。
ヨン様は可愛《かわい》く頭《あたま》をお掻きになるのよね。
髪《かみ》をお切りになったんですね、何《なに》かあったの？
髪《かみ》をお伸ばしになったのね。イメージが変《か》わりましたね。
お疲《つか》れのようですから、お肩《かた》をお揉みしましょうか？
お帽子《ぼうし》は深《ふか》めに被られた方《ほう》がよろしいですよ。
思《おも》い切《き》り良《よ》く、髪《かみ》を染められましたね。

体《からだ》・顔《かお》

お顔《かお》
お皺《しわ》
お髭《ひげ》
お顔写《かおうつ》り
お顔《かお》つき
ご神妙《しんみょう》
ご表情《ひょうじょう》
ご面相《めんそう》
お刻《きざ》みになる
お険《けわ》しい
お向《む》きになる
面変《おもが》わりなさる
似《に》ていらっしゃる
髭《ひげ》をお剃《そ》りになる
頬《ほお》ずりなさる

今日《きょう》は、さわやかなお顔をなさってますね。
お皺が少《すこ》し目立《めだ》つようになりましたね、年輪《ねんりん》でしょうか？
立派《りっぱ》なお髭ですね。／隊長《たいちょう》のお髭は立派ですね。
右側《みぎがわ》からの方《ほう》が、お顔写りがよろしいですね。
また負《ま》けたんでしょう、お顔つきで分《わ》かります。
ご神妙な顔《かお》して、どうなさいました？／いつになくご神妙ですね。
いつも明《あか》るいのに、今日《きょう》はご表情が優《すぐ》れませんね。
そんなご面相では嫌《きら》われますよ。
顎《あご》にお刻みになっている縦皺《たてじわ》は、ゴルゴ13みたい。
いつもと違《ちが》って、お顔《かお》つきがお険しいようですが。
写真《しゃしん》をお撮《と》りしますから、こちらをお向きになってください。
あの方《かた》、すっかり面変わりなさったわね。
お父様《とうさま》にとてもよく似ていらっしゃいますね、お嬢様《じょうさま》は。
見違《みちが》えたわ、髭をお剃りになったのね。
お孫《まご》さんに頬ずりなさるのが大好《だいす》きなんですね。

体《からだ》・口《くち》

お口《くち》
おちょぼ口《ぐち》
お声《こえ》
お息《いき》
お咳《せき》
欠伸《あくび》をなさる
うがいをなさる
呻《うめ》かれる
お噛《か》みしめになる
お渇《かわ》きになる
お咥《くわ》えになる
お呟《つぶや》きになる
お吐《は》きになる
お嘔《もど》しになる
口《くち》ずさまれる

お口を尖《とが》らせたりして、ご不満《ふまん》のご様子《ようす》でしたよ。
お嬢《じょう》さんのおちょぼ口、何《なん》とも言《い》えず可愛《かわい》いわね。
いいお声をしていらっしゃいますね、羨《うらや》ましいわ。
失礼《しつれい》、お息がかかっております。
おや？　お咳が出てますね、風邪《かぜ》かしら？
可愛《かわい》らしい欠伸をなさるんですね。
風邪《かぜ》の予防《よぼう》には、うがいをなさるのが一番《いちばん》です。
課長《かちょう》、苦《くる》しそうに呻かれてましたよ。
よほど悔《くや》しかったと見えて、唇《くちびる》をお噛みしめになっていました。
唇《くちびる》を何度《なんど》もなめていらしたわね、喉《のど》がお渇きになったの？
パイプをお咥えになる姿《すがた》が決《き》まってますね。
何《なに》かお呟きになっていらっしゃいましたね。
ゆっくりと息《いき》をお吐きになって、はいストップ。終《お》わりました。
車《くるま》に酔《よ》って、お嘔しになった？　それはいけませんね。
親方《おやかた》がいつも口ずさまれているのは、サザンの曲《きょく》です。

体《からだ》・目《め》・鼻《はな》

お鼻《はな》
お耳《みみ》
お睫《まつげ》
鼾《いびき》をおかきになる
お嗅《か》ぎになる
お交《か》わしになる
お瞑《つぶ》りになる
お睨《にら》みになる
お鼻《はな》をつぶされる
お伏《ふ》せになる
眩《くら》まれる
失明《しつめい》なさる
整形《せいけい》なさる
目《め》がお悪《わる》くなる
目《め》くばせなさる

得意気《とくいげ》にお鼻をふくらませるご様子《ようす》が可笑《おか》しくって。
あの人《ひと》、お耳がダンボになってるわ。
お睫が長《なが》くて、羨《うらや》ましいわ。
豪快《ごうかい》な鼾をおかきになる方《かた》が同室《どうしつ》で、寝不足《ねぶそく》なんですよ。
食《た》べる前《まえ》にお嗅ぎになる癖《くせ》、あまりお行儀《ぎょうぎ》が良《よ》くないわよ。
あの人《ひと》と妖《あや》しい視線《しせん》をお交わしになっていましたね。
長官《ちょうかん》は、墓前《ぼぜん》で静《しず》かに目《め》をお瞑りになっていました。
怖《こわ》い目《め》でお睨みになるのはやめてください。
ラグビーでお鼻をつぶされたんですって?
先生《せんせい》が目《め》をお伏せになっていらっしゃいますよ。
奥様《おくさま》は、お注射《ちゅうしゃ》を見《み》ると目《め》が眩まれるそうですね。
お父様《とうさま》は、緑内障《りょくないしょう》で失明なさったんですか?
目《め》を整形なさったんじゃありません?
暗《くら》いところで本《ほん》を読《よ》むと、目がお悪くなりますよ。
先生《せんせい》があの方《かた》に、今《いま》、目くばせなさいましたよ。

体《からだ》・手《て》・指《ゆび》

お手《て》
お指《ゆび》
お爪《つめ》
握手《あくしゅ》なさる
お押《お》しになる
お噛《か》みになる
お触《さわ》りになる
お掬《すく》いになる
お抱《だ》きになる
おつねりになる
お摘《つ》まみになる
お撫《な》でになる
お握《にぎ》りになる
お剝《は》がしになる
お放《はな》しになる

奥様《おくさま》、お手をどうぞ。
ほんとに、白魚《しらうお》のようなお指ですね。
お爪が伸《の》びていらっしゃいますよ。
もういいでしょ？　彼《かれ》と仲直《なかなお》りして握手なさったら？
ご用《よう》の時《とき》はこのボタンをお押しになってください。
爪《つめ》をお噛みになる癖《くせ》、まだ治《なお》らないんですね。
どうか展示物《てんじぶつ》にはお触りにならないでください。
金魚《きんぎょ》をお掬いになるのが、上手《うま》いわね。
子《こ》どもをお抱きになるのが、お上手《じょうず》ですね。
わが身《み》をおつねりになれば分《わ》かることですよ。
奥様《おくさま》は、旦那様《だんなさま》の背広《せびろ》についた長《なが》い髪《かみ》の毛《け》をお摘まみになって…。
お孫《まご》さんの頭《あたま》をいつもお撫でになってるんですね。
いつまで私《わたし》の手《て》をお握りになってるのですか？
人前《ひとまえ》で瘡蓋《かさぶた》をお剝がしになるのはやめてくださいな。
そろそろ、その手《て》をお放しになってください。

体《からだ》・胸《むね》・腰《こし》

お胸《むね》
御胸《みむね》
おっぱい
お乳《ちち》
お腹《なか》
お臍《へそ》
お腰《こし》
お尻《しり》
お居処《いど》（尻《しり》）
おなら
お背中《せなか》
お抱《かか》えになる
おしゃがみになる
お貼《は》りになる
お曲《ま》げになる

そのお胸があなたのご自慢《じまん》なのね。
御胸に飛《と》び込《こ》んでいきたい、なんて手紙《てがみ》もらったら、どうなさる？
おっぱいで育《そだ》った子《こ》はやっぱり丈夫《じょうぶ》ですね。
子《こ》どもにお乳を飲《の》ませていると、ゆったりした気分《きぶん》になります。
生憎《あいにく》お腹をこわしておりまして…。
お臍でお茶《ちゃ》なんて沸《わ》かせませんよ。
お腰の痛《いた》みは治《なお》られましたか？
ふっくらとしたいいお尻ですねえ、いてぇ！
殿方《とのがた》にお居処を向《む》けては失礼《しつれい》ですよ。
いやあね、人前《ひとまえ》でおならなんかなさって。
たまには、お背中でも流《なが》しましょうか？
百本《ひゃっぽん》のバラの花束《はなたば》をお抱えになっていらしたの？　さすが。
どうなさったの？　急《きゅう》におしゃがみになって。
湿布薬《しっぷやく》をお貼りになるなんて、珍《めずら》しいですね、どうなさったの？
急《きゅう》に腰《こし》をお曲げになると、痛《いた》めますよ。

体《からだ》・足《あし》

お足《あし》
お足元《あしもと》
お素足《すあし》
お手足《てあし》
おみ足《あし》
お膝《ひざ》
お降《お》りになる
お蹴《け》りになる
お脱《ぬ》ぎになる
脱《ぬ》がれる
お踏《ふ》みする[自]
お履《は》きになる
履《は》かれる
昇《のぼ》られる
跨《また》がられる

お足が不自由《ふじゆう》のようですが、大丈夫《だいじょうぶ》ですか？
お足元にどうぞご注意《ちゅうい》ください。
この寒《さむ》いのに、お素足で雪駄《せった》とはお元気《げんき》ですね。
お手足を冷《ひ》やしませんように、風邪《かぜ》ぎみなんですから。
おみ足が汚《よご》れますから、スリッパをお履《は》きになって。
お膝の具合《ぐあい》は、その後《ご》いかがですか？
足元《あしもと》にお気《き》をつけて、お降りになってください。
ハイヒールでお蹴りになった？　なんて勇《いさ》ましいこと！
靴《くつ》をお脱ぎになったら？／靴はお脱ぎにならないで結構《けっこう》です。
履《は》き物《もの》を脱がれましたら、下駄箱《げたばこ》をご利用《りよう》ください。
足《あし》の裏《うら》をお踏みしましょうか？
新《あたら》しい靴《くつ》をお履きになってますね。
赤《あか》いパンプスを履かれたことがおあり？
院長《いんちょう》先生《せんせい》はエレベーターを使《つか》わずに階段《かいだん》を昇られるんですか？
ハーレーにひらりと跨がられるなんて、お若《わか》いですね。

体《からだ》・怪我《けが》

お痛《いた》み
お痛《いた》めになる
お折《お》りになる
お傷《きず》
お怪我《けが》
怪我《けが》なさる
お転《ころ》びになる
転《ころ》ばれる
おでき
ご出血《しゅっけつ》
出血《しゅっけつ》なさる
骨折《こっせつ》なさる
失明《しつめい》なさる
お手当《てあて》
介抱《かいほう》なさる

歯《は》がお痛みになるんですか？／アキレス腱《けん》はまだお痛みになるの？
転《ころ》んで足《あし》をお痛めになったと伺《うかが》いましたが。
ひどい転《ころ》び方《かた》、鎖骨《さこつ》でもお折りになったんじゃありません？
どうなさったのそのお傷、猫《ねこ》にでも引《ひ》っかかれたの？
お怪我の具合《ぐあい》はいかがですか、とんだ災難《さいなん》でしたね。
転《ころ》んで怪我なさったんですか、何《なに》か考《かんが》え事《ごと》でも？
自転車《じてんしゃ》でお転びになるとは、まあ、危《あぶ》ない！
よく転ばれますね。上《あ》げたつもりの足《あし》が上《あ》がっていない。
おできの痕《あと》が、今《いま》でも背中《せなか》に残《のこ》っているんですよ。
しばらく断酒《だんしゅ》なされば、ご出血の心配《しんぱい》はありませんよ。
摂生《せっせい》しないと、また胃《い》から出血なさるかもしれませんよ。
よく骨折なさるのね、今度《こんど》は肋骨《ろっこつ》ですか？
そのご病気《びょうき》、失明なさる心配《しんぱい》はないんですか？
初《はじ》めにきちんとお手当しないと、長引《ながび》きますよ。
あなた、彼女《かのじょ》をとても嬉《うれ》しそうに介抱なさってたわ。

関《かん》係《けい》

お関《かか》わりになる
関《かか》わられる
お構《かま》いになる
お節介《せっかい》
お取《と》り成《な》し
ご介入《かいにゅう》
介入《かいにゅう》なさる
ご関係《かんけい》
関係《かんけい》なさる
ご干渉《かんしょう》
干渉《かんしょう》なさる
関与《かんよ》なさる
ご仲裁《ちゅうさい》
仲裁《ちゅうさい》なさる
携《たずさ》わられる

この件《けん》に、これ以上《いじょう》お関わりになるのはどうかと思《おも》います。
あの事件《じけん》には、弁護士《べんごし》として関わられたのですね？
どうか、お構いくださいませんように。
あなたは本当《ほんとう》に、お節介がお好《す》きなんですね。
なんとか、お取り成しいただけませんでしょうか。
これ以上《いじょう》のご介入は、いかがなものかと思《おも》いますが。
あなた、あの件《けん》に介入なさるのですか？
お二人《ふたり》は、どのようなご関係ですか？
例《れい》の件《けん》に、まだ関係なさっているのですか？
もう、あなたのご干渉は受《う》けません！
そこまで干渉なさるのは、ちょっと、どうかしら。
あの方《かた》が疑獄事件《ぎごくじけん》に関与なさっていたとは、驚《おどろ》きです。
この度《たび》はご仲裁いただきまして、ありがとうございます。
犬猿《けんえん》の間柄《あいだがら》を仲裁なさるのは、難《むずか》しいでしょうね。
研究《けんきゅう》に携わられて二十年《にじゅうねん》ですか。ご苦労《くろう》があったでしょうね。

関係《かんけい》・調整《ちょうせい》

埋《う》め合《あ》わせなさる
お重《かさ》ねになる
お固《かた》めになる
お口添《くちぞ》え
お束《たば》ねになる
お取《と》り繕《つくろ》いになる
お計《はか》らい
お計《はか》らいになる
交渉《こうしょう》なさる
ご折衝《せっしょう》
折衝《せっしょう》なさる
ご仲介《ちゅうかい》する[自]
仲介《ちゅうかい》なさる
調整《ちょうせい》なさる
根回《ねまわ》しなさる

今度《こんど》、埋め合わせなさっていただけるんでしょ？
ここは諦《あきら》めず、交渉《こうしょう》をお重ねになった方《ほう》がよろしいかと…。
海外進出《かいがいしんしゅつ》より、足元《あしもと》をお固めになる方《ほう》が先《さき》ではないでしょうか。
この度《たび》の入札《にゅうさつ》のこと、何《なん》とかお口添えいただけないでしょうか。
若《わか》い方々《かたがた》をお束ねになるのは、大変《たいへん》でしょう。
その場《ば》を何《なん》とか、お取り繕いになったんですね？
よろしくお計らいくださいますよう、お願《ねが》い申《もう》しあげます。
あなたが便宜《べんぎ》をお計らいになったんですね。
ついに提携《ていけい》が本決《ほんぎ》まり。気長《きなが》に交渉なさった成果《せいか》ですね。
そのご折衝にはかなり時間《じかん》がかかりそうですね。
相手《あいて》が相手だけに、折衝なさる方《かた》は大変《たいへん》ですね。
家《いえ》をお探《さが》しなら、ご仲介しましょうか？
縁談《えんだん》を仲介なさるのが、ご趣味《しゅみ》なんですか？
ドイツでオペラをご覧《らん》になるために、予定《よてい》を調整なさったんですね。
いくら確信《かくしん》がおありでも、事前《じぜん》に根回しなさるべきです。

関心《かんしん》・注目《ちゅうもく》

足《あし》をお止《と》めになる
お気《き》に留《と》める
お心《こころ》に留《と》める
お取《と》りあげになる
お目《め》に留《と》まる
ご関心《かんしん》
関心《かんしん》を抱《いだ》かれる
関心《かんしん》をお持《も》ちになる
ご感触《かんしょく》
ご感想《かんそう》
ご興味《きょうみ》
ご心証《しんしょう》
ご注目《ちゅうもく》
注目《ちゅうもく》なさる
重視《じゅうし》なさる

弥勒菩薩《みろくぼさつ》の前で、足をお止めになっていましたね。
嬉《うれ》しいですね、お気に留めていただけたとは…。
いつもお心に留めていただいて、感謝《かんしゃ》の言葉《ことば》もありません。
少数意見《しょうすういけん》もお取りあげになるから、部長《ぶちょう》は好《す》かれるのさ。
あの作品《さくひん》が、お目に留まったようですね。
有機農業《ゆうきのうぎょう》にご関心をお持《も》ちのようですね。
娘《むすめ》さんはどんなことに関心を抱かれているんですか？
物事《ものごと》に幅広《はばひろ》く関心をお持ちになるのは、いいことですよ。
彼《かれ》にお会《あ》いになって、ご感触はいかがですか？
新曲《しんきょく》のご感想を、お聞《き》かせいただけませんか？
考古学《こうこがく》にご興味をお持《も》ちとは、ロマンチックですね。
言葉遣《ことばづか》いが悪《わる》いと、相手《あいて》のご心証が悪《わる》くなりますよ。
次《つぎ》の試合《しあい》にご注目ください。
監督《かんとく》が今《いま》注目なさっているのは、どの選手《せんしゅ》ですか？
首相《しゅしょう》はこの事態《じたい》を重視なさるはずですけどね。

関心《かんしん》・ひいき

お声《こえ》がかり
お取《と》り立《た》てになる
お引《ひ》き立《た》て
お引《ひ》き立《た》てになる
覚《おぼ》えが目出度《めでた》い
お眼鏡《めがね》に適《かな》う
起用《きよう》なさる
ご愛顧《あいこ》
ご厚遇《こうぐう》
ご贔屓《ひいき》
贔屓《ひいき》なさる
登用《とうよう》なさる
抜擢《ばってき》なさる
優遇《ゆうぐう》なさる
優先《ゆうせん》なさる

社長《しゃちょう》じきじきのお声がかりなんですから、この仕事《しごと》はやるべきです。
まだまだ若《わか》い彼《かれ》を、お取り立てになるんですか？
いつもお引き立ていただきまして、ありがとうございます。
若輩者《じゃくはいもの》ですが、どうぞお引き立てのほどを。
会長《かいちょう》の覚えが目出度いあなたなら、きっといいことがありますよ。
先生《せんせい》のお眼鏡に適うかどうか、心配《しんぱい》です。
あのピンチに新人《しんじん》を起用なさるとは、思《おも》い切《き》ったご采配《さいはい》でしたね。
日頃《ひごろ》のご愛顧に感謝《かんしゃ》いたします。
これほどのご厚遇、戸惑《とまど》うばかりでございます。
いつもご贔屓いただきまして、ありがとうございます。
どのお相撲《すもう》さんを贔屓なさっているの？
社長《しゃちょう》はやはりイエスマンの彼《かれ》を登用なさいましたね。
彼《かれ》を宴会部長《えんかいぶちょう》に抜擢なさったのは正解《せいかい》ですよ。
部長《ぶちょう》は学校《がっこう》の後輩《こうはい》ばかり優遇なさるんですよ！
仕事《しごと》よりデートを優先なさるんですか？

感《かん》動《どう》

お感《かん》じになる
感激《かんげき》なさる
感情《かんじょう》を表《あらわ》される
感心《かんしん》なさる
感嘆《かんたん》なさる
感動《かんどう》なさる
感服《かんぷく》なさる
感銘《かんめい》なさる
ご共感《きょうかん》
共感《きょうかん》なさる
ご共鳴《きょうめい》
共鳴《きょうめい》なさる
興奮《こうふん》なさる
実感《じっかん》なさる
同感《どうかん》なさる

今度《こんど》の一件《いっけん》、どうお感じになりますか？
あなたって、涙《なみだ》もろくてすぐ感激なさるタイプなのね。
ストレートに感情を表されるところは、相変《あいか》わらずですね。
彼《かれ》の仕事《しごと》ぶりの、どこに感心なさったんですか？
今度《こんど》の作品《さくひん》に先生《せんせい》が感嘆なさっていましたよ。
この一代記《いちだいき》は力作《りきさく》です。感動なさるのは当然《とうぜん》ですよ。
彼《かれ》の腕前《うでまえ》には師匠《ししょう》も感服なさっていました。
教授《きょうじゅ》の講演《こうえん》を聴《き》いて、感銘なさっておられたようですね。
新《あたら》しい国語教育《こくごきょういく》にご共感をいただき、嬉《うれ》しい限《かぎ》りです。
あの方《かた》の考《かんが》えに共感なさってるんですか？
私《わたし》どもの活動《かつどう》にご共鳴いただき、ありがとうございます。
彼《かれ》のアフガンでの活動《かつどう》に、共鳴なさったんですね。
そんなに興奮なさらないで、落《お》ち着《つ》いてください。
駆《か》け足旅行《あしりょこう》じゃ、異郷《いきょう》を実感なさる暇《ひま》もなかったわね。
彼《かれ》の考《かんが》え方《かた》に同感なさるんですね。

管理《かんり》・受《う》け渡《わた》し

お預《あず》かりする[自]
お預《あず》けする[自]
お預《あず》けになる
お入《い》れする[自]
お入《い》れになる
お貸《か》しする[自]
お貸《か》しになる
お借《か》りする[自]
お借《か》りになる
お配《くば》りする[自]
お配《くば》りになる
お出《だ》しになる
お分《わ》けになる
お渡《わた》しする[自]
お渡《わた》しになる

確《たし》かにお預かりいたします。／お荷物《にもつ》、こちらでお預かりします。
この書類《しょるい》、あなたにお預けしておくわ。
お荷物《にもつ》をお預けになるのでしたら、こちらへどうぞ。
申込書《もうしこみしょ》も封筒《ふうとう》にお入れしておきました。
貴重品《きちょうひん》は金庫《きんこ》の中《なか》にお入れになってください。
降《ふ》り出《だ》しましたね。傘《かさ》をお貸ししましょう。
倉庫《そうこ》をお貸しになっているんですか？
それでは、傘《かさ》をお借りします。
ここは奮発《ふんぱつ》して、広《ひろ》い部屋《へや》をお借りになってはいかが。
新社長《しんしゃちょう》の年頭《ねんとう》のあいさつを、皆《みな》さんにお配りいたします。
大入《おおい》り袋《ぶくろ》をお配りになったんですか？
申請書《しんせいしょ》は窓口《まどぐち》にお出しになってください。
遺産《いさん》は三人《さんにん》のご兄妹《きょうだい》でお分けになるんですか？
先生《せんせい》にお渡ししたいものがあるんですが。
指輪《ゆびわ》をお渡しになるなら、タイミングが大事《だいじ》ですよ。

聞《き》く

お聞《き》きになる
お聴《き》きになる
ご清聴《せいちょう》
耳《みみ》をお貸《か》しになる
お聞《き》き流《なが》しになる
伺《うかが》う
お伺《うかが》いをたてる
お聞《き》きする[自]
拝聴《はいちょう》
拝聞《はいぶん》
漏《も》れ承《うけたまわ》る
お聞《き》かせする[自]
お聞《き》かせになる
お耳《みみ》に入《い》れる
お耳《みみ》を拝借《はいしゃく》

例《れい》の一件《いっけん》について、何《なに》かお聞きになっていませんか?
今日《きょう》も、お好《す》きなジャズをお聴きになっているんですね。
長時間《ちょうじかん》のご清聴、ありがとうございました。
反対《はんたい》の意見《いけん》にも、少《すこ》しは耳をお貸しになったら?
つまらぬことです。どうぞ、お聞き流しください。
その件《けん》については、まだ詳《くわ》しく伺っておりませんけど。
まず部長《ぶちょう》に、お伺いをたてた方《ほう》が良《よ》さそうですね。
そのことでしたら、後《あと》でゆっくりお聞きしますよ。
ご高説《こうせつ》を拝聴する機会《きかい》に恵《めぐ》まれ、幸運《こううん》でした。(手紙文《てがみぶん》)
謹《つつし》んで貴殿《きでん》のお考《かんが》えを拝聞させていただきます。(手紙文《てがみぶん》)
漏れ承るところによると、合併話《がっぺいばなし》が進《すす》んでいるらしいですね。
嬉《うれ》しいニュースをお聞かせします。
今《いま》のお気持《きも》ちをぜひ、お聞かせください。
これだけは奥様《おくさま》のお耳に入れておくべきだと考えまして。
会長《かいちょう》、ちょっとお耳を拝借します。

期待《きたい》

抱《いだ》かれる
お賭《か》けになる
お叶《かな》えになる
お楽《たの》しみに
楽《たの》しみになさる
お願《ねが》いになる
お望《のぞ》み
お望《のぞ》み通《どお》り
お望《のぞ》みになる
ご期待《きたい》
期待《きたい》なさる
ご希望《きぼう》
ご待望《たいぼう》
熱望《ねつぼう》なさる
夢《ゆめ》を追《お》われる

希望《きぼう》を抱かれるのは当然《とうぜん》です、まだお若《わか》いんですから。
息子《むすこ》さんの将来《しょうらい》にお賭けになる、楽《たの》しみですね。
とうとう夢《ゆめ》をお叶えになりましたね。
公開《こうかい》は明日《あす》からです。どうぞ、お楽しみに。
お母様《かあさま》は、みんなで旅行《りょこう》に行《い》くのを楽しみになさっています。
神様《かみさま》にお願いになったらいいんじゃないですか？
あなたは何《なに》がお望みなんですか？
とうとう、あなたのお望み通りになりましたね。
仲良《なかよ》く暮《く》らしたいとお望みになるのは、当《あ》たり前《まえ》のことです。
ご期待ください。必《かなら》ず優勝《ゆうしょう》して帰《かえ》ってきます。
お故郷《くに》の皆《みな》さんが期待なさっていますよ。
ご希望に添《そ》えるよう、鋭意努力《えいいどりょく》いたします。
ご待望のお孫《まご》さんの誕生《たんじょう》ですね。
先生《せんせい》は、実験《じっけん》が成功《せいこう》することを熱望なさっています。
いつかスターになるんだと、夢を追われているんですね。

鍛《きた》える

お鍛《きた》えする［自］
お鍛《きた》えになる
ご鍛錬《たんれん》
鍛錬《たんれん》なさる
お磨《みが》きになる
磨《みが》かれる
訓練《くんれん》なさる
ご修行《しゅぎょう》
修行《しゅぎょう》なさる
修業《しゅぎょう》なさる
ご修養《しゅうよう》
ご修練《しゅうれん》
修練《しゅうれん》なさる
ご精進《しょうじん》
精進《しょうじん》なさる

私《わたし》が坊《ぼっ》ちゃんをお鍛えしましょう。
お元気《げんき》ですね、日頃《ひごろ》からお鍛えになっていらっしゃるから。
あの場《ば》で逆転《ぎゃくてん》できるのも、日頃《ひごろ》のご鍛錬の賜《たまもの》ですね。
スポーツジムで鍛錬なさっているんですか？
初級《しょきゅう》コースで、しばらく腕《うで》をお磨きになったら？
驚《おどろ》いたわ。いつの間《ま》に腕《うで》を磨かれたんですか？
実地《じっち》で訓練なさるのは、今回《こんかい》が初《はじ》めてですか？
山籠《やまごも》りのご修行とは、ずいぶん思《おも》い切《き》りましたね。
滝《たき》に打《う》たれて修行なさるんですって？
家具造《かぐづく》りは、どちらで修業なさったんですか？
まだまだですね、さらにご修養をお積《つ》みなさい。
さすがに、ご修練を積《つ》まれただけのことはありますね。
お見事《みごと》、修練なさった結果《けっか》が出《で》ましたね。
今回《こんかい》の受賞《じゅしょう》を機《き》に、さらにご精進なさってね。
精進なさった甲斐《かい》がありましたね。

決《き》める

お定《さだ》まり
お決《き》まり
お決《き》めする［自］
お決《き》めになる
ご決意《けつい》
決意《けつい》なさる
ご決議《けつぎ》
決議《けつぎ》なさる
ご決心《けっしん》
決心《けっしん》なさる
ご決断《けつだん》
決断《けつだん》なさる
決定《けってい》なさる
ご恒例《こうれい》
解決《かいけつ》なさる

いい加減《かげん》飽《あ》きますよ、お定まりの社食《しゃしょく》じゃね。
お客様《きゃくさま》、ご注文《ちゅうもん》はお決まりになりましたか？
当方《とうほう》で銘柄《めいがら》をお決めしてよろしいでしょうか？
何《なに》を基準《きじゅん》にお決めになったんですか？
またお遍路《へんろ》に？　何《なに》かよほどのご決意がおありのようですね。
転職《てんしょく》を決意なさるなら、お若《わか》いうちですよ。
多数決《たすうけつ》なら、そのご決議に従《したが》うしかありません。
その案件《あんけん》、総会《そうかい》で決議なさるご予定《よてい》ですか？
ご決心が固《かた》いようですから、もう何《なに》も申《もう》しあげません。
家業《かぎょう》をお継《つ》ぎになることを、ようやく決心なさったんですね。
村長《そんちょう》のご決断はみんな支持《しじ》しますよ。／即刻《そっこく》ご決断ください。
婿入《むこい》りを決断なさるなら、今《いま》が頃合《ころあ》いだと思《おも》いますよ。
その出来事《できごと》で、あなたは一生《いっしょう》のお仕事《しごと》を決定なさったんですね。
このイベントも、ご恒例になりましたね。
お一人《ひとり》で解決なさるのではなく、皆《みな》さんにご相談《そうだん》ください。

客《きゃく》・訪問《ほうもん》の挨拶《あいさつ》

お忙《いそが》しい
お玄関先《げんかんさき》
おじゃまする［自］
ご挨拶《あいさつ》
ご挨拶《あいさつ》まで
ご飯時《はんどき》
ごめんください
あがらせていただく
お構《かま》いなく
お気遣《きづか》いなく
おじゃま
お手洗《てあら》い
お電話《でんわ》
すぐお暇《いとま》する［自］
すぐ失礼《しつれい》する

お忙しいところ恐縮《きょうしゅく》です。ちょっとおじゃまいたします。
お玄関先で失礼《しつれい》いたします。
突然《とつぜん》おじゃまして、申《もう》し訳《わけ》ございません。
ご挨拶かたがた、お礼《れい》にあがりました。
ご近所《きんじょ》まで参《まい》りましたものですから、ちょっとご挨拶まで。
ご飯時におじゃまして、申《もう》し訳《わけ》ありません。
ごめんください、ご主人《しゅじん》はご在宅《ざいたく》でしょうか。
それでは、遠慮《えんりょ》なくあがらせていただきます。
どうぞお構いなく。すぐ失礼《しつれい》しますので。
勝手《かって》にやりますから、奥《おく》さん、どうぞお気遣いなく。
お留守《るす》におじゃましております。（帰宅《きたく》した家《いえ》の人《ひと》に）
お手洗いを拝借《はいしゃく》したいのですが。
お電話をお借《か》りできますか?
どうぞお構《かま》いなく、すぐお暇します。
どうぞお構《かま》いなく、すぐ失礼しますので。

客《きゃく》・迎《むか》えの挨拶《あいさつ》

いらっしゃい
おあがりください
おあがんなさい
おかけになる
お持《も》たせ
むさ苦《くる》しい所《ところ》
立《た》ち話《ばなし》
散《ち》らかってますけど
ようこそ
お当《あ》てください
お食事《しょくじ》
お履《は》きになる
お楽《らく》に
お平《たい》らに
ごゆっくり

いらっしゃい。／よくいらっしゃいましたね。
ご挨拶《あいさつ》は後《あと》にして、どうぞおあがりください。お寒《さむ》かったでしょ？
遠慮《えんりょ》しないで、おあがんなさいよ。
どうぞ、こちらにおかけになってお待《ま》ちください。
お持たせで恐縮《きょうしゅく》です、早速《さっそく》いただきましょう。美味《おい》しそうね。
むさ苦しい所ですけど、どうぞおあがりください。
立ち話もなんですから、ちょっとおあがりになりませんか。
散らかってますけど、どうぞおあがりください。
ようこそ、お越《こ》しくださいました。
どうぞ、お当てください。（ざぶとんを勧《すす》める）
時分時《じぶんどき》ですので、よろしかったら、お食事でも。
足《あし》が冷《ひ》えますから、スリッパをお履きになって。
どうぞ、お楽に。／お楽になさってください。
どうぞ、お平らに。足《あし》をお崩《くず》しになってください。
ごゆっくりなさってください。／ごゆっくり、おくつろぎください。

客《きゃく》・帰《かえ》りの挨拶《あいさつ》

お暇《いとま》する［自］
お尻《しり》が重《おも》い
お神輿《みこし》をあげる
長居《ながい》
お先《さき》に
おじゃまさん
おじゃましました
お見送《みおく》り
ご迷惑《めいわく》
ごきげんよろしゅう
ごきげんよう
ごめんあそばせ
ごめんください
寄《よ》らせていただく
お元気《げんき》で

おや、もうこんな時間《じかん》、そろそろお暇します。

いけませんね、ついお尻が重くなっちゃって。もう、お暇《いとま》しませんと。

そろそろ、お神輿をあげないと、それではまた。

すっかり長居をしてしまいまして、申《もう》し訳《わけ》ありません。

お先にごめんください。／お先に失礼《しつれい》します。

どうも、おじゃまさんでした。

長《なが》い時間《じかん》、おじゃましました。

お見送りは結構《けっこう》ですよ。

お土産《みやげ》までいただいて、今日《きょう》はかえってご迷惑をおかけしました。

それでは、ごきげんよろしゅう。

ごきげんよう、また近々《ちかぢか》お会《あ》いしましょう。

お先《さき》に、ごめんあそばせ。

それではこの辺《へん》で、ごめんください。

喜《よろこ》んでまた寄らせていただきます。

お元気で、またお会《あ》いしましょう。

客《きゃく》・見《み》送《おく》る挨拶《あいさつ》

お帰《かえ》り
お愛想《あいそ》
お送《おく》りする[自]
お顔《かお》を見《み》せる
お構《かま》い
お気《き》をつけて
お大事《だいじ》に
お達者《たっしゃ》で
お近《ちか》いうちに
お出《で》かけになる
お名残《なご》り惜《お》しい
お荷物《にもつ》
お引《ひ》き止《と》めする[自]
お寄《よ》りになる
よろしい

あら、もうお帰りですか?
何《なん》のお愛想もございませんで。
酔《よ》ってらっしゃるから、駅《えき》までお送りしましょう。
これからも、時々《ときどき》お顔を見せてくださいね。
何《なん》のお構いもできませんで。これに懲《こ》りずに、またお出《いで》ください。
夜道《よみち》は暗《くら》いですから、足元《あしもと》にお気をつけて。
どうぞ、お身体《からだ》をお大事になさってくださいね。
どうぞ、お達者で。/寅《とら》さんも、お達者で。
今日《きょう》はお引《ひ》き止《と》めいたしませんが、ぜひまたお近いうちに。
何《なん》のお構《かま》いもできませんけど、どうぞまたお出かけください。
これでお別《わか》れとは、お名残り惜しいことです。
お荷物ですけど、お持《も》ちになって。どうぞお子様方《こさまがた》へ。
どうも、遅《おそ》くまでお引き止めしまして…。
近《ちか》くにお越《こ》しの折《おり》は、ぜひお寄りください。
もっとゆっくりなされればよろしいのに。

行《ぎょう》事《じ》

お香水《こうすい》
お十夜《じゅうや》
お精霊《しょうろ》さん
お節句《せっく》
お誕生日《たんじょうび》
お中日《ちゅうにち》
お月見《つきみ》
お酉様《とりさま》
お花見《はなみ》
お彼岸《ひがん》
お雛祭《ひなまつ》り
お盆《ぼん》(盂蘭盆《うらぼん》)
お万灯会《まんどうえ》
お水取《みずと》り
お山焼《やまや》き

これは東大寺《とうだいじ》のお水取《みずと》りの「お香水」の入《はい》った壺《つぼ》です。
昨夜《さくや》は、お十夜にお出《で》かけでしたか？
今年《ことし》も、お精霊さんの季節《きせつ》が巡《めぐ》ってきましたね。
いくつになっても、お節句は浮《う》き浮きするものですね。
お誕生日おめでとうございます。いよいよ成人《せいじん》ですね。
お墓参《はかまい》りはお彼岸《ひがん》のお中日にしましょうか。
海辺《うみべ》の宿《やど》でお月見ですか。いいでしょうね。
今年《ことし》もお酉様ですね、昔《むかし》はもっと寒《さむ》かった気《き》がします。
一度《いちど》ぜひ、角館《かくのだて》にお花見に行《い》きたいわ。
お彼岸には、お墓参《はかまい》りに行《い》かれるんでしょ？
お雛祭りは、娘《むすめ》さん達《たち》がお揃《そろ》いで、賑《にぎ》やかでしょうね。
お盆には必《かなら》ず家族《かぞく》でお墓参《はかまい》りに行《い》きます。
今年《ことし》もお万灯会が近《ちか》づきましたね。
勇壮《ゆうそう》なお水取りを見《み》に行《い》ってきました。
若草山《わかくさやま》のお山焼きを、一度《いちど》ご覧《らん》になるといいですよ。

行事《ぎょうじ》・正月《しょうがつ》

お正月《しょうがつ》
お朔日《ついたち》
お元日《がんじつ》
お年玉《としだま》
お飾《かざ》り
お年始回《ねんしまわ》り
お年賀《ねんが》・ご年賀《ねんが》
お年始《ねんし》・ご年始《ねんし》
お鏡《かがみ》（餅《もち》）
お節《せち》（料理《りょうり》）
お雑煮《ぞうに》
お屠蘇《とそ》
お餅《もち》つき
ご用納《ようおさ》め
ご用始《ようはじ》め

お天気続《てんきつづ》きで、穏《おだ》やかなお正月でしたね。
昔《むかし》から、正月《しょうがつ》のお朔日は気《き》を引《ひ》き締《し》めたものです。
故郷《こきょう》でご家族揃《かぞくそろ》って迎《むか》えるお元日は、格別《かくべつ》でしょうね。
お年玉は大事《だいじ》に使《つか》うんだよ。
大家《おおや》さん、正月《しょうがつ》のお飾りをお届《とど》けにあがりました。
お年始回りは、二日《ふつか》からにしましょうか？
お正月《しょうがつ》には係長《かかりちょう》のお宅《たく》にお年賀に伺《うかが》います。
仲人《なこうど》さんの所《ところ》に、お年始に行《い》ってきました。
縁起《えんぎ》をかついで、大《おお》きめのお鏡を飾《かざ》りました。
ずいぶん手《て》の込《こ》んだお節ですこと。
お雑煮には、いろいろ地方色《ちほうしょく》があるんですね。
お屠蘇を少々《しょうしょう》飲《の》み過《す》ぎましたね。
親方《おやかた》、お餅つきの時《とき》は呼《よ》んでください。
今年《ことし》もなんとか無事《ぶじ》に、ご用納めを迎《むか》えられました。
今年《ことし》のご用始めは、いいお天気《てんき》でしたね。

協《きょう》力《りょく》する

お世話《せわ》する[自]
お力《ちから》
お力添《ちからぞ》え
お手伝《てつだ》い
お手伝《てつだ》いする[自]
お手《て》をお借《か》りする[自]
お役《やく》に立《た》つ
ご協賛《きょうさん》
ご協力《きょうりょく》
ご協力《きょうりょく》する[自]
協力《きょうりょく》なさる
ご結束《けっそく》
結束《けっそく》なさる
結集《けっしゅう》なさる
ご助力《じょりょく》

それでは知《し》り合《あ》いの会社《かいしゃ》を、お世話しましょう。
ぜひ、お力を貸《か》していただけませんでしょうか？
祭《まつ》りの大成功《だいせいこう》は、ひとえに町会長《ちょうかいちょう》さんのお力添えのおかげです。
言《い》ってください。いつでもお手伝いにあがります。
今度《こんど》のプロジェクト、私《わたし》でよければいつでもお手伝いいたします。
それでは、お手をお借りいたします。
何《なに》か、私《わたし》でもお役に立つことはありませんか？
私《わたし》どものイベントにご協賛いただき、感謝《かんしゃ》いたします。
五十年史《ごじゅうねんし》の出版《しゅっぱん》に、ご協力ありがとうございます。
そういうご趣旨《しゅし》でしたら、ひとつご協力しましょう。
お二人《ふたり》でよく協力なさって、明《あか》るい家庭《かてい》を築《きず》いてくださいね。
このご町内《ちょうない》は、皆《みな》さんご結束が堅《かた》いんですね、羨《うらや》ましい。
同志《どうし》が結束なされば、大願成就《たいがんじょうじゅ》も近《ちか》いでしょう。
力《ちから》を結集なされば、あなたのチームはかなり強《つよ》いですよ。
この事業《じぎょう》、ご町内《ちょうない》の皆《みな》さんにも、ぜひご助力をいただきたい。

嫌《きら》う・いや

うんざりなさる
お余《あま》り
お厭《いと》いになる
お嫌《いや》
お気《き》が進《すす》まない
お気《き》に召《め》さない
お嫌《きら》い
お嫌《きら》いになる
お気《き》を悪《わる》くなさる
お拒《こば》みになる
顔《かお》をおそむけになる
苦《く》になさる
敬遠《けいえん》なさる
ごめんこうむる
閉口《へいこう》なさる

いい加減《かげん》、うんざりなさったかもしれませんが…。
あなたのお余りなんて、まっぴらごめんです。
つらい仕事《しごと》をお厭いになる方《かた》とは思《おも》いませんでしたが…。
あの方《かた》のどこがお嫌なの？
そんなにお気が進まないなら、およしなさいな。
この表紙《ひょうし》の案《あん》、どうも著者《ちょしゃ》がお気に召さないようです。
あなたは納豆《なっとう》がお嫌いなの？
そんなに私《わたし》をお嫌いにならないでください。
さしでがましいことを申《もう》しあげて、お気を悪くなさったでしょうね。
しつこいあいつをお拒みになったとは、たいしたものね。
なぜいつもいつも、顔をおそむけになるの？
忙《いそが》しいのを苦になさる方《かた》とは思《おも》えませんけど。
あの方《かた》を敬遠なさるお気持《きも》ち、私《わたし》には分《わ》かりません。
そういうおかしな話《はなし》は、ごめんこうむりたいですね。
あの方《かた》の図々《ずうずう》しさには、閉口なさったでしょ。

着《き》る

お衣装《いしょう》
お洋服《ようふく》
ご礼装《れいそう》
お着替《きが》え
お着替《きが》えになる
お取《と》り替《か》えになる
お召《め》し替《か》え
お緩《ゆる》めになる
ご着用《ちゃくよう》
着　用《ちゃくよう》なさる
着《き》こなされる
正装《せいそう》なさる
お古《ふる》
お下《さ》がり
お譲《ゆず》り

このお衣装はどなたのお見立《みた》てですか？

そのお洋服、よくお似合《にあ》いですね。

今日《きょう》の式典《しきてん》にはご礼装でお出《で》かけになりますか？

お着替えをお手伝《てつだ》いしましょうか？

そろそろお着替えになる時間《じかん》です。／どうぞお着替えください。

涼《すず》しそうな色《いろ》にお取り替えになったら？

お召し替えのお手伝《てつだ》いやら何《なに》やら、今日《きょう》はとにかく忙《いそが》しかったわ。

お腹《なか》がきつそうですね。ベルトをお緩めになったら？

ボートに乗《の》る方《かた》はライフジャケットをご着用ください。

後《うし》ろの席《せき》の方《かた》もシートベルトを着用なさってください。

さすが老舗《しにせ》の女将《おかみ》さん、和服《わふく》を上手《じょうず》に着こなされていますね。

正装なさると、まるで別人《べつじん》のようですね。

これ私《わたし》のお古なんですけど、良《よ》かったらどうぞ。

学生服《がくせいふく》もセーターも、いつも兄貴《あにき》のお下がりでした。

兄《にい》さんお譲りの学生服《がくせいふく》に、金《きん》ボタンだけを付《つ》け替《か》えてもらったんです。

着《き》る・着物《きもの》

お着物《きもの》
お振《ふ》り袖《そで》
ご訪問着《ほうもんぎ》
お召《め》し（縮緬《ちりめん》）
お召《め》し物《もの》
お召《め》しになる
お端折《はしょ》り
お襦袢《じゅばん》
お腰《こし》（腰巻《こしまき》）
おみ帯《おび》
お太鼓結《たいこむす》び
お羽織《はおり》
お足袋《たび》
お下駄《げた》
お草履《ぞうり》

まあ見事《みごと》なお着物ですね。よくお似合《にあ》いですよ。
お振り袖が着《き》られるのも今《いま》のうちですよ、奮発《ふんぱつ》なさったら？
奥様《おくさま》はご訪問着を何《なに》にするか迷《まよ》われています。
あなたのお召し、いいご趣味《しゅみ》ね。／総絞《そうしぼ》りのお召しとは、すごいですね。
豪華《ごうか》なお召し物ですね。／お召し物は芹沢先生《せりざわせんせい》のお作《さく》ですか？
珍《めずら》しいですね。着物《きもの》をお召しになってどちらへ？
着物《きもの》はお端折りで長《なが》さが調節《ちょうせつ》できるから便利《べんり》ですよね。
ひどい汗《あせ》、お襦袢をお取《と》り替《か》えになりますか？
奥様《おくさま》は、ゆっくりとお腰を巻《ま》かれます。
立派《りっぱ》なおみ帯でございますこと。
お太鼓結びが、やっとできるようになったのね。
お羽織を新調《しんちょう》なさったんですね。
ご注文《ちゅうもん》のお足袋が届《とど》いております。
探《さが》していたお下駄は、ここにあるじゃありませんか。
祖母《そぼ》はお洒落《しゃれ》で、かなりの数《かず》のお草履を集《あつ》めていました。

銀《ぎん》行《こう》

貴行《きこう》
当行《とうこう》
弊行《へいこう》
お認《みと》め印《いん》
ご印鑑《いんかん》
お手許金《てもときん》
お送《おく》りになる
お組《く》みになる
お引《ひ》き出《だ》し
お引《ひ》き出《だ》しになる
ご送金《そうきん》
ご送金《そうきん》する[自]
送金《そうきん》なさる
ご入金《にゅうきん》
入金《にゅうきん》なさる

貴行の業績《ぎょうせき》の伸《の》びは素晴《すば》らしいですね。
年金《ねんきん》のお受《う》け取《と》りは、ぜひ当行でどうぞ。
弊行は来年《らいねん》、創立百周年《そうりつひゃくしゅうねん》を迎《むか》えます。
お認め印を拝借《はいしゃく》いたします。
ご印鑑を頂戴《ちょうだい》してよろしいでしょうか。
お手許金の百万円《ひゃくまんえん》を、お預《あず》かりいたしました。
カードをお作《つく》りになれば、現金《げんきん》をお送りになる手間《てま》が省《はぶ》けます。
ローンをお組みになる場合《ばあい》は、次《つぎ》の書類《しょるい》が必要《ひつよう》です。
お引き出しはこちらの窓口《まどぐち》でございます。
お引き出しになるのでしたら、ＡＴＭ《エーティーエム》の方《ほう》がお早《はや》いですよ。
それで？　ご送金が途絶《とだ》えてからどうなさったの？
本日中《ほんじつちゅう》に間違《まちが》いなくご送金いたします。
送金なさる時《とき》は、振込先《ふりこみさき》をよくお確《たし》かめください。
月末《げつまつ》に確《たし》かに、ご入金いただきました。
今月分《こんげつぶん》の家《いえ》のローン、入金なさった？

銀行《ぎんこう》・運用《うんよう》

お利子《りし》
お利息《りそく》
お蓄《たくわ》え
お貯金《ちょきん》
お通帳《つうちょう》
ご運用《うんよう》
運用《うんよう》なさる
お蓄《たくわ》えになる
お積《つ》み立《た》てになる
お増《ふ》やしになる
ご完済《かんさい》
ご資産《しさん》
ご融資《ゆうし》
ご預金《よきん》
預金《よきん》なさる

定期預金《ていきよきん》になさると、お利子が有利《ゆうり》になっておりますが。
今《いま》でしたら、外貨預金《がいかよきん》の方《ほう》がお利息が有利《ゆうり》でございます。
お蓄えの運用《うんよう》でしたら当行《とうこう》にお任《まか》せください。
このお貯金は定期《ていき》になさったらいかがですか？
お通帳を新《あたら》しくお作《つく》りいたします。
当行《とうこう》で退職金《たいしょくきん》のご運用を相談《そうだん》させていただいております。
退職金《たいしょくきん》を運用なさるのでしたら、ご相談《そうだん》ください。
こういう時代《じだい》ですから、老後《ろうご》のためにお蓄えになるのが一番《いちばん》ですよ。
少《すこ》しずつでも、お積み立てになったらいかがでしょうか？
資産《しさん》をお増やしになるのでしたら、こちらをお勧《すす》めします。
お客様《きゃくさま》、この年末《ねんまつ》でローンはご完済でございます。
ご資産の運用《うんよう》は当社《とうしゃ》にお任《まか》せください。
越年資金《えつねんしきん》でも、ご融資は難《むずか》しいですね。
それでは、ご預金の種類《しゅるい》をご説明《せつめい》いたします。
まあ、外貨《がいか》で預金なさったの？

国《くに》・故《こ》郷《きょう》

お国《くに》
貴国《きこく》
ご本国《ほんごく》
ご入国《にゅうこく》
ご来朝《らいちょう》
ご来日《らいにち》
ご出国《しゅっこく》
お伽《とぎ》の国《くに》
お里《さと》
お故郷《くに》
ご郷里《きょうり》
ご同郷《どうきょう》
お国《くに》入《い》り
ご出自《しゅつじ》
ご出身《しゅっしん》

お国はどちらですか?
貴国との友好関係《ゆうこうかんけい》は、永遠《えいえん》に不滅《ふめつ》です。
ご本国でも、戦争反対《せんそうはんたい》の輪《わ》が広《ひろ》がっていますね。
たくさんの人《ひと》が、シスターのご入国を心《こころ》待《ま》ちにしています。
サミットで各国《かっこく》の首脳《しゅのう》が次々《つぎつぎ》にご来朝です。
約十年《やくじゅうねん》ぶりのご来日ですね。
ご出国の手続《てつづ》きはもうお済《す》みですか?
まるちゃん、お伽の国はどこにあるかご存知《ぞんじ》?
お里から名産《めいさん》のスイカが届《とど》きましたよ。
お故郷はどちらですか?
ご郷里は北国《きたぐに》と伺《うかが》いましたが…。
部長《ぶちょう》は、専務《せんむ》とご同郷と伺《うかが》いましたが。
横綱《よこづな》になって、初《はじ》めてのお国入りですね。
ご出自は確《たし》か、紀州《きしゅう》のお殿様《とのさま》でしたね。
ご出身はどちらですか?／ご出身は九州《きゅうしゅう》の鹿児島《かごしま》でしたね。

暮《く》らし向《む》き

お構《かま》えになる
お築《きず》きになる
お暮《く》らし
お暮《く》らしになる
お暮《く》らし向《む》き
お過《す》ごしになる
お慣《な》れになる
お独《ひと》り身《み》
お増《ふ》えになる
お楽《らく》
ご倹約《けんやく》
ご同様《どうよう》
上手《じょうず》になさる
過《す》ごされる
生計《せいけい》を立《た》てられる

いよいよ、一家《いっか》をお構えになるんですね。
円満《えんまん》な家庭《かてい》をお築きになるのは、大事業《だいじぎょう》だと思《おも》います。
先生《せんせい》は悠々自適《ゆうゆうじてき》でお暮らしです。
この町《まち》でお暮らしになって、何年《なんねん》になりますか？
お暮らし向きは、とても質素《しっそ》なお宅《たく》でした。
毎日《まいにち》、何《なに》をしてお過ごしになっているんですか？
独《ひと》り暮《ぐ》らしにも、お慣れになったようですね。
お独り身になられて、お寂《さび》しいでしょうね。
ご家族《かぞく》が一人《ひとり》お増えになるんですか？　おめでとうございます。
ご夫婦《ふうふ》お二人《ふたり》でしたら、お楽なもんでしょう。
このご時世《じせい》、ご倹約が何《なに》よりです。
当方《とうほう》も、ご同様の有《あ》り様《さま》ですよ。
あの方《かた》なら、家計《かけい》のやりくりも上手になさるのではないかしら。
この温泉宿《おんせんやど》で過ごされるご気分《きぶん》は、いかがですか？
文筆《ぶんぴつ》で生計を立てられるのは、容易《ようい》ではないでしょうね。

来《く》る

いらっしゃる
来《こ》られる
お出《いで》になる
お越《こ》しになる
お見《み》えになる
ご上京《じょうきょう》
上京《じょうきょう》なさる
ご来会《らいかい》
ご来館《らいかん》
ご来京《らいきょう》
ご来山《らいざん》
ご来場《らいじょう》
来場《らいじょう》なさる
ご来阪《らいはん》
ご来臨《らいりん》

お客様《きゃくさま》がいらっしゃいました。
今度《こんど》来られる時《とき》は、手《て》ぶらでお出《いで》ください。
あの方《かた》は、いつもひょっこりお出になるのよ。
先生《せんせい》がこんなに早《はや》くお越しになるとは、驚《おどろ》きました。
しばらくお見えにならなかったですね。
ご上京の折《おり》にはぜひ、お会《あ》いしたいものです。
上京なさるのは、いつ頃《ごろ》のご予定《よてい》ですか？
ご来会の皆様《みなさま》、本日《ほんじつ》は存分《ぞんぶん》に召《め》しあがってください。
本日《ほんじつ》は、宇宙飛行士《うちゅうひこうし》の方々《かたがた》に、ご来館いただいています。
世界各国《せかいかっこく》の研究者《けんきゅうしゃ》の方々《かたがた》が、ご来京です。
比叡山《ひえいざん》から、大僧正《だいそうじょう》がご来山になりましたよ。
ご来場の際《さい》は、指定《してい》の駐車場《ちゅうしゃじょう》をご利用《りよう》ください。
師範《しはん》は、この武道館《ぶどうかん》に来場なさるのは初《はじ》めてでしたか？
ご来阪の折《おり》には、紅葉《こうよう》の京都《きょうと》をご案内《あんない》しましょう。
創立記念式典《そうりつきねんしきてん》にご来臨を賜《たまわ》り、光栄《こうえい》に存《ぞん》じます。

計画《けいかく》・積《つ》もり

お心積《こころづ》もり
お積《つ》もり
ご所存《しょぞん》
ご算段《さんだん》
後《あと》になさる
お掲《かか》げになる
お進《すす》みになる
進《すす》まれる
ご進路《しんろ》
お立《た》てになる
お練《ね》りになる
ご計画《けいかく》
計画《けいかく》なさる
ご参画《さんかく》
参画《さんかく》なさる

次期会長《じきかいちょう》を受《う》けるお心積もりだったんでしょう？
一体《いったい》どうなさるお積もりなんですか？
どういうご所存なのか、一度《いちど》じっくり伺《うかが》いたいものです。
この不況時《ふきょうじ》、どんなご算段をなさるお積《つ》もり？
片付《かたづ》けは後になさって、おしゃべりしましょうよ。
常務《じょうむ》は売上倍増《うりあげばいぞう》の目標《もくひょう》を、お掲げになりました。
やはり研究者《けんきゅうしゃ》の道《みち》へお進みになるのですね？
子《こ》どもの頃《ころ》から夢《ゆめ》だったという音楽《おんがく》の道《みち》に進まれるのですね。
そろそろご進路をお決《き》めになった方《ほう》がよろしいかと思《おも》います。
入念《にゅうねん》な計画《けいかく》をお立てになったんですから、ぜひ登頂《とうちょう》の成功《せいこう》を！
館長《かんちょう》は夜遅《よるおそ》くまで博覧会《はくらんかい》の構想《こうそう》をお練りになっていました。
夏休《なつやす》みの旅行《りょこう》のご計画は、もう立《た》てられましたか？
船旅《ふなたび》を計画なさるなんて、豪勢《ごうせい》ですね。
男性《だんせい》にもぜひ、このプロジェクトにご参画いただきたいわ。
自然《しぜん》エネルギーの事業《じぎょう》に参画なさる方《かた》が、急《きゅう》に増《ふ》えましたね。

芸事《げいごと》・趣味《しゅみ》

お香《こう》（香道《こうどう》）
お琴《こと》
お芝居《しばい》
お三味線《しゃみせん》
お習字《しゅうじ》
お墨《すみ》
お茶《ちゃ》（茶道《さどう》）
お能《のう》
お華《はな》（華道《かどう》）
お笛《ふえ》
お筆《ふで》
お筆先《ふでさき》
お免状《めんじょう》
お笑《わら》い
ご趣味《しゅみ》

お香って、神秘的《しんぴてき》で奥《おく》が深《ふか》そうですね。
お琴はお小《ちい》さい頃《ころ》から習《なら》ってらっしゃるの？
まあ、着飾《きかざ》ってお出《で》かけ…お芝居ですか？
週《しゅう》に一度《いちど》、お三味線のお稽古《けいこ》に通《かよ》ってらっしゃるんですって？
お習字の塾《じゅく》に通《かよ》ってらっしゃるの？　それで字《じ》がお上手《じょうず》なのね。
こちらは最上級《さいじょうきゅう》のお墨でございます。
お茶をなさって、もう長《なが》いんですか？
今日《きょう》は素晴《すば》らしいお能を拝見《はいけん》しました。
私《わたし》のお華の先生《せんせい》は、とても優《やさ》しく指導《しどう》してくださいます。
お笛は子《こ》どもの頃《ころ》から吹《ふ》いていらっしゃるんですか？
お筆は大切《たいせつ》にしなくちゃいけませんよ。
師範《しはん》にお筆先の狂《くる》いは微塵《みじん》もありません。
師範《しはん》のお免状をいただいたんですって？
たまにはお笑い番組《ばんぐみ》でもご覧《らん》になったらいかがですか？
小唄《こうた》とは、粋《いき》なご趣味をお持《も》ちですね。

お唄《うた》いになる
唄《うた》われる
お生《い》けになる
お打《う》ちになる
お描《か》きになる
お書《か》きになる
お奏《かな》でになる
お叩《たた》きになる
お弾《ひ》きになる
お捻《ひね》りになる
お吹《ふ》きになる
お舞《ま》いになる
舞《ま》われる
踊《おど》られる
吟《ぎん》じられる

先輩《せんぱい》はいつも気持《きも》ち良《よ》さそうにお唄いになりますね。
部長《ぶちょう》が唄われるなんて、珍《めずら》しいですね。
今度《こんど》の展覧会《てんらんかい》では、変《か》わった花《はな》をお生けになりましたね。
専務《せんむ》は鼓《つづみ》をお打ちになるんですか？
油絵《あぶらえ》をお描きになるとは、いいご趣味《しゅみ》ですね。
旅先《たびさき》からお孫《まご》さんへ絵手紙《えてがみ》をお書きになるんですか？
ご長男《ちょうなん》は毎晩《まいばん》、チェロをお奏でになっておられました。
院長《いんちょう》はドラムをお叩きになるのが、最高《さいこう》の気分転換《きぶんてんかん》だそうです。
ギターは、いつ頃《ごろ》からお弾きになってるの？
学長《がくちょう》は名月《めいげつ》に、珍《めずら》しく一句《いっく》お捻りになりました。
学生《がくせい》の頃《ころ》は、トランペットをお吹きになっていたんですって？
演舞場《えんぶじょう》でお舞いになるんですか？　すごいですね。
奥様《おくさま》は、今《いま》でも日舞《にちぶ》を舞われるそうですね。
奥《おく》さんはフラメンコを踊られるそうですね。
ご自慢《じまん》の声《こえ》で、朗々《ろうろう》と吟じられていましたね。

計《けい》算《さん》

お数《かぞ》えになる
お足《た》しになる
お見積《みつも》り
お見積《みつも》りする[自]
計算《けいさん》なさる
計上《けいじょう》なさる
計測《けいそく》なさる
集計《しゅうけい》なさる
ご決算《けっさん》
ご採算《さいさん》
ご算定《さんてい》
算定《さんてい》なさる
ご収支《しゅうし》
ご精算《せいさん》
ご名算《めいさん》

確認《かくにん》のため、ゆっくりお数えになってくださいね。
私《わたし》の分《ぶん》もお足しになってください。
先日《せんじつ》の件《けん》のお見積りを、お持《も》ちしました。
ポスターの印刷費《いんさつひ》を、お見積りします。
イベントの実行予算《じっこうよさん》は、細《こま》かく計算なさってください。
研修旅行《けんしゅうりょこう》の費用《ひよう》も、予算《よさん》に計上なさったんですね？
その土地《とち》を、もう一度《いちど》計測なさったらいかがですか？
今月《こんげつ》の経費《けいひ》を集計なさってください。
今期《こんき》のご決算はいかがでしたか？／ご決算はもうお済《す》みですか？
その新規事業《しんきじぎょう》は、ご採算が取《と》れるんですか？
ご算定の基準《きじゅん》はどこにあるのかしら？
算定なさるなら、きちんとした基準《きじゅん》が必要《ひつよう》ですね。
昨年度《さくねんど》のご収支は、いかがでしたか？
オプショナルツアーは、別途《べっと》ご精算ください。
ご名算！　と言《い》えば算盤《そろばん》ですね。

契《けい》約《やく》書《しょ》

お作《つく》りになる
お取《と》り決《き》めになる
お取引《とりひき》
ご契約《けいやく》
ご契約《けいやく》する［自］
契約《けいやく》なさる
解消《かいしょう》なさる
解除《かいじょ》なさる
ご解約《かいやく》
解約《かいやく》なさる
お書《か》き直《なお》しになる
ご修正《しゅうせい》
修正《しゅうせい》なさる
訂正《ていせい》なさる
ご捺印《なついん》

専務《せんむ》、契約書《けいやくしょ》の原案《げんあん》をお作りください。
分担《ぶんたん》をお取り決めになった方《ほう》が、よろしいんじゃないですか？
初《はじ》めてのお取引ですが、ご契約《けいやく》いたしましょう。
新規《しんき》のご契約をいただきまして、ありがとうございます。
価格《かかく》を下《さ》げていただけるなら、ご契約いたしましょう。
契約なさるのは、どちら様《さま》ですか？
契約《けいやく》を早《はや》めに解消なさったのは、賢明《けんめい》だったと思《おも》います。
契約《けいやく》を解除なさる際《さい》の注意事項《ちゅういじこう》を、よくお確《たし》かめください。
早々《はやばや》のご解約、それが正解《せいかい》ですよ。
いま解約なさるのはご損《そん》だと思《おも》いますよ。
契約書《けいやくしょ》を、お書き直しになってください。
ご修正を明日《あす》の朝《あさ》までにお願《ねが》いします。
こちらは修正なさる方《ほう》が、格段《かくだん》に良《よ》くなると思《おも》いますが。
契約書《けいやくしょ》を訂正なさるんですか？
こちらとこちらに、ご捺印ください。

結《けっ》婚《こん》

お相手《あいて》
お似合《にあ》い
お相応《ふさわ》しい
ご縁組《えんぐみ》
ご縁談《えんだん》
ご婚約《こんやく》
婚約《こんやく》なさる
ご良縁《りょうえん》
求婚《きゅうこん》なさる
ご結納《ゆいのう》
ご結婚《けっこん》
結婚《けっこん》なさる
ご新婚《しんこん》
入籍《にゅうせき》なさる
再婚《さいこん》なさる

お相手が決《き》まったんですって？　良《よ》かったわね。

どこから見《み》ても、お似合いのご夫婦《ふうふ》ですね。

お連《つ》れ合《あ》いは、あなたにお相応しい方《かた》ですね。

ご縁組が相整《あいととの》い、ご両家様《りょうけさま》には誠《まこと》におめでとうございます。

ご縁談が整《ととの》われて、それはそれはご両親《りょうしん》はお喜《よろこ》びでしょう。

ご婚約が整《ととの》われた、それはおめでとうございます。

電光石火《でんこうせっか》で婚約なさるとは、さすが速球投手《そっきゅうとうしゅ》！

棟梁《とうりょう》のところは、ご良縁に恵《めぐ》まれましたね。

あなたの方《ほう》から、求婚なさったのね？

いよいよ明日《あす》は、娘《むすめ》さんのご結納ですね。

ご結婚おめでとう、末永《すえなが》くお幸《しあわ》せに。

あなたも、とうとう結婚なさるのね。

先輩《せんぱい》、ご新婚で迎《むか》えたお正月《しょうがつ》の気分《きぶん》はいかがですか？

結婚式《けっこんしき》は挙《あ》げずに入籍なさったんですって？

再婚なさるお気持《きも》ちはあるんですか？

結婚式《けっこんしき》

お挙《あ》げになる
お色直《いろなお》し
お式《しき》
お仲人《なこうど》
ご結婚式《けっこんしき》
ご婚儀《こんぎ》
ご婚礼《こんれい》
ご祝言《しゅうげん》
ご親父様《しんぷさま》
ご新婦《しんぷ》
ご新郎《しんろう》
ご媒酌《ばいしゃく》
ご媒酌人《ばいしゃくにん》
ご披露《ひろう》
ご披露宴《ひろうえん》

ホテルで結婚式《けっこんしき》を、お挙《あ》げになったそうですね。
驚《おどろ》いたわ、お色直しを五回《ごかい》もなさったのよ。
いいお式でしたね。披露宴《ひろうえん》のお料理《りょうり》も美味《おい》しくて。
お仲人をお願《ねが》いしたいのですが。
ご結婚式はハワイの教会《きょうかい》でしたか。
ご婚儀は神式《しんしき》で挙《あ》げられるそうですね。
ご婚礼はどちらで？　やはり教会《きょうかい》ですか？
ご祝言はご自宅《じたく》で挙《あ》げられる？　さすがは旧家《きゅうか》のご令嬢《れいじょう》だ。
ご親父様が、花嫁《はなよめ》さんの手《て》を取《と》ってご入場《にゅうじょう》ください。
ご新婦は、ただいまからお色直《いろなお》しに向《む》かわれます。
ご新郎は、頭脳明晰《ずのうめいせき》でたいへん優《やさ》しいお人柄《ひとがら》です。
ご媒酌をなさったんですか、何回目《なんかいめ》ですか？
それでは、ご媒酌人様《さま》からご挨拶《あいさつ》をいただきます。
ご祝電《しゅくでん》のご披露は、後《のち》ほど続《つづ》けさせていただきます。
あのお二人《ふたり》らしいシンプルで温《あたた》かいご披露宴でしたね。

研究《けんきゅう》・学問《がくもん》

お極《きわ》めになる
お解《と》きになる
お深《ふか》めになる
ご解釈《かいしゃく》
解釈《かいしゃく》なさる
ご研究《けんきゅう》
研究《けんきゅう》なさる
ご考察《こうさつ》
ご構築《こうちく》
構築《こうちく》なさる
実験《じっけん》なさる
ご専攻《せんこう》
専攻《せんこう》なさる
ご専門《せんもん》
ご範疇《はんちゅう》

先生《せんせい》は万葉集《まんようしゅう》をお極めになった方《かた》です。
教授《きょうじゅ》は二十世紀《にじゅっせいき》最大《さいだい》の数学《すうがく》の難問《なんもん》を、ついにお解きになりました。
万葉《まんよう》の研究《けんきゅう》をお深めになるため、奈良《なら》に移《うつ》られるそうですね。
金融不安《きんゆうふあん》について、先生《せんせい》のご解釈をぜひお聞《き》かせください。
この句《く》を、そのように解釈なさる理由《りゆう》を教《おし》えてください。
この論文《ろんぶん》は、長年《ながねん》のご研究の成果《せいか》ですね。
博士《はかせ》は何《なに》を研究なさってらっしゃるんですか？
江戸文化《えどぶんか》についての先生《せんせい》のご考察、得心《とくしん》いたしました。
新《あたら》しいシステムのご構築は、実《じつ》にお見事《みごと》です。
先生《せんせい》が構築なさった理論《りろん》には、誰《だれ》も異議《いぎ》を唱《とな》えることができません。
何十年《なんじゅうねん》も続《つづ》けて実験なさったご熱意《ねつい》には、頭《あたま》が下《さ》がります。
ご専攻は仏文学《ふつぶんがく》ですか、どうりでフランス映画《えいが》にお詳《くわ》しい。
大学院《だいがくいん》では、日本画《にほんが》を専攻なさったと伺《うかが》いましたが。
ご専門は江戸《えど》の遊郭史《ゆうかくし》ですか、面白《おもしろ》そうですね。
生命科学《せいめいかがく》が先生《せんせい》の専門《せんもん》のご範疇です。

検討《けんとう》する

預《あず》からせて
お預《あず》け
お考《かんが》えになる
考《かんが》えさせて
お時間《じかん》
ご検討《けんとう》
検討《けんとう》なさる
検討《けんとう》させて
ご再考《さいこう》
再考《さいこう》なさる
ご思案《しあん》
思案《しあん》なさる
さようで
棚上《たなあ》げになさる
留保《りゅうほ》なさる

この件《けん》は、しばらく預からせてください。
今日《きょう》のところは、お預けということにしましょう。
もう少《すこ》し深《ふか》くお考えになるべきだと思《おも》います。
その件《けん》、しばらく、考えさせてください。
少《すこ》しお時間をくださいませんか？
どうぞ、じっくりとお手《て》にとってご検討ください。
十二分《じゅうにぶん》に検討なさる方《ほう》がよろしいかと思《おも》います。
もうちょっと検討させていただけませんか？
例《れい》の件《けん》、何《なん》とかご再考いただけませんでしょうか。
もう少《すこ》し時間《じかん》をかけて再考なさってはいかがですか？
そこで先生《せんせい》はご思案を巡《めぐ》らされました。
部長《ぶちょう》は何《なに》かいいアイデアがないものか、思案なさっておられます。
さようでございますか、一応承《いちおううけたまわ》っておきましょう。
大阪《おおさか》の一件《いっけん》は、棚上げになさるおつもりですか？
先生《せんせい》はお返事《へんじ》を留保なさいました。

公《こう》・選挙《せんきょ》

演説《えんぜつ》なさる
ご公言《こうげん》
公言《こうげん》なさる
ご公認《こうにん》
ご公約《こうやく》
公約《こうやく》なさる
ご出馬《しゅつば》
出馬《しゅつば》なさる
ご当選《とうせん》
当選《とうせん》なさる
ご遊説《ゆうぜい》
遊説《ゆうぜい》なさる
支持《しじ》なさる
政権《せいけん》をお取《と》りになる
落選《らくせん》なさる

先生《せんせい》は二時間《にじかん》たっぷり演説なさるご予定《よてい》です。
そんなご公言をはばかるような事《こと》、有権者《ゆうけんしゃ》は忘《わす》れていませんよ。
大臣《だいじん》は、確《たし》かに年金《ねんきん》は百年安心《ひゃくねんあんしん》と公言なさいました。
党《とう》の選対《せんたい》から、ご公認が得《え》られなかったそうですね。
減税《げんぜい》は、ご公約の柱《はしら》のひとつではなかったかと思《おも》うのですが…。
公約なさったことには責任《せきにん》をとっていただきたい。
遂《つい》にご出馬を決意《けつい》なさいましたか。
若手《わかて》は、あなたが出馬なさることを期待《きたい》していますよ。
ご当選が確実《かくじつ》になりました。／ご当選、おめでとうございます。
息子《むすこ》さんが市議会議員《しぎかいぎいん》に当選なさったそうですね。
党首《とうしゅ》は激戦区《げきせんく》のご遊説に向《む》かわれました。
書記長《しょきちょう》は、全国《ぜんこく》を飛《と》び回《まわ》って遊説なさっています。
頼《たよ》りなくても、やはり与党《よとう》を支持なさるのですか？
本気《ほんき》で政権をお取りになるおつもりなんですか？
落選なさったからといって、そんなにがっかりなさらないで。

公《こう》・役所《やくしょ》

公開《こうかい》なさる
ご公表《こうひょう》
公表《こうひょう》なさる
公募《こうぼ》なさる
ご交付《こうふ》
ご公布《こうふ》
ご採択《さいたく》
採択《さいたく》なさる
ご参与《さんよ》
ご制定《せいてい》
制定《せいてい》なさる
ご締結《ていけつ》
締結《ていけつ》なさる
ご申告《しんこく》
申告《しんこく》なさる

情報《じょうほう》を公開なさるといっても、個人情報《こじんじょうほう》の保護《ほご》が必要《ひつよう》ですから。
結果《けっか》のご公表は、もう少《すこ》し先《さき》の方《ほう》がよろしいかと存《ぞん》じます。
あの調査結果《ちょうさけっか》を、もう公表なさるのですか？
校長《こうちょう》を公募なさるとは、思《おも》い切《き》った策《さく》ですね。
委嘱状《いしょくじょう》のご交付は、もう受《う》けられましたか？
新法《しんぽう》ご公布の立役者《たてやくしゃ》は、あなたですよ。
予算案《よさんあん》を、何《なん》とか今月中《こんげつちゅう》にご採択いただきたいのですが。
議長《ぎちょう》、議案《ぎあん》を採択なさってください。
ぜひあなたに、政務《せいむ》へのご参与をいただきたい。
新法《しんぽう》のご制定には、ずいぶんと手間《てま》取っていますね。
新法《しんぽう》を制定なさる手続《てつづ》きは、もうお済《す》みですか？
核拡散防止条約《かくかくさんぼうしじょうやく》をご締結になったのは、どなたでしたっけ？
二国間《にこくかん》の環境保護条約《かんきょうほごじょうやく》を締結なさる必要《ひつよう》がありますね。
今年《ことし》のご申告は、お済《す》みですか？
消費税《しょうひぜい》を申告なさる時期《じき》ではありませんか？

公《こう》演《えん》

演技《えんぎ》なさる
演出《えんしゅつ》なさる
演奏《えんそう》なさる
ご共演《きょうえん》
共演《きょうえん》なさる
ご競演《きょうえん》
ご公演《こうえん》
公演《こうえん》なさる
ご好演《こうえん》
好演《こうえん》なさる
ご主演《しゅえん》
主演《しゅえん》なさる
ご出演《しゅつえん》
出演《しゅつえん》なさる
お応《こた》えする

あの方《かた》は全身《ぜんしん》を使《つか》って演技なさるから素晴《すば》らしいわ。
このドラマ、あの久世《くぜ》さんが演出なさる予定《よてい》だったそうですよ。
ギターだけじゃなく、ドラムも演奏なさるのですか？
健《けん》さんとのご共演のご感想《かんそう》は、いかが？
まぁ、共演なさった女優《じょゆう》さんと次々《つぎつぎ》ねんごろに…。
日韓《にっかん》の看板《かんばん》スターのご競演、楽《たの》しみですね。
ご公演が百回《ひゃっかい》を超《こ》えて、記録《きろく》をまた塗《ぬ》り替《か》えられましたね。
このお芝居《しばい》を公演なさるのは何年《なんねん》ぶりですか？
今度《こんど》の舞台《ぶたい》はご好演でしたね、劇評《げきひょう》も絶賛《ぜっさん》ですね。
やはりベテランは違《ちが》いますね、当《あ》たり前《まえ》のように好演なさる。
これまでにご主演の映画《えいが》は何本《なんぼん》になりますか？
来年《らいねん》の大河《たいが》ドラマに主演なさるそうですね。
椿姫《つばきひめ》にご出演だそうですね。
今年《ことし》も忠臣蔵《ちゅうしんぐら》に出演なさるのですか？
リクエストにお応えして、チターの演奏《えんそう》をもう一曲《いっきょく》。

心《こころ》・気持《きも》ち

お気持《きも》ち
お心《こころ》
お心構《こころがま》え
お胸《むね》
ご意志《いし》
ご機嫌《きげん》
ご気分《きぶん》
ご心情《しんじょう》
ご心中《しんちゅう》
ご胸中《きょうちゅう》
ご心境《しんきょう》
ご真意《しんい》
ご真情《しんじょう》
ご本意《ほんい》
ご本心《ほんしん》

そうおっしゃるお気持ち、私《わたし》にも痛《いた》いほどよく分《わ》かります。
この際《さい》、お心を鬼《おに》になさい。それが息子《むすこ》さんのためですよ。
さすがに他《ほか》の方《かた》とはお心構えが違《ちが》いますね。
どうぞ、この事《こと》はお胸の内《うち》におしまいになってください。
あの方、禁煙《きんえん》なさって一年《いちねん》だそうよ、ご意志が固《かた》いわね。
今日《きょう》はご機嫌がよろしいようですね。
ご気分はいかが？／ご気分《きぶん》を悪《わる》くなさったんじゃありません？
父上《ちちうえ》として、ご子息《しそく》を想《おも》うご心情、お察《さっ》しします。
ご心中、お察《さっ》しいたします。
突然《とつぜん》の訃報《ふほう》、ご胸中いかばかりかと…。
受賞《じゅしょう》のご心境をお聞《き》かせくださいませんか？
あなたのご真意を計《はか》りかねております。
先生《せんせい》は初《はじ》めてご真情をお話《はな》しになりました。
実《じつ》は、あなたのご本意を計《はか》りかねております。
どれがご本心なのか、見当《けんとう》もつきません。

言葉《ことば》・フォーマル

あちら
こちら
そちら
どちら
いかほど
些少《さしょう》
少々《しょうしょう》
ひとかたならぬ
ご時世《じせい》
ご時勢《じせい》
いつぞや
久《ひさ》しく
先《さき》ほど
この度《たび》
今朝《けさ》ほど

あちら立《た》てればこちらが立《た》たずと、よく言《い》いますでしょ？
たまにはこちらへもお出《で》かけくださいな。／こちらへどうぞ。
そちらはもう桜《さくら》が咲《さ》きましたか？／近々《ちかぢか》、そちらへ参《まい》ります。
行列《ぎょうれつ》ができる鯛焼《たいや》き屋《や》さんは、どちらでしたっけ？
ご予算《よさん》はいかほどでしょうか？
些少ですが、どうぞお納《おさ》めください。
少々お待《ま》ちください。呼《よ》んで参《まい》ります。／お客様《きゃくさま》には少々お地味《じみ》では？
この度《たび》は、ひとかたならぬお世話《せわ》になりまして…。
ご時世ですかね、先輩《せんぱい》の言《い》うことを聞《き》かないというのも。
ご時勢に逆《さか》らうと、ろくなことがありませんよ。
いつぞやは、大変失礼《たいへんしつれい》いたしました。
久しくお顔《かお》をお見《み》せになりませんでしたね。
先ほどからのお話《はなし》、一両日《いちりょうじつ》考《かんが》えさせてください。
この度は、いろいろご心配《しんぱい》いただきまして…。
今朝ほど、御社《おんしゃ》の課長《かちょう》さんがお見《み》えになりました。

後《のち》ほど
平素《へいそ》
早速《さっそく》
夜分《やぶん》
先日《せんじつ》
本日《ほんじつ》
昨日《さくじつ》
一昨日《いっさくじつ》
昨晩《さくばん》
明日《みょうにち》
明朝《みょうちょう》
明晩《みょうばん》
明後日《みょうごにち》
昨年《さくねん》
一昨年《いっさくねん》

私《わたし》が後ほどお届《とど》けにあがります。
名人《めいじん》の大記録《だいきろく》も、平素から努力《どりょく》を怠《おこた》らないからです。
お言葉《ことば》に甘《あま》えて、早速、頂戴《ちょうだい》にあがります。
夜分恐《おそ》れ入《い》りますが、ご主人《しゅじん》はご在宅《ざいたく》でしょうか？
先日はご馳走《ちそう》になりまして、ありがとうございました。
本日、署長《しょちょう》を拝命《はいめい》した山口《やまぐち》でございます。
またお会《あ》いしましたね。昨日お目《め》にかかったばかりなのに。
一昨日の晩《ばん》は、どこかにお出《で》かけでしたか？
昨晩は、大変《たいへん》ご馳走《ちそう》になりました。
明日のご予定《よてい》は、いかがでしょうか？
明朝、ぜひお越《こ》し願《ねが》いたいのですが…。
明晩、お待《ま》ちしております。
明後日には、必《かなら》ずお返《かえ》しいたします。
昨年の今頃《いまごろ》は、確《たし》かご入院中《にゅういんちゅう》でしたね。
一昨年のことですが、憶《おぼ》えていらっしゃいますか？

言葉《ことば》・口上《こうじょう》・啖呵《たんか》

お生憎様《あいにくさま》
お後《あと》
お急《いそ》ぎ
お出《いで》なすった
大《おお》きなお世話《せわ》
お終《しま》い
お代《だい》
お立会《たちあ》い
お茶《ちゃ》の子《こ》さいさい
お手《て》並拝見《なみはいけん》
お出《で》まし
お手《て》を拝借《はいしゃく》
お慰《なぐさ》み
おまんま
お安《やす》いご用《よう》

お生憎様、そんなに暇《ひま》じゃありませんよ。
それではお後がよろしいようで。
ご用《よう》とお急ぎでない方《かた》は、寄《よ》ってきな。
そうら案《あん》の定《じょう》、お出なすった。
見合《みあ》いしろなんて、大きなお世話だわ。
それを言《い》っちゃあ、お終いよ！
さあさ、お代は見《み》てのお帰《かえ》りだよ！
さあ、お立会い。取《と》り出《いだ》しましたるは氷《こおり》の刃《やいば》。
そんなこと、君《きみ》にとっちゃ、お茶の子さいさいだろ？
とりあえず、お手並拝見といきましょう。
さあ御大《おんたい》のお出ましだ、頭《ず》が高《たか》い！
それでは皆《みな》さん、お手を拝借。一本締《いっぽんじ》めで、ヨッ！
さあて、うまくいったらお慰み。
このままじゃあ、おまんまの食《く》い上《あ》げだ。
そんなことはお安いご用さ。

お安《やす》くない
お呼《よ》びでない
お笑《わら》いぐさ
御《おん》の字《じ》
ご喝采《かっさい》
ご帰還《きかん》
ご冗談《じょうだん》でしょ
ご存知《ぞんじ》ない
ご託《たく》を並《なら》べる
ご馳走様《ちそうさま》
ご苦労《くろう》
ご注進《ちゅうしん》
ご幣《へい》を担《かつ》ぐ
ご覧《ろう》じろ
まっぴらごめん

いよっ！　ご両人《りょうにん》、お安くないねぇ。
お呼びでない、こりゃまた失礼《しつれい》いたしました！
今《いま》さら悔《く》いても始《はじ》まらない、とんだお笑いぐさだよ。
博打《ばくち》は元《もと》がとれりゃあ、御の字でさぁ。
うまく回《まわ》りましたら、ご喝采！
お〜い、ご主人様《しゅじんさま》のご帰還だぞぅ。
ご冗談でしょ、お日《ひ》さんが西《にし》から昇《のぼ》らあ。
うかつだねぇ、芋《いも》の煮《に》えたもご存知ない。
うるせえな、何《なん》だかんだとご託を並べやがって。
あれ？　お惚気《のろけ》ですかい、ご馳走様。
何《なん》ともご苦労なこった！
ご注進、ご注進って、掛《か》け声《ごえ》だけなんだ、あいつは。
ご幣を担ぐのも大概《たいがい》にしろよ。
細工《さいく》は流々《りゅうりゅう》、仕上《しあ》げをご覧じろ。
歯《は》の浮《う》くようなほめ言葉《ことば》、まっぴらごめんです。

断《ことわ》る

生憎《あいにく》
致《いた》しかねる
お帰《かえ》りください
お断《ことわ》りする[自]
お断《ことわ》りになる
お力《ちから》になれない
お引《ひ》き取《と》りになる
お役《やく》に立《た》てなくて
ご希望《きぼう》に添《そ》えない
ご遠慮《えんりょ》する[自]
ごめんこうむる
ご辞退《じたい》する[自]
辞退《じたい》なさる
固辞《こじ》なさる
もう結構《けっこう》

生憎、食事《しょくじ》を済《す》ませたばかりでして。
保証期間後《ほしょうきかんご》の交換《こうかん》は、致しかねます。
どうぞお帰りください。マンションの建設《けんせつ》には絶対反対《ぜったいはんたい》です。
せっかくですが、お断りします。／固《かた》くお断りいたします。
行《い》きたくないんだったら、お断りになればいいじゃないの。
残念《ざんねん》ですが、お力になれません、悪《あ》しからず。
今日《きょう》のところは、どうぞお引き取りください。
この度《たび》は、お役に立てなくて残念《ざんねん》です。
残念《ざんねん》ですが、今回《こんかい》はご希望に添いかねます。
以後《いご》のお取引《とりひき》は、ご遠慮申《もう》しあげます。
そういう仕事《しごと》は、ごめんこうむります。
その件《けん》については、はっきりご辞退申《もう》しあげます。
あんないい話《はなし》を辞退なさるなんて、もったいない！
先生《せんせい》は、特別扱《とくべつあつか》いを固辞なさいました。
お説教《せっきょう》はもう結構です。

困《こま》る

頭《あたま》をお抱《かか》えになる
お痛手《いたで》
お困《こま》り
お困《こま》りになる
お先真《さきま》っ暗《くら》
お手上《てあ》げ
ご不自由《ふじゆう》
不自由《ふじゆう》なさる
ご不便《ふべん》
ご迷惑《めいわく》
迷惑《めいわく》なさる
困惑《こんわく》なさる
当惑《とうわく》なさる
冷《ひ》や汗《あせ》をおかきになる
辟易《へきえき》なさる

社長《しゃちょう》は取引先《とりひきさき》が倒産《とうさん》して頭をお抱えになっています。
奥様《おくさま》がご病気《びょうき》、さぞかしお痛手でしょうね。
何《なに》か、お困りのことはございませんか？
最終便《さいしゅうびん》に乗《の》り遅《おく》れたんですか、それはお困りになったでしょうね。
何《なん》とかしないと、このままではお先真っ暗です。
いくら頑張《がんば》ってもどうにもならない、もうお手上げですよ。
足《あし》がご不自由のようで、大変《たいへん》ですね。
お一人《ひとり》になって、不自由なさっているんじゃありませんか？
事故《じこ》による遅《おく》れで、ご不便をおかけしております。
お声《こえ》をかけてご迷惑でした？／ご迷惑でしたら、おっしゃってね。
マンション建設《けんせつ》で迷惑なさってるんですって？
あなたがそんなに困惑なさるとは、意外《いがい》でした。
あなたの突然《とつぜん》の辞表《じひょう》に、課長《かちょう》は当惑なさっています。
生放送《なまほうそう》の頃《ころ》は、ゲストの失言《しつげん》で冷や汗をおかきになったでしょ？
娘《むすめ》さんの長電話《ながでんわ》には辟易なさったでしょ？

在不在《ざいふざい》

いらっしゃる
おいでになる
ご在宅《ざいたく》
おられる
お見《み》えになる
お残《のこ》り
お残《のこ》りになる
いらっしゃらない
お留守《るす》
ご不在《ふざい》
ご所在《しょざい》
ご在職《ざいしょく》
ご在籍《ざいせき》
在籍《ざいせき》される
ご所属《しょぞく》

お客様《きゃくさま》は応接室《おうせつしつ》にいらっしゃいます。
奥《おく》さんは、今《いま》おいでになりますか？
幸《さいわ》いなことに、大先生《おおせんせい》はご在宅でした。
先生《せんせい》は今《いま》、職員室《しょくいんしつ》におられます。
その方《かた》でしたら、一時間《いちじかん》も前《まえ》からお見えになっています。
まるこさん、お残りでお掃除《そうじ》をなさい。
お通夜《つや》の晩《ばん》、最後《さいご》までお残りになっていらしたんですって？
肝心《かんじん》な時《とき》はいつもいらっしゃらないのね、あなたは。
配達《はいたつ》に伺《うかが》ったのですが、お留守でしたので持《も》ち帰《かえ》りました。
ご主人はご不在ですか。それは残念《ざんねん》、出直《でなお》しましょう。
ご所在は、いつでもはっきりさせておいてください。
奇遇《きぐう》ですね。こちらにご在職でしたか。
その学会《がっかい》には、何年《なんねん》くらい在籍なさったのですか？
福祉団体《ふくしだんたい》に十年《じゅうねん》も在籍されていたのですか。
一部《いちぶ》リーグのチームにご所属ですか、すごいですね。

探《さが》す・探《さが》る

お探《さが》しになる
お探《さぐ》りになる
お見《み》つけになる
お迷宮入《みやい》り
解明《かいめい》なさる
ご推測《すいそく》
推測《すいそく》なさる
ご推理《すいり》
推理《すいり》なさる
ご探求《たんきゅう》
探求《たんきゅう》なさる
追及《ついきゅう》なさる
追求《ついきゅう》なさる
発見《はっけん》なさる
試食《ししょく》なさる

お客様《きゃくさま》は、ご自分《じぶん》でお探しになりたいそうです。
これは戦《たたか》いです。敵《てき》の動静《どうせい》をお探りになる必要《ひつよう》があります。
とうとう、彼《かれ》の弱味《よわみ》をお見つけになったのね。
お迷宮入りの事件《じけん》が多《おお》くて、心《こころ》が痛《いた》みます。
この謎《なぞ》を解明なさるのは、あの探偵《たんてい》さん以外《いがい》にいないわ。
惨敗《ざんぱい》の原因《げんいん》はどこにあるとご推測ですか？
あなたが推測なさったように、チームの士気《しき》はがた落《お》ちでした。
そのご推理で、ほぼ正《ただ》しいと思《おも》います。
あなたはいろいろ推理なさるのが、お好《す》きですね。
つねに新《あたら》しい道《みち》のご探求、頭《あたま》が下《さ》がります。
先生《せんせい》は古《ふる》い陶片《とうへん》から釉薬《ゆうやく》を探求なさっています。
奥様《おくさま》が厳《きび》しく追及なさったので、旦那様《だんなさま》も白状《はくじょう》なさったそうよ。
表現《ひょうげん》を追求なさるのは、苦《くる》しくないですか？
白亜紀《はくあき》の恐竜《きょうりゅう》の化石《かせき》を発見なさったそうですね？
新製品《しんせいひん》なんですが、試食なさっていただけませんか？

作《さ》業《ぎょう》

植《う》えられる
おいじりになる
お埋《う》めになる
お置《お》きになる
お飼《か》いになる
お摘《つ》みになる
お積《つ》みになる
お手《て》植《う》え
お研《と》ぎになる
お抜《ぬ》きになる
お塗《ぬ》りになる
お乗《の》せになる
お張《は》りになる
お蒔《ま》きになる
お割《わ》りになる

この桜《さくら》は、先代《せんだい》の社長《しゃちょう》が創立記念日《そうりつきねんび》に植えられたものです。
ご趣味《しゅみ》は盆栽《ぼんさい》をおいじりになることでしたか。
池《いけ》をお埋めになって、果樹園《かじゅえん》になさるんですか？
灰皿《はいざら》をそんな所《ところ》にお置きになると、危《あぶ》ないわ。
このタイプの猫《ねこ》をお飼いになるのは、初《はじ》めてですか？
このバジルはベランダでお摘みになったの？
庭《にわ》に石《いし》をお積みになって、どうなさるの？
お手植えの桜《さくら》も、ずいぶん大《おお》きくなりましたね。
庖丁《ほうちょう》をお研ぎになるのが得意《とくい》だそうですね。
それではシャンパンをお抜きになってください。
外壁《がいへき》を青色《あおいろ》にお塗りになったそうですね。
お荷物《にもつ》は、棚《たな》にお乗せください。
障子《しょうじ》をお張りになるのがお上手《じょうず》ですね。
今年《ことし》は珍《めずら》しい朝顔《あさがお》の種《たね》をお蒔きになったんですって？
薪《まき》を大量《たいりょう》にお割りになって、別荘暮《べっそうぐ》らしも大変《たいへん》ですね。

お編《あ》みになる
お裁縫《さいほう》
お染《そ》めになる
お畳《たた》みになる
お手製《てせい》
お縫《ぬ》いになる
お針《はり》(裁縫《さいほう》)
お洗《あら》いする[自]
お洗《あら》いになる
お洗濯《せんたく》
洗濯《せんたく》なさる
お干《ほ》しになる
お濯《ゆす》ぎになる
お汚《よご》しになる
お焚《た》きになる

レースをお編みになるの？　素敵《すてき》なご趣味《しゅみ》ね。
あなたはお裁縫がお上手《じょうず》だから羨《うらや》ましいわ。
そのショール、ご自分《じぶん》でお染めになったの？　いい色ね。
いつも、ワイシャツをきれいにお畳みになってますね。
お手製のマフラーですか、暖《あたた》かそうですね。
ご自分《じぶん》でお縫いになったウェディングドレスで？　まあ素敵《すてき》。
うちの娘《むすめ》、なぜかお針を習《なら》い始《はじ》めたのよ。
お脱《ぬ》ぎになって。染《し》みにならないように、すぐお洗いしますから。
セーターも、ご自分《じぶん》でお洗いになるんですか？
今日《きょう》は久《ひさ》しぶりに、お洗濯日和《びより》ですね。
コインランドリーで洗濯なさっているんですか？
洗濯物《せんたくもの》は、どこにお干しになるんですか？
昔《むかし》は、井戸端《いどばた》でユニホームをお濯ぎになったんですって。
芋掘《いもほ》りですか、ずいぶんお汚しになりましたね。
毎朝《まいあさ》、香《こう》をお焚きになるなんて、しゃれてますね。

作業《さぎょう》・片付《かたづ》け・掃除《そうじ》

お掃除《そうじ》
掃除《そうじ》をなさる
大掃除《おおそうじ》をなさる
お掃《は》きになる
お拾《ひろ》いになる
お雑巾《ぞうきん》
磨《みが》かれる
お手《て》入《い》れ
お片付《かたづ》け
お始末《しまつ》
始末《しまつ》なさる
おしまいになる
整理《せいり》なさる
ご不用《ふよう》
処分《しょぶん》なさる

あのお宅《たく》は、いつもお掃除が行《い》き届《とど》いているわね。
あのお宅《たく》、ご主人《しゅじん》がお風呂《ふろ》の掃除をなさるそうですよ。
師走前《しわすまえ》なのに、もう大掃除をなさるの？
毎朝《まいあさ》、家《いえ》の前《まえ》をお掃きになるのが日課《にっか》なんですね。
所長《しょちょう》　自《みずか》ら庭《にわ》のゴミをお拾いになっていますよ。
お雑巾も、今《いま》は買《か》ってくる時代《じだい》なんですよね。
床《ゆか》がピカピカなのは、ぬか袋《ぶくろ》で毎日《まいにち》磨かれるからなんですね。
お庭《にわ》のお手入れ、行《ゆ》き届《とど》いてますね。大変《たいへん》でしょ？
お片付けはみんなでしましょうよ。
遊《あそ》んだ後《あと》のお始末は、ちゃんとなさってね。
要《い》らない古《ふる》い本《ほん》は、もう始末なさってくださいね。
冬物《ふゆもの》の靴《くつ》は、天袋《てんぶくろ》におしまいになったら？
この書類《しょるい》の山《やま》、そろそろ整理なさったら？
ご不用の電気製品《でんきせいひん》を、引《ひ》き取《と》らせていただきます。
この膨大《ぼうだい》な蔵書《ぞうしょ》を処分なさるのですね？

作品《さくひん》・写真《しゃしん》

お描《か》きになる
描《か》かれる
お作《さく》
ご労作《ろうさく》
お作《つく》りする[自]
お作《つく》りになる
作《つく》られる
ご完成《かんせい》
完成《かんせい》なさる
お仕上《しあ》がり
お写真《しゃしん》
お写《うつ》しになる
お撮《と》りする[自]
お撮《と》りになる
撮影《さつえい》なさる

この槍ヶ岳《やりがたけ》は、どの辺《あた》りからお描《か》きになったんですか?
こちらが表紙《ひょうし》の絵《え》を描《か》かれる画伯《がはく》です。
先生《せんせい》のお作《さく》を、いつも楽《たの》しく拝見《はいけん》しております。
この百号《ひゃくごう》は、画伯《がはく》が一年《いちねん》をかけたご労作《ろうさく》です。
春《はる》までには、ぐい呑《の》みをお作りいたします。
今度《こんど》の応援歌《おうえんか》、先生《せんせい》がお作りになったんですね。
街《まち》のイラストマップを作られたんですって?
ついに、新居《しんきょ》がご完成! おめでとうございます。
ついに、念願《ねんがん》の一号機《いちごうき》が完成なさいましたね。
肌《はだ》つやもぴかぴかで、見事《みごと》なお仕上《しあ》がりですね、先生《せんせい》!
お写真だけでもご覧《らん》になっていただけませんか?
お宮参《みやまい》りの写真《しゃしん》をお写しになったのですね。
皆《みな》さん並《なみ》んでください、私《わたし》がお撮りしましょう。
桜《さくら》を追《お》いかけて、お撮りになっているんですか?
三十年《さんじゅうねん》かけてインドの祭《まつ》りを撮影なさったとか…。

裁《さば》く・裁判《さいばん》

お訴《うった》えになる
お裁《さば》きになる
ご裁断《さいだん》
ご裁決《さいけつ》
裁決《さいけつ》なさる
採決《さいけつ》なさる
ご裁定《さいてい》
裁定《さいてい》なさる
ご裁量《さいりょう》
ご処置《しょち》
ご処分《しょぶん》
ご判決《はんけつ》
下《くだ》される
お取《と》り下《さ》げになる
ご明白《めいはく》

小犬《こいぬ》にかまれたくらいでお訴えになるのは、どうかと思《おも》いますよ。

部長《ぶちょう》は、けんか両成敗《りょうせいばい》でお裁きになりました。

ここまで来《き》たら、会長《かいちょう》さんにご裁断を仰《あお》ぐしかありませんな。

社長《しゃちょう》、見事《みごと》なご裁決でした。

裁決なさるのは、あの名判事《めいはんじ》ですね。

そんなにもめるんなら、採決なさったらいかがですか？

覚悟《かくご》はしております、どうかご裁定を下《くだ》していただきたい。

こじれた仲《なか》を裁定なさるのは、容易《ようい》じゃないでしょうね。

この件《けん》は、先生《せんせい》のご裁量に任《まか》された方《ほう》がよろしいのでは？

皆《みな》さんが納得《なっとく》する公平《こうへい》なご処置を、お願《ねが》いいたします。

寛大《かんだい》なるご処分に感謝《かんしゃ》いたします。

裁判長《さいばんちょう》のご判決は、社会《しゃかい》に不満《ふまん》を残《のこ》しましたね。

合併《がっぺい》に関《かん》して、社長《しゃちょう》が最後《さいご》のご決断《けつだん》を下されました。

何《なに》かあったのかしら、突然告訴《とつぜんこくそ》をお取り下げになるなんて。

あの方《かた》の無罪《むざい》は、どこから見《み》てもご明白ですよ。

参《さん》加《か》

お入《はい》りになる
入《はい》られる
ご加入《かにゅう》
加入《かにゅう》される
ご加盟《かめい》
加盟《かめい》なさる
ご協賛《きょうさん》
協賛《きょうさん》なさる
加《くわ》わられる
ご参加《さんか》
参加《さんか》なさる
参入《さんにゅう》なさる
ご入会《にゅうかい》
入会《にゅうかい》なさる
入団《にゅうだん》なさる

フラダンスのチームに、お入りになりませんか?
大家《おおや》さん、還暦《かんれき》バンドに入られるんですって。
よろしかったら、当組合《とうくみあい》にご加入ください。
互助会《ごじょかい》に加入されては、いかがですか?
当連合会《とうれんごうかい》にご加盟いただくと、特典《とくてん》がいろいろございます。
商工会議所《しょうこうかいぎしょ》に加盟なさっていますか?
テニス大会《たいかい》にご協賛いただけませんでしょうか?
動員数《どういんすう》など、よく調《しら》べてから協賛なさるべきだと思《おも》います。
部長《ぶちょう》も野球《やきゅう》大会《たいかい》のメンバーに加わられるんですか?
当《とう》イベントへのご参加を、お待《ま》ちしております。
参加なさるなら、早《はや》めに申《もう》し込《こ》まれた方《ほう》がよろしいかと…。
そんな危険《きけん》な事業《じぎょう》に参入なさるのですか?
当《とう》クラブへのご入会には、メンバーの方《かた》の推薦《すいせん》が必要《ひつよう》です。
私《わたし》たちの連句《れんく》の会《かい》に入会なさいませんか?
西海岸《にしかいがん》のチームに入団なさるのですね、大《だい》リーグの。

自《じ》覚《かく》

お諦《あきら》めになる

お立場《たちば》

お慎《つつし》みになる

お引《ひ》きになる

おわきまえになる

覚悟《かくご》なさる

観念《かんねん》なさる

ご自覚《じかく》

自覚《じかく》なさる

ご自制《じせい》

自制《じせい》なさる

ご分別《ふんべつ》

自戒《じかい》なさる

認識《にんしき》なさる

目《め》がお覚《さ》めになる

今度《こんど》のことは、お諦めになった方《ほう》がよろしいかと思《おも》います。

難《むずか》しいお立場にいらっしゃるんですね、お気《き》の毒《どく》に。

きつい言葉《ことば》は、お慎みになった方《ほう》がよろしいのでは？

時《とき》には、お引きになる勇気《ゆうき》も持《も》たなくてはいけません。

少《すこ》しは常識《じょうしき》というものを、おわきまえになってください。

今度《こんど》ばかりは容赦《ようしゃ》しませんよ、覚悟なさい！

ここまできたら、観念なさることですね。

息子《むすこ》さんにも、ようやく親《おや》としてのご自覚が出《で》てきましたか。

一児《いちじ》の親《おや》なんですから、自覚なさらないと。

お怒《いか》りは分《わ》かりますが、ここはひとつ、ご自制ください。

この場《ば》は自制なさるのが、大人《おとな》というものですよ。

そんなご分別もつかないようでは困《こま》ります。

過《あやま》ちをくり返《かえ》さないように、自戒なさるべきです。

もう少《すこ》し、ご自分《じぶん》の立場《たちば》を認識なさったらいかがですか？

課長《かちょう》さんも、今度《こんど》ばかりは目がお覚めになったようね。

叱《しか》る

お灸《きゅう》をすえる
お叱《しか》り
お叱《しか》りになる
お説教《せっきょう》
お責《せ》めになる
お咎《とが》めになる
糾弾《きゅうだん》なさる
ご詰問《きつもん》
ご譴責《けんせき》
ご叱正《しっせい》
ご叱責《しっせき》
叱責《しっせき》なさる
お小言《こごと》
お叱《しか》りをこうむる
お目玉《めだま》を食《く》らう

あの人《ひと》には一度《いちど》、お灸《きゅう》をすえてあげた方《ほう》がいいですよ。
厳《きび》しいお叱り、真摯《しんし》に受《う》け止《と》めます。
お叱りになるのも、愛情《あいじょう》だと思《おも》います。
今《いま》の若《わか》い人《ひと》は、忠告《ちゅうこく》もお説教と受《う》け取《と》りますよ。
これ以上《いじょう》お責めになると、あの人《ひと》逃《に》げ場《ば》がなくなるわ。
奥様《おくさま》がお咎めになるのも、もっともです。
役人《やくにん》の居酒屋《いざかや》タクシーを、もっと糾弾なさるべきです。
皆《みな》さんからのご詰問を受《う》けまして、正直《しょうじき》疲《つか》れました。
これほどご譴責を受《う》けるとは、思《おも》いもよらないことでした。
久々《ひさびさ》にご叱正をいただき、目《め》が覚《さ》めました。
またまたきついご叱責をいただいてしまった。
先生《せんせい》が叱責なさる声《こえ》が、びんびんと響《ひび》いていました。
また姉《ねえ》さんからお小言を頂戴《ちょうだい》してしまったよ。
お叱りをこうむるのは当然《とうぜん》です、申《もう》し訳《わけ》ございません。
先生《せんせい》から、きついお目玉を食らってしまいました。

式《しき》典《てん》

お静《しず》かに
ご静粛《せいしゅく》に
ご静聴《せいちょう》
お並《なら》びになる
ご記帳《きちょう》
記帳《きちょう》なさる
ご参列《さんれつ》
参列《さんれつ》なさる
ご唱和《しょうわ》
ご盛大《せいだい》
ご来席《らいせき》
ご来賓《らいひん》
ご臨席《りんせき》
ご列席《れっせき》
列席《れっせき》なさる

これより僧正《そうじょう》様《さま》の法話《ほうわ》が始《はじ》まります、どうぞお静かに。
間《ま》もなく式典《しきてん》が始《はじ》まります。どうぞご静粛にお願《ねが》いいたします。
ご静聴《せいちょう》ありがとうございました。
こちらで順番《じゅんばん》にお並びになってください。
こちらでご記帳を、お願《ねが》いいたします。
記帳なさる方は、こちらへお並《なら》びください。
祝賀《しゅくが》の宴《えん》には、ぜひともご参列を賜《たまわ》りたいと存《ぞん》じます。
式典《しきてん》に参列なさるなら、礼服《れいふく》の方《ほう》がいいでしょうね。
それでは、皆《みな》さんで校歌《こうか》をご唱和ください。
さすがに勢《いきお》いのある国《くに》の式典《しきてん》は、ご盛大ですね。
遠路《えんろ》はるばるご来席を賜《たまわ》り、恐縮《きょうしゅく》です。
ご来賓の方々《かたがた》が今《いま》、会場《かいじょう》にお揃《そろ》いになりました。
卒業式《そつぎょうしき》にご臨席いただきまして、ありがとうございます。
ご列席の方々《かたがた》に申《もう》しあげます。
記念式典《きねんしきてん》に列席なさるんじゃないんですか？

仕事《しごと》・就《つ》く

お勤《つと》め
お勤《つと》めする
お働《はたら》きになる
お役所勤《やくしょづと》め
お礼奉公《れいぼうこう》
ご経歴《けいれき》
ご従事《じゅうじ》
ご就職《しゅうしょく》
就職《しゅうしょく》なさる
ご商売《しょうばい》
ご職業《しょくぎょう》
ご生業《せいぎょう》
ご入社《にゅうしゃ》
ご本業《ほんぎょう》
ご本職《ほんしょく》

この春《はる》からお勤めですか。フレッシュマンね。
制作《せいさく》プロダクションに、お勤めすることにしました。
創業社長《そうぎょうしゃちょう》は、お若《わか》い頃《ころ》、人《ひと》の二倍《にばい》もお働きになったそうです。
わが家《や》は、お役所勤めが三代続《さんだいつづ》いています。
お礼奉公が終《お》わって、やっと一人前《いちにんまえ》なんて、今《いま》どき通用《つうよう》しませんよ。
非《ひ》の打《う》ち所《どころ》のないご経歴でいらっしゃる！
二代目《にだいめ》は、学校《がっこう》を出《で》て建設関係《けんせつかんけい》にご従事だそうです。
福祉関係《ふくしかんけい》にご就職が決《き》まったんですか。念願《ねんがん》が叶《かな》いましたね。
就職なさるなら、自分《じぶん》を生《い》かせる仕事《しごと》が一番《いちばん》ですよ。
そりゃ話《はなし》はお上手《じょうず》でしょう、おしゃべりがご商売ですもの。
弁護士《べんごし》さんとは、立派《りっぱ》なご職業をお持《も》ちですね。
遊《あそ》びも大事《だいじ》ですが、まずご生業に励《はげ》まれることです。
そうですか、ご入社が決《き》まりましたか。おめでとう。
ご本業は焼鳥屋《やきとりや》さんなんですか？
何《なん》でも器用《きよう》にこなされますが、何《なに》がご本職なんですか？

仕事《しごと》・移籍《いせき》

移籍《いせき》なさる
異動《いどう》なさる
移《うつ》される
ご出向《しゅっこう》
出向《しゅっこう》なさる
ご着任《ちゃくにん》
着任《ちゃくにん》なさる
ご転職《てんしょく》
転職《てんしょく》なさる
ご赴任《ふにん》
赴任《ふにん》なさる
転業《てんぎょう》なさる
転出《てんしゅつ》なさる
転籍《てんせき》なさる
転属《てんぞく》なさる

念願《ねんがん》の大《だい》リーグに、移籍なさるんですって？
大阪《おおさか》へ異動なさるんだそうですね。
営業《えいぎょう》部《ぶ》を支店《してん》に移されるそうですね。
財務省《ざいむしょう》にご出向ですか、ひと苦労《くろう》ですね。
四月《しがつ》から子会社《こがいしゃ》のテコ入《い》れで出向なさるそうですね。
本社《ほんしゃ》へのご着任、おめでとうございます。
こちらへは、いつ着任なさったんですか？
ご転職ですか、よく思《おも》い切《き》りましたね。
先輩《せんぱい》、また転職なさったんですか？
今度《こんど》は単身《たんしん》でご赴任ですか？
金沢《かなざわ》に赴任なさったら、一度《いちど》我《わ》が家《や》をお訪《たず》ねください。
先輩《せんぱい》も、転業なさってから相当《そうとう》に苦《くる》しいらしいね。
子会社《こがいしゃ》に転出なさるんだそうですね。
系列会社《けいれつがいしゃ》に転籍なさったんですって？
どちらから転属なさったんですか？

仕事《しごと》・勤務《きんむ》

ご勤務《きんむ》
ご出勤《しゅっきん》
出勤《しゅっきん》なさる
ご出社《しゅっしゃ》
出社《しゅっしゃ》なさる
ご出張《しゅっちょう》
出張《しゅっちょう》なさる
ご精勤《せいきん》
精勤《せいきん》なさる
ご退社《たいしゃ》
退社《たいしゃ》なさる
ご通勤《つうきん》
通勤《つうきん》なさる
ご転勤《てんきん》
転勤《てんきん》なさる

朝《あさ》までのご勤務とは、大変《たいへん》ですね。
今日《きょう》のご出勤は、ずいぶんごゆっくりですね。
日曜日《にちようび》なのに、出勤《しゅっきん》なさるんですか？
社長《しゃちょう》は本日《ほんじつ》、ご出社のご予定《よてい》でしょうか？
課長《かちょう》は出社なさっていらっしゃいますか？
ヨーロッパへのご出張は、長《なが》くなりそうですか？
沖縄《おきなわ》に出張なさるなら、お土産《みやげ》に星《ほし》の砂《すな》をお願《ねが》いね。
ずっとご精勤でしたのに、今日《きょう》はどうなさったのかしら。
お疲《つか》れかしら、毎日《まいにち》精勤なさっていらしたから。
専務《せんむ》は本日《ほんじつ》は八時《はちじ》にご退社の予定《よてい》です。
専務《せんむ》はもう退社なさいましたか？
このマンションは、ご通勤にも便利《べんり》な物件《ぶっけん》です。
社長《しゃちょう》が始発電車《しはつでんしゃ》で通勤なさっているの、ご存知《ぞんじ》？
札幌《さっぽろ》へのご転勤が決《き》まったそうですね。
転勤なさって落《お》ち着《つ》いたら、ご一報《いっぽう》ください。

仕事《しごと》・経営《けいえい》

営《いとな》まれる
営業《えいぎょう》なさる
合併《がっぺい》なさる
経営《けいえい》なさる
ご自営《じえい》
ご出資《しゅっし》
出資《しゅっし》なさる
ご進出《しんしゅつ》
進出《しんしゅつ》なさる
ご設立《せつりつ》
設立《せつりつ》なさる
ご提携《ていけい》
提携《ていけい》なさる
投資《とうし》なさる
誘致《ゆうち》なさる

ご実家《じっか》は、代々《だいだい》お煎餅屋《せんべいや》さんを営まれておいででしたか。
飛《と》び込《こ》みで営業なさるなんて、大変《たいへん》でしょ？
外資《がいし》と合併なさるそうですね。
何《なん》の会社《かいしゃ》を経営なさっているんですか？
ご自営の方《かた》には、とても厳《きび》しい世《よ》の中《なか》ですね。
ここは、ご出資を見送《みおく》られた方《ほう》がよろしいかと存《ぞん》じます。
会長《かいちょう》、あの会社《かいしゃ》に出資なさるのは考《かんが》えものでございます。
いよいよ東南《とうなん》アジアにご進出ですか？
今《いま》こそ、中国《ちゅうごく》へ進出なさる好機《こうき》ですよ。
いよいよ新会社《しんがいしゃ》のご設立に漕《こ》ぎつけましたか。
念願《ねんがん》のベンチャーを設立なさる、楽《たの》しみですね。
企業防衛《きぎょうぼうえい》のため、国内企業《こくないきぎょう》とのご提携を検討中《けんとうちゅう》だそうですね。
スイスの研究所《けんきゅうじょ》と、提携なさったそうですね。
伸《の》びそうな会社《かいしゃ》を見《み》つけて投資なさるのが、お上手《じょうず》ですね。
次《つぎ》は、どんな産業《さんぎょう》を誘致なさるご計画《けいかく》ですか？

仕事《しごと》・雇《やと》う

お抱《かか》え
お抱《かか》えになる
お雇《やと》いする[自]
お雇《やと》いになる
お雇《やと》い外国人《がいこくじん》
ご採用《さいよう》
採用《さいよう》なさる
お払《はら》い箱《ばこ》
お暇《ひま》をお出《だ》しになる
お暇《ひま》をもらう
お役御免《やくごめん》
お辞《や》めになる
解任《かいにん》なさる
ご辞職《じしょく》
辞職《じしょく》なさる

まあ、お抱えの調理師《ちょうりし》を雇《やと》うなんて、すごいですね。
あの生命科学《せいめいかがく》の先生《せんせい》を、研究所《けんきゅうじょ》にお抱えになるそうですね。
残念《ざんねん》ですが、あなたをお雇いすることはできません。
専属《せんぞく》のトレーナーをお雇いになったそうですね。
この墓地《ぼち》には、明治《めいじ》のお雇い外国人たちが眠《ねむ》っています。
オリンピックの代表選手《だいひょうせんしゅ》を、ご採用の予定《よてい》ですか?。
採用なさるなら、経験者《けいけんしゃ》がいいですよ。
そんなに休《やす》んでばかりでは、お払い箱になりますよ。
この会社《かいしゃ》の功労者《こうろうしゃ》なのに、お暇をお出しになったんですか?
今月《こんげつ》いっぱいで、お暇をもらいたいのですが…。
やっとお役御免になって、さっぱりしました。
とうとう会社《かいしゃ》をお辞めになるんですって?
オーナー! リーグ優勝《ゆうしょう》を果《は》たした監督《かんとく》を解任なさるんですか?
全員《ぜんいん》ご辞職と伺《うかが》いましたが、どんなご事情《じじょう》がおありなんですか?
大臣《だいじん》、ここは辞職なさるには及《およ》びませんよ。

自《し》然《ぜん》

お日和《ひより》（晴天《せいてん》）
お天気《てんき》
お天気雨《てんきあめ》
ご来光《らいこう》
お日様《ひさま》
お日《ひ》さん
お天道様《てんとうさま》
おてんとさん
お月様《つきさま》
お星様《ほしさま》
雷《かみなり》さん
お滝《たき》
お山《やま》
お花畑《はなばたけ》
お蚕《かいこ》さん

今年《ことし》のお花見《はなみ》は、実《じつ》によいお日和でしたね。
今年《ことし》の運動会《うんどうかい》は、よいお天気に恵《めぐ》まれましたね。
お天気雨が、きれいな虹《にじ》を連《つ》れてきてくれましたね。
雲海《うんかい》を染《そ》めるご来光は、格別《かくべつ》でしょうね？
お日様が、水平線《すいへいせん》からゆっくりと昇《のぼ》ってきました。
干《ほ》したふとんは、お日さんの匂《にお》いがします。
お天道様の下《した》を歩《ある》くのは、気持《きも》ちのいいものですね。
そんなことして、おてんとさんに恥《は》ずかしくないんですか？
今夜《こんや》はお月様がきれいですね。
七夕《たなばた》は、お星様の恋物語《こいものがたり》なんですよ。
雷さんに驚《おどろ》いたふりして抱《だ》きついてみたんですけどね。
凍《こお》っていたお滝に、水《みず》の音《おと》がし始《はじ》めました。
お山も、めっきり春《はる》らしくなってきましたね。
窓《まど》をあけると、きれいなお花畑が広《ひろ》がっていました。
お蚕さんに新鮮《しんせん》な桑《くわ》の葉《は》をたっぷりやってくださいね。

知《し》っている

お聞《き》き及《およ》び
お聞《き》きする[自]
お顔《かお》は存《ぞん》じあげる
お顔見知《かおみし》り
お知《し》り合《あ》い
お知《し》りになる
お耳《みみ》に入《はい》る
寡聞《かぶん》
ご承知《しょうち》
承知《しょうち》なさる
ご存知《ぞんじ》
ご存知《ぞんじ》ない
存《ぞん》じあげる
存《ぞん》じる
お暗《くら》い

すでにお聞き及びのことと存《ぞん》じますが…。
はい、確《たし》かにお聞きしております。
あの方《かた》なら、お顔は存じあげております。
グループにお顔見知りの方《かた》がいらっしゃると、心強《こころづよ》いですね。
あの方《かた》とはお知り合いでしたか？
私《わたし》の本心《ほんしん》を、本当《ほんとう》にお知りになりたいの？
すでにお耳に入っているかもしれませんが…。
寡聞にして…、その件《けん》はまだ存《ぞん》じません。
奥様《おくさま》の性格《せいかく》は、あなたもよくご承知のはずですが。
そのことはとっくに承知なさってたはずでしょ？
姉《ねえ》さんは義兄《にい》さんの苦労《くろう》をご存知のはずだわ。
お得意《とくい》さんのお嬢《じょう》さんだということを、ご存知なかったんですか？
あの方《かた》のことは、よく存じあげております。
そんな事《こと》とは露《つゆ》とも存じませんでした。
うちは総合誌《そうごうし》ですから、経済《けいざい》にお暗いようでは困《こま》ります。

質《しつ》問《もん》

伺《うかが》う
お尋《たず》ね
お尋《たず》ねになる
ご質問《しつもん》
ご質問《しつもん》する［自］
質問《しつもん》なさる
お国《くに》
お子《こ》さん
お仕事《しごと》
お勤《つと》め先《さき》
お住《す》まい
お所《ところ》
ご住所《じゅうしょ》
おいくつ（何歳《なんさい》）
お年齢《とし》

それでは、私《わたし》が伺ってみましょうか。
お尋ねの件《けん》、ただいま調査中《ちょうさちゅう》でございます。
その件《けん》でしたら、あの方《かた》にお尋ねになるといいですよ。
ご質問の時間《じかん》は十分《じゅうぶん》にとってありますので、何《なん》なりとどうぞ。
市長《しちょう》に、いくつかご質問いたします。
質問なさる方《かた》は、挙手《きょしゅ》をお願《ねが》いいたします。
お国はどちらでしたっけ？　エジプト？
お子さんは？／お子さんは何人《なんにん》いらっしゃるんですか？
どんなお仕事をなさっていらっしゃるんですか？
お勤め先はどちらでいらっしゃいますか？
お住まいは？／お住まいはどちらですか？
この書類《しょるい》に、お所とお名前《なまえ》をお願《ねが》いします。
おさしつかえなければ、ご住所をどうぞ。
不躾《ぶしつけ》ですが、おいくつでいらっしゃいますか？
お年齢をお聞《き》きしてもよろしいでしょうか？

質問《しつもん》・答《こた》える

お答《こた》え
お答《こた》えする[自]
お答《こた》えになる
お問《と》い合《あ》わせ
お返事《へんじ》
ご返事《へんじ》
お返事《へんじ》する[自]
お返事《へんじ》なさる
ご解答《かいとう》
ご回答《かいとう》
回答《かいとう》なさる
ご返答《へんとう》
ご名答《めいとう》
ご答弁《とうべん》
答弁《とうべん》なさる

先生《せんせい》のお答えは、実《じつ》に爽《さわ》やかでした。
それでは、ご質問《しつもん》にお答えします。
私《わたし》の質問《しつもん》にお答えになってください。
お申《もう》し越《こ》しの件《けん》は、サービスセンターへお問い合わせください。
一両日中《いちりょうじつちゅう》に、お返事をいただきたいのですが。
全《まった》く気《き》のないご返事ですね。／色《いろ》よいご返事を期待《きたい》しております。
上司《じょうし》と相談《そうだん》の上《うえ》、早急《そうきゅう》にお返事いたします。
そんなに焦《じ》らさないで、そろそろお返事なさったら?
例《れい》のクイズ番組《ばんぐみ》では、見事《みごと》なご解答でしたね。
早速《さっそく》、ご回答をいただき、ありがとうございます。
さすがはお客様相談室《きゃくさまそうだんしつ》、実《じつ》にきめ細《こま》かく回答なさる。
先生《せんせい》から嬉《うれ》しいご返答をいただきました。
氷《こおり》が解《と》けると「水《みず》になる」ではなくて「春《はる》になる」。これぞご名答。
大臣《だいじん》、その件《けん》について、ご答弁ください。
はっきりと答弁《とうべん》なさってください。

質問《しつもん》・道案内《みちあんない》

お伺《うかが》いする[自]
お聞《き》きする[自]
恐《おそ》れ入《い》ります
お尋《たず》ねする[自]
お分《わ》かりになる
お行《い》きになりたい
お進《すす》みになる
お通《とお》りになる
お供《とも》する[自]
お曲《ま》がりになる
お渡《わた》りになる
渡《わた》られる
ご通行《つうこう》
横断《おうだん》なさる
迷《まよ》われる

少々《しょうしょう》お伺いしますが、区役所《くやくしょ》はこの先《さき》でしょうか？
ちょっとお聞きします。行列《ぎょうれつ》のできる鯛焼《たいや》き屋《や》さんはこの辺《へん》ですか？
恐れ入りますが、K《ケー》さんというお宅《たく》、ご存知《ぞんじ》ないでしょうか？
少々《しょうしょう》、お尋ねしたいことがあるのですが。
お隣《となり》の引《ひ》っ越《こ》し先《さき》は、お分《わ》かりになりませんでしょうか？
どちらへお行きになりたいのですか？
そのまま真《ま》っすぐ、お進みになってください。
こちらの通路《つうろ》を、お通りになってください。
道《みち》が分《わ》かりにくいので、私《わたし》がお供しましょう。
区役所《くやくしょ》でしたら、交差点《こうさてん》を左《ひだり》にお曲がりになると右手《みぎて》に見《み》えます。
ゴールデン・ブリッジをお渡りになれば、すぐ見《み》えます。
信号《しんごう》を渡られる時《とき》は、よく注意《ちゅうい》してくださいね。
段差《だんさ》がありますので、ご通行にご注意《ちゅうい》ください。
シベリア鉄道《てつどう》で大陸《たいりく》を横断なさったそうですね。
道《みち》に迷われたのですか？

死《し》ぬ・遺《のこ》す

お形見《かたみ》
お遺《のこ》しになる
ご遺訓《いくん》
ご遺稿《いこう》
ご遺骨《いこつ》
ご遺贈《いぞう》
ご遺族《いぞく》
ご遺体《いたい》
ご遺沢《いたく》
ご遺著《いちょ》
ご遺徳《いとく》
ご遺灰《いはい》
ご遺髪《いはつ》
ご遺言《ゆいごん》
遺言《ゆいごん》なさる

お形見の品《しな》を、ぜひ拝見《はいけん》したいわ。
先生《せんせい》は、お住《す》まいを記念館《きねんかん》として、お遺しになりました。
創業者《そうぎょうしゃ》のご遺訓を、大事《だいじ》になさらなくてはいけません。
ノーベル賞作家《しょうさっか》のご遺稿が、ついに見《み》つかったそうです。
ご遺骨が安置《あんち》されているのは、こちらのお寺《てら》ですか？
ご遺贈の件《けん》はお決《き》まりですか？／ご遺贈による寄付《きふ》も承《うけたまわ》ります。
ご遺族のお悲《かな》しみは、いかばかりでございましょう。
ご遺体を、ご確認《かくにん》ください。
ご遺沢に浴《よく》する幸《しあわ》せをかみしめております。
謹《つつし》んで、ご遺著を読《よ》ませていただきます。
名誉《めいよ》教授《きょうじゅ》のご遺徳を偲《しの》んで、献杯《けんぱい》いたしましょう。
ご遺灰を海《うみ》に撒《ま》かれるのは、故人《こじん》のご希望《きぼう》ですか？
ご遺髪を希望《きぼう》されるご家族《かぞく》も、いらっしゃいます。
もう、ご遺言はお書《か》きになって預《あず》けてあるそうですね。
先代《せんだい》は「兄弟仲良《きょうだいなかよ》くするように」と遺言なさったそうです。

死《し》ぬ

息《いき》を引《ひ》き取《と》られる
命《いのち》を落《お》とされる
永眠《えいみん》なさる
往生《おうじょう》なさる
大往生《だいおうじょう》を遂《と》げられる
お旅立《たびだ》ちになる
お亡《な》くなりになる
亡《な》くなられる
お果《は》てになる
お迎《むか》えが来《く》る
お別《わか》れをする
合掌《がっしょう》なさる
急逝《きゅうせい》なさる
ご殉職《じゅんしょく》
殉職《じゅんしょく》なさる

大僧正《だいそうじょう》は、たった今《いま》、息を引き取られました。
係長《かかりちょう》は、ニューヨークで命を落とされました。
恩師《おんし》は、お子《こ》さん方《がた》に見守《みまも》られて永眠なさいました。
とうとう往生なさいましたか。米寿《べいじゅ》なら年齢《とし》に不足《ふそく》はないが…。
老師《ろうし》は、百歳《ひゃくさい》というご高齢《こうれい》で大往生を遂げられました。
先生《せんせい》は、たった今《いま》、お旅立ちになりました。
安《やす》らかなお顔《かお》で、眠《ねむ》るようにお亡くなりになりました。
お父様《とうさま》は、おいくつで亡くなられたんですか?
大臣《だいじん》は、志半《こころざしなか》ばでお果てになりました。
お互《たが》い、いつお迎えが来てもおかしくない年齢《とし》ですから。
さあ、お爺《じい》ちゃんに最後《さいご》のお別れをしましょうね。
ご出棺《しゅっかん》です。皆様《みなさま》、合掌なさってお見送《みおく》りください。
今年《ことし》の春《はる》にはお元気《げんき》でしたのに、急逝なさるなんて、信《しん》じられません。
惜《お》しみて余《あま》りあるご殉職でしたね。
警部《けいぶ》が殉職なさって、もう十年《じゅうねん》ですか。

ご昇天《しょうてん》
ご逝去《せいきょ》
逝去《せいきょ》なさる
ご不幸《ふこう》
死去《しきょ》なさる
ご臨終《りんじゅう》
他界《たかい》なさる
看取《みと》られる
召《め》される
夭折《ようせつ》される
ご命日《めいにち》
仏《ほとけ》さん
ご忌日《きじつ》
お陀仏《だぶつ》
お浄土《じょうど》

明日《あす》は、キリストご昇天の日《ひ》です。
先代《せんだい》は惜《お》しまれながらのご逝去でした。
あの若《わか》さで逝去なさるとは、いかにも残念《ざんねん》です。
この年《とし》の瀬《せ》にご不幸とは、大変《たいへん》ですね。
昨日《きのう》、会長《かいちょう》が死去なさいました。
消《き》え入《い》るようなご臨終でございました。
奥様《おくさま》が他界なさって、もう七年《しちねん》ですか？
お母様《かあさま》の最期《さいご》を看取られたのですか？
シスターは静《しず》かに天国《てんごく》に召されました。
中也《ちゅうや》さんも、惜《お》しまれながら夭折されたお一人《ひとり》です。
ご命日が近《ちか》くなりましたね、今年《ことし》は何回忌《なんかいき》ですか？
今朝《けさ》、仏さんが海岸《かいがん》にあがったそうです。
ご忌日には、必《かなら》ず法華堂《ほっけどう》へお参《まい》りしております。
この崖《がけ》から落《お》ちたら、お陀仏間違《まちが》いないでしょうね。
祖母《そぼ》たちは、確《たし》かにお浄土を信《しん》じていましたね。

支配《しはい》・指揮《しき》

お言《い》いつけ
お言《い》いつけになる
仰《おお》せ
仰《おお》せつかる
仰《おお》せつけ
仰《おお》せの通《とお》り
お指図《さしず》
お従《したが》いになる
お命《めい》じになる
命令《めいれい》なさる
ご采配《さいはい》
ご指示《しじ》
指示《しじ》なさる
指揮《しき》なさる
取《と》り仕切《しき》られる

先生《せんせい》のお言いつけ、必《かなら》ず守《まも》ります。
旦那様《だんなさま》は、たくさんの用事《ようじ》をお言いつけになりました。
親方《おやかた》の仰せは、道理《どうり》に適《かな》っていましたよ。
社長《しゃちょう》から、お供《とも》を仰せつかっております。
何《なん》なりと、仰せつけください。
必《かなら》ず、仰せの通りにいたします。
先生《せんせい》のお指図通《どお》りにいたします。
先生《せんせい》にお従いになっていれば、間違《まちが》いはありません。
幹事長《かんじちょう》には、選挙《せんきょ》の準備《じゅんび》を始《はじ》めるようお命じになったのですね？
商品《しょうひん》の偽装《ぎそう》は、社長《しゃちょう》のあなたが命令なさったんですね？
監督《かんとく》、最終回《さいしゅうかい》の守《まも》りは見事《みごと》なご采配でした。
適切《てきせつ》なご指示をいただきまして、恐縮《きょうしゅく》です。
こんなふうに指示なさったのは、なぜですか？
オリンピック報道《ほうどう》を、指揮なさるそうですね。
祭《まつ》りを取り仕切られるのは、大変《たいへん》でしょうね。

支配《しはい》・法《ほう》・ルール

お仕着《しき》せ
お縛《しば》りになる
お達《たっ》し
お咎《とが》め無《な》し
お破《やぶ》りになる
管理《かんり》なさる
ご謹慎《きんしん》
謹慎《きんしん》なさる
ご遵守《じゅんしゅ》
遵守《じゅんしゅ》なさる
ご審議《しんぎ》
ご法度《はっと》
支配《しはい》なさる
適用《てきよう》なさる
統治《とうち》なさる

お仕着せの規則《きそく》は反発《はんぱつ》されるだけですよ。
そんなルールでお縛りになっても、私《わたし》は自由《じゆう》にさせていただきます。
きついお達し、何《なん》とも痛《いた》み入《い》ります。
あちら様《さま》だけお咎め無しでは、不公平《ふこうへい》ではありませんか？
何《なん》でまた、規則《きそく》をお破りになったんですか？
ご自分《じぶん》の健康《けんこう》ぐらい、きちんと管理なさるべきです。
ご謹慎中《ちゅう》の身《み》なんですからね、外出《がいしゅつ》はお控《ひか》えください。
先輩《せんぱい》は京都《きょうと》の寺《てら》にこもって、謹慎なさるそうです。
法令《ほうれい》は厳《きび》しくご遵守ください。
法令《ほうれい》を遵守なさるのが企業《きぎょう》の務《つと》めですからね。
ご審議はまだ半《なか》ばですよ、これからが山場《やまば》です。
門限破《もんげんやぶ》りはご法度ですよ。
あなた、私《わたし》を支配なさろうなんてとんでもないわ。
ゴミ屋敷《やしき》には、どんな法律《ほうりつ》を適用なさったんですか？
あの方《かた》が、ハワイを統治なさった王様《おうさま》の末裔《まつえい》ですか？

社《しゃ》寺《じ》

お伊勢《いせ》さん
お稲荷《いなり》さん
お西《にし》さん
お東《ひがし》さん
お寺《てら》
お寺《てら》さん
御社《みやしろ》
お宮《みや》
お堂《どう》
お柱《はしら》
お講《こう》
お社《やしろ》
ご建立《こんりゅう》
建立《こんりゅう》なさる
再建《さいけん》なさる

お伊勢さんに行《い》かれたことがありますか？
時間《じかん》があるから、お稲荷さんにお参《まい》りしていきましょうか。
東京《とうきょう》のお西さんは、どこのお寺《てら》さんになるのかな？
これからお東さんに参《まい》るところです。
いい佇《たたずま》いですね。さぞかし由緒《ゆいしょ》のあるお寺なんでしょうね。
うちのお寺さんは禅宗《ぜんしゅう》です。
熊野《くまの》の御社は、緑《みどり》の中《なか》に鎮座《ちんざ》していました。
ここは、江戸《えど》の昔《むかし》からの由緒《ゆいしょ》あるお宮さんです。
金色《きんいろ》のお堂は、まばゆいばかりでした。
お伊勢様《いせさま》に新《あたら》しいお柱が運《はこ》ばれて来《き》ました。
大僧正《だいそうじょう》のお講を聴《き》きに行《い》ってきました。
こちらのお社は、たいそう古《ふる》いんですね。
この寺《てら》は、聖徳太子《しょうとくたいし》のご建立ということです。
五重塔《ごじゅうのとう》を建立なさることが決《き》まったそうですね。
焼《や》けた本堂《ほんどう》を再建なさるのが、ご住職《じゅうしょく》の悲願《ひがん》です。

社寺《しゃじ》・ご利益《りやく》

お告《つ》げ
お福《ふく》
お呪《まじな》い
お導《みちび》き
運《うん》がお向《む》きになる
ご運《うん》
ご運勢《うんせい》
ご加護《かご》
ご機運《きうん》
ご功徳《くどく》
お札《ふだ》
お守《まも》り
ご啓示《けいじ》
ご神託《しんたく》
ご利益《りやく》

今日《きょう》、神様《かみさま》からお告げをいただいたんです。
豆《まめ》まきで、お福を呼《よ》び込《こ》みたいものです。
お呪いなんて信《しん》じちゃだめですよ。
これぞ正《まさ》しく神《かみ》のお導き…と信《しん》じております。
今年《ことし》は運がお向きになるといいですね。
それはそれは、ご運がなかったんですね。
銀座《ぎんざ》の母《はは》に、ご運勢を見抜《みぬ》かれてしまったんですか？
ここまできたら、神のご加護を祈《いの》るしかありません。
ようやく、ご機運が盛《も》りあがってきたようですね。
それもこれも、観音様《かんのんさま》のご功徳ですよ。
神社《じんじゃ》で、家内安全《かないあんぜん》のお札をもらってきました。
お不動《ふどう》さんで、交通安全《こうつうあんぜん》のお守《まも》りをもらってきました。
二日続《ふつかつづ》けて万馬券《まんばけん》、これは、神様《かみさま》のご啓示なんでしょうか？
こうなったら、ご神託に従《したが》うしかないですよ。
大層《たいそう》ご利益のあるお地蔵《じぞう》さんだそうですよ。

社寺《しゃじ》・〇〇様《さま》

閻魔様《えんまさま》
お狐様《きつねさま》
お地蔵様《じぞうさま》
お釈迦様《しゃかさま》
お祖師様《そしさま》
お大師様《だいしさま》
お不動様《ふどうさま》
お薬師《やくし》さん
神様《かみさま》
ご本尊《ほんぞん》
大黒様《だいこくさま》
大仏《だいぶつ》さん
お祀《まつ》りする[自]
ご開眼《かいげん》
ご開帳《かいちょう》

嘘《うそ》をつくと、閻魔様に舌《した》を抜《ぬ》かれますよ。
お狐様が憑《つ》くなんて、信《しん》じられます？
お地蔵様に、お参《まい》りしていきましょう。
お釈迦様には、極楽《ごくらく》の蓮池《はすいけ》の周《まわ》りで会《あ》えるようですよ。
あのお祖師様は、全国《ぜんこく》を行脚《あんぎゃ》なさったそうです。
お大師様にお参《まい》りしていきましょう。
あなたとは、お不動様のお引《ひ》き合《あ》わせかもしれませんね。
お薬師さんの縁日《えんにち》を、ちょっと覗《のぞ》いてみませんか？
神様はいつも見《み》ているんですよ。／神様ってどんな人《ひと》かしら？
今年《ことし》はご本尊のご開帳《かいちょう》があるそうですね。
大黒様にお願《ねが》いすれば、きっと良《よ》くなりますよ。／大黒様は人気者《にんきもの》ですね。
この大仏さんは、実《じつ》に柔和《にゅうわ》なお顔《かお》をしていらっしゃる。
このお社《やしろ》は、日本武尊命《やまとたけるのみこと》をお祀りしています。
お寺《てら》で仏様《ほとけさま》のご開眼の儀式《ぎしき》があるそうですね。
ご開帳には、全国《ぜんこく》からたくさんの人《ひと》が集《あつ》まるんでしょうね。

社寺《しゃじ》・人《ひと》

和尚《おしょう》さん
和尚《おしょ》さん
お坊様《ぼうさま》
お坊《ぼう》さん
お坊主《ぼうず》さん
ご開山《かいさん》
ご住職《じゅうしょく》
ご門跡《もんぜき》
方丈様《ほうじょうさま》
尼《あま》さん
お巫女《みこ》さん
巫女《みこ》さん
お裏様《うらさま》
大黒《だいこく》さん
御前様《ごぜんさま》

和尚さんがいらっしゃいました。

和尚さんの書《しょ》は力強《ちからづよ》くて実《じつ》に見事《みごと》ですよ。

お坊様も、永平寺《えいへいじ》で修行《しゅぎょう》なさったんですか?

お坊さんの息子《むすこ》さんも、いま修行中《しゅぎょうちゅう》だそうですね。

初々《ういうい》しいお坊主さんですこと。

ご開山は、道元《どうげん》さんの直弟子《じきでし》の大僧正《だいそうじょう》だそうですね。

ご住職のお車《くるま》を、ご用意《ようい》いたしました。

本願寺《ほんがんじ》はご門跡と呼《よ》ばれていたそうですね。

方丈様の温《あたた》かいお言葉《ことば》は、忘《わす》れません。

あの寺《てら》の尼さんは、たいした小説家《しょうせつか》らしいですよ。

お巫女さんには近寄《ちかよ》りがたい凛々《りり》しさがありますね。

昔《むかし》は、巫女さんから神様《かみさま》のお告げを伺《うかが》ったそうですよ。

お裏様はお元気《げんき》でいらっしゃいますか?（本願寺門主《ほんがんじもんしゅ》の妻《つま》）

和尚《おしょう》は婿養子《むこようし》だから、この寺《てら》は大黒さんが強《つよ》いんです。（住職《じゅうしょく》の妻《つま》）

寅《とら》さんも、御前様には頭《あたま》が上《あ》がらないんです。

準備《じゅんび》・用意《ようい》

お支度《したく》
お支度《したく》をする
お膳立《ぜんだ》て
お手配《てはい》
手配《てはい》なさる
お手筈《てはず》
お整《ととの》えする[自]
お調《ととの》えする[自]
調《ととの》えられる
ご準備《じゅんび》
準備《じゅんび》なさる
ご用意《ようい》
ご用意《ようい》する[自]
用意《ようい》なさる
備《そな》えられる

お待《ま》たせしました、お昼《ひる》のお支度ができました。
そろそろ、お支度《したく》をなさったら？
式《しき》のお膳立《ぜんだ》ては、私《わたし》どもにお任《まか》せください。
お手配《てはい》いただいたこと、感謝《かんしゃ》いたします。
チケットを手配なさるなら、早《はや》い方《ほう》がいいですよ。
お手筈は、万事《ばんじ》整《ととの》えております。
パーティーは、私《わたし》たちがすべてお整えいたします。
結婚式《けっこんしき》の式服《しきふく》をお調えいたしました。
お嬢様《じょうさま》のお嫁入《よめい》り道具《どうぐ》は、もう調えられましたか？
転勤《てんきん》のご準備はお済《す》みですか？
お受験《じゅけん》は、早目《はやめ》に準備なさった方《ほう》がいいようですよ。
紙《かみ》と鉛筆《えんぴつ》のご用意をお願《ねが》いします。
会場《かいじょう》には、皆様《みなさま》のお弁当《べんとう》をご用意《ようい》しております。
お祝《いわ》いの品《しな》は、もう用意なさったんですか？
日頃《ひごろ》から万一《まんいち》に備えられるのは、いいお心《こころ》がけですね。

証明《しょうめい》

お書《か》き留《と》めになる
記録《きろく》なさる
ご書面《しょめん》
ご証文《しょうもん》
ご登録《とうろく》
登録《とうろく》なさる
お立会《たちあ》い
立《た》ち会《あ》われる
保証《ほしょう》なさる
証明《しょうめい》なさる
お墨付《すみつ》き
ご検証《けんしょう》
検証《けんしょう》なさる
ご証言《しょうげん》
証言《しょうげん》なさる

物件番号《ぶっけんばんごう》をお書き留めになって、お送《おく》りください。
将来《しょうらい》のため、些細《ささい》なことでも記録なさる方《ほう》がよろしいかと存《ぞん》じます。
後《のち》ほど、ご書面にしてお届《とど》けいたします。
それでは、ご証文を入《い》れていただけますか？
まずは住民台帳《じゅうみんだいちょう》にご登録ください。
結婚相談所《けっこんそうだんじょ》に、登録なさるのですね？
証人《しょうにん》としてお立会いをいただきたいのですが。
そのような場面《ばめん》に立ち会われるのはつらいでしょうね。
先生《せんせい》は彼《かれ》の能力《のうりょく》を保証なさったんですね。
あなたはその夜《よる》のアリバイを、証明なさる必要《ひつよう》があります。
先生《せんせい》のお墨付きですから、間違《まちが》いはありません。
ご検証の結果《けっか》、その仮説《かせつ》の誤《あやま》りが明《あき》らかになったのです。
犯行現場《はんこうげんば》を、もう一度《いちど》検証なさるべきだと思《おも》いますが…。
ここはあなたのご証言が、ぜひとも必要《ひつよう》なんです。
証言なさるお覚悟《かくご》はできましたか？

招待《しょうたい》・呼《よ》ぶ・誘《さそ》う

末席《まっせき》をお借《か》りする［自］
お気軽《きがる》に
お声《こえ》がかかる
お声《こえ》をかける
お越《こ》し願《ねが》う
お座敷《ざしき》がかかる
お誘《さそ》いする［自］
お誘《さそ》いになる
お茶《ちゃ》
お暇《ひま》
お招《まね》き
お招《まね》きする［自］
お呼《よ》ばれ
お呼《よ》びする［自］
お呼《よ》び出《だ》し

それはおめでとう、喜《よろこ》んで末席をお借りします。
何《なん》のお構《かま》いもできませんが、どうぞお気軽にお出《で》かけください。
久《ひさ》しくお声がかかりませんので、お電話《でんわ》させていただきました。
祝賀《しゅくが》の催《もよお》し、私《わたし》どもにも、お声をかけてください。
明朝《みょうちょう》、ぜひお越し願いたい。良《よ》いお知《し》らせがございます。
人気者《にんきもの》にはいつも、まっ先《さき》にお座敷がかかるものです。
この次《つぎ》はあなたもお誘いするわね。／来月《らいげつ》の会《かい》にお誘いしましょう。
やはりあなた、彼女《かのじょ》をお誘いになるおつもりね。
お疲《つか》れになったでしょう？　お茶にしましょうか。
今日《きょう》はお暇？　映画《えいが》でも観《み》ませんか？
この度《たび》は、お招きにあずかり、ありがとうございます。
来週《らいしゅう》のパーティーに、あなたをお招きしたいのですが。
お呼ばれは何度《なんど》でも嬉《うれ》しいものですね。／今日《きょう》はお呼ばれですか？
彼《かれ》をここに、お呼びしましょうか？
当直《とうちょく》の先生《せんせい》から、お呼び出しがあるかもしれませんよ。

お呼《よ》び立《た》てする[自]
お呼《よ》びになる
ご勧誘《かんゆう》
勧誘《かんゆう》なさる
ご欠席《けっせき》
欠席《けっせき》なさる
ご案内《あんない》
ご案内状《あんないじょう》
ご一献《いっこん》
ご一緒《いっしょ》
ご出欠《しゅっけつ》
ご招待《しょうたい》
ご招待状《しょうたいじょう》
ご招待《しょうたい》する[自]
粗餐《そさん》

お忙《いそが》しいところを、お呼び立てして申《もう》し訳《わけ》ありません。
お呼びになりました？　私《わたし》に何《なに》かご用《よう》でしょうか？
熱心《ねっしん》なご勧誘に、とうとう負《ま》けてしまいましたよ。
しつこく勧誘なさるから、根負《こんま》けしたわ。
ご欠席の通知《つうち》はいただいてますか？／会長《かいちょう》は本日《ほんじつ》ご欠席です。
今月《こんげつ》の句会《くかい》は欠席なさるんですか、それは残念《ざんねん》！
先日《せんじつ》ご案内いただいた発表会《はっぴょうかい》のことですが…。
皆《みな》さんへ、茶事《ちゃじ》のご案内状をお出《だ》ししましょう。
ご一献いかがですか？　久《ひさ》しぶりですし。
お買物《かいもの》に行《い》くんですけど、ご一緒にいかが？
ご出欠を、月末《げつまつ》までにご連絡《れんらく》ください。
久《ひさ》しぶりに歌舞伎《かぶき》にご招待いただき、ありがとうございます。
皆《みな》さんに、ご招待状を出《だ》しておいてくださいね。
誰《だれ》をおいても、あなたは必《かなら》ずご招待いたします。
粗餐をさしあげたく、お待《ま》ち申《もう》しております。（手紙文《てがみぶん》）

食《しょく》・酒《さけ》

粗酒《そしゅ》
お酒《さけ》
おビール
御酒《ごしゅ》
お湯割《ゆわ》り
お燗《かん》
お飲《の》みになる
召《め》しあがる
聞《き》こし召《め》す
嗜《たしな》まれる
お酔《よ》いになる
酔《よ》われる
お迎《むか》えに行《い》く
お酌《しゃく》をする
お積《つ》もり

故郷《くに》の粗酒ですが、どうぞ皆《みな》さんで召《め》しあがってください。
先生《せんせい》は本当《ほんとう》に、お酒がお好《す》きなんですねえ。
おビールが冷《ひ》えてますよ。／とりあえず、おビールですね。
今日《きょう》は特別《とくべつ》の日《ひ》ですから、御酒でもいかがですか?
今日《きょう》は冷《ひ》えるから、お湯割りにしましょう。
私《わたし》がお燗番《かんばん》をします。／お燗がつくまで、しばらくお待《ま》ちください。
そんなにお飲みになったら、お身体《からだ》に毒《どく》ですよ。
ご隠居《いんきょ》はお酒《さけ》を召しあがるとき、とても嬉《うれ》しそう。
今夜《こんや》も聞こし召していらっしゃったのね。お顔《かお》が赤《あか》いわ。
お酒《さけ》も、嗜まれる程度《ていど》ならいいんですけどね。
まあそんなにお酔いになって、お冷《ひ》やをどうぞ。
今日《きょう》はいつになく酔われたようですね。
おっとっと、やっぱり酒《さけ》は口《くち》からお迎えに行かなくっちゃ。
ママが、お酌をしながらそっと囁《ささや》いたのには驚《おどろ》きました。
そろそろお積もりにしようか。明日《あす》は早《はや》いから。（終《お》わりの酒《さけ》）

お近《ちか》づき
ご一献《いっこん》
お相伴《しょうばん》
お注《つ》ぎする[自]
お流《なが》れ
ご返杯《へんぱい》
お杯《さかずき》・お盃《さかずき》
お強《つよ》い
お弱《よわ》い
不調法《ぶちょうほう》
ご愛敬《あいきょう》
ご指名《しめい》
お座敷芸《ざしきげい》
ご宴会《えんかい》
ご酒宴《しゅえん》

お近づきの印《しるし》に、一献《いっこん》いかがですか?
出版《しゅっぱん》を記念《きねん》して、ご一献さしあげたいと思《おも》います。
それでは、お相伴させていただきます。
係長《かかりちょう》、駆《か》け付《つ》け三杯《さんばい》、お注ぎします。
それでは、お流れ頂戴《ちょうだい》いたします。
お流《なが》れ頂戴《ちょうだい》しました。それでは、ご返杯を。
先輩《せんぱい》から、お杯をいただいてしまったわ。
お酒《さけ》はお強い方《ほう》でいらっしゃいますか?
ウイスキーには、お弱いんですか。
何《なん》とも不調法で、申《もう》し訳《わけ》ありません。/生憎《あいにく》、不調法でして。
ご愛敬に、一曲唄《いっきょくうた》わせていただきます。
ご指名ですので、一曲唄《いっきょくうた》わせていただきます。
新入社員《しんにゅうしゃいん》にお座敷芸を強要《きょうよう》するなんて、ひどいですよ。
先日《せんじつ》のご宴会は、大層《たいそう》盛《も》り上《あ》がったそうですね。
そのご酒宴は、三日三晩《みっかみばん》続《つづ》いたそうです。

食《しょく》・接待《せったい》（主人《しゅじん》）

お味《あじ》はいかが
おいくつ
お代《か》わり
お嫌《きら》いなもの
お口直《くちなお》し
お口《くち》に合《あ》う
お好《す》きな物《もの》
お膳立《ぜんだ》て
お取《と》りする[自]
お飲《の》み物《もの》
おもてなし
ご笑味《しょうみ》
ごゆっくり
箸《はし》をおつけになる
召《め》しあがる

お味《あじ》はいかが？　ちょっとあなたには物足《ものた》りないかしら？
お砂糖《さとう》は、おいくつ？
お代《か》わり、いかがですか？／遠慮《えんりょ》なく、お代わりしてくださいね。
何《なに》かお嫌いなものがございますか？
お口直しにシャーベットなどいかがですか？
お口に合うかどうか分《わ》かりませんが。
どうぞ、お好きな物を取《と》って召《め》しあがってください。
お膳立てが整《ととの》いました、どうぞお部屋《へや》の方《ほう》へ。
松茸《まつたけ》ご飯《はん》、私《わたし》がお取りしましょうか？
冷《つめ》たいお飲み物でも、お持《も》ちしましょうか？
何《なん》のおもてなしもできませんが…、どうぞ、ごゆっくり。
当店自慢《とうてんじまん》の羊羹です、どうぞご笑味ください。
何《なに》もございませんが、どうぞ、ごゆっくり。
何《なに》もございませんが、どうぞ、箸をおつけになってください。
どうぞ、冷《さ》めないうちに召しあがってください。

食《しょく》・接待《せったい》（客《きゃく》）

いただきます
お相伴《しょうばん》
美味《おい》しい
美味《おい》しかった
お心尽《こころづく》し
お手《て》ずから
お腹《なか》がいっぱい
おふるまい
おもてなし
ご散財《さんざい》
ご造作《ぞうさ》
ご馳走《ちそう》になる
ご馳走様《ちそうさま》
お粗末様《そまつさま》（主人《しゅじん》）
お草々様《そうそうさま》（主人《しゅじん》）

鮨《すし》は別腹《べつばら》、喜《よろこ》んでいただきます。
喜《よろこ》んでお相伴にあずかることにいたします。
こんなに美味しいワインは久《ひさ》しぶりだわ。
先輩《せんぱい》の手料理《てりょうり》、とても美味しかったです。
お心尽しの手料理《てりょうり》、堪能《たんのう》いたしました。
先生《せんせい》お手ずから料理《りょうり》していただくなんて、もったいないです。
もう十分《じゅうぶん》いただきました。お腹がいっぱいです。ご馳走様《ちそうさま》でした。
大変《たいへん》なおふるまいにあずかり、ありがとうございました。
手厚《てあつ》いおもてなしにあずかりまして、恐縮《きょうしゅく》です。
ご散財をおかけして、申《もう》し訳《わけ》ございません。
ご造作おかけしました、とても美味《おい》しかったわ。
申《もう》し訳《わけ》ない、すっかりご馳走になってしまいました。
ご馳走様、とても美味《おい》しくいただきました。
いいえ、お粗末様でした。（「ご馳走様《ちそうさま》」に対《たい》して）
お草々様でございました。（「ご馳走様《ちそうさま》」に対《たい》して）

食《しょく》・接待《せったい》

お給仕《きゅうじ》
お品《しな》書《が》き
お勧《すす》め料理《りょうり》
お接待《せったい》
接待《せったい》なさる
お膳《ぜん》
お運《はこ》びする[自]
お袋《ふくろ》の味《あじ》
おみや(土産《みやげ》)
おもてなしになる
もてなされる
歓待《かんたい》なさる
ご饗応《きょうおう》
ご馳走《ちそう》する
粗餐《そさん》

私《わたし》がお給仕をさせていただきます。
その店《みせ》のお品書きは、経木《きょうぎ》に鮮《あざ》やかな筆文字《ふでもじ》でしたよ。
このお店《みせ》のお勧め料理は何《なん》ですか?
祖母《そぼ》は、お遍路《へんろ》さんのお接待をずっと続《つづ》けています。
今晩《こんばん》、課長《かちょう》が接待なさるのは、どちらのお役人《やくにん》かしら?
私《わたし》が調《ととの》えたお膳でございます、どうぞご遠慮《えんりょ》なく。
お食事《しょくじ》は、お部屋《へや》にお運びいたします。
ここは、お袋の味で売《う》りだした店《みせ》の走《はし》りだそうです。
おみや、二人前《ににんまえ》包《つつ》んでください。
神父《しんぷ》さんを日本料理《にほんりょうり》でおもてなしになったんですって?
心尽《こころづく》しの手料理《てりょうり》でもてなされるのが、一番《いちばん》ですよ。
これほど歓待なさるのは、よほどいいことがあったのね。
一度《いちど》でいいから、ご饗応にあずかってみたいものです。
今度《こんど》は能登《のと》の魚料理《さかなりょうり》をご馳走しましょう。
粗餐ではございますが、ごゆっくりおくつろぎください。

食《しょく》・食《た》べる

いただく
おあがりになる
召《め》しあがる
お味《あじ》
お味《あじ》わいになる
お食事《しょくじ》になさる
お啜《すす》りになる
お食《た》べになる
お摘《つ》まみになる
お舐《な》めになる
お残《のこ》しになる
お混《ま》ぜになる
お飲《の》みになる
お冷《ひ》や
お水《みず》

あの店《みせ》でコース料理《りょうり》をいただくのはつまらないですよ。
白魚《しらうお》のおどりをおあがりになったことがありますか？
あの店《みせ》の会席《かいせき》コース、もう召しあがりました？
さすがは京《きょう》の老舗《しにせ》、結構《けっこう》なお味ですこと。
松阪牛《まつざかぎゅう》のすき焼《や》きを、お味わいになってください。
区切《くぎ》りのいいところで、お食事になさいませんか？
しばらくは、病床《びょうしょう》で粥《かゆ》をお啜りになることですね。
エスカルゴを、お食べになれますか？
瀬戸内《せとうち》の肴《さかな》をご用意《ようい》しました。どうぞお摘まみになってください。
ご住職《じゅうしょく》は健康《けんこう》のため、毎日蜂蜜《まいにちはちみつ》をお舐めになるそうです。
野菜《やさい》をお残しになってはいけませんね。
よくお混ぜになって召《め》しあがってください。
課長《かちょう》は何《なに》をお飲みになりますか？
のどが渇《かわ》いた、お冷やを一杯《いっぱい》いただけますか？
お水を一杯《いっぱい》ください、お願《ねが》いします。

食《しょく》・食生活《しょくせいかつ》

お食事《しょくじ》
お献立《こんだて》
お手軽《てがる》
おつまみ
お通《とお》し
朝《あさ》ご飯《はん》
ご朝食《ちょうしょく》
お昼《ひる》
お昼《ひる》ご飯《はん》
お弁当《べんとう》
お夕食《ゆうしょく》
お夕飯《ゆうはん》
夕《ゆう》ご飯《はん》
晩《ばん》ご飯《はん》
お夜食《やしょく》

お食事になさいますか？　その前《まえ》に少《すこ》しお飲《の》みになる？
今晩《こんばん》のお献立は決《き》まりましたか？
家庭《かてい》で、お手軽にレストランの味《あじ》が楽《たの》しめるセットだそうですよ。
おつまみは何《なに》にいたしましょう？　乾《かわ》き物《もの》でよろしい？
お通しで分《わ》かりますね、しっかりした店《みせ》は。
朝ご飯は済《す》ませてきました。
ご朝食には白粥《しらがゆ》がお好《す》きだそうですね。
どこかでお昼を頂《いただ》きましょうよ。／お昼はお寿司《すし》にしましょうか。
お昼ご飯は、お済《す》みですか？
お弁当のおかずを取《と》り替《か》えっこしましょうよ。
たまにはお夕食、外《そと》でどう？
そろそろ、お夕飯にしましょうね。
夕ご飯には、旬《しゅん》の秋刀魚《さんま》が食《た》べたいですね。
たまには私《わたし》に、晩ご飯をご馳走《ちそう》させてください。
お夜食は軽《かる》い物《もの》にしないと、太《ふと》りますよ。

食《しょく》・料理《りょうり》する

おさんどん

お炊事《すいじ》

お料理《りょうり》

料理《りょうり》なさる

お揚《あ》げになる

お打《う》ちになる

お切《き》りする[自]

お炊《た》きになる

お漬《つ》けになる

お詰《つ》めになる

お剝《む》きする[自]

お剝《む》きになる

お焼《や》きになる

お茹《ゆ》でになる

煮《に》ていらっしゃる

女房《にょうぼう》が寝込《ねこ》んでね、毎日《まいにち》おさんどんですわ。

きらいだったお炊事が、やっと好《す》きになりました。

彼《かれ》のお料理自慢《じまん》は聞《き》き飽《あ》きました。

魚《さかな》を料理なさるのが、お得意《とくい》だそうですね。

このコロッケ、ご自分《じぶん》でお揚げになったの？

蕎麦《そば》をお打ちになって何年《なんねん》ですか？

ケーキはいくつにお切りしましょうか。

奥様《おくさま》は、野菜《やさい》をお炊きになるのがお上手《じょうず》ですね。

この漬物《つけもの》、あなたがお漬けになったの？

母《はは》の愛《あい》をお弁当《べんとう》にお詰めになる？　それは素晴《すば》らしい。

食欲《しょくよく》がないなら、りんごでも、お剝きしましょうか？

りんごの皮《かわ》をお剝きになるのが、お上手《じょうず》ね。

魚《さかな》は櫛《くし》を打《う》ってお焼きになると、美味《おい》しそうに見《み》えますよ。

ブロッコリーは、少《すこ》し硬《かた》めにお茹でになった方《ほう》が美味《おい》しいですよ。

いい匂《にお》い、何《なに》を煮ていらっしゃるの？

食《しょく》・米《こめ》・餅《もち》

お米《こめ》
ご飯《はん》
ご飯《はん》炊《た》き
お粘《ねば》
お焦《こ》げ
ご飯粒《はんつぶ》
お粥《かゆ》
お混《ま》じり（重湯《おもゆ》）
お握《にぎ》り
お結《むす》び
おこわ（お強《こわ》）
お赤飯《せきはん》
お餅《もち》
お焼《や》き
おかちん（餅《もち》）

炊《た》きたてのお米が立《た》って光《ひか》ってるわ、美味《おい》しそう。
新潟《にいがた》で食《た》べたご飯の味《あじ》が忘《わす》れられません。
子《こ》どもの頃《ころ》、毎日《まいにち》のご飯炊きが私《わたし》の仕事《しごと》でした。
お粘はとても胃《い》に優《やさ》しいんですよ。
お釜で炊《た》いたご飯《はん》のお焦げって、美味《おい》しいわね。
ご飯粒は残《のこ》してはいけませんよ。
この病院《びょういん》のお粥は、とても美味《おい》しいんですよ。
お母《かあ》さん、お混じりの用意《ようい》ができました。
三角《さんかく》のお握りができるようになったら一人前《いちにんまえ》です。
お結びは手《て》で握《にぎ》るから美味《おい》しいんですね。
初孫《はつまご》だったので、ご近所《きんじょ》におこわを配《くば》りました。
合格《ごうかく》したの？　お赤飯を炊《た》いてお祝《いわ》いしましょう。
新築祝《しんちくいわ》いでお餅を撒《ま》くんです。／臼《うす》でついたお餅は粘《ねば》りが違《ちが》いますね。
刻《きざ》んだ野沢菜漬《のざわなづけ》を入《い》れたお焼き、食《た》べたことありますか？
おやつに、おかちんでも焼《や》きましょうか。

食《しょく》・食《た》べ物《もの》

お雑炊《ぞうすい》
おじや
お菜飯《なめし》
お茶漬《ちゃづけ》
お丼《どんぶり》
おうどん
お素麺《そうめん》
お蕎麦《そば》
お好《この》み焼《や》き
お寿司《すし》・お鮨《すし》
お酢《す》の物《もの》
お吸《す》い物《もの》
お清《すま》し(汁《じる》)
お味付《あじつ》け

鍋《なべ》のあとは、やはりお雑炊ですね。
残《のこ》ったご飯《はん》で、今夜《こんや》はおじやにしましょうか。
お菜飯は色《いろ》もきれいで、あっさりとして大好《だいす》きです。
夏《なつ》は、氷《こおり》を入《い》れた冷《つめ》たいお茶漬もいいですね。
ウニとイクラのお丼が美味《おい》しそうね。
讃岐《さぬき》のおうどんは、足《あし》で踏《ふ》んで腰《こし》の強《つよ》さを出《だ》すらしいですよ。
小腹《こばら》が空《す》いたわね、お素麺でも茹《ゆ》でましょうか?
それじゃ、軽《かる》くお蕎麦で仕上《しあ》げましょう。
お好み焼きは、焼《や》き手《て》の性格《せいかく》が出《で》るから面白《おもしろ》いですね。
お彼岸《ひがん》の中日《ちゅうにち》だし、お寿司でもとりましょうか。
お酢の物は何《なに》にしましょうか。
柚子《ゆず》の香《かお》りがよく効《き》いて、美味《おい》しいお吸い物ですね。
あら、お寿司《すし》のお土産《みやげ》ね、お清しでも作《つく》りましょうか。
このお味付け、ぜひ教《おし》えていただきたいわ。

食《しょく》・調《ちょう》味《み》料《りょう》

お付《つ》け
お汁《つゆ》
おみおつけ
お味《み》噌《そ》汁《しる》
お粉《こな》(小麦粉《こむぎこ》)
お砂糖《さとう》
お塩《しお》
お下地《したじ》(醤油《しょうゆ》)
お醤油《しょうゆ》
お紫《むら》(醤油《しょうゆ》)
お酢《す》
おソース
お味噌《みそ》
お出汁《だし》
おかか

朝《あさ》ご飯《はん》は、お付けと漬物《つけもの》があれば十分《じゅうぶん》です。
どうぞ、お汁のお代《か》わりをしてください。
親方《おやかた》は、浅蜊《あさり》のおみおつけが大好《だいす》きです。
朝《あさ》のお味噌汁は幸《しあわ》せの味《あじ》がするねぇ。
今夜《こんや》は天《てん》ぷらにしましょう。お粉を篩《ふる》いにかけてくださいな。
お砂糖は、おいくつ？／納豆《なっとう》にお砂糖を入《い》れる所《ところ》もあるそうですね。
健康《けんこう》のため、お塩は控《ひか》えめになさったら？
すみません、お下地を取《と》ってください。
お醤油はかけ過《す》ぎないようにね。せっかくのお味《あじ》が台無《だいな》しよ。
このお紫はつくりたてみたい、とてもいい香《かお》りだわ。
お酢は健康《けんこう》にいいらしいわね。
カレーライスにおソースをかける人《ひと》がいましたね。
お味噌を入《い》れたら、煮立《にた》ててはいけません。
お出汁の香《かお》りは日本料理《にほんりょうり》の命《いのち》ですね。
昔《むかし》は、猫《ねこ》の餌《えさ》はおかかご飯《はん》と決《き》まっていたものですけどね。

食《しょく》・野菜《やさい》

お野菜《やさい》
お葉《は》
お浸《ひた》し
お葉《は》漬《づ》け
お芋《いも》さん
お薩《さつ》（さつまいも）
おじゃが
おかぼ（かぼちゃ）
お葱《ねぎ》
お茄子《なす》
お大根《だいこん》
お豆《まめ》さん
お多福豆《たふくまめ》
おみかん
おりんご

地元《じもと》で採《と》れたお野菜が一番《いちばん》です。
お葉がたっぷり入《はい》ったお味噌汁《みそしる》、美味《おい》しそう。
旬《しゅん》のものですから、菜《な》の花《はな》のお浸しを召《め》しあがれ。
繊維分《せんいぶん》が大事《だいじ》よ、お葉漬けも召《め》しあがれ。
ほっくり煮《に》えたお芋さんはいかがですか？
お薩と言《い》えば大学芋《だいがくいも》。／女性《じょせい》はどうしてお薩が好《す》きなんでしょう。
熱々《あつあつ》のおじゃがにバターをのせて…。美味《おい》しそうですねぇ。
今日《きょう》は冬至《とうじ》だから、おかぼを炊《た》きましょう。
鍋《なべ》に使《つか》うお葱を、帰《かえ》りに買《か》ってきてくださいな。
お茄子は、暑《あつ》い時《とき》に身体《からだ》の熱《ねつ》を冷《さ》ましてくれるんですよ。
お大根の皮《かわ》は厚《あつ》めに剝《む》いてくださいね。
お豆さんは、「畑《はたけ》の肉《にく》」と言《い》われているんです。
お多福豆の佃煮《つくだに》をくださいな。
おみかんを食《た》べていると風邪《かぜ》を引《ひ》きにくいんですってね。
昔《むかし》の甘酸《あまず》っぱいおりんごがお好《す》きなんですって？

食《しょく》・惣菜《そうざい》

お鰻《うな》
お蒲《かま》
お魚《さかな》
お刺身《さしみ》
お雑魚《じゃこ》
お造《つく》り
お膾《なます》
お肉《にく》
おでん
お豆腐《とうふ》
おから
お麩《ふ》
お海苔《のり》
お揚《あ》げさん
お稲荷《いなり》さん（寿司《すし》）

お鰻になさったら？　せっかく柳川《やながわ》に来《き》たんですもの。
お蒲をいただいたから、今晩《こんばん》の肴《さかな》は板《いた》わさですよ。
ちゃんと、おかずにするお魚を釣《つ》ってきてくださいね。
今朝《けさ》あがったキトキト寒鰤《かんぶり》のお刺身です。
京都《きょうと》の山椒《さんしょ》で焚《た》いたおじゃこに目《め》がないんです。
へい、お造りを三人前《さんにんまえ》、皿盛《さらも》りでよろしいですね？
さっぱりしますから、お膾をどうぞ。
お肉ばかり食《た》べてないで、野菜《やさい》もお食べなさいね。
冬《ふゆ》はやはり、おでんに熱燗《あつかん》ですね。
お豆腐はいちばんヘルシーな食《た》べ物《もの》です。
お袋《ふくろ》が炊《た》いたおからは、とても優《やさ》しい味《あじ》でした。
お麩の味噌汁《みそしる》はいかがですか？
きらきらときれいなお海苔ですこと。
お揚げさんを買《か》ってきてね。今日《きょう》は稲荷寿司《いなりずし》をつくりましょ。
ここのお稲荷さんは人気《にんき》でして、もう売《う》り切《き》れだそうです。

食《しょく》・食器《しょっき》

お菜《かず》
お菜《さい》
お惣菜《そうざい》
お万菜《ばんざい》
お煮染《にし》め
お香《こう》の物《もの》（漬物《つけもの》）
お香香《こうこ》（漬物《つけもの》）
お新香《しんこ》（漬物《つけもの》）
お漬物《つけもの》
お重《じゅう》（重箱《じゅうばこ》）
お櫃《ひつ》
お鍋《なべ》
ご膳棚《ぜんだな》
お台拭《だいふ》き
お盆《ぼん》

これだけのお菜がありゃ、文句《もんく》はございません。
お祖父《じい》ちゃんはお菜にお刺身《さしみ》がないと、機嫌《きげん》が悪《わる》いのよ。
駅前《えきまえ》のお惣菜屋《そうざいや》さん、かなり繁盛《はんじょう》しているようですね。
京都《きょうと》では、お菜《さい》のことをお万菜と呼《よ》びます。
お煮染めの味付《あじつ》けが上手《じょうず》になったわね。
お香の物の色《いろ》が鮮《あざ》やかですこと。
とても美味《おい》しいお香香ね。あなたがお漬《つ》けになったの？
とんとんと、お新香を切《き》る音《おと》で目《め》が覚《さ》めました。
京都《きょうと》からお漬物を取《と》り寄《よ》せているんですか？　まあ贅沢《ぜいたく》ですねぇ。
大家《おおや》さんに、このお重を届《とど》けておくれ。
お櫃に豆《まめ》ご飯《はん》がありますからね。／秋田杉《あきたすぎ》のお櫃は美《うつく》しいですね。
お鍋の後《あと》の雑炊《ぞうすい》は、お奉行《ぶぎょう》に任《まか》せておけばいいんですよ。
揃《そろ》いの器《うつわ》は、ご膳棚に仕舞《しま》ってくださいね。
台所《だいどころ》に行《い》くついでに、お台拭きをお願《ねが》いね。
このお盆は、木目《もくめ》も塗《ぬ》りも美《うつく》しい一品《いっぴん》です。

食《しょく》・食器《しょっき》

お箸《はし》
お手許《てもと》（箸《はし》）
お取《と》り箸《ばし》
お菜箸《さいばし》
お匙《さじ》
お皿《さら》
お小皿《こざら》
お手塩《てしょ》（小皿《こざら》）
お鉢《はち》
お椀《わん》
お茶碗《ちゃわん》
お猪口《ちょこ》
お銚子《ちょうし》
おしゃもじ
お玉《たま》

すみませんが、お箸を取《と》っていただけませんか。
あら、お手許が出てないわ。失礼《しつれい》しました。
お取り箸はこちらをお使《つか》いください。
お菜箸が使《つか》えないということは、あなた、お料理《りょうり》は苦手《にがて》でしょ。
すみません、お匙を落《お》としてしまったのですが。
美味《おい》しかったので、お皿の物《もの》をすっかり平《たい》らげてしまいました。
お小皿を人数分用意《にんずうぶんようい》してちょうだい。
お手塩がまだ出《で》ていませんよ。
お鉢をよく洗《あら》っておいてくださいね。
お椀の中《なか》に、花《はな》びらが落《お》ちてきましてね…。
ご飯《はん》のお茶碗が出《で》てませんよ。
古伊万里《こいまり》のお猪口がお好《す》きなんですね。
お銚子が空《あ》いているんじゃないですか？
このおしゃもじはいいですね、ご飯粒《はんつぶ》が付《つ》かないのね。
お鍋《なべ》には、木《き》のお玉がいいですね。

調《しら》べる

お調《しら》べ
お調《しら》べする[自]
お調《しら》べになる
お取《と》り調《しら》べ
ご検分《けんぶん》
ご参考《さんこう》
ご参照《さんしょう》
参照《さんしょう》なさる
ご照会《しょうかい》
照会《しょうかい》なさる
ご照合《しょうごう》
ご調査《ちょうさ》
調査《ちょうさ》なさる
ご点検《てんけん》
点検《てんけん》なさる

今一度《いまいちど》、お調べのほど、お願《ねが》い申《もう》しあげます。
お調べしますので、しばらくお待《ま》ちください。
何《なん》なりと、納得《なっとく》するまでお調べになってください。
近《ちか》く、検事《けんじ》さんのお取《と》り調《しら》べがあるはずですよ。
すでに、局長《きょくちょう》のご検分をいただいております。
ご参考までに、このデータを提供《ていきょう》いたします。
それなら、索引《さくいん》をご参照ください。
ご不明《ふめい》の点《てん》は、添付資料《てんぷしりょう》を参照なさってください。
本部《ほんぶ》の方《ほう》へ、ご照会をお願《ねが》いいたします。
その製品《せいひん》について照会なさるなら、この番号《ばんごう》へどうぞ。
レース結果《けっか》を、お手元《てもと》の券《けん》とご照合ください。
八雲先生《やくもせんせい》は、民間伝承《みんかんでんしょう》のご調査に出向《でむ》かれました。
旦那様《だんなさま》の行動《こうどう》を調査なさりたいということですね?
お宅《たく》のガス器具《きぐ》を、ご点検ください。
点検なさる時《とき》は、必《かなら》ず元栓《もとせん》を締《し》めてくださいね。

信《しん》じる

当《あ》てになさる
鵜呑《うの》みになさる
お信《しん》じになる
確信《かくしん》なさる
ご信仰《しんこう》
信仰《しんこう》なさる
ご信心《しんじん》
入信《にゅうしん》なさる
ご信条《しんじょう》
ご信用《しんよう》
信用《しんよう》なさる
信任《しんにん》なさる
ご信頼《しんらい》
ご信頼《しんらい》する[自]
信頼《しんらい》なさる

そんな不確《ふたし》かな情報《じょうほう》を当てになさるのは、良《よ》くないわ。
マスコミ報道《ほうどう》を、鵜呑みになさらない方《ほう》がいいですよ。
お信じになる、ならないはあなたの自由《じゆう》ですけどね。
当選《とうせん》を確信なさるのが、少《すこ》し早《はや》すぎましたね。
何《なに》か、ご信仰をお持《も》ちですか?
何《なに》を信仰なさるのも、この国《くに》では自由《じゆう》です。
弘法大師《こうぼうだいし》さんをご信心なんですか?
ご実家《じっか》とは別《べつ》の宗教《しゅうきょう》に入信なさるとは、驚《おどろ》きました。
誠心誠意《せいしんせいい》が、あの方《かた》のご信条と伺《うかが》いました。
ご信用をいただいたからには、全力《ぜんりょく》を尽《つ》くします。
うっかりあの方《かた》を信用なさると、大変《たいへん》なことになりますよ。
あなたが信任なさると聞《き》けば、彼《かれ》は大喜《おおよろこ》びするでしょう。
ご信頼に応《こた》えるため、精一杯勉強《せいいっぱいべんきょう》させていただきます。
もちろん、御社《おんしゃ》をご信頼しております。
もう少《すこ》し、社員《しゃいん》を信頼なさったらいかがですか?

心《しん》配《ぱい》

お感《かん》じになる
お気《き》になさる
お心細《こころぼそ》い
お心《こころ》を傷《いた》められる
危惧《きぐ》なさる
気《き》をもまれる
ご懸念《けねん》
懸念《けねん》なさる
ご案《あん》じになる
ご心配《しんぱい》
ご心配《しんぱい》なく
心配《しんぱい》なさる
腐心《ふしん》なさる
憂慮《ゆうりょ》なさる
ご放念《ほうねん》

ベテランでも、初舞台《はつぶたい》は不安《ふあん》をお感じになるようですね。
そんなにお気になさらないでください。
家《いえ》が倒壊《とうかい》？　お心細いことでしょうね。
示談《じだん》の成立《せいりつ》まで、さぞお心を傷められたことでしょうね。
ご子息《しそく》の将来《しょうらい》を、危惧なさるお気持《きも》ちはよく分《わ》かります。
ご家族《かぞく》が気をもまれていますよ、帰《かえ》っておあげなさい。
それはよくあることなので、ご懸念には及《およ》びませんよ。
この件《けん》については、懸念なさることはありません。
親心《おやごころ》とはいえ、そこまでご案じになることはないのでは？
棟梁《とうりょう》は、いたくご心配のご様子《ようす》でしたよ。
私《わたし》は一人《ひとり》でやっていく自信《じしん》があります。どうぞご心配なく。
息子《むすこ》さんは一人《ひとり》でやっていけますよ。心配なさらないで。
僧正《そうじょう》は本堂《ほんどう》の改修工事《かいしゅうこうじ》のことで、腐心なさっておられます。
総裁《そうさい》は、内閣支持率《ないかくしじりつ》の低《ひく》さを憂慮なさっています。
どうぞご放念ください。ご心配《しんぱい》おかけしました。（手紙文《てがみぶん》）

親切《しんせつ》・情《なさ》け

お心添《こころぞ》え
お情《なさ》け
お骨折《ほねお》り
ご恩《おん》
ご好意《こうい》
ご厚意《こうい》
ご厚誼《こうぎ》
ご厚志《こうし》
ご厚情《こうじょう》
ご斟酌《しんしゃく》
ご親切《しんせつ》
ご親切《しんせつ》に
ご芳志《ほうし》
ご芳情《ほうじょう》
賜物《たまもの》

温《あたた》かいお心添えをいただき、ありがとうございます。
ありがたく、お情けを頂戴《ちょうだい》いたします。
いろいろお骨折りいただきまして、ありがとうございました。
このご恩は、終生忘《しゅうせいわす》れません。
いつもご好意に甘《あま》えてばかりで、申《もう》し訳《わけ》ありません。
ご厚意を無《む》にしてしまって、申《もう》し訳《わけ》ございません。
格別《かくべつ》のご厚誼に預《あず》かり、お礼《れい》の言葉《ことば》もありません。
ご厚志、ありがたく頂戴《ちょうだい》いたします。
ご厚情に感謝《かんしゃ》いたします。／いつもご厚情に甘《あま》えるばかりで…。
いろいろとご斟酌いただいたことに、感謝申《かんしゃもう》しあげます。
あなたのご親切は一生忘《いっしょうわす》れません。
いろいろご親切に、ありがとうございます。
あなたのご芳志に、感謝《かんしゃ》しております。
貴殿《きでん》のご芳情には深《ふか》く感謝《かんしゃ》いたします。（手紙文《てがみぶん》）
創業《そうぎょう》から三年《さんねん》、これまでお引《ひ》き立《た》てていただいた賜物です。

親切《しんせつ》・配慮《はいりょ》

お気遣《きづか》い
お気《き》にかける
お心《こころ》配《くば》り
お心《こころ》遣《づか》い
お心《こころ》にかける
気配《きくば》りなさる
気《き》をお遣《つか》いになる
気《き》を遣《つか》われる
ご高配《こうはい》
ご考慮《こうりょ》
ご高慮《こうりょ》
ご心配《しんぱい》
ご心労《しんろう》
ご配慮《はいりょ》
配慮《はいりょ》なさる

お気遣い、ありがとうございます。／そのお気遣いが嬉《うれ》しくてね。
私《わたし》のことまでお気にかけていただいて、恐縮《きょうしゅく》です。
いつも温《あたた》かいお心配り、恐《おそ》れ入《い》ります。
いつもお心遣いをいただき、ありがとうございます。
いつもお心にかけていただいて、嬉《うれ》しいわ。
そこまで気配りなさるとは、たいしたものです。
そんなに気をお遣いにならないでください。
それほど気を遣われることはないと思《おも》いますけど。
変《か》わらぬご高配を賜《たまわ》り、厚《あつ》くお礼申《れいもう》しあげます。（手紙文《てがみぶん》）
私《わたし》の立場《たちば》もご考慮いただきまして、ありがとうございました。
あなたのご高慮には感服《かんぷく》いたしました。（手紙文《てがみぶん》）
いろいろご心配いただき、ありがとうございます。
ご心労をおかけして、申《もう》し訳《わけ》ありません。
格別《かくべつ》のご配慮、ありがとうございます。
部下《ぶか》には、平等《びょうどう》に配慮なさることが肝心《かんじん》だと思《おも》います。

す

好《す》き・好《この》み

お気《き》に入《い》り
お気《き》に召《め》される
お心《こころ》が動《うご》く
お好《この》みで
お好《この》みになる
お好《す》き
お目《め》当《あ》て
気《き》に入《い》られる
ご好物《こうぶつ》
ご執心《しゅうしん》
ご熱心《ねっしん》
崇拝《すうはい》なさる
注《そそ》がれる
丹精《たんせい》なさる

阿修羅像《あしゅらぞう》がお気に入りのようですね。
この服《ふく》、お気に召されると嬉《うれ》しいのですが。
新作《しんさく》のバッグ、お気に召しましたでしょうか？
彼女《かのじょ》が声《こえ》をかけた時《とき》、やはりお心が動いたのですね？
お客様《きゃくさま》、お好みでよろしいですね？
和食《わしょく》をお好みになる方《かた》と伺《うかが》いましたが。
室内楽《しつないがく》が、お好きなんですか？／お好きな物《もの》をお持《も》ちしましょう。
お目当てのお相撲《すもう》さんが、やっと勝《か》ちましたね。
この家《いえ》、気に入られましたか？／気に入られると嬉《うれ》しいのですが。
お鮨《すし》がご好物と伺《うかが》っておりましたので、お持《も》ちしました。
あの店《みせ》の娘《こ》にご執心だそうですね。
油絵《あぶらえ》にこれほどご熱心とは、驚《おどろ》きました。
円空仏《えんくうぶつ》を崇拝なさっているそうですね。
この窯《かま》は先生《せんせい》が心血《しんけつ》を注がれたものです。
丹精なさったバラの鉢《はち》を盗《ぬす》まれれば、誰《だれ》だって怒《おこ》りますよ。

好《す》き・自由《じゆう》に

遠慮《えんりょ》なさる
お気兼《きが》ねなく
お心《こころ》置《お》きなく
お心《こころ》のままに
お好《す》きに
好《す》きになさる
お手盛《ても》り
解放《かいほう》なさる
気兼《きが》ねなさらないで
ご遠慮《えんりょ》なく
ご勝手《かって》に
ご自由《じゆう》
ご自由《じゆう》に
自由《じゆう》になさる
ご随意《ずいい》に

遠慮なさらないで、おあがりになって。
私《わたし》のことは、どうぞお気兼ねなく。
後《あと》のことはお心置きなく、お出《で》かけになってください。
ご寄付《きふ》については、どうぞお心のままに。
先生《せんせい》も、お好きになさればいいじゃないですか。
一泊《いっぱく》でも二泊《にはく》でも、好きになさってください。
今年《ことし》も、相変《あいか》わらずのお手盛り予算《よさん》ですな。
そろそろ彼《かれ》を解放なさったら？
そんなに気兼ねなさらないで、知《し》らない仲《なか》じゃなし。
気《き》さくな方《かた》ですから、どうぞご遠慮なく。
煮《に》て食《く》おうと焼《や》いて食おうと、どうぞご勝手に。
理事長《りじちょう》を受《う》ける受けない、それはあなたのご自由ですよ。
どうぞ、会場《かいじょう》をご自由にご覧《らん》ください。
しばらくは、自由になさる方《ほう》がいいわ。
これだけ言《い》ってもわからないのでしたら、どうぞご随意に。

勧《すす》める

お勧《すす》め
お勧《すす》めする[自]
お勧《すす》めになる
お申《もう》し出《で》
勧告《かんこく》なさる
ご推挙《すいきょ》
推挙《すいきょ》なさる
ご推奨《すいしょう》
推奨《すいしょう》なさる
ご推薦《すいせん》
ご推薦《すいせん》する[自]
推薦《すいせん》なさる
奨励《しょうれい》なさる
どうぞ
なさったらいかが

どうも、そのお勧めに従《したが》う気《き》にはなれません。
これは当社《とうしゃ》が自信《じしん》を持《も》ってお勧めする物件《ぶっけん》です。
それほど熱心《ねっしん》にお勧めになるのなら、考《かんが》えてみます。
先生《せんせい》からのありがたいお申し出、お受《う》けになるんでしょ？
何《なに》もしない専務《せんむ》なんか、辞任《じにん》勧告なさるべきだわ。
会長《かいちょう》にご推挙いただくなんて、十年早《じゅうねんはや》いと思《おも》っておりました。
理事長《りじちょう》に推挙なさるなら、あの方《かた》が適任《てきにん》だと思《おも》います。
これが当社《とうしゃ》の、ご推奨銘柄《めいがら》のリストでございます。
あなたが推奨なさるだけあって、素晴《すば》らしい映画《えいが》でした。
体育功労者《たいいくこうろうしゃ》にご推薦いただき、厚《あつ》くお礼申《れいもう》しあげます。
あなたの人柄《ひとがら》を見込《みこ》んで、民生委員《みんせいいいん》にご推薦します。
そろそろあの先生《せんせい》を、褒章《ほうしょう》に推薦なさるべき時《とき》だと思《おも》いますが。
教授《きょうじゅ》はずっと昔《むかし》から、林業《りんぎょう》の再生《さいせい》を奨励なさっていました。
どうぞおあがりください。／どうぞ召《め》しあがってください。
散歩《さんぽ》や軽《かる》い運動《うんどう》を、なさったらいかがですか？

スポーツ・運動《うんどう》

運動《うんどう》をなさる
お滑《すべ》りになる
お相撲《すもう》
お釣《つ》りになる
お投《な》げになる
お走《はし》りになる
走《はし》られる
泳《およ》がれる
水泳《すいえい》なさる
潜《もぐ》られる
命中《めいちゅう》なさる
登《のぼ》られる
発散《はっさん》なさる
交代《こうたい》なさる
お立台《たちだい》

何《なに》か、身体《からだ》にいい運動をなさっていますか？
やはり、天然《てんねん》の氷《こおり》にこだわって、湖《みずうみ》でお滑りになるのですね。
お相撲の世界《せかい》も、外国人力士《がいこくじんりきし》が活躍《かつやく》してますね。
大《おお》きな鮪《まぐろ》を、お釣りになったんですって？
首相《しゅしょう》は大統領《だいとうりょう》に、山《やま》なりのボールをお投げになりました。
今年《ことし》はホノルルマラソンをお走りになるんですか？
毎日《まいにち》、皇居《こうきょ》の周《まわ》りを走られるんですって？
あなたが颯爽《さっそう》と泳がれる姿《すがた》に、見《み》とれてしまいました。
あなたが水泳なさるのは、ビールを美味《おい》しく飲《の》むためですか？
グレートバリアリーフで潜られるんですって？
百発百中《ひゃっぱつひゃくちゅう》で命中なさるなんて、そんなことがあるんですか？
富士山《ふじさん》に登られたことがありますか？
水泳《すいえい》でストレスを発散なさっているんですってね。
選手《せんしゅ》を交代なさるタイミングは、難《むずか》しいんでしょ？
お立台をご覧《らん》なさい、ヒーローインタビューが始《はじ》まりましたよ。

する

遊《あそ》ばす
致《いた》す
いらした
おくれ
おやりになる
くださる
させていただく
していただく
してちょうだい
していらっしゃる
申《もう》しあげる
どうかなさった
なさい
なさらない
なさる

神戸《こうべ》の先生《せんせい》が、たったいま、お帰《かえ》り遊ばしました。
お待《ま》たせ致《いた》しました。間《ま》もなく開店《かいてん》です。
セーターをご自分《じぶん》で洗《あら》っていらしたんですって？
この手紙《てがみ》を出《だ》してきておくれ。
今《いま》でも写真《しゃしん》をおやりになってるの？
私《わたし》の気持《きも》ちを受《う》けてくださるのね、嬉《うれ》しいわ。
もうじきお帰《かえ》りなら、待《ま》たせていただきます。
この製品《せいひん》の取《と》り扱《あつか》い方《かた》を説明《せつめい》していただけませんか？
今《いま》、手《て》が離《はな》せないので、後《あと》にしてちょうだい。
まだ、お仕事《しごと》をしていらっしゃるの？
先輩《せんぱい》、ぜひ出席《しゅっせき》してください。お願《ねが》い申《もう》しあげます。
主任《しゅにん》、どうかなさったのですか？
お黙《だま》りなさい！／もっとしゃんとなさい。
そんなこと、なさらなくてもよろしいのに。
お食事《しょくじ》になさる？／これからどうなさるおつもりですか？

せ

成功《せいこう》・活躍《かつやく》

ご栄転《えいてん》
栄転《えいてん》なさる
お手柄《てがら》
ご活躍《かつやく》
活躍《かつやく》される
ご業績《ぎょうせき》
ご功績《こうせき》
ご出世《しゅっせ》
出世《しゅっせ》なさる
ご手腕《しゅわん》
ご昇進《しょうしん》
昇進《しょうしん》なさる
ご昇任《しょうにん》
ご成功《せいこう》
成功《せいこう》なさる

ご栄転おめでとうございます。まずは乾杯《かんぱい》！
栄転なさったというお噂《うわさ》を、耳《みみ》にしましたが…。
たった一ヶ月《いっかげつ》で目標達成《もくひょうたっせい》？　それはお手柄でしたね。
ご活躍ですね。アジアを飛《と》び回《まわ》っているんですか？
八十歳《はちじゅっさい》を過《す》ぎて、現役《げんえき》で活躍されているお姿《すがた》には頭《あたま》が下《さ》がります。
先生《せんせい》のご業績は、勲章《くんしょう》の価値《かち》が十分《じゅうぶん》にあります。
所長《しょちょう》のご功績は、もっと評価《ひょうか》されて然《しか》るべきですよ。
あなたのご出世も、皆様《みなさま》のご助力《じょりょく》のおかげなんですよ。
あのご長男《ちょうなん》が、あそこまで出世なさるとは、驚《おどろ》きましたね。
問題《もんだい》をあっさり解決《かいけつ》するご手腕には、恐《おそ》れ入《い》ります。
この度《たび》は、ご昇進おめでとうございます。
昇進なさるのは時間《じかん》の問題《もんだい》でしたけどね。
部長《ぶちょう》はやり手《て》ですから、ご昇任は間違《まちが》いないですよ。
陰《かげ》ながら、ご成功をお祈《いの》り申《もう》しあげております。
あれだけご熱心《ねっしん》なら、きっと成功なさるわ。

生死《せいし》・誕生《たんじょう》

お生《う》まれ
お生《う》まれになる
お誕生《たんじょう》
ご生誕《せいたん》
ご誕生《たんじょう》
誕生《たんじょう》なさる
ご出生《しゅっせい》
ご一生《いっしょう》
ご生涯《しょうがい》
ご生前《せいぜん》
ご存命《ぞんめい》
命拾《いのちびろ》いなさる
ご生還《せいかん》
生還《せいかん》なさる
ご生存《せいぞん》

お生まれは、九州《きゅうしゅう》の熊本《くまもと》ですか?
妹《いもうと》さんは、ロンドンでお生まれになったんだそうですね。
それでは、お誕生を祝《しゅく》して、乾杯《かんぱい》!
名監督《めいかんとく》のご生誕百年《ひゃくねん》を記念《きねん》して、一挙上映会《いっきょじょうえいかい》が催《もよお》されます。
いよいよフレッシュなカップルのご誕生ですね。
お孫《まご》さんが誕生なさったそうですね。おめでとうございます。
あの方《かた》のご出生の秘密《ひみつ》が、とうとう明《あき》らかになりました。
あの方《かた》、お幸《しあわ》せなご一生だったと思《おも》いますよ。
大旦那《おおだんな》は、花《はな》も実《み》もあるご生涯でございました。
ご主人様《しゅじんさま》にはご生前、ずいぶんとお世話《せわ》になりました。
長老《ちょうろう》がご存命のうちに、我《わ》が家《や》のルーツを聞《き》いておけば良《よ》かった。
まあ、命拾いなさったのね、あの便《びん》に乗《の》り遅《おく》れて。
冬山《ふゆやま》から無事《ぶじ》ご生還、本当《ほんとう》に良《よ》かった!
あの雪崩《なだれ》から生還なさるとは、幸運《こううん》でしたね。
ご生存を信《しん》じておりましたのに、残念《ざんねん》でなりません。

席《せき》・出席《しゅっせき》

お座席《ざせき》
お席《せき》
お席順《せきじゅん》
お詰《つ》めになる
お膝送《ひざおく》り
お譲《ゆず》りになる
確保《かくほ》なさる
ご相席《あいせき》
ご出席《しゅっせき》
出席《しゅっせき》なさる
お臨《のぞ》みになる
ご退席《たいせき》
退席《たいせき》なさる
ご同席《どうせき》
同席《どうせき》なさる

お座席は前《まえ》から三列目《さんれつめ》でございます。／指定《してい》のお座席はこちらです。
ただいま、お席をご用意《ようい》いたします。
この会場《かいじょう》はお席順が決《き》まっております。
前《まえ》の方《ほう》が空《あ》いています。席《せき》をお詰めになっていただけませんか？
申《もう》し訳《わけ》ない、お膝送り願《ねが》えますか？／お膝送りをお願いします。
身体《からだ》の弱《よわ》い方《かた》に、席《せき》をお譲りになってください。
評判《ひょうばん》の公演《こうえん》ですから、早《はや》めに行《い》って席《せき》を確保なさった方《ほう》がいいわよ。
お客様《きゃくさま》、ご相席お願《ねが》いできますか？／ご相席よろしいでしょうか？
二十周年《にじゅっしゅうねん》のパーティーに、ぜひご出席ください。
きっと何《なに》か訳《わけ》があったのよ、あの方《かた》が出席なさらなかったのは。
社長《しゃちょう》は決意《けつい》を新《あら》たにして、役員会《やくいんかい》にお臨みになりました。
名人《めいじん》のご退席です。拍手《はくしゅ》でお送《おく》りください。
いま退席なさった方《かた》が、有名《ゆうめい》な蕪村先生《ぶそんせんせい》です。
ご同席の方《かた》としばらくご歓談《かんだん》ください。
宿命《しゅくめい》のライバルと同席なさったんですって？

席《せき》・立《た》ち居《い》

おかけになる
お占《し》めになる
お座《すわ》りになる
お付《つ》きになる
付《つ》かれる
ご着席《ちゃくせき》
着席《ちゃくせき》なさる
お抜《ぬ》けになる
お外《はず》しになる
ご起立《きりつ》
起立《きりつ》なさる
お立《た》ちなさい
お立《た》ちになる
席《せき》をお立《た》ちになる
佇《たたず》まれる

どうぞ、こちらにおかけになってお待《ま》ちください。
師範《しはん》は、いつも正面《しょうめん》に座《ざ》をお占めになります。
どうぞ、こちらにお座りください。
間《ま》もなく開演《かいえん》でございます。どうぞお席《せき》にお付きください。
主賓《しゅひん》がお席《せき》に付かれるのを、皆《みな》さん心待《こころま》ちにしておられました。
間《ま》もなく式典《しきてん》が始《はじ》まります。どうぞ、ご着席ください。
間《ま》もなく開演《かいえん》です。どうぞ着席なさってください。
会議《かいぎ》をお抜けになって、どこへ行《い》ってらしたの？
教授《きょうじゅ》は、急用《きゅうよう》で席《せき》をお外しになりました。
お手元《てもと》のグラスをお持《も》ちになって、ご起立をお願《ねが》いします。
名前《なまえ》を呼《よ》ばれた方《かた》は、起立なさってください。
名前《なまえ》を呼《よ》ばれたら、すぐにお立ちなさい。
受賞《じゅしょう》なさった方《かた》は、壇上《だんじょう》にお立ちになってください。
採決《さいけつ》に反対《はんたい》する先生《せんせい》は、すっと席をお立ちになりました。
妙齢《みょうれい》のご婦人《ふじん》が、お墓《はか》の前《まえ》でじっと佇まれていました。

席《せき》・中座《ちゅうざ》

お相手《あいて》
移《うつ》られる
お移《うつ》りになる
お移《うつ》しする[自]
おくつろぎ
おじゃまする[自]
おじゃま虫《むし》
お話《はな》し中《ちゅう》
お待《ま》たせ
お待《ま》ちになる
ご相席《あいせき》
ご一緒《いっしょ》する[自]
失礼《しつれい》
すみませんが
ごめんください

よろしければ、私《わたし》がお相手をいたしましょう。
席《せき》が空《あ》いていますから、こちらに移られたらいかが？
こちらにお移りになりませんか？
机《つくえ》を明《あか》るい窓際《まどぎわ》にお移ししましょうか？
おくつろぎのところ、失礼《しつれい》いたします。
私《わたし》みたいな者《もの》がおじゃまして、いいんですか？
私《わたし》、おじゃま虫かしら？　でも、可愛《かわい》いからいいでしょ？
お話し中、失礼《しつれい》いたします。
お待たせしてすみません。／お待たせしました。
ごめんなさい、ちょっとお待ちになってね。
こちら、ご相席よろしいでしょうか？／ご相席、構《かま》いません？
こちらにご一緒してよろしいかしら？
ちょっと失礼いたします。（場《ば》を外《はず》す）
すみませんが、おソースを取《と》っていただけませんか。
ちょっとごめんください、もう少《すこ》し席《せき》を詰《つ》めていただけませんか？

葬式《そうしき》・弔《とむら》い

お通夜《つや》
お葬式《そうしき》
お弔《とむら》い
お弔《とむら》いをする
お別《わか》れ会《かい》
お別《わか》れの儀《ぎ》
ご会葬《かいそう》
ご葬儀《そうぎ》
ご葬送《そうそう》
ご弔問《ちょうもん》
喪主様《もしゅさま》
お棺《かん》
お柩《ひつぎ》
ご出棺《しゅっかん》
お花《はな》

享年九十九歳《きょうねんきゅうじゅうきゅうさい》、なんだか明《あか》るいお通夜でしたね？
先生《せんせい》のお葬式は、明日《あす》の正午《しょうご》からです。
今日《きょう》のお弔いは、賑《にぎ》やかで同窓会《どうそうかい》のようでしたね。
ペットもお弔いをするんですね、お墓《はか》もあるし。
お別れ会には、親《した》しかった方々《かたがた》がお集《あつ》まりになりました。
芝《しば》の増上寺《ぞうじょうじ》でお別れの儀が執《と》り行《おこな》われるそうです。
たくさんの方々《かたがた》にご会葬いただき、心《こころ》からお礼申《れいもう》しあげます。
雨《あめ》の中《なか》の、しめやかなご葬儀でしたね。
レクイエムが、ご葬送の間《あいだ》ずっと流《なが》れていました。
多《おお》くの方《かた》にご弔問いただき、母《はは》もきっと喜《よろこ》んでいると思《おも》います。
喪主様のお席《せき》は、こちらでございます。
お棺を閉《と》じる前《まえ》に、もう一度《いちど》、お顔《かお》を見《み》せてくださいな。
監督《かんとく》のお柩を、選手《せんしゅ》たちが涙《なみだ》ながらに運《はこ》びました。
それでは、ご出棺のお時間《じかん》でございます。
柩《ひつぎ》はお花で埋《う》め尽《つ》くされていました。

お香典《こうでん》
お香典返《こうでんがえ》し
お香料《こうりょう》
お花料《はなりょう》
ご仏前《ぶつぜん》・お仏前《ぶつぜん》
ご膳料《ぜんりょう》
ご霊前《れいぜん》
お骨《こつ》
お骨《こつ》上《あ》げ
お焼香《しょうこう》
お線香《せんこう》
お清《きよ》め
ご焼香《しょうこう》
お清《きよ》めの塩《しお》
お悔《く》やみ状《じょう》

お香典は多《おお》めに、が常識《じょうしき》ですよ。
お香典返しの品《しな》はどれにいたしましょうか？
ひとまず、お香料をお届《とど》けにあがりました。
お花料を「お花代《はなだい》」と書《か》いて大恥《おおはじ》をかいたことがあります。
もう浮気《うわき》はしないと、ご仏前で約束《やくそく》してください。
ご住職《じゅうしょく》にご膳料をお渡《わた》しするのを忘《わす》れないでね。
この花《はな》をご霊前にお供《そな》えください。
父《ちち》のお骨を拾《ひろ》ってやってくださいな。
お骨上げでまた泣《な》きましたね、無理《むり》もない。
お焼香で見知《みし》らぬ女《おんな》の方《かた》が泣《な》いていましたね。
せめてお線香の一本《いっぽん》でも、あげてやってください。
お清めの席ですから、ぜひお立《た》ち寄《よ》りください。
それでは、ご親族《しんぞく》から順《じゅん》にご焼香をお願《ねが》いします。
お帰《かえ》りになったら、玄関《げんかん》で、お清めの塩を振《ふ》りかけてね。
泣《な》く泣く、お悔やみ状を投函《とうかん》しました。

葬式《そうしき》・お悔《く》やみ

哀悼《あいとう》
お悼《いた》み
お悼《いた》みする[自]
お労《いたわ》しい
お悲《かな》しみ
お気《き》を落《お》とす
お気《き》を強《つよ》く
お悔《く》やみ
お寂《さび》しい
お力落《ちからお》とし
お力《ちから》になる
お慰《なぐさ》めする[自]
ご愁 傷 様《しゅうしょうさま》
ご弔意《ちょうい》
ご冥福《めいふく》

社員一同《しゃいんいちどう》、謹《つつし》んで哀悼の意《い》を表《ひょう》します。
形式《けいしき》ばったお悼みは、やめましょうね。
この度《たび》は、心《こころ》よりお悼み申《もう》しあげます。
事故《じこ》でお母様《かあさま》を亡《な》くされるとは、お労しいことです。
あまりお悲しみが深《ふか》いと、お身体《からだ》に障《さわ》ります。
どうぞお気を落とさずに、と申《もう》しあげてくださいね。
どうぞ、お気を強く持《も》たれて…。
無言《むごん》の会釈《えしゃく》が、最善《さいぜん》のお悔やみですよ。
お連《つ》れ合《あ》いをなくされて、お寂しくなりますね。
ご主人《しゅじん》が入院《にゅういん》？　さぞお力落としのことでございましょう。
何《なに》かお力になれることがありましたら…。
何《なん》とお慰めしたらいいか、言葉《ことば》もありません。
この度《たび》は、ご愁傷様でございます。
会長《かいちょう》はご遺族《いぞく》の皆《みな》さんにご弔意を表されました。
慎《つつし》んで、ご冥福をお祈《いの》り申《もう》しあげます。

相談《そうだん》

打《う》ち合《あ》わせなさる
お打《う》ち合《あ》わせ
お打《う》ち合《あ》わせする[自]
お知恵《ちえ》をお借《か》りする[自]
お知恵《ちえ》を拝借《はいしゃく》
お諮《はか》りになる
お話《はな》し合《あ》い
お話《はな》し合《あ》いになる
ご協議《きょうぎ》
協議《きょうぎ》なさる
ご商談《しょうだん》
ご相談《そうだん》する[自]
相談《そうだん》なさる
ご助言《じょげん》
話《はな》し合《あ》われる

仲人《なこうど》さんとは、十分《じゅうぶん》打ち合わせなさったのですか？
明日《あす》の件《けん》は、お打ち合わせになりましたか？
お打ち合わせする時間《じかん》を、とっていただけませんか？
博識《はくしき》のあなたにぜひ、お知恵をお借りしたいのですが。
ぜひ、あなたのお知恵を拝借したいのですが。
このプロジェクトは、本社《ほんしゃ》にお諮りになった方《ほう》がよろしいのでは？
相続《そうぞく》のことは、ご家族《かぞく》でじっくりお話し合いをなさってください。
リーダー同士《どうし》、夜更《よふ》けまでお話し合いになっておられました。
その件《けん》については、十分《じゅうぶん》にご協議ください。
十分《じゅうぶん》に協議なさった結果《けっか》なら、仕方《しかた》がないですね。
部長《ぶちょう》は、このご商談にあまり乗《の》り気《き》ではないようです。
今日《きょう》は、折《お》り入《い》ってご相談したいことがあって伺《うかが》ったのですが。
進路《しんろ》について相談なさるなら、あの先生《せんせい》がいいですよ。
何《なに》かご助言をいただけませんか？
今後《こんご》のことは、お二人《ふたり》でよく話し合われた方《ほう》がいいですね。

贈答《ぞうとう》・あげる

いただき物《もの》
お口汚《くちよご》し
お印《しるし》
お裾分《すそわ》け
お恥《は》ずかしい
おひとつ
お福分《ふくわ》け
気持《きも》ちばかり
ご受納《じゅのう》
ご笑納《しょうのう》
ご笑味《しょうみ》
ご笑覧《しょうらん》
ささやかなもの
粗品《そしな》
ほんの気持《きも》ち

いただき物ですが、おひとつどうぞ。
お口汚しですが、おひとつどうぞ。
お近《ちか》づきのお印に。／ほんのお印ですが…。
お裾分けですけど、よろしかったら…、どうぞ。
手料理《てりょうり》でお恥ずかしいんですが…。皆《みな》さんでどうぞ。
近所《きんじょ》で評判《ひょうばん》の品《しな》ですが、おひとつ。
いただき物《もの》のお福分けですが、召《め》しあがってください。
気持ちばかりのものですが、どうぞお納《おさ》めください。
どうか、ご受納いただけましたら幸《さいわ》いでございます。（手紙文《てがみぶん》）
記念《きねん》の品《しな》でございます。どうぞご笑納ください。（手紙文《てがみぶん》）
生牡蠣《なまがき》を少々《しょうしょう》お送《おく》りしました。どうぞご笑味ください。（手紙文《てがみぶん》）
小社《しょうしゃ》の創業五十周年記念誌《そうぎょうごじゅっしゅうねんきねんし》、どうぞご笑覧ください。（手紙文《てがみぶん》）
ささやかなものですが、お礼《れい》の印《しるし》です。
粗品でございますが、ご来館《らいかん》の記念《きねん》にどうぞ。
ほんの気持ちです、どうぞお納《おさ》めください。

贈《ぞう》答《とう》・もらう

いただく
頂戴《ちょうだい》する
お受《う》けする［自］
ご恵贈《けいぞう》
賜《たまわ》る
ありがたく
お気《き》持《も》ちだけ
お心《こころ》のこもった
お言葉《ことば》に甘《あま》えて
過分《かぶん》な
くださる
結構《けっこう》なもの
おこぼれ
おまけ
お余《あま》りになる

こんなに高価《こうか》なものをいただいて、よろしいんですか？
珍《めずら》しいものを頂戴いたしまして、ありがとうございます。
私《わたし》などにはもったいないですが、ありがたくお受けします。
車《くるま》椅《い》子《す》をご恵贈いただきまして、ありがとうございます。
それでは、来賓《らいひん》の先生《せんせい》にお言葉《ことば》を賜りたいと存《ぞん》じます。
それでは、ありがたく頂戴《ちょうだい》いたします。
それでは、お気持ちだけ頂戴《ちょうだい》します。
お心のこもった贈《おく》り物《もの》を頂戴《ちょうだい》し、身《み》に余《あま》る光栄《こうえい》です。
お言葉に甘えて、遠慮《えんりょ》なく頂戴《ちょうだい》します。
過分なお祝《いわ》いをいただきまして、ありがとうございます。
私《わたし》には、いくつくださるの？
先日《せんじつ》は結構なものを頂戴《ちょうだい》いたしまして、恐縮《きょうしゅく》です。
おこぼれに与《あずか》ろうなんて、さもしい考《かんが》えでしたね。
おまけに引《ひ》かれて、ついつい買《か》ってしまうんですよね。
作品《さくひん》がお余りになったら、何《なに》かひとつ、譲《ゆず》っていただけませんか？

贈《ぞう》答《とう》

おあげになる
おやりになる
お与《あた》えになる
お贈《おく》りする[自]
お贈《おく》りになる
贈《おく》り物《もの》をなさる
お貢《みつ》ぎになる
お受《う》け取《と》りになる
お納《おさ》めになる
お返《かえ》し
謹呈《きんてい》
ご提供《ていきょう》する[自]
提供《ていきょう》なさる
さしあげる
進呈《しんてい》なさる

奥様《おくさま》の誕生日《たんじょうび》にダイヤモンドをおあげになったそうですね。
あの娘《こ》に歌舞伎《かぶき》のチケットをおやりになったんですか？
息子《むすこ》さんには、もう十分《じゅうぶん》にお与えになったんじゃないの？
お誕生日《たんじょうび》に、自作《じさく》の詩《し》をお贈りします。
お贈りになるなら、商品券《しょうひんけん》が一番《いちばん》だと思《おも》います。
どなたに贈り物をなさるんですか？
騙《だま》されているのも知《し》らず、お貢ぎになったのね。
お礼《れい》の印《しるし》です、どうぞ、お受け取りください。
お礼《れい》の気持《きも》ちです、どうぞお納めください。
お返しの品《しな》は何《なに》になさるの？／お返しは遠慮《えんりょ》させていただきます。
自作《じさく》の茶碗《ちゃわん》ですが、謹呈しましょう。
当社《とうしゃ》は、毎週《まいしゅう》、最新情報《さいしんじょうほう》をご提供いたします。
文化財保護《ぶんかざいほご》に私財《しざい》を提供なさったそうですね。
お世話《せわ》になったお礼《れい》に、何《なに》かさしあげたいわ。
新築《しんちく》のお祝《いわ》いに、掛軸《かけじく》を進呈なさったのですか？

育《そだ》つ・育《そだ》てる

お育《そだ》ちになる
お育《そだ》てになる
お手《て》ひとつ
おなりになる
お離《はな》しになる
お養《やしな》いになる
養《やしな》われる
ご成人《せいじん》
成人《せいじん》なさる
ご成長《せいちょう》
成長《せいちょう》なさる
独立《どくりつ》なさる
お巣立《すだ》ちになる
お引《ひ》き取《と》りになる
放任《ほうにん》なさる

海《うみ》の近《ちか》くでお育ちになったから、泳《およ》ぎがお上手《じょうず》なんですね。
あの方《かた》は、戦争孤児《せんそうこじ》を我《わ》が子《こ》のようにお育てになりました。
息子《むすこ》さんは、お母様《かあさま》のお手ひとつで立派《りっぱ》に成人《せいじん》されましたね。
お嬢《じょう》さん、すっかりきれいにおなりになって。
手元《てもと》からお子《こ》さんをお離しになったそうですね。
戦争《せんそう》で親《おや》を亡《な》くした子《こ》を、お養いになっているそうですね。
お弟子《でし》さんを、五人《ごにん》も養われているんですか。
お嬢様《じょうさま》のご成人が待《ま》ち遠《どお》しいですね。
早《はや》いものですね、息子《むすこ》さんが今年《ことし》成人なさるとは。
双子《ふたご》のお子《こ》さんたちのご成長が、楽《たの》しみですね。
お子《こ》さんがみるみる成長なさって、楽《たの》しみですね。
息子《むすこ》さんたちは、もう独立なさったんですか？
あの若者《わかもの》たちは、先生《せんせい》の研究室《けんきゅうしつ》からお巣立ちになったのですね。
あの方《かた》は、離婚《りこん》して、お子《こ》さんを二人《ふたり》ともお引き取りになっています。
息子《むすこ》さんをずっと放任なさってたんですか？

体格《たいかく》

お身体《からだ》
お身体《からだ》つき
ご身長《しんちょう》
お背丈《せたけ》
おふくよか
ふくよかになられる
お太《ふと》りになる
太《ふと》られる
福々《ふくぶく》しい
恰幅《かっぷく》がいい
お痩《や》せになる
痩《や》せられる
ご体質《たいしつ》
ご病弱《びょうじゃく》
ご病身《びょうしん》

華奢《きゃしゃ》なお身体で、なんとも羨《うらや》ましいわ。
格闘技《かくとうぎ》をなさっているようなお身体つきですね。
坊《ぼっ》ちゃん、ご身長がグッと伸《の》びましたね。
お背丈は、百八十《ひゃくはちじゅっ》センチは超《こ》えられたでしょ？
おふくよかで、性格《せいかく》も丸《まる》い方《かた》なんでしょうね。
心配事《しんぱいごと》が無《な》くなって、ふくよかになられましたね？
結婚《けっこん》してから、お太りになりましたね。幸《しあわ》せ太《ぶと》り？
少《すこ》し太られたのではありませんか？
顧問《こもん》は、とても福々しいお顔《かお》をしてらっしゃるわね。
まあ、恰幅がいいご主人《しゅじん》ですね。
ここのところ、ちょっと、お痩せになっていませんか？
痩せられましたね。ダイエットなさったの？
奥様《おくさま》は風邪《かぜ》にかかりやすいご体質なんですね。
あそこのご長男《ちょうなん》は、子《こ》どもの頃《ころ》からご病弱なんですよ。
ご病身なんですから、あまりご無理《むり》なさらない方《ほう》が…。

体験《たいけん》・経験《けいけん》

お歩《あゆ》みになる
歩《あゆ》まれる
お積《つ》みになる
お初《はつ》
お踏《ふ》みになる
活動《かつどう》なさる
ご経験《けいけん》
経験《けいけん》なさる
ご体験《たいけん》
体験《たいけん》なさる
回顧《かいこ》なさる
回想《かいそう》なさる
ご記憶《きおく》
心《こころ》に刻《きざ》まれる
述懐《じゅっかい》なさる

あの方《かた》は、着実《ちゃくじつ》に大女優《だいじょゆう》への道《みち》をお歩《あゆ》みになっていますね。
博士《はかせ》は、その道一筋《みちひとすじ》に歩まれたご一生《いっしょう》でした。
まずは、経験《けいけん》をお積みになった方《ほう》がいいですよ。
テープカットは、お初の体験《たいけん》でしたか？
大舞台《おおぶたい》をお踏みになると、人《ひと》は変《か》わるものですね。
地域《ちいき》の発展《はってん》のために、ボランティア活動なさってるそうですね。
長年《ながねん》のご経験を生《い》かして、これからもご活躍《かつやく》ください。
何事《なにごと》もまず、実際《じっさい》に経験なさることですね。
十五歳《じゅうごさい》での一人旅《ひとりたび》は、貴重《きちょう》なご体験でしたね。
バンジージャンプを体験なさるのは、初《はじ》めてですか？
町会長《ちょうかいちょう》は、あの大空襲《だいくうしゅう》を涙《なみだ》ながらに回顧なさいました。
物理学《ぶつりがく》六十年《ろくじゅうねん》を回想なさった文章《ぶんしょう》を、読《よ》ませていただきました。
昔《むかし》、ご一緒《いっしょ》に仕事《しごと》をしていたこと、ご記憶にありませんか？
お母様《かあさま》の艶《つや》やかな着物姿《きものすがた》、息子《むすこ》さんも心に刻まれるでしょうね。
会長《かいちょう》は、しみじみとご幼少《ようしょう》の頃《ころ》を述懐なさいました。

体調《たいちょう》・気《き》づかう

いかが
お顔色《かおいろ》
お加減《かげん》
お風邪《かぜ》
お身体《からだ》
お具合《ぐあい》
お大事《だいじ》に
お疲《つか》れ
お悪《わる》い
ご気分《きぶん》
ご体調《たいちょう》
ご徴候《ちょうこう》
ご病気《びょうき》
ご不調《ふちょう》
どうかなさった

体調《たいちょう》は最近《さいきん》、いかがですか？／お加減《かげん》は、いかが？
今日《きょう》はお顔色があまり良《よ》くないですね。
お加減はいかがですか？／お加減でも悪《わる》いのですか？
お風邪ですか？　咳《せき》が出《で》てますね。
その後《ご》、お身体の具合《ぐあい》はいかがですか？
どうなさいました？　お具合でも悪《わる》いのですか？
みんなの希望《きぼう》の星《ほし》なんですから、くれぐれもお身体《からだ》お大事にね。
だいぶお疲れのご様子《ようす》ですね。
お顔色《かおいろ》が優《すぐ》れませんけど、どこかお悪いんですか？
お顔色《かおいろ》が優《すぐ》れないようですが、ご気分でもお悪《わる》いんですか？
このところ、ご体調はよろしいようですね。
声《こえ》が出《で》にくいのは、病気《びょうき》のご徴候かもしれませんよ。
ご病気と聞《き》いて、駆《か》けつけました。
かなり以前《いぜん》から、ご不調を訴《うった》えておられましたからね…。
足《あし》をどうかなさったんですか？　歩《ある》き方《かた》がちょっと…。

態度《たいど》・尊大《そんだい》・いばる

威嚇《いかく》なさる
お威張《いば》りになる
お自惚《うぬぼ》れになる
お偉《えら》くなる
お澄《す》まし
お高《たか》くとまる
お体裁《ていさい》
お体裁屋《ていさいや》
お天狗《てんぐ》
おなめになる
おひけらかしになる
お山《やま》の大将《たいしょう》
ご大層《たいそう》
自慢《じまん》なさる
尊大《そんだい》

役職《やくしょく》を笠《かさ》に着《き》て威嚇なさるのは、おやめになってください。
常務《じょうむ》はいい人《ひと》なんですけど、お威張りになるのがちょっとね。
そんなに、お自惚れにならないで。
急《きゅう》にお偉くなって、お口《くち》もお上手《じょうず》になったようね。
彼女《かのじょ》は、あのお澄まし癖《ぐせ》がちょっと鼻《はな》につくよね。
ちょっと別嬪《べっぴん》だからって、お高くとまってるんですよ。
あの人《ひと》は自分《じぶん》のお体裁ばかり気《き》にしてるんですから。
お体裁屋さんとは、付《つ》き合《あ》ってもつまらないですよ。
これくらいで、お天狗になっちゃだめですよ。
小《ちい》さな会社《かいしゃ》だからと、おなめになっては困《こま》ります。
手柄《てがら》をおひけらかしになるのも、程《ほど》ほどになさらないと見苦《みぐる》しいですよ。
たまに営業成績《えいぎょうせいせき》がトップになって、お山の大将気取《きど》りなんですよ。
おれの方針《ほうしん》に間違《まちが》いないなんて、ご大層な挨拶《あいさつ》じゃないですか。
自慢なさればなさるほど、器《うつわ》が小《ちい》さく見《み》えるものですよ。
あの方《かた》は、ご自分《じぶん》の尊大な態度《たいど》に気《き》づいていないのよ。

態《たい》度《ど》・からかう

お遊《あそ》び
お苛《いじ》めになる
お演《えん》じになる
お担《かつ》ぎになる
おからかいになる
お絡《から》みになる
お戯《たわむ》れになる
お惚《とぼ》けになる
お乗《の》せになる
おふざけになる
お乱《みだ》れになる
ご挑発《ちょうはつ》
挑発《ちょうはつ》なさる
ご乱行《らんぎょう》
羽目《はめ》を外《はず》される

少々《しょうしょう》、お遊びが過《す》ぎるんじゃありませんか？
そんなにお苛めにならないでください、まだ新米《しんまい》なんですから。
バカをお演じになるのも、いい加減《かげん》になさい。
私《わたし》をお担ぎになるなら、もう少《すこ》しマシな嘘《うそ》をおつきなさいな。
ひどいわ、おからかいにならないでください。
そんなにお絡みになったら、可哀相《かわいそう》よ。
本気《ほんき》ですか？　お戯れにならないでください。
お惚けになるのも、いいかげんにしてください。
あなたはお乗せになるのが上手《うま》いんだから、まいっちゃう。
お酒《さけ》の席《せき》だからって、おふざけにならないでください。
昨夜《さくや》はかなりお乱れになったようね。何《なに》かあったの？
あなたのそんなご挑発になんか、乗《の》るもんですか。
あなたはいつもそんな言《い》い方《かた》で挑発なさるのね。
二代目《にだいめ》は、ご乱行がたたって、身体《からだ》を壊《こわ》してしまいました。
羽目を外されるのも、程《ほど》ほどになさってください。

態度《たいど》・口振《くちぶ》り

嘘《うそ》をおつきになる
噂《うわさ》をお流《なが》しになる
お噂《うわさ》
お噂《うわさ》する
お口《くち》が軽《かる》い
お口《くち》が悪《わる》い
お口振《くちぶ》り
お芝居《しばい》(嘘《うそ》)
お上手《じょうず》
お騙《だま》しになる
ご冗談《じょうだん》
ご辛辣《しんらつ》
言葉《ことば》をお濁《にご》しになる
ご口調《くちょう》
お国言葉《くにことば》

あなたって、嘘をおつきになるのが、ほんとに下手《へた》ねぇ。
そんな噂をお流しになったのは、どなたかしら？
そろそろ年貢《ねんぐ》をお納《おさ》めになったら？　お噂よ。
誰《だれ》のお噂してらしたの？／あなたのお噂するなんてとんでもない。
あの人《ひと》は、ほんとにお口が軽いんですから。
本当《ほんとう》にあなたはお口が悪い人ですね。
あのお口振りでは、例《れい》の件《けん》は無理《むり》ですね。
お芝居がお上手《じょうず》ね。／下手《へた》なお芝居はおやめになったら？
またそんなお上手ばっかり。／話《はなし》をすりかえるのがお上手ね。
また私《わたし》をお騙しになるのね？
まあ、ご冗談ばっかり。／ご冗談を。褒《ほ》めても何《なに》も出《で》ませんよ。
まあ、ご辛辣ねぇ。／なかなか、ご辛辣ですねぇ。
いつもあなたは言葉をお濁しになってばかりなんですから。
けっしてお怒《いか》りのご口調ではありませんでしたよ。
クラス会《かい》ではお国言葉が飛《と》び交《か》って、賑《にぎ》やかでしたね。

態度《たいど》・追従《ついしょう》

お愛想《あいそ》
お世辞《せじ》
お節介焼《せっかいや》き
お為《ため》ごかし
お調子者《ちょうしもの》
お追従《ついしょう》
お追従者《ついしょうもの》
お天気屋《てんきや》
おべっか遣《つか》い
おべんちゃら
迎合《げいごう》なさる
ご機嫌取《きげんと》り
ご都合主義《つごうしゅぎ》
ご定見《ていけん》がない
御用学者《ごようがくしゃ》

本気《ほんき》にしちゃいけませんよ、お愛想だけなんですから、あの方《かた》は。
そんな歯《は》の浮《う》くようなお世辞は、ごめんです。
あの人《ひと》はお節介焼きで有名《ゆうめい》ですから。
そんなお為ごかしは聞《き》きたくありません。
いつもいつも、お調子者で困《こま》りましたね。
取《と》り巻《ま》きのお追従に気《き》づかれるはずだけどね、会長《かいちょう》は。
お追従者というのは、どこの社会《しゃかい》にもいるものです。
あの人《ひと》は少々《しょうしょう》お天気屋なところがありますからね。
あのおべっか遣いには本当《ほんとう》に困《こま》ったもんです。
見《み》え透《す》いたおべんちゃらを言《い》うのは、やめてください。
あの人《ひと》はいつも権力《けんりょく》に迎合なさる、困《こま》ったお人《ひと》だ。
君《きみ》はご機嫌取りが上手《じょうず》だから、よろしく頼《たの》むよ。
あの評論家《ひょうろんか》のご都合主義には目《め》に余《あま》るものがありますね。
あの人《ひと》には、まるでご定見がないですね。
私《わたし》は説《せつ》を曲《ま》げませんよ、たとえ御用学者と呼《よ》ばれようともね。

態度《たいど》・賑《にぎ》やか

大騒《おおさわ》ぎなさる
お構《かま》いなし
お口数《くちかず》が多《おお》い
お声《こえ》が高《たか》い
お叫《さけ》びになる
お騒《さわ》がしい
お騒《さわ》ぎになる
お喋《しゃべ》り
お賑《にぎ》やか
おはしゃぎになる
お派手《はで》
お祭《まつ》り騒《さわ》ぎ
おやかましい
歓声《かんせい》をあげられる
吹聴《ふいちょう》なさる

気《き》が若《わか》いですねぇ、若い娘《こ》を集《あつ》めて大騒ぎなさるとはね。
あの方《かた》は、他人《ひと》の迷惑《めいわく》などお構いなしなんです。
奥様《おくさま》はお口数が多くて、機関銃《きかんじゅう》のようですからね。
少《すこ》しお声が高いんじゃありませんか？　周《まわ》りにご迷惑《めいわく》ですよ。
びっくりしたわ、急《きゅう》にお叫びになるから。
異動《いどう》の季節《きせつ》、役所《やくしょ》の中《なか》が何《なに》かとお騒がしいようですね。
そんなにお騒ぎになるほどのことではないと思《おも》いますが…。
あの三人組《さんにんぐみ》のお喋りには、ほとほと参《まい》りました。
皆《みな》さんお賑やかなことで。
何《なに》かいいことあったのね、そんなにおはしゃぎになって。
あの方《かた》は、性格《せいかく》もお派手ですからね。
あの連中《れんちゅう》のお祭り騒ぎを何《なん》とかしてください。
毎度《まいど》、おやかましくて、すみません。
先生《せんせい》も日本《にほん》の決勝《けっしょう》ゴールに歓声をあげられていました。
あること無《な》いこと吹聴なさるのはおやめなさい。

態度《たいど》・皮肉《ひにく》

ご挨拶《あいさつ》
ご勤勉《きんべん》
ご講釈《こうしゃく》
ご高説《こうせつ》
ご執心《しゅうしん》
ご執着《しゅうちゃく》
ご心酔《しんすい》
ご酔狂《すいきょう》
ご崇拝《すうはい》
ご聡明《そうめい》
ご熱心《ねっしん》
ご評判《ひょうばん》
ご風流《ふうりゅう》
ご身分《みぶん》
ご立派《りっぱ》

好《す》きにしたらとは、ずいぶんなご挨拶ね。
お堅《かた》いなんてもんじゃない。「ご勤勉」が洋服《ようふく》を着《き》たような方《かた》よ。
見《み》てきたようなあなたのご講釈は聞《き》き飽《あ》きました。
では、じっくりと貴殿《きでん》のご高説を拝聴《はいちょう》することにしようか。
三日《みっか》を開《あ》けずに通《かよ》い詰《つ》めるなんて、ずいぶんご執心ですねぇ。
意外《いがい》ですね、あなたがお金《かね》にご執着とは。
あなたはあの宗匠《そうしょう》にご心酔ですね。
毎晩《まいばん》毎晩カラオケ通《がよ》いとは、ご酔狂なもんだ。
やはりあなたもブランド品《ひん》をご崇拝ですか？
うちの部長《ぶちょう》はご聡明でいらっしゃるからな。
まあ、美少年《びしょうねん》のこととなると、ご熱心だこと！
あの方《かた》、ご評判が、ちょっと、ねぇ…。
退職《たいしょく》して、あなたもひどくご風流になられましたね。
就業時間中《しゅうぎょうじかんちゅう》に散髪《さんぱつ》とは、いいご身分だよね。
いつの間《ま》に、ずいぶんとご立派になったもんだ。

助《たす》ける・援助《えんじょ》

ご援助《えんじょ》
ご援助《えんじょ》する［自］
援助《えんじょ》なさる
お支《ささ》えする［自］
お支《ささ》えになる
お救《すく》いする［自］
お救《すく》いになる
お助《たす》けする［自］
お助《たす》けになる
お手出《てだ》し
協調《きょうちょう》なさる
ご後援《こうえん》
後援《こうえん》なさる
ご支援《しえん》
支援《しえん》なさる

これからも変《か》わらず、私《わたし》どもをご援助ください。
そういうご事情《じじょう》なら、私《わたし》どもがご援助いたしましょう。
恩《おん》を売《う》るというのではなく、この際《さい》、援助なさってはいかが？
今度《こんど》は、私《わたし》があなたをお支えする番《ばん》ですから。
あなたがこの老舗《しにせ》をお支えになってきたんですよ。
あなたをお救いするのは、この方法《ほうほう》しかなかったのよ。
先生《せんせい》の植林技術《しょくりんぎじゅつ》が、中央《ちゅうおう》アジアの山村《さんそん》をお救いになったんです。
大恩《だいおん》あるあなたをお助けするのは、当然《とうぜん》のことです。
皆《みな》さんが力《ちから》を合《あ》わせて、お助けになったそうですね。
お手出しは、なさらないでください。
ゴミ問題解決《もんだいかいけつ》のため、ここは隣町《となりまち》と協調なさるべきです。
御社《おんしゃ》にご後援をいただけましたら、鬼《おに》に金棒《かなぼう》でございます。
今年《ことし》も、地元《じもと》のお祭《まつ》りを後援なさるんですね？
何《なに》とぞ、温《あたた》かいご支援を賜《たまわ》りたいと存《ぞん》じます。
今年度《こんねんど》も、あのプロジェクトを支援なさるのですか？

戦《たたか》う

お争《あらそ》いになる
応酬《おうしゅう》なさる
危険《きけん》を冒《おか》される
屈服《くっぷく》なさる
ご衝突《しょうとつ》
衝突《しょうとつ》なさる
対決《たいけつ》なさる
対抗《たいこう》なさる
闘《たたか》われる
抵抗《ていこう》なさる
敵対《てきたい》なさる
応戦《おうせん》なさる
反撃《はんげき》なさる
反抗《はんこう》なさる
反発《はんぱつ》なさる

その件《けん》でお争いになるのは、どうかと思《おも》いますけど。
言葉《ことば》だけで応酬なさるのならいいのですが。
そこまでして危険を冒されることはないと思《おも》うのですが。
大会社《だいがいしゃ》の横暴《おうぼう》に屈服なさってはいけません。
ご兄弟《きょうだい》のご衝突の原因《げんいん》は、やはり相続問題《そうぞくもんだい》でしたか。
やたらと衝突なさるのも、若《わか》さのせいですよ。
上司《じょうし》と対決なさるおつもりですか？
外資系《がいしけい》と対抗なさっているそうですね。
不正《ふせい》と闘われる覚悟《かくご》を、お決《き》めになったんですね。
国《くに》に精一杯《せいいっぱい》抵抗なさったのに、やっぱりダメでしたか。
知事《ちじ》に敵対なさるおつもりですか？
どんな言葉《ことば》で応戦なさるのか、楽《たの》しみです。
大企業《だいきぎょう》が相手《あいて》でも、ここは反撃なさるべきですよ。
相変《あいか》わらず、お父《とう》さんに反抗なさってるんですか？
感情的《かんじょうてき》に反発《はんぱつ》なさるのは得《とく》ではありませんよ。

楽《たの》しむ

勤《いそ》しまれる
お愉《たの》しみ
お楽《たの》しみ
お楽《たの》しみになる
楽《たの》しまれる
お慰《なぐさ》み
ご鑑賞《かんしょう》
鑑賞《かんしょう》なさる
ご観覧《かんらん》
ご趣味《しゅみ》
ご堪能《たんのう》
堪能《たんのう》なさる
ご満喫《まんきつ》
満喫《まんきつ》なさる
嗜《たしな》まれる

退職後《たいしょくご》は、悠々自適《ゆうゆうじてき》で畑《はたけ》仕事《しごと》に勤しまれているそうですね。
いよいよ還暦《かんれき》ですか。お愉しみはこれからですね。
お孫《まご》さんの成長《せいちょう》がお楽しみですね。
それでは豪華《ごうか》賞品《しょうひん》が当《あ》たるビンゴをお楽しみください。
沖縄《おきなわ》では、スキューバ・ダイビングを楽しまれるご予定《よてい》とか。
お慰みに、ジグソーパズルはいかがですか？
ご趣味《しゅみ》はバロック音楽《おんがく》のご鑑賞だそうですね。
市川崑監督《いちかわこんかんとく》のシリーズを、じっくり鑑賞なさってください。
中国雑技団《ちゅうごくざつぎだん》の公演《こうえん》、ゆっくりご観覧いただけましたか？
結構《けっこう》なご趣味ですね、油絵《あぶらえ》をお描《か》きになるなんて。
洋《よう》ラン展《てん》、ご堪能いただけましたか？
奥様《おくさま》と桜《さくら》の旅《たび》を堪能なさったそうですね。
ウイーンでオペラをご満喫とは、優雅《ゆうが》なものですね。
信州《しんしゅう》で夏《なつ》の休暇《きゅうか》を満喫なさったそうですね。
近頃《ちかごろ》、碁《ご》を嗜まれるそうですね。

頼《たの》む

依存《いそん》なさる
委託《いたく》なさる
ご依頼《いらい》
依頼《いらい》なさる
おすがりする［自］
お頼《たの》みする［自］
お頼《たの》みになる
お頼《たよ》りする［自］
お使《つか》い立《だ》て
お願《ねが》い
お願《ねが》いする［自］
ご請願《せいがん》
請願《せいがん》なさる
懇願《こんがん》なさる
お委《ゆだ》ねになる

いつまでもご両親《りょうしん》に依存なさるのは、恥《は》ずかしいですよ。
遺言状《ゆいごんじょう》を弁護士《べんごし》に委託なさったそうですね。
ご依頼の品《しな》をお届《とど》けにあがりました。
調査《ちょうさ》を依頼なさる方《かた》は、この書類《しょるい》にご記入《きにゅう》ください。
ここはご隠居《いんきょ》におすがりして、相談《そうだん》に乗《の》ってもらうしかないね。
息子《むすこ》のこと、何《なに》ぶんよろしくお頼みします。
あんな人にお頼みになることはありませんよ。
いつもあなたにお頼りするばかりで恐縮《きょうしゅく》です。
お使い立てして申《もう》し訳《わけ》ないが、この本《ほん》を先生《せんせい》に届《とど》けてください。
今回《こんかい》の選挙《せんきょ》も、一票《いっぴょう》のお願いに伺《うかが》いました。
何《なん》とか、お力添《ちからぞ》えをお願いしたいのですが。
都知事《とちじ》へのご請願、いかがでしたか?
荒《あ》れた河川敷《かせんしき》の改修《かいしゅう》を区《く》に請願なさるべきでしょう。
代表監督《だいひょうかんとく》への就任《しゅうにん》を、懇願なさったそうですね。
そこまで若手《わかて》にお委ねになるのは考《かんが》えものですよ。

頼《たの》む・言葉《ことば》

悪《あ》しからず
厚《あつ》かましい
お使《つか》い
お願《ねが》い事《ごと》
お願《ねが》いだから
重《かさ》ねてのお願《ねが》い
後生《ごしょう》だから
済《す》まないけど
何《なに》とぞ
何《なに》ぶん
何《なん》とか
まげて
よろしい
よろしゅう
悪《わる》いけど

次《つぎ》の例会《れいかい》は出席《しゅっせき》できません、どうか悪しからず。
なんとも厚かましいお願《ねが》いでございますが…。
悪《わる》いけど、銀行《ぎんこう》までお使いをお願《ねが》いします。
折《お》り入《い》って、先輩《せんぱい》にお願い事があるんですが…。
あなた、お願いだから晩《ばん》ご飯《はん》のお買物忘《かいものわす》れないでね。
重ねてのお願いで恐《おそ》れ入《い》ります。何《なに》ぶん、よろしく。
後生だから、生牡蠣《なまがき》だけは勘弁《かんべん》しておくれ。
済まないけど、弁当《べんとう》を買《か》ってきてくれないかな。
何とぞ、よろしくお願《ねが》いいたします。
例《れい》の件《けん》、何ぶんよろしく。
確《たし》かに決《き》まりは決《き》まりですが、そこを何とかお願《ねが》いできませんか。
そこのところ、まげてお願《ねが》いいたします。
このお席《せき》、よろしいでしょうか？／煙草《たばこ》を吸《す》ってもよろしい？
息子《むすこ》の件《けん》、どうかよろしゅうお頼《たの》み申《もう》します。
悪いけど、込《こ》み入《い》った話《はなし》なので席《せき》を外《はず》してくれませんか？

旅《たび》・旅行《りょこう》

お旅立《たびだ》ち
旅立《たびだ》たれる
ご旅行《りょこう》
ご観光《かんこう》
観光《かんこう》なさる
ご周遊《しゅうゆう》
周遊《しゅうゆう》なさる
ご遊覧《ゆうらん》
遊覧《ゆうらん》なさる
お巡《めぐ》りになる
辿《たど》られる
遠征《えんせい》なさる
外遊《がいゆう》なさる
お土産《みやげ》
お遍路《へんろ》

お旅立ちですか。どうぞお気《き》をつけて。
宗匠《そうしょう》は奥《おく》の細道《ほそみち》を辿《たど》るため、千住《せんじゅ》から旅立たれました。
アンコールワットへのご旅行は、いかがでしたか？
タイのチェンマイへは、ご観光ですか？
シンガポールでしたら、島《しま》まで足《あし》を伸《の》ばして観光なさったら？
夏休《なつやす》みの九州《きゅうしゅう》ご周遊は、いかがでしたか？
来年《らいねん》はヨーロッパを周遊なさるとか、楽《たの》しみですね。
セスナで北海道《ほっかいどう》をご遊覧とは、豪勢《ごうせい》ですね。
新婚旅行《しんこんりょこう》は豪華客船《ごうかきゃくせん》で遊覧なさったんですか、羨《うらや》ましい。
今年《ことし》も四国《しこく》の霊場《れいじょう》をお巡りになるんですか？
シルクロードを西《にし》に辿られるそうですね。
この夏《なつ》は、ゴルフで札幌《さっぽろ》へ遠征なさったんですって？
総理《そうり》は近々《ちかぢか》外遊なさるご予定《よてい》です。
お土産は、パリの古《ふる》い絵葉書《えはがき》を、お願《ねが》いできます？
師匠《ししょう》は奥《おく》さんと二人《ふたり》で、お遍路に出《で》られました。

旅《たび》・発《た》つ

お発《た》ち
お発《た》ちになる
発《た》たれる
ご出立《しゅったつ》
ご出発《しゅっぱつ》
出発《しゅっぱつ》なさる
赴《おもむ》かれる
ご出航《しゅっこう》
出航《しゅっこう》なさる
お出《で》かけになる
出《で》かけられる
向《む》かわれる
定住《ていじゅう》なさる
移住《いじゅう》なさる
永住《えいじゅう》なさる

江東区役所《こうとうくやくしょ》ご一行様《いっこうさま》、お発《た》ちです。

その方《かた》でしたら、つい先《さき》ほど、お発《た》ちになりました。

来週《らいしゅう》ですね、スイスの研究所《けんきゅうじょ》に発《た》たれるのは。

いよいよ、ご出立の日《ひ》が迫《せま》りましたね。

北京《ペキン》へのご出発は、何時《なんじ》の便《びん》ですか?

教授《きょうじゅ》は、アメリカの学会《がっかい》に出発なさいました。

昨日《きのう》、部長《ぶちょう》は任地《にんち》の札幌《さっぽろ》へ赴かれました。

船長《せんちょう》さん、ご出航の準備《じゅんび》は整《ととの》いましたか?

太平洋単独航海《たいへいようたんどくこうかい》に出航なさるのは、明日《あす》でしたね。

流氷《りゅうひょう》を見《み》に、今年《ことし》もお出かけになるんですか?

それは残念《ざんねん》、出かけられた後《あと》でしたか。

明日《みょうにち》、赴任先《ふにんさき》の名古屋《なごや》に向かわれるんですか?

その頃《ころ》先生《せんせい》は、リスボンの街《まち》に定住なさっていたらしいですよ。

まあ羨《うらや》ましい、定年後《ていねんご》はスペインに移住なさるんですって?

定年後《ていねんご》はバリ島《とう》に永住なさるおつもりですか?

煙草《たばこ》

お煙草《たばこ》
お煙草盆《たばこぼん》
煙草屋《たばこや》さん
ご一服《いっぷく》
一服《いっぷく》なさる
ご遠慮《えんりょ》
遠慮《えんりょ》なさる
お吸《す》いになる
吸《す》われる
お控《ひか》えになる
控《ひか》えられる
喫煙《きつえん》なさる
禁煙《きんえん》なさる
火《ひ》をお借《か》りする[自]
灰皿《はいざら》をお持《も》ち

お煙草、持《も》ち替《か》えていただけませんでしょうか。
お煙草盆をお持《も》ちしました。
煙草屋さんのお姉《ねえ》さんは、きれいな人《ひと》でしたねぇ。
食後《しょくご》のご一服ですね？
棟梁《とうりょう》、一服なさってください、お茶《ちゃ》が入《はい》りました。
お煙草《たばこ》はご遠慮いただけませんでしょうか？
お煙草《たばこ》は遠慮なさっていただけませんでしょうか？
お煙草《たばこ》はお吸いになりますか？
血圧《けつあつ》が二百《にひゃく》？　それでもまだ煙草《たばこ》を吸われるとは…。
お煙草《たばこ》はお控えになっていただけますか？
煙草《たばこ》は少《すこ》し控えられた方《ほう》がいいですよ。
いまどき、喫煙なさるのは肩身《かたみ》が狭《せま》いでしょ？
禁煙なさるのは当然《とうぜん》です、お部屋《へや》が汚《よご》れますもの。
すみません、火をお借りできますか？
灰皿をお持ちでしたら、お借《か》りしたいのですが。

ち

茶事《ちゃじ》

お釜《かま》
お作法《さほう》
お軸《じく》
お正客《しょうきゃく》
お炭《すみ》
お茶会《ちゃかい》
お茶事《ちゃじ》
お茶室《ちゃしつ》
お茶杓《ちゃしゃく》
お茶碗《ちゃわん》
お詰《つ》め
お点前《てまえ》
お道具《どうぐ》
お棗《なつめ》
お服加減《ふくかげん》

素晴《すば》らしいお釜ですね。
お作法というものは、自然《しぜん》と身《み》につくものです。
これは見事《みごと》なお軸ですな、心《こころ》が洗《あら》われます。
お正客がお道具拝見《どうぐはいけん》をご亭主《ていしゅ》に所望《しょもう》なさいました。
茶室《ちゃしつ》で拝見《はいけん》するお炭はとてもきれいです。
利休忌《りきゅうき》のお茶会のお支度《したく》は、お済《す》みですか？
家元《いえもと》のお茶事に招《まね》かれたんですけど、お作法《さほう》を知《し》らなくて困《こま》ったわ。
お茶室に入《はい》る時《とき》は、指輪《ゆびわ》や時計《とけい》は外《はず》すものですよ。
お棗《なつめ》、お茶杓、拝見《はいけん》いたしとうございます。
こちらのお茶碗は萩焼《はぎや》きでございますね？
今日《きょう》のお茶会《ちゃかい》は、最後《さいご》に入《はい》ったので「お詰め」になりました。
さすがに家元《いえもと》は、きれいなお点前でしたね。
けっこうなお道具、ありがとうございました。
こちらのお棗は、どなたのお作《さく》ですか？
結構《けっこう》なお服加減でございます。

茶《ちゃ》を飲《の》む

お茶《ちゃ》
お煎茶《せんちゃ》
お番茶《ばんちゃ》
お抹茶《まっちゃ》
お濃茶《こいちゃ》
お薄《うす》
お紅茶《こうちゃ》
お茶筒《ちゃづつ》
粗茶《そちゃ》
お急須《きゅうす》
おやかん
お湯呑《ゆの》み
お淹《い》れする[自]
お茶《ちゃ》をさしあげる
お湯《ゆ》

植木屋《うえきや》さん、お三時《さんじ》です。お茶にしてくださいな。
お煎茶は眠《ねむ》れなくなるから、白湯《さゆ》で結構《けっこう》です。
お番茶だって、入《い》れ方次第《かたしだい》で美味《おい》しいんです。
お抹茶になさいますか？　それともコーヒー？
あの方《かた》、かなり眠《ねむ》そうね、お濃茶をさしあげたら？
お薄を点《た》てましょうか？　それともビールがよろしい？
お紅茶を二《ふた》つ、お願《ねが》いします。
お茶筒はどこに行《い》ったのかしら？　見当《みあ》たらないわね。
粗茶ですが、おひとつどうぞ。
まあ、大事《だいじ》なお急須を割《わ》ってしまいました！
おやかんの火《ひ》に気《き》を付《つ》けてくださいね。
手《て》にしっくりなじむ、けっこうなお湯呑み茶碗《ちゃわん》ですね。
コーヒーをお淹れしましょう、いい豆《まめ》が手《て》に入《はい》りましたから。
お茶をさしあげましょう。しばらくお待《ま》ちください。
お湯を沸《わ》かしてちょうだい。お茶《ちゃ》にしましょう。

茶菓子《ちゃがし》

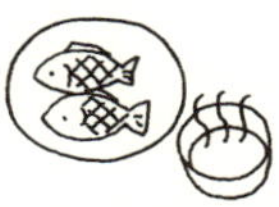

おやつ
お三時《さんじ》
おめざ
お茶《ちゃ》請《う》け
お茶菓子《ちゃがし》
お干菓子《ひがし》
おかき
お菓子《かし》
お汁粉《しるこ》
お煎餅《せんべい》
お団子《だんご》
おはぎ
お饅頭《まんじゅう》
お羊羹《ようかん》

今日《きょう》のおやつは、クッキーを一緒《いっしょ》につくりましょうね。
お三時ね。そろそろお茶《ちゃ》にしましょうか。鯛焼《たいや》きがあるわよ。
おめざを用意《ようい》してありますよ。／おめざはエクレアでした。
お茶請けに、空也《くうや》の最中《もなか》をご用意《ようい》しました。
お茶菓子は何《なに》にいたしましょうか？
京《きょう》のお干菓子はお好《す》きですか？
おかきって、あとをひくわね。
美味《おい》しいお菓子ですね。お茶《ちゃ》をもう一杯《いっぱい》いただけませんか？
お汁粉には塩《しお》をほんのひとつまみ、ですね。
上映中《じょうえいちゅう》にお煎餅を食《た》べないでください。
蓬《よもぎ》が香《かお》る名物《めいぶつ》のお団子でございます。
仏壇用《ぶつだんよう》のおはぎを買《か》ってきてくださいね。
いただき物《もの》のお饅頭がありますよ。
いただいたお羊羹でお茶《ちゃ》にしましょうか。

注《ちゅう》意《い》・用《よう》心《じん》

お気《き》をつけて
お備《そな》えになる
警戒《けいかい》なさる
警告《けいこく》なさる
ご安全《あんぜん》
ご身辺《しんぺん》
ご注意《ちゅうい》
ご注意《ちゅうい》する［自］
注意《ちゅうい》なさる
ご用心《ようじん》
用心《ようじん》なさる
ご留意《りゅうい》
ご冷静《れいせい》に
気《き》がお緩《ゆる》みになる
油断《ゆだん》なさる

お召《め》し物《もの》を汚《よご》さぬように、お気をつけてお進《すす》みください。
非常食《ひじょうしょく》に水《みず》…、それだけお備えになっていれば安心《あんしん》ですね。
夜道《よみち》を一人《ひとり》でお帰《かえ》り？　十分《じゅうぶん》に警戒なさってね。
事前《じぜん》に警告なさったんですから、あなたに責任《せきにん》はないと思《おも》うわ。
今日《きょう》も一日《いちにち》、ご安全に。
首相《しゅしょう》のご身辺が、何《なに》やら怪《あや》しくなってきましたね。
ご親切《しんせつ》にご注意いただきまして、ありがとうございます。
あらかじめご注意申《もう》しあげますが、バスは一日二便《いちにちにびん》です。
新人《しんじん》に口《くち》の利《き》き方《かた》を注意なさってどうでした？　変《か》わりましたか？
振《ふ》り込《こ》め詐欺《さぎ》には、くれぐれもご用心ください。
うまい話《はなし》には、用心なさるに越《こ》したことはありませんよ。
今回《こんかい》の式典《しきてん》では、服装《ふくそう》にご留意ください。
ここはひとつ、ご冷静に！
一件落着《いっけんらくちゃく》で気がお緩みになったんですか？
油断なさった途端《とたん》に、風邪《かぜ》を引《ひ》くものですよ。

忠告《ちゅうこく》・意見《いけん》

意見《いけん》なさる
ご意見《いけん》する[自]
戒《いまし》められる
お諫《いさ》めする[自]
お諫《いさ》めになる
お諭《さと》しになる
お談義《だんぎ》
お説《と》きになる
お耳《みみ》に痛《いた》い
ご教訓《きょうくん》
ご説得《せっとく》
説得《せっとく》なさる
ご忠告《ちゅうこく》
ご忠告《ちゅうこく》する[自]
忠告《ちゅうこく》なさる

息子《むすこ》さんに、ちゃんと意見なさったらいかがですか?
今日《きょう》は、あなたにご意見するつもりで参《まい》りました。
宗匠《そうしょう》は、いつもルール違反《いはん》を優《やさ》しく戒められます。
部長《ぶちょう》の深酒《ふかざけ》は、私《わたし》がお諫めしましょう。
お嬢様《じょうさま》の夜遊《よあそ》び、そろそろお諫めになった方《ほう》が…。
あの方《かた》は、ありったけの優《やさ》しさでお諭しになりました。
また同《おな》じお談義を聞《き》かされるのは、真《ま》っ平《ぴら》ごめんですよ。
若《わか》い人《ひと》にいくらお説きになっても、聞《き》いてないでしょ?
ちょっとお耳に痛いことを申《もう》しあげますが…。
先輩《せんぱい》、温《あたた》かいご教訓として腹《はら》に納《おさ》めます。
あなたのご説得でも、だめでしたか。
あなたが説得なさっても、やはりだめでしたか。
心にしみるご忠告、ありがとうございます。
ご忠告しておきます。人《ひと》の言葉《ことば》を聞《き》かないのは悪《わる》い癖《くせ》ですよ。
いまさら忠告なさっても、無駄《むだ》ですよ。

忠告《ちゅうこく》・制止《せいし》

いけません
お止《と》めする[自]
おやめ！
おやめください
おやめなさい
おやめになる
およしなさい
およしになる
なさらないで
お預《あず》け
お下《さ》がり
お座《すわ》り
お黙《だま》り
おっしゃい
お待《ま》ち

言葉《ことば》には、もっと注意《ちゅうい》しなければいけませんね。
ムチャをお止めするのも、私《わたし》の仕事《しごと》のひとつなんですよ。
おやめったら、おやめ！
おやめください、他人《ひと》の陰口《かげぐち》なんて。
悪《わる》いことは言《い》わないから、この話《はなし》はおやめなさい。
いけません。すぐにおやめになって。
およしなさいよ、いい年齢《とし》をして、みっともない。
そういうお付《つ》き合《あ》いは、およしになった方《ほう》がよろしいのでは？
乱暴《らんぼう》なさらないで！
お預け！　お手《て》！(犬に)
もうたくさんよ、お下がり！
お座り！　お預け！(犬に)
お黙り！　新入《しんい》りの分際《ぶんざい》で。
何《なん》とかおっしゃい！　黙《だま》ってないで。／嘘《うそ》おっしゃい！
お待ち！　まだ話《はなし》は済《す》んでませんよ。

つ

使《つか》う・利用《りよう》

お生《い》かしになる
応用《おうよう》なさる
お使《つか》いください
お使《つか》いになる
ご使用《しよう》
お役立《やくだ》てになる
ご活用《かつよう》
活用《かつよう》なさる
ご兼用《けんよう》
兼用《けんよう》なさる
ご共用《きょうよう》
ご利用《りよう》
利用《りよう》なさる
重宝《ちょうほう》なさる
ご愛用《あいよう》

若《わか》い頃《ころ》身《み》につけた技術《ぎじゅつ》を、お生かしになったんですね。
この新製品《しんせいひん》は、テコの原理《げんり》を応用なさったんですね。
午前中《ごぜんちゅう》でしたら、こちらの会議室《かいぎしつ》をお使いください
お父様《とうさま》も、同《おな》じメーカーの鞄《かばん》をお使いになってましたよ。
説明書《せつめいしょ》をよくお読《よ》みになってから、ご使用ください。
この私《わたし》を、いかようにもお役立てください。
若《わか》い人材《じんざい》を、積極的《せっきょくてき》にご活用なさることですよ。
地域活動《ちいきかつどう》に余暇《よか》を活用なさるなんて、素晴《すば》らしい。
この機種《きしゅ》は、冷暖房《れいだんぼう》ご兼用となっております。
コートを娘《むすめ》さんと兼用なさるんですか？
この温泉宿《おんせんやど》の炊事場《すいじば》は、ご共用となっております。
キッズコーナーを新設《しんせつ》いたしましたので、ご利用ください。
料理《りょうり》の宅配《たくはい》サービスを、利用なさっているのですか？
あの辞書《じしょ》、旅先《たびさき》でずいぶん重宝なさったでしょ？
先生《せんせい》ご愛用の硯《すずり》は、端渓《たんけい》ですね？

付《つ》き合《あ》う・交流《こうりゅう》

お顔《かお》が利《き》く
お顔《かお》が広《ひろ》い
お近《ちか》づきになる
お付《つ》き合《あ》い
お付《つ》き合《あ》いする[自]
付《つ》き合《あ》われる
お出入《でい》りが多《おお》い
お広《ひろ》い
ご交流《こうりゅう》
交流《こうりゅう》なさる
ご縁《えん》
ご交友《こうゆう》
交《まじ》わられる
ご面識《めんしき》
結《むす》ばれる

放送業界《ほうそうぎょうかい》にも、お顔が利くんですか？
お顔が広いんですから、誰《だれ》かいい人《ひと》を紹介《しょうかい》してください。
ひょんなことから、こうしてお近づきになれたのですから。
お付き合いは、もう長《なが》いんですか？
友人《ゆうじん》の紹介《しょうかい》でお会《あ》いして以来《いらい》、親《した》しくお付き合いしています。
式《しき》の後《あと》、三次会《さんじかい》まで付き合われたんですって？
人《ひと》のお出入りが多いお宅《たく》でしたからね。
交友関係《こうゆうかんけい》がお広いと、お付《つ》き合《あ》いも大変《たいへん》でしょうね。
プロ野球選手《やきゅうせんしゅ》と、ご交流があるそうですね。
先生《せんせい》は若《わか》い人《ひと》たちと交流なさってご満悦《まんえつ》でした。
思《おも》えば不思議《ふしぎ》なご縁ですね。／ご縁がなかったものと諦《あきら》めます。
あなたのご交友の広《ひろ》さには驚《おどろ》きます。
いつも、異業種《いぎょうしゅ》の方々《かたがた》と交わられるんですか？
あの方《かた》とご面識がおありですか？
シドニーと友好関係《ゆうこうかんけい》を結ばれたんですか？

付《つ》き合《あ》う・仲間《なかま》

お互《たが》い
お友達《ともだち》
ご学友《がくゆう》
ご級友《きゅうゆう》
ご親友《しんゆう》
ご同窓《どうそう》
ご友人《ゆうじん》
お顔《かお》ぶれ
お取《と》り巻《ま》き
お仲間《なかま》
お仲間《なかま》（皮肉《ひにく》）
ご同業《どうぎょう》
ご同好《どうこう》
ご同輩《どうはい》
ご同類《どうるい》（皮肉《ひにく》）

お互いに忙《いそが》しい毎日《まいにち》ですから。
大臣《だいじん》、お友達が逮捕《たいほ》されてしまいましたね。
ご学友には、錚々《そうそう》たるメンバーがお揃《そろ》いですね。
ご級友のどなたか、紹介《しょうかい》していただけないかしら。
あなた、頭取《とうどり》の息子《むすこ》とご親友じゃなかったんですか？
なんと、区長《くちょう》と町会長《ちょうかいちょう》はご同窓でしたか！
独身《どくしん》のご友人は、いないんですか？
集《あつ》まったお顔ぶれを見《み》ると、皆《みな》さん、学校《がっこう》の関係《かんけい》ですか？
あの方《かた》のお取り巻きには、気《き》をつけた方《ほう》がいいですよ。
お仲間には、立派《りっぱ》な方《かた》がたくさんいらっしゃるんですね。
どうせまた、あなたのお仲間の仕業《しわざ》でしょ。
ご同業のよしみで、仲良《なかよ》くしてください。
ご同好の士《し》が集《あつ》まると、話《はなし》に花《はな》が咲《さ》きますね。
頼《たの》まれてください、ご同輩ということで。
あなたも競馬《けいば》で損《そん》ばかりしているご同類でしょ？

継《つ》ぐ・続《つづ》く

受《う》け継《つ》がれる
お継《つ》がせになる
お継《つ》ぎになる
継《つ》がれる
継承《けいしょう》なさる
ご襲名《しゅうめい》
襲名《しゅうめい》なさる
ご相続《そうぞく》
相続《そうぞく》なさる
ご存続《そんぞく》
存続《そんぞく》なさる
お続《つづ》けになる
ご継続《けいぞく》
継続《けいぞく》なさる
名乗《なの》られる

今度《こんど》の校長先生《こうちょうせんせい》も、伝統《でんとう》の校風《こうふう》を受け継がれるはずです。
仕事《しごと》は一子相伝《いっしそうでん》で、息子《むすこ》さんにお継がせになるんですね？
ご長女《ちょうじょ》が家元《いえもと》をお継ぎになったんですって？
実家《じっか》に帰《かえ》られて家業《かぎょう》を継がれると伺《うかが》いましたが。
戦争体験《せんそうたいけん》を継承なさる方《かた》が、少《すく》なくなってしまいましたね。
ご襲名披露《ひろう》の高座《こうざ》には、ぜひとも伺《うかが》います。
先代《せんだい》のお孫《まご》さんが、三代目《さんだいめ》を襲名なさったそうですね。
ご相続の問題《もんだい》は、片付《かたづ》きましたか？
二百年続《にひゃくねんつづ》いた老舗《しにせ》を、相続なさることに決《き》まりましたか。
この学会《がっかい》だけは、ぜひともご存続を願《ねが》いたいですね。
例《れい》の基金《ききん》、存続なさることが決《き》まったそうですね。
炭水化物《たんすいかぶつ》ダイエットを、まだお続けになっていらっしゃるの？
契約《けいやく》をご継続いただき、感謝《かんしゃ》いたします。
ご契約《けいやく》はこのまま継続なさるのですね？
ご次男《じなん》が大名跡《だいみょうせき》を名乗られるそうですね。

尽《つく》す・奉仕《ほうし》

お捧《ささ》げになる
お側仕《そばづか》え
お仕《つか》えする［自］
お尽《つく》しする［自］
お尽《つく》しになる
ご尽力《じんりょく》
尽力《じんりょく》なさる
寄与《きよ》なさる
ご貢献《こうけん》
貢献《こうけん》なさる
ご奉公《ほうこう》
志願《しがん》なさる
一役買《ひとやくか》われる
奉仕《ほうし》なさる
身《み》を投《とう》じられる

老教授《ろうきょうじゅ》は遺伝子《いでんし》の研究《けんきゅう》に、一生《いっしょう》をお捧げになったのです。
終生《しゅうせい》、あなた様《さま》のお側仕えをさせていただきます。
ご主人《しゅじん》にお仕えして、もう十年《じゅうねん》になりました。
それなら、心《こころ》を込《こ》めてお尽しいたします。
そこまでお尽しになるなんて、偉《えら》いですねえ。
ご尽力いただいたお礼《れい》に、若馬《わかうま》を一頭進呈《いっとうしんてい》いたします。
それほど尽力なさる理由《りゆう》を、知《し》りたいものですね。
年齢《とし》をとったら地域社会《ちいきしゃかい》に寄与なさることですよ。
先生《せんせい》の辺地医療《へんちいりょう》へのご貢献ぶりには頭《あたま》が下《さ》がります。
あれだけ業界《ぎょうかい》の発展《はってん》に貢献なさったのだから、表彰《ひょうしょう》は当然《とうぜん》です。
番頭《ばんとう》さんは、ご奉公にあがって三十年《さんじゅうねん》だそうですね。
アフリカ勤務《きんむ》を志願なさったそうね、びっくりしたわ。
地域活動《ちいきかつどう》に一役買われているそうですね。
一人暮《ひとりぐ》らしのお年寄《としよ》りに奉仕なさるお姿《すがた》には感動《かんどう》しました。
老舗《しにせ》デパートの再建《さいけん》に身を投じられるのですね?

伝《つた》える

お告《つ》げする[自]
お告《つ》げになる
お伝《つた》えする[自]
お伝《つた》えになる
お知《し》らせする[自]
ご解説《かいせつ》
解説《かいせつ》なさる
ご説明《せつめい》
ご説明《せつめい》する[自]
説明《せつめい》なさる
ご宣告《せんこく》
宣告《せんこく》なさる
ご伝言《でんごん》
ご伝言《でんごん》する[自]
伝言《でんごん》なさる

事《こと》の重大《じゅうだい》さをお告げするのが、私《わたし》の仕事《しごと》なんです。
先生《せんせい》、ご本人《ほんにん》にはお告げになりましたか?
句会《くかい》の日時《にちじ》の変更《へんこう》、確《たし》かにお伝えしました。
奥《おく》さんにも、よろしくお伝えください。
研修《けんしゅう》の日程《にってい》をメールでお知らせしましょう。
新《しん》システムについての詳細《しょうさい》なご解説を、ありがとうございました。
技術者《ぎじゅつしゃ》の方《かた》が詳《くわ》しく解説なさる姿《すがた》に好感《こうかん》が持《も》てました。
ご説明がよく分《わ》からないのですが…。
私《わたし》から、その理由《りゆう》をよくご説明いたします。
もうこれ以上《いじょう》説明なさる必要《ひつよう》はないと思《おも》いますけど。
がんのご宣告ですか、うすうす感《かん》じておりました。
来《らい》シーズンは、戦力外《せんりょくがい》だと宣告なさったんですか?
お客様《きゃくさま》へのご伝言を、お預《あず》かりしております。
こちら様《さま》のご希望《きぼう》は、上司《じょうし》に必《かなら》ず伝言いたします。
社長《しゃちょう》は、くれぐれも失礼《しつれい》のないようにと伝言なさいました。

提《てい》案《あん》

お出《だ》しになる
出《だ》される
ご提案《ていあん》
ご提案《ていあん》する[自]
提案《ていあん》なさる
ご提起《ていき》
提起《ていき》なさる
ご提出《ていしゅつ》
提出《ていしゅつ》なさる
ご提言《ていげん》
提言《ていげん》なさる
ご提唱《ていしょう》
提唱《ていしょう》なさる
ご提示《ていじ》
提示《ていじ》なさる

町長《ちょうちょう》が代案《だいあん》をお出しになれば、みんな納得《なっとく》しますよ。
技師長《ぎしちょう》は新《あたら》しいモデルを出されました。
それでは、ご提案のデザインでいきましょう。
画期的《かっきてき》な水《みず》の浄化《じょうか》システムをご提案いたします。
若者向《わかものむ》けのデザインを提案なさってください。
生《い》き残《のこ》りの中期計画《ちゅうきけいかく》を、ご提起になったそうですね。
市長《しちょう》は、ゴミ問題《もんだい》の解決策《かいけつさく》を提起なさいました。
期限内《きげんない》にご提出いただかないと、コンペ不参加《ふさんか》となりますが。
クライアントに、好感度調査報告書《こうかんどちょうさほうこくしょ》を提出なさったそうですね。
そのご提言、しっかりと受《う》け止《と》めます。
食料自給率《しょくりょうじきゅうりつ》の向上《こうじょう》を提言なさる方《かた》が、最近《さいきん》目立《めだ》ちますね。
総理《そうり》は、金融危機対策基金《きんゆうききたいさくききん》の創設《そうせつ》をご提唱になるそうです。
あなたが提唱なさった派遣社員法《はけんしゃいんほう》は、進展《しんてん》しましたか?
先《さき》にそちらから、条件《じょうけん》をご提示ください。
大臣《だいじん》は、被害者団体《ひがいしゃだんたい》に和解条件《わかいじょうけん》を提示なさいました。

出《で》入《い》り

お入《はい》り
お入《はい》りになる
入《はい》られる
ご入場《にゅうじょう》
入場《にゅうじょう》なさる
入門《にゅうもん》なさる
お出口《でぐち》
ご出場《しゅつじょう》
出場《しゅつじょう》なさる
ご退室《たいしつ》
退室《たいしつ》なさる
ご退出《たいしゅつ》
退出《たいしゅつ》なさる
ご退場《たいじょう》
退場《たいじょう》なさる

遠慮《えんりょ》なさらず、どうぞ中《なか》にお入りください。
お入りになる前《まえ》には、必《かなら》ずノックしてくださいね。
講演会場《こうえんかいじょう》に入られる方《かた》は、こちらからどうぞ。
これより、新郎新婦《しんろうしんぷ》のご入場です。
入場なさるには、招待券《しょうたいけん》が必要《ひつよう》です。
「ゴルフ虎《とら》の穴《あな》」に入門なさるんですか？
お出口はこちらでございます。
久々《ひさびさ》の甲子園《こうしえん》ご出場ですね。おめでとう！
全英《ぜんえい》オープンに出場なさると聞《き》いて、胸《むね》をときめかせております。
十時《じゅうじ》までにご退室を、お願《ねが》いいたします。
会長《かいちょう》は無言《むごん》で退室なさいました。
閉館後《へいかんご》のご退出は、こちらからどうぞ。
会長《かいちょう》はいつもと違《ちが》って、足早《あしばや》に退出なさいましたね。
千両役者《せんりょうやくしゃ》が花道《はなみち》からご退場です。
退場なさる時《とき》は、係《かか》りの者《もの》にお申《もう》し付《つ》けください。

手紙《てがみ》

お手紙《てがみ》
お葉書《はがき》
ご芳書《ほうしょ》
いただく
お書《か》きになる
書《か》かれる
お交《か》わしになる
文通《ぶんつう》なさる
お便《たよ》り
お便《たよ》りする[自]
お出《だ》しする[自]
さしあげる
投書《とうしょ》なさる
開封《かいふう》なさる
拝見《はいけん》

お式《しき》の日取《ひど》りが決《き》まったら、お手紙くださいね。
旅先《たびさき》からのお葉書、ありがとうございました。
ご芳書拝受《はいじゅ》しました。相変《あいか》わらずのご達筆《たっぴつ》ですな。
先日《せんじつ》、先生《せんせい》からお手紙《てがみ》をいただきました。
料理長《りょうりちょう》は、息子《むすこ》さんの修業先《しゅぎょうさき》に手紙《てがみ》をお書きになりました。
手紙《てがみ》を書かれる方《ほう》が、気持《きも》ちが伝《つた》わると思《おも》いますよ。
お二人《ふたり》は、いつも手紙《てがみ》をお交わしになっているんですか？
お二人《ふたり》は、高校生《こうこうせい》の頃《ころ》から文通なさっていたそうですね。
お暇《ひま》の時《とき》に、お便りいただけたら嬉《うれ》しいのですが。
私《わたし》の方《ほう》からお便りします、必《かなら》ず。
茶事《ちゃじ》のご招待状《しょうたいじょう》を、お出ししましょう。
この次《つぎ》は、私《わたし》からお手紙《てがみ》をさしあげます。
我慢《がまん》できずに、新聞《しんぶん》に投書なさったらしいですよ。
お手紙《てがみ》を開封なさる時《とき》、手《て》がふるえてましたね。
お手紙《てがみ》を拝見いたしました。何《なん》とお返事《へんじ》したらいいものやら…。

手《て》紙《がみ》文《ぶん》

悪筆《あくひつ》をお目《め》にかける［自］
御地《おんち》
御中《おんちゅう》
御前《おんまえ》
御許《おんもと》
かしこ（畏）
貴下《きか》
貴顔《きがん》
謹啓《きんけい》
ご海容《かいよう》（お許し）
ご清栄《せいえい》
ご清祥《せいしょう》
拝啓《はいけい》
拝受《はいじゅ》
拝復《はいふく》

悪筆をお目にかける失礼《しつれい》、お許《ゆる》しください。
御地では、すがすがしい季節《きせつ》をお迎《むか》えのことと存《ぞん》じます。
中央区体育協会《ちゅうおうくたいいくきょうかい》御中／三省堂出版部御中《さんせいどうしゅっぱんぶおんちゅう》
健悟様《けんごさま》、御前に。（手紙《てがみ》の表書《おもてが》き）
明子様《あきこさま》、御許へ。（女性《じょせい》あての手紙《てがみ》の表書《おもてが》き）
くれぐれも、お身体《からだ》お厭《いと》いくださいませ。かしこ
貴下益々《ますます》ご清栄《せいえい》の段《だん》、お慶《よろこ》び申《もう》しあげます。
先日《せんじつ》は久《ひさ》しぶりに貴顔を拝《はい》することができ、嬉《うれ》しく思《おも》いました。
謹啓。ご壮健《そうけん》のことと拝察《はいさつ》いたします。
先般《せんぱん》の失態《しったい》、どうぞご海容くださいますように。
拝啓《はいけい》、ご清栄のこととお慶《よろこ》び申《もう》しあげます。
謹啓《きんけい》、ますますご清祥のことと存《ぞん》じます。
拝啓。長《なが》らくご無沙汰《ぶさた》いたしました。
お手紙《てがみ》、本日確《ほんじつたし》かに拝受いたしました。
拝復。ご指摘《してき》の件《けん》、大《おお》いに悩《なや》んでおります。

手《て》紙《がみ》・安《あん》否《ぴ》

お厭《いと》いになる
お風邪《かぜ》を召《め》す
お変《か》わりない
御身《おんみ》
御身《おんみ》お大切《たいせつ》に
お大事《だいじ》に
ご案《あん》じする[自]
ご多幸《たこう》
ご祈念《きねん》する[自]
ご近況《きんきょう》
ご健勝《けんしょう》
ご自愛《じあい》
ご病状《びょうじょう》
ご長命《ちょうめい》
ご養生《ようじょう》

時節柄《じせつがら》、お身体《からだ》お厭いください。
どうぞ、お風邪など召されませんように。
その後《ご》、お変わりなくお過《す》ごしでしょうか。
御身お健《すこ》やかにと、日夜念《にちやねん》じております。
くれぐれも御身お大切に。／寒《さむ》さ厳《きび》しき折《おり》、御身お大切に。
くれぐれも、お身体《からだ》お大事に。
心《こころ》からご案じ申《もう》しあげております。
ご家族《かぞく》のご多幸を、お祈《いの》り申《もう》しあげます。
一日《いちにち》も早《はや》いご快癒《かいゆ》を、ご祈念申《もう》しあげます。
ご近況をどうぞお知《し》らせくださいませ。
皆様《みなさま》のご健勝を、祈念《きねん》いたします。
くれぐれも、ご自愛くださいますように。
その後《ご》、ご病状はいかがですか？
ご長命とご健康《けんこう》を、お祈《いの》り申《もう》しあげます。
焦《あせ》らず、ご養生専一《せんいつ》に願《ねが》います。

電《でん》話《わ》

恐縮《きょうしゅく》
ご在宅《ざいたく》
おいでになる
お呼《よ》び立《た》てする[自]
お電話口《でんわぐち》
お話《はな》しする[自]
お電話《でんわ》をさしあげる
お願《ねが》い事《ごと》
お戻《もど》りになる
お言伝《ことづて》
お伝《つた》えになる
お待《ま》ちする[自]
お手《て》を煩《わずら》わす
お手《て》を止《と》めまして
おつなぎする[自]

朝早《あさはや》くから恐縮ですが、ご主人《しゅじん》はお目覚《めざ》めでしょうか?
先生《せんせい》はご在宅でしょうか?
もしおいででしたら、お電話口《でんわぐち》までお願《ねが》いできますか?
お呼び立てして申《もう》し訳《わけ》ありません。
お電話口まで煩《わずら》わせて、申《もう》し訳《わけ》ありません。今《いま》、よろしいですか?
今《いま》、お話ししてよろしいですか?
改《あら》めて、こちらからお電話をさしあげます。
お願い事ですから、こちらからかけ直《なお》します。
お戻りになりましたら、お電話《でんわ》をいただきたいのですが。
お電話《でんわ》をお待《ま》ちしていますと、お言伝をお願《ねが》いいたします。
私《わたし》から電話《でんわ》があったことを、お伝えください。
それでは、お電話《でんわ》をお待ちしております。
お手を煩わせて、申《もう》し訳《わけ》ありません。
どうも、お手を止めまして、すみません。(電話《でんわ》の最後《さいご》に)
少々《しょうしょう》お待《ま》ちください。ただいま担当《たんとう》の者《もの》におつなぎいたします。

お回《まわ》しする［自］
お待《ま》ちになる
お電話《でんわ》をいただく
ご用件《ようけん》
承《うけたまわ》る
お電話《でんわ》が遠《とお》い
お電話《でんわ》する［自］
お電話《でんわ》
折《お》り返《かえ》しお電話《でんわ》
ご伝言《でんごん》
申《もう》し伝《つた》える
お間違《まちが》えになる
お伺《うかが》いする
お聞《き》きになりたい

担当《たんとう》の者《もの》は別室《べっしつ》ですので、お電話《でんわ》をお回しします。
ただいま他《ほか》の電話《でんわ》に出《で》ております。お待ちいただけますか？
わざわざお電話をいただきまして…、恐縮《きょうしゅく》です。
ただいま外出《がいしゅつ》しております。よろしければ、私《わたし》がご用件を伺《うかが》います。
おさしつかえなければ、私《わたし》が代《か》わってご用件《ようけん》を承ります。
恐《おそ》れ入《い》ります。お電話が遠いようで、もう一度《いちど》よろしいでしょうか？
一度《いちど》戻《もど》りまして調《しら》べた上《うえ》で、改《あらた》めてお電話いたします。
いつもお電話ばかりで、失礼《しつれい》しております。
担当《たんとう》の者《もの》が戻《もど》りましたら、折り返しお電話させます。
ご伝言をお願《ねが》いしたいのですが…。メモを残《のこ》していただけますか？
畏《かしこ》まりました。それでは、お電話《でんわ》があったことを申し伝えます。
番号《ばんごう》をお間違えのようですが、何番《なんばん》におかけですか？
お電話代《でんわか》わりました。ご用件《ようけん》をお伺いするよう申《もう》し付《つ》かりました。
お聞きになりたいのは、どのようなことでしょうか？

トイレ

お化粧室《けしょうしつ》
お手水《ちょうず》
お手洗《てあら》い
おトイレ
お便所《べんじょ》
おまる
ご使用中《しようちゅう》
ご不浄《ふじょう》
用《よう》をお足《た》しになる
おしっこ
お小水《しょうすい》
お通《つう》じ
おねしょ
おしめ
おむつ

このお店《みせ》のお化粧室、とてもいい香《かお》りがしているわ。
お手水は、どちらでしょうか？
お手洗いは、どちらですか？
おトイレは、廊下《ろうか》の奥《おく》でございます。
お便所は、いつもきれいにしておくものです。
とおるちゃん、おまるにお座《すわ》りできるようになったね。
化粧室《けしょうしつ》は、ただいまご使用中でございます。
ご不浄をお借《か》りしたいのですが…。
今《いま》のうちに、用をお足しになった方《ほう》がいいですよ。
赤《あか》ん坊《ぼう》のおしっこを頭《あたま》から浴《あ》びちゃいましたよ。
この容器《ようき》に、お小水をお取《と》りください。
お通じには、お野菜《やさい》と海草《かいそう》ですよ。
兄貴《あにき》は小学校《しょうがっこう》の高学年《こうがくねん》まで、おねしょが治《なお》りませんでした。
パパのおしめ替《が》え、何《なん》だかぎこちなくって心配《しんぱい》なんです。
うちの子《こ》、おむつがやっと取《と》れたんですよ。

得意《とくい》・自慢《じまん》

お家芸《いえげい》
お株《かぶ》を奪《うば》う
お国自慢《くにじまん》
お心得《こころえ》
お上手《じょうず》
お達者《たっしゃ》
お手際《てぎわ》
お手並《てなみ》
お手《て》の物《もの》
お得意《とくい》
十八番《おはこ》
ご自慢《じまん》
ご習熟《しゅうじゅく》
ご達筆《たっぴつ》
ご堪能《たんのう》

柔道《じゅうどう》はずっと、日本《にほん》のお家芸だったんですけどね。
あの新人《しんじん》、イチローのお株を奪う活躍《かつやく》ですね。
あの方《かた》のお国自慢には、少々閉口《しょうしょうへいこう》します。
武芸《ぶげい》のお心得があると伺《うかが》いましたが。
画伯《がはく》は、子《こ》どもの頃《ころ》から絵《え》がお上手でした。
あの方《かた》は口《くち》がお達者だから、楽《たの》しいわね。
魚《さかな》をさばくお手際が、実《じつ》に素晴《すば》らしい。
鮮《あざ》やかなお手並を、じっくり拝見《はいけん》いたしました。
漢字《かんじ》パズルなんて、館長《かんちょう》ならお手の物でしょう。
ご主人《しゅじん》のお得意の料理《りょうり》は、何《なん》ですか?
町会長《ちょうかいちょう》の十八番は「津軽海峡《つがるかいきょう》冬景色《ふゆげしき》」です。
ご自慢の声《こえ》で、朗々《ろうろう》と吟《ぎん》じられていましたね。
息子《むすこ》さんは、実務《じつむ》にかなりご習熟のようですね。
僧正《そうじょう》は、さすがにご達筆ですね。年季《ねんき》の入《はい》り方《かた》が違《ちが》います。
先生《せんせい》は書《しょ》が、かなりご堪能でしたね。

泊《と》まる・宿《やど》

お宿《やど》
お部屋《へや》
お帳場《ちょうば》
お泊《と》まり
お泊《と》まりになる
お泊《と》めになる
お泊《と》めする［自］
ご宿泊《しゅくはく》
宿泊《しゅくはく》なさる
ご滞在《たいざい》
滞在《たいざい》なさる
ご投宿《とうしゅく》
投宿《とうしゅく》なさる
ご逗留《とうりゅう》
逗留《とうりゅう》なさる

ここは時代劇《じだいげき》に出《で》てくるようなお宿ですね。
お早《はや》いお着《つ》きで。お部屋にご案内《あんない》します。
お帳場には、置物《おきもの》のような大女将《おおおかみ》がでーんと座《すわ》っていました。
今日《きょう》はお泊まりでしたね？
もう遅《おそ》いですから、よろしければお泊まりください。
なんと、宗匠《そうしょう》をお泊めになったんですか？
こんなあばら家《や》にお泊めするのは心苦《こころぐる》しいのですが…。
今夜《こんや》のご宿泊はどちらですか？
京都《きょうと》で宿泊なさるなら、いい宿《やど》をご紹介《しょうかい》しましょう。
バリ島《とう》のどちらにご滞在ですか？
こちらは、川端《かわばた》先生が滞在なさった旅館《りょかん》です。
ここは大観先生《たいかんせんせい》ご投宿の老舗旅館《しにせりょかん》です。
札幌《さっぽろ》では、どのホテルに投宿なさってるんですか？
一ヶ月《いっかげつ》もご逗留ですか、お仕事《しごと》でも？
ひなびた温泉宿《おんせんやど》に逗留なさっていらしたの。

取《と》り組《く》む・動《うご》く

お動《うご》きになる
お開《ひら》きになる
動《うご》かれる
お進《すす》めになる
ご推進《すいしん》
推進《すいしん》なさる
お取《と》り組《く》みになる
取《と》り組《く》まれる
お始《はじ》めになる
始《はじ》められる
手《て》がけられる
お広《ひろ》げになる
思《おも》い立《た》たれる
決行《けっこう》なさる
行動《こうどう》なさる

今《いま》はじっと我慢《がまん》です、お動きになる時《とき》はきっと来《き》ます。
油絵《あぶらえ》の個展《こてん》をお開きになったんですって？
今《いま》は動かれない方《ほう》がよろしいかと存《ぞん》じます。
どうぞ、その方針《ほうしん》でお進めになってください。
このプロジェクトのご推進役《すいしんやく》は、あなたをおいて他《ほか》にない。
会長《かいちょう》、開発計画《かいはつけいかく》を推進なさるチャンスだと思います。
十年先《じゅうねんさき》を見越《みこ》して、お取り組みになるのだそうですね？
深夜《しんや》まで研究《けんきゅう》に取り組まれていたお姿《すがた》が、目《め》に浮《う》かびます。
いよいよ新《あたら》しい事業《じぎょう》をお始めになるんですね。
弓《ゆみ》を始められた目的《もくてき》は精神修養《せいしんしゅうよう》ですか？
これもご自分《じぶん》で手がけられたんですね。
ドイツの企業《きぎょう》との取引《とりひき》をお広げになるのですか？
二代目《にだいめ》は、オフロードレースへの挑戦《ちょうせん》を思い立たれました。
とうとう、ストを決行なさるのですね。
その件《けん》については、速《すみ》やかに行動なさる方《ほう》が得策《とくさく》だと思《おも》います。

取《と》り組《く》む・開《ひら》く

開催《かいさい》なさる
催《もよお》される
主催《しゅさい》なさる
ご再開《さいかい》
再開《さいかい》なさる
ご開設《かいせつ》
開設《かいせつ》なさる
ご開店《かいてん》
開店《かいてん》なさる
開拓《かいたく》なさる
開発《かいはつ》なさる
開放《かいほう》なさる
ご開業《かいぎょう》
開業《かいぎょう》なさる
起業《きぎょう》なさる

監督《かんとく》の生誕百年《せいたんひゃくねん》を記念《きねん》して、一挙上映会《いっきょじょうえいかい》を開催なさるそうですね。
展示会《てんじかい》はどこで催されるんですか？
少年野球大会《しょうねんやきゅうたいかい》を主催なさるそうですね。
お店《みせ》をご再開ですか、それは良《よ》かった。
いよいよ交渉《こうしょう》を再開なさるんですね？
当行《とうこう》に口座《こうざ》をご開設いただき、ありがとうございます。
マンションが増《ふ》えたので、保育園《ほいくえん》を開設なさるそうですね。
ご開店祝《いわ》いには、お花《はな》を贈《おく》られたらいかがでしょう。
神戸《こうべ》でレストランを開店なさるご計画《けいかく》なんですって？
新《あたら》しいマーケットを開拓なさるのは、大変《たいへん》なご苦労《くろう》でしょうね。
先代《せんだい》が開発なさった製品《せいひん》は、実《じつ》に息《いき》が長《なが》いですね。
校庭《こうてい》を開放なさったのは、校長先生《こうちょうせんせい》のご決断《けつだん》ですか？
ご開業祝《いわ》いに、蘭《らん》をお贈《おく》りしました。
ネットショップを開業なさる方《かた》の相談窓口《そうだんまどぐち》は、こちらです。
このご時世《じせい》に起業なさるとは、大胆《だいたん》ですね。

な

仲《なか》良《よ》し

意気投合《いきとうごう》なさる
お熱《あつ》い仲《なか》
お親《した》しい
親《した》しくなさる
お近《ちか》しい
お和《なご》やか
ご円満《えんまん》
ご交遊《こうゆう》
ご懇意《こんい》
懇意《こんい》になさる
ご親交《しんこう》
ご夫婦仲《ふうふなか》
ご親睦《しんぼく》
添《そ》い遂《と》げられる
手《て》をおつなぎになる

懇親会《こんしんかい》で意気投合なさったそうですね。
お熱い仲という噂《うわさ》がたってますよ。
課長《かちょう》はあの弁護士《べんごし》さんとお親しいそうですね。
ご近所《きんじょ》の方《かた》と、ずいぶん親しくなさっているんですね。
動物園《どうぶつえん》の園長《えんちょう》さんとは、お近しい間柄《あいだがら》だそうですね。
いつもお和やかなご夫婦《ふうふ》で、羨《うらや》ましい限《かぎ》りです。
いつもご夫婦《ふうふ》ご円満で見習《みなら》いたいものです。
皆《みな》さんはご趣味《しゅみ》のツーリングでのご交遊ですか？
あの会社《かいしゃ》にご懇意の方《かた》がいらっしゃいませんか？
テレビ局《きょく》で懇意になさっている方《かた》はいらっしゃらない？
お二人《ふたり》には、長《なが》いご親交がおありでしたよね。
とてもご夫婦仲が睦《むつ》まじくて、よろしいですね。
会《かい》を重《かさ》ねて、皆《みな》さんとのご親睦を深《ふか》めていきたいですね。
ともかく、五十年《ごじゅうねん》添い遂げられたのはご立派《りっぱ》です。
奥様《おくさま》と仲良《なかよ》く手をおつなぎになって、羨《うらや》ましいこと。

泣《な》く・嘆《なげ》く

お悲《かな》しみ
お悲《かな》しみになる
悲《かな》しまれる
お悔《く》やみになる
おこぼしになる
おセンチ
お閉《と》ざしになる
お嘆《なげ》き
お嘆《なげ》きになる
嘆《なげ》かれる
お胸《むね》を痛《いた》める
慨嘆《がいたん》なさる
ご傷心《しょうしん》
ご心痛《しんつう》
ご悲嘆《ひたん》

お悲しみは、いかばかりでございましょう。
お悲しみになるお姿《すがた》を見《み》るのがつらくて…。
あなたが悲しまれる姿《すがた》を見《み》るのがつらいんです。
まだお若《わか》いから、お悔やみになるのも無理《むり》ないわ。
ぐちをおこぼしになるばかりではね…。進歩《しんぽ》がないでしょ。
そんなことおっしゃらないで。おセンチな気分《きぶん》になるじゃないの。
あの事故以来《じこいらい》、園長《えんちょう》は心《こころ》をお閉ざしになっています。
お嘆きの深《ふか》さに、かける言葉《ことば》もありませんでした。
お母様《かあさま》が、さぞお嘆きになるでしょう。
そんなに嘆かれては、お身体《からだ》に障《さわ》りますよ。
奥様《おくさま》が、お胸を痛めていらっしゃいますよ。
今《いま》の世相《せそう》、孔子様《こうしさま》がご覧《らん》になったら、きっと慨嘆なさるでしょうね。
ご傷心を癒《いや》すには、かなり時間《じかん》がかかりそうですね。
奥方《おくがた》が全快《ぜんかい》して良《よ》かった。ご心痛がひとつ減《へ》りましたね。
ご悲嘆にくれるのも無理《むり》ないわ、一人息子《ひとりむすこ》さんですもの。

泣《な》く・涙《なみだ》

嗚咽《おえつ》なさる
お顔《かお》をゆがめる
お泣《な》きなさい
お泣《な》きになる
お涙《なみだ》頂戴《ちょうだい》
号泣《ごうきゅう》なさる
慟哭《どうこく》なさる
泣《な》き叫《さけ》ばれる
涙《なみだ》ぐまれる
涙《なみだ》を浮《う》かべられる
涙《なみだ》をお浮《う》かべになる
涙《なみだ》をお流《なが》しになる
涙《なみだ》を流《なが》される
涙《なみだ》をお拭《ぬぐ》いになる
もらい泣《な》きされる

奥様《おくさま》が、嗚咽なさっていらっしゃいました。
ちょっとお顔をゆがめていらしたのが気《き》になって。
泣きたいときは我慢《がまん》なさらず、お泣きなさい。
お泣きになっている場合《ばあい》ではありませんよ。
お涙頂戴のドラマは嫌《きら》いです。つい泣《な》いてしまうから。
お母様《かあさま》が号泣なさっています。
先輩《せんぱい》は親友《しんゆう》の訃報《ふほう》に慟哭なさっていました。
その一報《いっぽう》のあと、奥《おく》さんは大声《おおごえ》で泣き叫ばれていました。
組合長《くみあいちょう》は、レイテ島《とう》の写真《しゃしん》を見《み》て涙ぐまれていました。
その大女優《だいじょゆう》は、巨匠《きょしょう》の訃報《ふほう》に大粒《おおつぶ》の涙を浮かべられました。
あなたも涙をお浮かべになることがあるんですね。
鬼《おに》と噂《うわさ》される方《かた》でも、涙をお流しになることがあるんですね。
人知《ひとし》れず涙を流される日々《ひび》もあったそうですよ。
学長《がくちょう》は、嬉《うれ》し涙を何度《なんど》もお拭いになりました。
集《あつ》まった皆《みな》さんが、もらい泣きされました。

なくす・忘《わす》れる

お失《うしな》いになる
お失《な》くしになる
失《な》くされる
お逃《のが》しになる
お見逃《みのが》しなく
お忘《わす》れになる
お忘《わす》れ物《もの》
犠牲《ぎせい》を払《はら》われる
ご損《そん》
ご損害《そんがい》
ご損失《そんしつ》
損《そん》なさる
亡《な》くされる
紛失《ふんしつ》なさる
ご破算《はさん》

どんな時《とき》でも、平常心《へいじょうしん》をお失いになってはだめですよ。
若《わか》いときの情熱《じょうねつ》を、お失くしになったの？
大事《だいじ》な手帳《てちょう》を失くされたんですか？　それはお困《こま》りでしょう。
絶好《ぜっこう》のチャンスをお逃しになって、残念《ざんねん》！
今夜《こんや》の終戦特別番組《しゅうせんとくべつばんぐみ》を、お見逃しなく。
笛《ふえ》をお忘れになるなんて、珍《めずら》しいですね。
地下鉄《ちかてつ》でのお忘れ物は、上野駅《うえのえき》にお問《と》い合《あ》わせください。
それだけの犠牲を払われる価値《かち》は、きっとあります。
申《もう》し訳《わけ》ありません。今回《こんかい》はご損をかけてしまいました。
一億円《いちおくえん》のご損害、それは大変《たいへん》ですね。
人材《じんざい》のご損失は、金銭《きんせん》に変《か》えられませんからね。
彼《かれ》の言《い》うことを真《ま》に受《う》けると、損なさるわよ、きっと。
あの方《かた》、奥様《おくさま》を亡くされて、すっかりおやつれになったみたい。
パスポートを紛失なさったんですか？　それは大変《たいへん》ですね。
もう、このお話《はなし》はご破算にしてください。

名《な》前《まえ》

お名前《なまえ》
お名刺《めいし》
ご氏名《しめい》
ご姓名《せいめい》
ご尊名《そんめい》
ご芳名《ほうめい》
ご芳名帳《ほうめいちょう》
ご本名《ほんみょう》
ご名字《みょうじ》
お付《つ》けになる
お名指《なざ》し
ご指名《しめい》
指名《しめい》なさる
ご署名《しょめい》
署名《しょめい》なさる

お名前だけは存《ぞん》じあげております。
このお名刺の絵《え》、よく似《に》ていらっしゃいますね。
こちらに、ご氏名とご住所《じゅうしょ》をいただけますか？
恐《おそ》れ入《い》りますが、ご姓名をご記入《きにゅう》いただけますか？
ご尊名は、かねがね伺《うかが》っておりました。
ご芳名をいただけますでしょうか。
どうぞ、ご芳名帳にご記入《きにゅう》ください。
お届《とど》けは、ご本名でお願《ねが》いします。
いかにも、由緒《ゆいしょ》のありそうなご名字ですね。
伯父《おじ》さんがあなたの名前《なまえ》をお付けになったの？
お客様《きゃくさま》からのお名指しですよ。
ご指名いただきまして、ありがとうございます。では一言《ひとこと》…。
会長《かいちょう》、指名なさるなら、やはり朗《ほが》らかなあの娘《こ》ですね？
どうぞ、この書類《しょるい》にご署名ください。
署名なさるお気持《きも》ちに、変《か》わりはないのですね？

悩《なや》む・迷《まよ》う

お気《き》に病《や》む
気《き》に病《や》まれる
お悩《なや》み
お悩《なや》み事《ごと》
お悩《なや》みになる
悩《なや》まれる
ためらわれる
お迷《まよ》いになる
迷《まよ》われる
思《おも》い詰《つ》められる
思《おも》い悩《なや》まれる
思《おも》い惑《まど》われる
葛藤《かっとう》なさる
苦悩《くのう》なさる
苦慮《くりょ》なさる

そんなにお気に病むと、お身体《からだ》に障《さわ》りますよ。

それほど気に病まれることはありませんよ。

お悩みは資金繰《しきんぐ》りのことですか？　それともご家族《かぞく》のこと？

お悩み事がいろいろおありになって、大変《たいへん》ですね。

娘《むすめ》さんのことで、お悩みになってるんですか？

家業《かぎょう》を継《つ》ぐとお決《き》めになるまでには、ずいぶん悩まれたのでしょうね。

チャンスですよ、今《いま》さら何《なに》をためらわれるのですか？

どちらの温泉《おんせん》にするか、お迷いになっているのですか？

結婚式直前《けっこんしきちょくぜん》で、まだ迷われているの？

それほど思い詰められることはないと思《おも》いますけど。

そんなに思い悩まれると、白髪《しらが》が増《ふ》えますよ。

お嬢様《じょうさま》は、いろいろ思い惑われているご様子《ようす》でした。

奥《おく》さんとお母《かあ》さんの間《あいだ》で葛藤なさって…、そりゃ大変《たいへん》でしたね。

お釈迦様《しゃかさま》だって、若《わか》い頃《ころ》は苦悩なさったそうですから。

教頭先生《きょうとうせんせい》はお子《こ》さんのことで苦慮なさっています。

習《なら》う

お稽古《けいこ》
稽古《けいこ》なさる
お浚《さら》い
お浚《さら》い会《かい》
お手本《てほん》
お習《なら》いする[自]
お習《なら》いになる
習《なら》われる
ご流儀《りゅうぎ》
師事《しじ》なさる
入門《にゅうもん》なさる
お師匠《ししょう》さん
お弟子《でし》
お弟子《でし》さん
新人《しんじん》さん

それで昨日《きのう》はお稽古を休《やす》んだのね。
今日《きょう》は昨日《きのう》の分《ぶん》も、しっかり稽古なさってね。
昨日《きのう》までのところを、もう一度《いちど》お浚いしましょうね。
明日《あす》は人形町《にんぎょうちょう》で長唄《ながうた》のお浚い会があります。
私《わたし》のお手本は、漱石先生《そうせきせんせい》なんです。
うちの娘《むすめ》、三年《さんねん》もお習いしているんですけどねぇ、少《すこ》しも上達《じょうたつ》しなくて。
油絵《あぶらえ》を、日展《にってん》の理事《りじ》から直接《ちょくせつ》お習いになっているんですか？
退職後《たいしょくご》は、いろいろと習われているそうですね。
親方《おやかた》には親方の、ご流儀というものがありますから。
連句《れんく》は、東明雅《ひがしめいが》先生《せんせい》に師事なさったんですね。
お祖父《じい》さんは、神田《かんだ》お玉《たま》が池《いけ》の千葉《ちば》道場《どうじょう》に入門なさったそうです。
その事《こと》でしたら、お師匠さんから伺《うかが》いました。
私《わたし》をお弟子にしてください。だめですか？
翁《おきな》の旅立《たびだ》ちを、お弟子さんたちが揃《そろ》って見送《みおく》ったそうです。
新人さんには、まず弓《ゆみ》の心構《こころがま》えから教《おし》えてあげましょう。

逃《に》げる

お消《き》えになる
お籠《こも》りになる
籠《こも》られる
お避《さ》けになる
避難《ひなん》なさる
おさらば
お怠《なま》けになる
お逃《に》がしになる
お逃《に》げなさい
お逃《に》げになる
お逃《のが》れになる
お免《まぬが》れになる
回避《かいひ》なさる
拒否《きょひ》なさる
ご出奔《しゅっぽん》

しょうがないわね、いつも会計《かいけい》の前《まえ》にお消えになるんだから。
山《やま》にお籠りになるのですね？　来季《らいき》に備《そな》えて。
部屋《へや》に籠られて、何《なに》を祈願《きがん》なさっていたのですか？
どうしてそんなに私《わたし》をお避けになるのかしら。
地震《じしん》の時《とき》は、どこに避難なさっていらしたんですか？
実《みの》りのない会議《かいぎ》とは、早々《そうそう》におさらばしたいもんですな。
リハビリをお怠けになってはいけませんと言《い》われてしまいました。
釣《つ》った魚《さかな》をお逃がしになるんですか？　優《やさ》しいんですね。
早《はや》くお逃げなさい、追《お》っ手《て》が来《く》るわよ。
突然《とつぜん》の地震《じしん》に、命《いのち》からがらお逃げになったそうですね？
責任《せきにん》からお逃れになるのですか？　あなたらしくない。
玉突《たまつ》き事故《じこ》をお免れになったそうで、幸運《こううん》でしたね。
ストレスを回避なさることを考《かんが》えるのが先《さき》ですよ。
不当《ふとう》な退職勧告《たいしょくかんこく》は、即刻《そっこく》拒否なさった方《ほう》がいいですよ。
クラブのホステスとご出奔とは、困《こま》ったお人《ひと》だ。

ね

寝《ね》起《お》き

お起《お》きになる
お起《お》こしする［自］
お目覚《めざ》め
お目覚《めざ》めになる
目《め》をお覚《さ》ましになる
ご起床《きしょう》
起床《きしょう》なさる
お床《とこ》
おふとん
お眠《ねむ》りになる
お昼寝《ひるね》
お寝《やす》みになる
ご就寝《しゅうしん》
寝坊《ねぼう》なさる
休《やす》ませていただく

もう八時《はちじ》ですよ。そろそろお起《お》きにならないと…。
目覚《めざ》まし時計《どけい》なしで起《お》きられますか？　お起こししましょうか？
お目覚め？　まだ五時《ごじ》よ。／ずいぶん早《はや》いお目覚めですね。
お目覚めになった？　お味噌汁《みそしる》をこしらえるわね。
いい加減《かげん》に、目をお覚ましになったらいかが？
お連《つ》れ様《さま》は一時間前《いちじかんまえ》にご起床ですよ。
起床なさったらすぐ、体温《たいおん》と血圧《けつあつ》をお測《はか》りください。
あちらにお床をとってありますので、どうぞごゆっくり。
ちょっとめまいが…。おふとんを敷《し》いてくれませんか？
昨夜《さくや》はぐっすりお眠《ねむ》りになれましたか？
ご隠居《いんきょ》は今《いま》、お昼寝中《ちゅう》です。
もう十二時《じゅうにじ》。おふとんを敷《し》いてありますから、お寝みになったら？
九時《くじ》とは、ずいぶんお早《はや》いご就寝ですね。
あなたが寝坊なさるなんて、珍《めずら》しいわね。
お婆《ばあ》ちゃん、私《わたし》たちは先《さき》に休ませていただきます。

願《ねが》う・祈《いの》る

お祈《いの》り
お祈《いの》りする[自]
お祈《いの》りになる
お聞《き》き届《とど》ける
お授《さず》けになる
お慈悲《じひ》
お願《ねが》い
お願《ねが》いする[自]
お恵《めぐ》み
ご祈願《きがん》
祈願《きがん》なさる
ご祈禱《きとう》
祈禱《きとう》なさる
ご祈念《きねん》する[自]

あの方《かた》のお祈りする姿《すがた》には、鬼気迫《ききせま》るものがありました。
お幸《しあわ》せを、心《こころ》からお祈りしております。
一心《いっしん》にお祈りになれば、きっといいことがありますよ。
お願《ねが》いの件《けん》、どうぞお聞き届けくださいますように。
あなたが知恵《ちえ》をお授けになったのね。
助《たす》けると思って、お慈悲をいただけませんか？
神様《かみさま》、一生《いっしょう》のお願いです。必《かなら》ず当《あ》ててください。
お不動様《ふどうさま》お願いします。あの子《こ》をお守《まも》りください。
これは神様《かみさま》のお恵みなんじゃないですか？
気休《きやす》めとはいえ、馬頭観音《ばとうかんのん》にご祈願してみたらいかが？
今年《ことし》も、お不動《ふどう》さんに家内安全《かないあんぜん》を祈願なさるのですね？
それでは、順《じゅん》にご祈禱をお願《ねが》いします。
折《おり》に触《ふ》れ加持《かじ》祈禱なさるとは、良《よ》いお心掛《こころが》けです。
プロジェクトの成功《せいこう》を、ご祈念申《もう》しあげます。

ねぎらう・苦労《くろう》

お苦《くる》しい
お苦《くる》しみになる
お疲《つか》れになる
お手数《てかず》
お難儀《なんぎ》
ご苦心《くしん》
ご苦労《くろう》
苦労《くろう》なさる
ご試練《しれん》
ご心労《しんろう》
ご負担《ふたん》
負担《ふたん》なさる
ご無理《むり》
無理《むり》なさる
ご面倒《めんどう》

そんなにお苦しい状況《じょうきょう》ですか、何《なん》とかしてさしあげたいが。
村長《そんちょう》は、原発《げんぱつ》受《う》け入《い》れ問題《もんだい》では、ずいぶんお苦しみになりました。
あなたこそ、お疲れになったでしょう。
昨晩《さくばん》はすっかり酔《よ》ってしまって、お手数をおかけしました。
連帯保証人《れんたいほしょうにん》とは、お難儀なことですね。
これが三年《さんねん》もかかったという、ご苦心の作《さく》ですか?
その契約《けいやく》を取《と》るには、かなりご苦労がおありだったのでしょうね。
やっと契約《けいやく》がまとまりましたか、苦労なさった甲斐《かい》がありましたね。
そのご試練が、将来《しょうらい》きっと生《い》きるはずです。
あなた様《さま》のご心労が、一日《いちにち》も早《はや》く癒《い》えますように。(手紙文《てがみぶん》)
この度《たび》は、ご負担をおかけして、申《もう》し訳《わけ》ございません。
何《なに》もかもお一人《ひとり》で負担なさることはないのに。
やはりこのお願《ねが》いは、ご無理でしょうか?
病《や》みあがりなんですから、あまり無理なさらないでくださいね。
ご面倒ですが、彼《かれ》に会《あ》ってやってくださいませんか?

ねぎらう・同情《どうじょう》

慰問《いもん》なさる
慰労《いろう》なさる
お労《いたわ》りになる
お慰《なぐさ》めになる
おねぎらいになる
お可哀相《かわいそう》
おつらい
ご窮状《きゅうじょう》
ご災難《さいなん》
ご災厄《さいやく》
ご受難《じゅなん》
ご同情《どうじょう》する[自]
同情《どうじょう》なさる
ご不運《ふうん》
ご不憫《ふびん》

知事《ちじ》は、避難所《ひなんじょ》にいる被災者《ひさいしゃ》の皆《みな》さんを慰問なさいました。
社員《しゃいん》を慰労なさるなら、温泉旅行《おんせんりょこう》などいかがですか？
工場長《こうじょうちょう》は、心底《しんそこ》職人《しょくにん》たちをお労りになっています。
知事《ちじ》は、甲子園《こうしえん》で敗《やぶ》れた選手達《せんしゅたち》をお慰めになったそうですね。
会長《かいちょう》は、工場長《こうじょうちょう》の働《はたら》きをおねぎらいになりました。
お可哀相に、何《なん》という運命《うんめい》のいたずらでしょう。
親御《おやご》さんは、さぞかしおつらいでしょうね。
ご窮状、お察《さつ》しいたします。
骨折《こっせつ》ですか、この度《たび》はとんだご災難でしたね。
とんだご災厄が降《ふ》りかかったものですね。
大変《たいへん》なご受難でございましたね。
玉突《たまつ》き事故《じこ》に巻《ま》き込《こ》まれたそうで、ご同情申《もう》しあげます。
すぐに同情なさるのね、根《ね》が優《やさ》しいのかしら。
事故《じこ》に巻《ま》き込《こ》まれるとは、ご不運なことでしたね。
残《のこ》されたお子《こ》さんたちが、ご不憫でなりません。

ねぎらう・○○様《さま》

お生憎様《あいにくさま》
お気《き》の毒様《どくさま》
おじゃま様《さま》
お世話《せわ》様《さま》
お世話《せわ》さん
お退屈様《たいくつさま》
お互《たが》い様《さま》
お疲《つか》れさん
お疲《つか》れ様《さま》
お待遠様《まちどおさま》
ご窮屈様《きゅうくつさま》
ご苦労様《くろうさま》
ご苦労《くろう》さん
ご迷惑様《めいわくさま》
ご厄介様《やっかいさま》

お生憎様、本日《ほんじつ》は売切《うりき》れでございます。

お気の毒様、抽選《ちゅうせん》は外《はず》れです。

おじゃま様でした。／おじゃま様、悪《わる》く思《おも》わないでくださいね。

本当《ほんとう》にお世話様でございました。

この度《たび》は、いろいろお世話さんでした。

つまらぬ芸《げい》をお見《み》せして、お退屈様でした。

子《こ》どもの泣《な》き声《ごえ》には参《まい》りますが、お互い様ですから。

お疲れさん、早《はや》く帰《かえ》っておやすみ。

日帰《ひがえ》り出張《しゅっちょう》、お疲れ様でした。／朝《あさ》から長時間《ちょうじかん》、お疲れ様でした。

お待遠様、ずいぶんお待《ま》ちになった？

混《こ》みあいまして、ご窮屈様でございます。

もう荷造《にづく》りしたんですか、ご苦労様でした。

大変でしたね、ご苦労さん。

何《なん》とも、ご迷惑様でした。／それはそれは、ご迷惑様でした。

いろいろと、ご厄介様でございました。

乗《のり》物《もの》

運転《うんてん》なさる

お車《くるま》

お乗《の》せする[自]

操縦《そうじゅう》なさる

お乗《の》り換《か》え

お乗《の》り越《こ》し

お乗《の》りになる

ご乗車《じょうしゃ》

乗車《じょうしゃ》なさる

ご乗船《じょうせん》

乗船《じょうせん》なさる

ご搭乗《とうじょう》

ご搭乗口《とうじょうぐち》

搭乗《とうじょう》なさる

駐車《ちゅうしゃ》なさる

運転なさるのが、本当《ほんとう》にお好《す》きなんですね？

お車を新《あたら》しくなさったんですね。

通《とお》り道《みち》ですから、ご自宅《じたく》までお乗せしましょう。

小型機《こがたき》を操縦なさるなんて、素敵《すてき》ですね。

東北本線《とうほくほんせん》へのお乗り換えは、次《つぎ》の停車駅《ていしゃえき》です。

居眠《いねむ》りして、お乗り越しになったんですって？

夜行寝台《やこうしんだい》・北斗星《ほくとせい》に、お乗りになりましたか？

間《ま》もなく発車《はっしゃ》します、ご乗車になってお待《ま》ちください。

乗車なさる方《かた》はお急《いそ》ぎください。

ご乗船の方《かた》は、こちらにお並《なら》びください。

乗船なさる方《かた》は、先《さき》に切符《きっぷ》をお求《もと》めください。

代表《だいひょう》チームは南回《みなみまわ》りの便《びん》にご搭乗になりました。

パリ行《い》きをご利用《りよう》のお客様《きゃくさま》は、ご搭乗口へお進《すす》みください。

最終便《さいしゅうびん》に搭乗なさるご予定《よてい》ですか？

奥様《おくさま》は、いつも出《で》やすい所《ところ》に駐車なさいます。

は

励《はげ》ます

お力《ちから》づけ
お力《ちから》づけになる
お出来《でき》になる
お励《はげ》まし
お励《はげ》ましになる
くよくよなさる
元気《げんき》をお出《だ》しよ
失敗《しっぱい》なさる
ご再起《さいき》
再起《さいき》なさる
ご鞭撻《べんたつ》
お立《た》ち直《なお》りになる
立《た》ち直《なお》られる
挽回《ばんかい》なさる
復活《ふっかつ》なさる

あなたが顔《かお》を見《み》せるだけで、お力づけになりますよ。
えらいわ。病気《びょうき》のお友達《ともだち》を、お力づけになるなんて…。
もっと自信《じしん》をお持《も》ちなさい。何《なん》だってお出来になるじゃないの。
お励ましいただきまして、ありがとうございます。
倒産《とうさん》されたお友達《ともだち》を訪《たず》ねて、お励ましになっているそうですね。
そんなにくよくよなさらないで、またチャンスはあるわ。
元気をお出しよ。失敗《しっぱい》はくり返《かえ》さなければいいんだ。
大丈夫《だいじょうぶ》、失敗なさるたびに、人《ひと》は大《おお》きくなると言《い》いますから…。
一日《いちにち》も早《はや》いご再起を念《ねん》じております。（手紙文《てがみぶん》）
あのご様子《ようす》なら、再起なさるのもそう遠《とお》くなさそうですね。
ご指導《しどう》ご鞭撻のほど、よろしくお願《ねが》いいたします。
お悲《かな》しみから、一日《いちにち》も早《はや》くお立ち直りになれますように。（手紙文《てがみぶん》）
ようやく、立ち直られたようですね。
いまこそ挽回なさるチャンスですよ。
会長《かいちょう》は、今度《こんど》の株主総会《かぶぬしそうかい》で、社長《しゃちょう》に復活なさるそうですね。

励《はげ》む・努《ど》力《りょく》

お心《こころ》掛《が》け
心《こころ》掛《が》けられる
お保《たも》ちになる
お励《はげ》みになる
励《はげ》まれる
お広《ひろ》めになる
ご格闘《かくとう》
格闘《かくとう》なさる
ご健闘《けんとう》
健闘《けんとう》なさる
克服《こくふく》なさる
ご努力《どりょく》
努力《どりょく》なさる
ご奮闘《ふんとう》
奮闘《ふんとう》される

老人《ろうじん》ホームに笑《わら》いを届《とど》ける、師匠《ししょう》、それは立派《りっぱ》なお心掛けですね。
このご時世《じせい》、用心《ようじん》を心掛けられるに越《こ》したことはありません。
その見事《みごと》なプロポーションをお保ちになるのは、大変《たいへん》でしょ？
野菜作《やさいづく》りにお励みになっているんですって？
博士《はかせ》が一心《いっしん》に研究《けんきゅう》に励まれるお姿《すがた》は、無言《むごん》の教《おし》えです。
先生《せんせい》は、民主主義《みんしゅしゅぎ》をお広めになる努力《どりょく》を惜《お》しみません。
近代日本史《きんだいにほんし》と、ご格闘ですか？
甲骨文字《こうこつもじ》と格闘なさったのですか、大変《たいへん》でしたね。
ワールドカップでのご健闘を、お祈《いの》りします。
そこまで健闘なされば、ご満足《まんぞく》でしょう。
難《むずか》しいかと思《おも》っていましたが、見事《みごと》、克服なさいましたね。
貴殿《きでん》の長年《ながねん》のご努力には頭《あたま》が下《さ》がります。
名人《めいじん》は、人《ひと》の見《み》ていないところで努力なさる方《かた》なんです。
このシリーズのご奮闘ぶりは、お見事《みごと》でしたね。
あの試合《しあい》、お一人《ひとり》で奮闘されてましたね？

場所《ばしょ》

お側《そば》
お近《ちか》い
お手近《てぢか》
お手元《てもと》
お隣《となり》
お膝元《ひざもと》
お向《む》かい
ご近在《きんざい》
ご近所《きんじょ》
ご在所《ざいしょ》
ご町内《ちょうない》
ご当所《とうしょ》
ご当地《とうち》
ご当地《とうち》ソング
ご遠方《えんぽう》

私《わたし》をどうかお側に置《お》いてください。
お近いんですから、またお出《で》かけください。
新年会《しんねんかい》は、お手近なところで済《す》ませましょうよ。
お手元の資料《しりょう》を、ご覧《らん》ください。
チーフは、お隣のチビになつかれているらしいですよ。
ここは党首《とうしゅ》のお膝元ですから、今度《こんど》の選挙《せんきょ》は絶対《ぜったい》に落《お》とせません。
お向かいまでいらっしゃるなら、ぜひ寄《よ》ってください。
ご近在のご出身《しゅっしん》と伺《うかが》っていますが。
こんなご近所にお住《す》まいでしたか。存《ぞん》じませんでした。
あなたのご在所の名物料理《めいぶつりょうり》は、何《なん》でしたっけ?
ご町内の皆様《みなさま》、お早《はよ》うございます。区議会議員《くぎかいぎいん》の凸山《でこやま》でございます。
ご当所、初《はつ》お目見《めみ》えの回転寿司《かいてんずし》でございます。
ご当地、初《はつ》お目見《めみ》えの漫才《まんざい》でござい。
♪神戸《こうべ》〜、ご当地ソングって、なぜか耳《みみ》につくんだよね。
ご遠方からお出《で》かけいただきまして、恐縮《きょうしゅく》です。

恥《は》ずかしい

うつむかれる
お顔《かお》を赤《あか》らめる
お恥《は》ずかしい
お恥《は》ずかしい次第《しだい》
面映《おもはゆ》い気持《きも》ち
汗顔《かんがん》の至《いた》り
慚愧《ざんき》の至《いた》り
粗相《そそう》
恥《はじ》をおかきになる
恥《はじ》をお漱《すす》ぎになる
頬《ほお》を染《そ》められる
身《み》の縮《ちぢ》む思《おも》い
身《み》も細《ほそ》る思《おも》い
面目《めんぼく》ない
お照《て》れになる

初心《うぶ》な方《かた》ね、恥《は》ずかしそうにうつむかれて。
お顔を赤らめるなんて、可愛《かわい》いんじゃない？
お恥ずかしい話《はなし》ですが、また失敗《しっぱい》してしまいました。
そういう話《はなし》なんですよ、誠《まこと》にお恥ずかしい次第で。
そんなこと言《い》われると、何《なん》とも面映い気持ちです。
厚《あつ》かましいことで、汗顔の至りです。
慚愧の至りです。穴《あな》があったら入《はい》りたい。
とんだ粗相をいたしまして、お詫《わ》び申《もう》しあげます。
恥をおかきになるようなことは、やめてくださいね。
やはり恥をお漱ぎになることを最優先《さいゆうせん》なさるべきです。
彼女《かのじょ》の噂《うわさ》が出たら、頬を染められましたね、怪《あや》しいな。
恥《は》ずかしさで身の縮む思いです。
身も細る思いです。二度《にど》といたしません。
何《なん》ともはや、面目ありません。
思《おも》いがけない告白《こくはく》に、部長《ぶちょう》はすっかりお照れになって…。

話《はな》す

お語《かた》らい
お語《かた》りになる
お喋《しゃべ》り
お話《はなし》
お話《はな》しいただく
お話《はな》しする［自］
お話《はな》しになる
会話《かいわ》なさる
会話《かいわ》を交《か》わされる
ご会談《かいだん》
ご歓談《かんだん》
歓談《かんだん》なさる
ご面談《めんだん》
面談《めんだん》なさる
対談《たいだん》なさる

お二人《ふたり》は、仲睦《なかむつ》まじくお語らいになっていました。
師匠《ししょう》は、一時間《いちじかん》を超《こ》える古典《こてん》を、見事《みごと》にお語りになりました。
いくつになっても、女同士《おんなどうし》のお喋りは楽《たの》しいものなのよ。
いいお話ですねぇ。／その件《けん》でしたら、お話は承《うけたまわ》っております。
その問題《もんだい》は、先生《せんせい》からお話しいただければ幸《さいわ》いです。
あれからいろいろあってね、お話しすることが山《やま》ほどあるのよ。
例《れい》の件《けん》、奥様《おくさま》にお話しになってください。
どんどん会話なさることが、外国語《がいこくご》をマスターする早道《はやみち》ですよ。
お二人《ふたり》は、密《ひそ》やかに会話を交わされていました。
ご会談の場所《ばしょ》は、湖畔《こはん》の山荘《さんそう》と伺《うかが》いましたが。
しばらくご歓談いただいてから、お祝辞《しゅくじ》を頂戴《ちょうだい》いたします。
あの時《とき》は、実《じつ》に和《なご》やかに歓談なさっていらしたのに…。
治療方針《ちりょうほうしん》については、先生《せんせい》と直接《ちょくせつ》ご面談《めんだん》くださいね。
勝様《かつさま》と西郷様《さいごうさま》は、お二人《ふたり》だけで面談なさったのです。
人間国宝《にんげんこくほう》の浜田先生《はまだせんせい》と、対談なさっていただけませんか？

反《はん》対《たい》

異《い》を唱《とな》えられる
打《う》ち消《け》される
お逆《さか》らいになる
お背《そむ》きになる
覆《くつがえ》される
ご異議《いぎ》
ご異存《いぞん》
ご異論《いろん》
ご抗議《こうぎ》
抗議《こうぎ》なさる
声《こえ》をおあげになる
ご難色《なんしょく》
ご批判《ひはん》
批判《ひはん》なさる
反対《はんたい》される

あの場《ば》で異を唱えられるとは、部長《ぶちょう》もなかなかやりますね。
そんなに強《つよ》く打ち消されるのは、きっと裏《うら》に何《なに》かありますね。
社長《しゃちょう》にお逆らいになってるんですって?
あなたがご両親《りょうしん》にお背きになるなんて、驚《おどろ》いたわ。
みんなで決《き》めた方針《ほうしん》を覆されるのですか?
ご異議のある方《かた》は、どうぞご発言《はつげん》を。
これだけ申《もう》しあげれば、どなたもご異存ないはずです。
ご異論がなければ、これで会議《かいぎ》を終《お》わります。
夜《よ》っぴてのバカ騒《さわ》ぎ、ご抗議は当然《とうぜん》だと思います。
それはまさに騒音公害《そうおんこうがい》、抗議なさるお気持《きも》ちはよく分《わ》かります。
反論《はんろん》があるなら、堂々《どうどう》と声をおあげになったらいいのに。
ご難色を示《しめ》される理由《りゆう》は何《なん》ですか?
ご批判は甘《あま》んじてお受《う》けいたします。
あなたが私《わたし》を批判なさる理由《りゆう》がよく分《わ》かりません。
部長《ぶちょう》は、退職勧奨計画《たいしょくかんしょうけいかく》には反対されました。

反《はん》論《ろん》

いただけない
嘘《うそ》おっしゃい
お考《かんが》え違《ちが》い
お言葉《ことば》
お言葉《ことば》を返《かえ》す
口幅《くちはば》ったいこと
さしでがましい
僭越《せんえつ》ですが
そうおっしゃらずに
そうは参《まい》りません
納得《なっとく》できない
生意気《なまいき》を申《もう》す
反対《はんたい》です
反論《はんろん》なさる
本当《ほんとう》ですか

そのご提案《ていあん》は、ちょっといただけませんな。
嘘おっしゃい、よくもそんなことぬけぬけと。
それは少々《しょうしょう》、お考え違いではないでしょうか？
お言葉ですが、それでは皆納得《みななっとく》しません。
お言葉を返すようで誠《まこと》に申《もう》し訳《わけ》ないのですが、それでよろしいのですか？
口幅ったいことを申《もう》しあげるようですが…。
さしでがましいようですが、それはおやめになった方《ほう》が…。
僭越ですが、一言《ひとこと》よろしいでしょうか。
まあ、そうおっしゃらずに。ここはひとつ、お互《たが》い歩《あゆ》み寄《よ》って。
そうは参りませんよ、あなたの思惑通《おもわくどお》りには。
そのお考《かんが》えには、全《まった》く納得できませんね。
生意気を申すようですが、長《なが》いものには巻《ま》かれましょう。
私《わたし》は反対です、絶対《ぜったい》に！／そのご意見《いけん》には、私は反対です。
間違《まちが》いだと思《おも》ったら、反論なさるべきです。
それは本当ですか？　信《しん》じられません！

ひ

人《ひと》・人数《にんずう》

お一人《ひとり》
お一人《ひとり》さん
お一人様《ひとりさま》
ご一名様《いちめいさま》
お一方《ひとかた》
もうお一方《ひとかた》
お二方《ふたかた》
お二人《ふたり》
お二人様《ふたりさま》
お二人《ふたり》さん
ご両人《りょうにん》
両君《りょうくん》
お三方《さんかた》
お三人様《さんにんさま》
三名様《さんめいさま》

奥《おく》さん、今《いま》までずっとお一人で。大変《たいへん》でしたでしょうね。
お一人さんですね。ご相席《あいせき》でもよろしいですか？
このツアーは、お一人様の場合《ばあい》、相部屋《あいべや》になります。
ご一名様ですね。こちらへどうぞ。
今日《きょう》は、お一方でいらっしゃいますか？
お連《つ》れ様《さま》が、もうお一方いらっしゃるんですね？
コースのラウンドは、お二方以上《いじょう》でお願《ねが》いしております。
お二人の馴《な》れ初《そ》めを、お聞《き》きしたいわ。
お二人様、ご案内《あんない》いたします。こちらへどうぞ。
これはこれは、お安《やす》くない仲《なか》ですこと、お二人さん！
ご両人のアイコンタクトに気《き》がつかれましたか？
ここは若《わか》い両君にがんばってもらうことにしましょう。
お三方が、お先《さき》にお見《み》えです。
お三人様ですか？　小上《こあ》がりの奥《おく》へどうぞ。
三名様ですね、お座敷《ざしき》の方《ほう》へどうぞ。

各位《かくい》
方々《かたがた》
ご銘々《めいめい》
ご一同様《いちどうさま》
ご一行様《いっこうさま》
団体《だんたい》さん
皆様《みなさま》
皆《みな》さん
ご両家《りょうけ》の皆様《みなさま》
皆々様《みなみなさま》
諸君《しょくん》
大勢様《おおぜいさま》
大勢《おおぜい》さん
何名様《なんめいさま》
御三家《ごさんけ》

会員各位《かいいんかくい》へ。定時総会《ていじそうかい》にぜひご参集《さんしゅう》ください。（手紙文《てがみぶん》）
こちらは、がんサバイバーの方々です。
コスチュームは、ご銘々でお持《も》ちになってください。
K学会《ケーがっかい》、ご一同様、ただいまお着《つ》きです。
中央区役所《ちゅうおうくやくしょ》ご一行様、お発《た》ちです。
東京《とうきょう》からの団体さんは、こちらにお集《あつ》まりください。
ご来賓《らいひん》の皆様をお席《せき》にご案内《あんない》してください。
皆さん、どうぞこちらにお集《あつ》まりください。
ご両家の皆様、本日《ほんじつ》はおめでとうございます。
ここにお集《あつ》まりの皆々様は、神様《かみさま》でございます。
諸君！　三十代《さんじゅうだい》は迷《まよ》いの十年《じゅうねん》だ。何《なに》かをつかめ！
こんな大勢様にお祝《いわ》いしていただき、感激《かんげき》です。
大勢さんにお集《あつ》まりいただきまして、ありがとうございます。
ご一行《いっこう》は、総勢《そうぜい》何名様でしょうか？
お嬢様学校《じょうさまがっこう》の御三家をご存知《ぞんじ》ですか？

人《ひと》・年齢《ねんれい》・老若《ろうにゃく》

お小《ちい》さい
お若《わか》い頃《ころ》
お若《わか》い
お若《わか》い（年下《としした》）
お年頃《としごろ》
お年上《としうえ》
お年齢《とし》
ご高齢《こうれい》
ご長寿《ちょうじゅ》
お越《こ》えになる
お年齢《とし》を召《め》す
年齢《とし》をお重《かさ》ねになる
年齢《とし》をお加《くわ》えになる
お老《ふ》けになる
老《ふ》けられる

陶芸《とうげい》の先生《せんせい》は、お小さい頃《ころ》から手先《てさき》が器用《きよう》だったそうですよ。
場長《じょうちょう》は、お若い頃から有機農業《ゆうきのうぎょう》に取《と》り組《く》んでいらしたそうですね。
お若いのにしっかりしてらっしゃる。
あなたは私《わたし》より、お若いんでしょう？
きらきら輝《かがや》いていらっしゃる、お年頃っていいわね。
お若《わか》いですね、私《わたし》の母《はは》より三《みっ》つもお年上なのに。
そんなお年齢にはとても見《み》えませんね。
ご高齢とは思《おも》えないほど、お元気《げんき》そのものですね。
ご長寿の秘訣《ひけつ》は、程《ほど》ほどのお酒《さけ》と散歩《さんぽ》だそうですね。
いよいよ四十路《よそじ》をお越えになった？　でも、まだまだお若《わか》い。
上手《じょうず》にお年齢を召していらっしゃいますね。
師匠《ししょう》の踊《おど》りは、年齢をお重ねになるほど色気《いろけ》が増《ま》してますね。
皺《しわ》が増《ふ》えるのも、年齢をお加えになった証明《しょうめい》ですから。
しばらくお会《あ》いしないうちに、少《すこ》しお老けになりましたね。
一夜《いちや》にしてすっかり老けられたのには、驚《おどろ》きました。

人《ひと》・年《とし》寄《よ》り

お年寄《としよ》り
ご老人《ろうじん》
ご老体《ろうたい》
ご年配《ねんぱい》・ご年輩《ねんぱい》
ご長命《ちょうめい》
爺様《じいさま》
お年齢《とし》を召《め》した方《かた》
お祖父様《じいさま》
お爺《じい》さん
お祖父《じい》さん
お祖父《じい》ちゃん
お祖母《ばあ》さま
お婆《ばあ》さん
お祖母《ばあ》ちゃん
お婆《ばば》

ご隠居《いんきょ》のように、陽気《ようき》で愉快《ゆかい》なお年寄りになりたいものです。
ずいぶん、お元気《げんき》なご老人ですね。
ご老体は、昔《むかし》と変《か》わらず元気《げんき》そのものですね。
近頃《ちかごろ》はご年配の方《かた》も、若々《わかわか》しい柄《がら》を選《えら》ばれますよ。
ご一族《いちぞく》は、皆様《みなさま》ご長命でいらっしゃいますね。
うちの爺様は、古《ふる》いことを実《じつ》によく覚《おぼ》えているんです。
院長《いんちょう》は、お年齢を召した方に人気《にんき》がありますね。
お祖父様の血《ち》を引《ひ》いて、皆《みな》さんスポーツがお好《す》きなんですね。
お爺さんのお相手《あいて》で気《き》の毒《どく》だけど、お願《ねが》いしますね。
早《はや》くお祖父さんを安心《あんしん》させておあげなさい。
お祖父ちゃんを迎《むか》えに、駅《えき》まで行《い》って来《き》ます。
お祖母様、折《お》り入《い》って、ご相談《そうだん》が…。
「お婆さんの原宿《はらじゅく》」に行《い》ったことがありますか？
私《わたし》のお祖母ちゃんは、中国語《ちゅうごくご》がとても上手《じょうず》です。
お婆をからかってはいけませんよ。

人《ひと》・店《みせ》の客《きゃく》

一見《いちげん》さん
お客様《きゃくさま》
お客《きゃく》さん
お連《つ》れ様《さま》
お得意《とくい》
お得意様《とくいさま》
お得意《とくい》さん
お馴染《なじ》みさん
ご常連《じょうれん》
ご新規《しんき》さん
ご贔屓筋《ひいきすじ》
ご本人様《ほんにんさま》
大旦那《おおだんな》
旦那様《だんなさま》
若旦那《わかだんな》

一見さんはお断《ことわ》りですって、格式《かくしき》あるお店《みせ》なのね。
大切《たいせつ》なお客様だから、粗相《そそう》のないようにしてくださいね。
大事《だいじ》なことは、お客さんの気持《きも》ちになることです。
お連れ様がお部屋《へや》でお待《ま》ちです。／お連《つ》れ様《さま》はきれいな方《かた》ですね。
店長《てんちょう》は、お得意筋《とくいすじ》へご挨拶《あいさつ》に行《い》かれました。
古《ふる》いお得意様ほど、大事《だいじ》にしないといけません。
お得意さんになってもらうためには、努力《どりょく》が必要《ひつよう》ですよ。
お馴染みさんを増《ふ》やすことが、商《あきな》いのコツですよ。
あの方《かた》は、週《しゅう》に一度《いちど》は見《み》えるご常連ですからね。
いらっしゃいませ、ご新規さん四名様《よんめいさま》！
今夜《こんや》は、ご贔屓筋がたくさんお集《あつ》まりです。
カードのご利用《りよう》は、ご本人様に限《かぎ》らせていただいております。
あそこは、大旦那も元気《げんき》そのものですよ。
旦那様、おふとんをお敷《し》きしましょうか？
若旦那、ご自分《じぶん》の裁量《さいりょう》でおやりなさい。

人《ひと》・一人称《いちにんしょう》・二人称《ににんしょう》

若輩《じゃくはい》
小職《しょうしょく》
小生《しょうせい》
手前《てまえ》ども
当方《とうほう》
わたくし
私《わたくし》ども
あなた
あなた方《がた》
あなた様《さま》
お宅《たく》
お宅《たく》さん
お前《まえ》さん
ご自身《じしん》(あなた)
ご自分《じぶん》(あなた)

若輩の私《わたし》で、お役《やく》に立《た》てますかどうか…。
私《わたし》が審査委員《しんさいいん》？　そんな大役《たいやく》が小職に務《つと》まりますかどうか…。
小生がお力《ちから》になれなくて、誠《まこと》に残念《ざんねん》です。
どうぞ、手前どもにお申《もう》し付《つ》けください。
ぜひ、当方の意向《いこう》も汲《く》んでいただきたいのですが。
わたくし、生《う》まれも育《そだ》ちも葛飾柴又《かつしかしばまた》…。
私どもを選《えら》んでいただきまして、ありがとうございます。
あなたがそう言《い》うんなら、間違《まちが》いなさそうね。
先生《せんせい》の意志《いし》を、あなた方が受《う》け継《つ》ぐのですよ。
あなた様をお慕《した》い申《もう》しあげております。(手紙文《てがみぶん》)
あちらのお宅でも、迎《むか》え火《び》を焚《た》いていらっしゃる。
お宅さん、京都《きょうと》からお出《いで》ですか？
お前さんには、十分《じゅうぶん》お礼《れい》をさせてもらいます。
それもこれも、ご自身の問題《もんだい》だと思《おも》いますけど。
あまりご自分を卑下《ひげ》なさってはいけません。

人《ひと》・三人称《さんにんしょう》

あちら様《さま》
あの方《かた》
お方《かた》
お人《ひと》
方《かた》
ご仁《じん》
こちら様《さま》
ご当人《とうにん》
この方《かた》
ご本人《ほんにん》
先様《さきさま》
そちら様《さま》
その方《かた》
どちら様《さま》
どなた

このカクテル、あちら様からでございます。
あの方なら、あなたのお相手《あいて》にふさわしいと思《おも》うわ。
師匠《ししょう》は、私《わたし》にとってとりわけ大事《だいじ》なお方なんです。
どこにも、あんないいお人はいませんよ。
知的《ちてき》でしかもお美《うつく》しい方ですね。／あなたって、いけない方ね。
好《す》き嫌《きら》いの激《はげ》しいご仁って、どこにもいますね。
こちら様が一瞬《いっしゅん》早《はや》く手《て》にされたようですので…。
ご当人は、どう考《かんが》えているんでしょうね。
この方のあとをついてお行《い》きなさい。きっといいことがありますよ。
ご本人が満足《まんぞく》なら、それでよろしいんじゃないですか？
先様は何《なん》ておっしゃってるんですか？
そちら様から、ご注文《ちゅうもん》を承《うけたまわ》ります。
その方は、いつもお独《ひと》りでお見《み》えになっていました。
失礼《しつれい》ですがどちら様でしょうか？
どなたのご紹介《しょうかい》ですか？

どなた様《さま》
人様《ひとさま》・他人様《ひとさま》
向《む》こう様《さま》
お付《つ》きの方《かた》
お次《つぎ》の方《かた》
お隣《となり》さん
お向《む》かいさん
ご近所《きんじょ》さん
敵《てき》さん
男《おとこ》の方《かた》
殿方《とのがた》
女《おんな》の方《かた》
ご婦人《ふじん》
ご夫人《ふじん》
ご婦人方《ふじんがた》

失礼《しつれい》ですが、どなた様でいらっしゃいますか？
下手《へた》の横好《よこず》きで、人様にお見《み》せするようなものではありません。
一度《いちど》向こう様と会《あ》って、話《はなし》をしてごらんになったら？
お付きの方にも、お食事《しょくじ》を用意《ようい》してくださいね。
お次の方、こちらへどうぞ。
お隣さんを誘《さそ》って健康《けんこう》ランドへ行《い》きましょうか？
お向かいさんから、お焼《や》きをいただきました。お礼《れい》を言《い》ってね。
やはり、ご近所さんは大事《だいじ》にしなくてはいけません。
敵さんも、なかなかやりますね。
いつもご一緒《いっしょ》だった男の方は、どうなさったの？
殿方は殿方同士《どうし》が、よろしいんじゃありませんか？
女の方から先《さき》に降《お》りてください。
お連《つ》れさんは、どちらのご婦人ですか？
こちらの会《かい》のご夫人は、皆《みな》さんお元気《げんき》ですねぇ。
ご婦人方に姿《すがた》を見《み》られぬように退散《たいさん》しましょう。

人《ひと》・家族《かぞく》・親族《しんぞく》

お里《さと》
お身内《みうち》
お身寄《みよ》り
ご一族《いちぞく》
ご一家《いっか》
ご家族《かぞく》
ご家庭《かてい》
ご係累《けいるい》
ご血縁《けつえん》
ご実家《じっか》
ご親戚《しんせき》
ご親族《しんぞく》
ご親類《しんるい》
ご当家《とうけ》
ご本家《ほんけ》

奥様《おくさま》のお里は豪農《ごうのう》と伺《うかが》いましたが…。
お身内には芸術家《げいじゅつか》が多《おお》いそうですね。
寅《とら》さんには、お身寄りの方《かた》はいらっしゃらないのですか？
ご一族は、どの地方《ちほう》の出《で》でいらっしゃいますか？
ご一家のご健勝《けんしょう》を祈念《きねん》いたしております。（手紙文《てがみぶん》）
転職《てんしょく》なさる？　ご家族は賛成《さんせい》なさっているんですか？
健全《けんぜん》なご家庭なんですね。／仕事《しごと》より何《なに》よりご家庭が大事《だいじ》ですよ。
ご係累が大勢《おおぜい》いらっしゃるから、何《なに》かと大変《たいへん》ですね。
今《いま》の総理《そうり》とは、ご血縁と伺《うかが》いましたが。
奥様《おくさま》はご実家へ帰《かえ》られたんですか？
あなたのご親戚の都合《つごう》も聞《き》かないといけないでしょ？
それでは、ご親族の方《かた》から順《じゅん》に、ご焼香《しょうこう》をお願《ねが》いします。
ご親類には、お医者さんが多いんですか？
ご当家には、古《ふる》くからお引《ひ》き立《た》ていただいております。
ご本家と言《い》っても、付《つ》き合《あ》いも薄《うす》くなりましたから。

人《ひと》・家族《かぞく》・子《こ》

お家《うち》の方《かた》
親御《おやご》さん
ご両親《りょうしん》
お連《つ》れ合《あ》い
ご伴侶《はんりょ》
ご夫婦《ふうふ》
ご夫妻《ふさい》
お子様《こさま》
お子《こ》さん方《がた》
お子達《こたち》
お孫《まご》さん
お豆《まめ》（ちび）
お豆《まめ》さん（ちび）
ご子弟《してい》
ご養子《ようし》

お家の方は、何《なん》とおっしゃってますか？
そんな了見《りょうけん》じゃ、親御さんが悲《かな》しむと思《おも》いますよ。
ご両親が心配《しんぱい》なさっているでしょう。／ご両親はご健在《けんざい》ですか？
お連れ合いとは、もう三十年《さんじゅうねん》ですか？
素晴《すば》らしいご伴侶を見《み》つけられましたね。
とても仲《なか》の良《よ》いご夫婦で、結構《けっこう》ですね。
ご夫妻で仲良《なかよ》く畑仕事《はたけしごと》ですか、いいですね。
こちらでお子様を、お預《あず》かりいたします。／元気《げんき》なお子様ですね。
お子さん方、とてもお利口《りこう》さんですね。
とても元気《げんき》なお子達でんな。
お孫さんも、ずいぶん大《おお》きくなりましたね。
弟《おとうと》はお豆だけど、足《あし》は速《はや》いの。一緒《いっしょ》に遊《あそ》んでくれない？
悪戯《いたずら》なお豆さんだな、全《まった》く。ちっともじっとしていない…。
ご子弟が次々《つぎつぎ》とお巣立《すだ》ちになって、結構《けっこう》ですね。
社長《しゃちょう》さんのところは、ご養子《ようし》をお迎《むか》えになるそうですね。

人《ひと》・父《ちち》・おじ

お父《とう》さん
父《とう》さん
お父《とう》ちゃん
お父《とっ》ちゃん
父《とう》ちゃん
お父上《ちちうえ》
お父様《とうさま》
ご尊父様《そんぷさま》
伯父貴《おじき》
おじ様《さま》
おじさん
おじちゃん
お舅《しゅうと》さん
おっちゃん
親父《おやじ》さん

お父さんの作《つく》った肉《にく》ジャガは、美味《おい》しいね。
父さんの背中《せなか》が、少《すこ》し見《み》えてきました。
お父ちゃん、東京《とうきょう》タワーに連《つ》れてってよ。
お父ちゃん、おいらを見捨《みす》てないでくれ。親孝行《おやこうこう》するから。
うちの父ちゃんは、活版印刷《かっぱんいんさつ》の職人《しょくにん》だったんだ、すごいだろう。
君《きみ》は、お父上にずいぶん心配《しんぱい》かけたんじゃないのか？
お父様は、ご健在《けんざい》ですか？
それでは、ご尊父様から謝辞《しゃじ》をいただきたいと存《ぞん》じます。
伯父貴の説教《せっきょう》は長《なが》いから、覚悟《かくご》した方《ほう》がいいよ。
おじ様は、ずっと私《わたし》の憧《あこが》れでした。
おじさん、バイト先《さき》を紹介《しょうかい》してもらえませんか？
へぇー、おじちゃんは女《おんな》の子《こ》にもてたんだ。
お舅さんと仲《なか》が良《よ》くて、結構《けっこう》ですね。
大阪《おおさか》の甥《おい》っ子《こ》に、おっちゃんと呼《よ》ばれて面食《めんく》らったよ。
親父さん、息子《むすこ》さんが戻《もど》ってきて良《よ》かったですね

人《ひと》・夫《おっと》

ご主人《しゅじん》
ご主人様《しゅじんさま》
ご亭主《ていしゅ》
旦那様《だんなさま》
旦那《だんな》さん
お婿《むこ》さん
婿殿《むこどの》
マスオさん
うちの人《ひと》
夫《おっと》
お前《まえ》さん
宅《たく》
旦《だん》つく
亭主《ていしゅ》
宿六《やどろく》

お宅《たく》のご主人、かなり几帳面《きちょうめん》でいらっしゃるのね。
ご主人様はもうお帰《かえ》りですか？
ご亭主はとても喜《よろこ》んでいらっしゃいましたよ。
旦那様は、どちらにお勤《つと》めですか？
旦那さんは今晩《こんばん》もご機嫌《きげん》ですな。
まあ、お婿さんをもらうんですって？
婿殿は、昼行灯《ひるあんどん》などと呼《よ》ばれて悔《くや》しくないんですか？
課長《かちょう》は「マスオさん」と噂《うわさ》されるほど理想的《りそうてき》な旦那様《だんなさま》らしいわよ。
うちの人は、まじめ過《す》ぎるのが玉《たま》にきずなんです。
夫としては、九十点《きゅうじゅってん》というところでしょうかね。
お前さん、少《すこ》しは家《いえ》のことを考《かんが》えておくれよ。
宅は理事長《りじちょう》ですの。オホホホホ。
うちの旦つくは、まるで糸《いと》の切《き》れた凧《たこ》なんですから。
亭主に向《む》かってその言《い》い草《ぐさ》はなんだ！　一度《いちど》言《い》ってみたいもんです。
うちの宿六、どこへ行《い》ったんだろう。

人《ひと》・母《はは》・おば

お母様《かあさま》
お母《かあ》さん
お母《かあ》ちゃん
おっ母《か》さん
母《かあ》さん
母《かあ》ちゃん
お母《か》ん
お袋《ふくろ》
お袋《ふくろ》さん
ご母堂様《ぼどうさま》
伯母上《おばうえ》
おば様《さま》
おばさん
おばちゃん
お姑《しゅうとめ》さん

お母様が縁側《えんがわ》で髪《かみ》を染《そ》めていらっしゃる姿《すがた》が忘《わす》れられません。
お母さんに叱《しか》られたのね。何《なに》をしたの？
お母ちゃん、その話《はなし》はもう三度目《さんどめ》だよ。
おっ母さんを早《はや》く安心《あんしん》させておあげなさい。
母さんの内職《ないしょく》をよく手伝《てつだ》ったものです。
そんな子《こ》に産《う》んだ覚《おぼ》えはない、と母ちゃんによく言《い》われました。
お母んとボクは、とても仲良《なかよ》しでした。
その歌《うた》を聞《き》くと、お袋を思《おも》い出《だ》すな。
お袋さんを心配《しんぱい》させるもんじゃないよ。
ご母堂様に、よろしくお伝《つた》えください。
伯母上またですか、お見合《みあ》い写真《しゃしん》は飽《あ》きました。
おば様お元気《げんき》ね、今年《ことし》も北《きた》アルプスですって。
下町《したまち》のおばさんパワーには、参《まい》りましたよ。
いつも笑顔《えがお》の駄菓子屋《だがしや》のおばちゃん、どうしてるかな。
お姑さんはご健在《けんざい》ですか？　いろいろあるでしょうね。

人《ひと》・妻《つま》

お内儀《かみ》さん
お上《かみ》さん
奥方《おくがた》
奥方様《おくがたさま》
奥様《おくさま》
奥《おく》さん
若奥《わかおく》さん
お嫁《よめ》さん
うちの奴《やつ》
細君《さいくん》
山《やま》の神《かみ》
嫁《よめ》さん
家内《かない》
かみさん
ご寮人《りょん》さん

これはお内儀さんの耳《みみ》にだけ、入《い》れておきます。
お上さんぶりが、だいぶ板《いた》についてきましたね。
あのお宅《たく》は、奥方が実権《じっけん》を握《にぎ》っているらしいですよ。
奥方様には、ありのままを申《もう》しあげました。
奥様、そろそろお食事《しょくじ》になさいますか？
奥さん、いっそのこと駆《か》け落《お》ちしようか。
どう？　若奥さんとはうまくいってますか？
お嫁さんにしたい女優《じょゆう》のランキングがあるらしいですね。
うちの奴は、下町娘《したまちむすめ》丸出《まるだ》しですから。
実《じつ》は細君が入院《にゅういん》してしまいましてね。
うちの山の神は、上州《じょうしゅう》生《う》まれの筋金入《すじがねい》りです。
うちの嫁さんは、なかなかの働《はたら》き者《もの》です。
私《わたし》の家内は、農家《のうか》の末娘《すえむすめ》なんです。
うちのかみさん、しゃべりだしたら止《と》まらないんです。
ご寮人さんの初々《ういうい》しさに目《め》が眩《くら》みそうです。

人《ひと》・兄弟《きょうだい》

兄上《あにうえ》
兄貴《あにき》
兄《あに》さん
兄《あん》ちゃん
お兄様《にいさま》
お兄《にい》さん
お兄《にい》ちゃん
義兄《にい》さん
兄《にい》さん
兄《にい》ちゃん
ご兄弟《きょうだい》
弟《おとうと》さん
弟御《おとうとご》
甥御《おいご》さん
お従兄弟《いとこ》さん

兄上のお言葉《ことば》、しっかり腹《はら》に収《おさ》めます。
やはり、兄貴の言《い》う通《とお》りだったよ。
兄さんの優《やさ》しさには泣《な》けてくるね。
兄ちゃんは、やっぱりすごいな。
お兄様は、どちらにお勤《つと》めですか？
お兄さんは、あなたのご苦労《くろう》をご存知《ぞんじ》なの？
あんな優《やさ》しいお兄ちゃんが欲《ほ》しいわ。
義兄さんは頼《たよ》りになる優《やさ》しい人《ひと》です。
兄さん、それはないよ。／兄さんの言《い》うことが聞《き》けないのかい？
安心《あんしん》しろ、兄ちゃんがお前《まえ》たちを守《まも》ってやるから。
ご兄弟は仲《なか》が良《よ》いのが一番《いちばん》です。／ご兄弟は何人《なんにん》？
しばらくお顔《かお》を見《み》ないけど、弟さん、お元気《げんき》？
イタリアのクラブチームに入った弟御の活躍《かつやく》が楽《たの》しみですね。
甥御さんたちもみんな、アーティストなんですか？
あなたのお従兄弟さんたち、なかなかやるじゃないですか。

人《ひと》・息子《むすこ》

息子《むすこ》さん
ご長男《ちょうなん》
ご次男《じなん》
ご三男《さんなん》
御曹司《おんぞうし》
ご子息《しそく》
令息《れいそく》
お坊《ぼっ》ちゃま
お坊《ぼっ》ちゃん
坊《ぼっ》ちゃん
坊主《ぼうず》
坊《ぼう》や
ぼんぼん（坊々）
ぼく
せがれ

息子さんが休職《きゅうしょく》して、ご両親《りょうしん》を介護《かいご》なさってるんですって。
ご長男は、どうしても甘《あま》やかしてしまいますね。
ご次男は、大《たい》した病気《びょうき》もせず、すくすく成長《せいちょう》なさったようですね。
ご三男は、早《はや》くから家《いえ》を出《で》られて東京《とうきょう》ですか？
財閥《ざいばつ》の御曹司とは、羨《うらや》ましい限《かぎ》りです。
ご子息は、ロンドンにご遊学《ゆうがく》だそうですね。
うちの息子《むすこ》も、令息を少《すこ》しは見習《みなら》えば良《よ》いのですが。（手紙文《てがみぶん》）
おっとりしてて、いかにも良家《りょうけ》のお坊ちゃまという感《かん》じね。
お宅《たく》のお坊ちゃん、おいくつになられました？
坊ちゃんも、いつのまにか偉《えら》くなったもんですね。
坊主なかなかやるじゃないか、弱《よわ》い者《もの》を助《たす》けるなんて。
まだまだ坊やなんだから、しょうがないわね。
ぼんぼん、ここは父上《ちちうえ》に頭《あたま》をお下《さ》げなさい。
ぼくは男《おとこ》の子《こ》なんだから、泣《な》かないのよ。／ぼくはおいくつ？
なんと、せがれが留学《りゅうがく》したいと言《い》い出《だ》しましてね。

人《ひと》・姉妹《しまい》

お姉様《ねえさま》
お姉《ねえ》さん
お姉《ねえ》ちゃん
姉《ねえ》さん
姉上《あねうえ》
姉貴《あねき》
姉様《あねさま》
妹《いもうと》 さん
お妹《いもうと》さん
ご姉妹《しまい》
ご息女《そくじょ》
ご長女《ちょうじょ》
娘《むすめ》さん
姫御前《ひめごぜ》
姪御《めいご》さん

あなたのお姉様はイギリスに住《す》んでらっしゃるんですか？
お姉さんは、いつも優《やさ》しく勉強《べんきょう》を教《おし》えてくれました。
お姉ちゃん、お祭《まつ》りに連《つ》れてってよ。
姉さん、ぼくの帽子《ぼうし》はどこへいったんでしょう？
しかし姉上、お言葉《ことば》を返《かえ》すようですが…。
姉貴の言葉《ことば》はキツイから、こたえるよ。
姉様は、お人形《にんぎょう》のように色《いろ》が白《しろ》かったのよ。
不思議《ふしぎ》ね、お嫁《よめ》に行《い》くのはどこも妹さんが先《さき》。
お妹さんでいらっしゃいますか、おきれいですね。
ご姉妹そろって美人《びじん》で、羨《うらや》ましいわ。
ご息女もご活躍《かつやく》ですね。
ご長女の婚約《こんやく》が整《ととの》われた、それはおめでとう。
やさしそうな娘さんで、結構《けっこう》ですね。
お宅《たく》の姫御前は、お元気《げんき》ですか？
姪御さんがモデルの卵《たまご》ですって？

人《ひと》・娘《むすめ》

姐御肌《あねごはだ》
お俠《きゃん》
おしゃま
お洒落《しゃれ》さん
お嬢様《じょうさま》
お嬢《じょう》さん
お嬢《じょう》ちゃま
お嬢《じょう》ちゃん
お澄《す》ましやさん
お茶目《ちゃめ》
お転婆《てんば》
お生《なま》
おませ
ご活発《かっぱつ》

彼女《かのじょ》は姐御肌ですから、頼《たよ》りになりますよ。
祭《まつ》り好《ず》きのお俠な娘《こ》に惚《ほ》れてしまいましてね…。
ずいぶん、おしゃまな娘《むすめ》さんですね。おいくつですか？
彼《かれ》ったら、つんと澄《す》ましたお洒落さんを連《つ》れてましたよ。
お嬢様が三人《さんにん》ですか。さぞ、お賑《にぎ》やかでしょうね。
彼女《かのじょ》はお嬢さんですから、世間《せけん》を知《し》らないのも無理《むり》はない。
お嬢ちゃまのお相手《あいて》は、楽《らく》じゃありませんよ。
可愛《かわい》いお嬢ちゃんですこと。
あの方《かた》はお澄ましやさんですから…。
あの娘《こ》のお茶目なところが可愛《かわい》くてね。
とにかく評判《ひょうばん》のお転婆で、ほとほと手《て》を焼《や》いてます。
小《ちい》さい頃《ころ》からお生なことを言《い》ってたわね、あの娘《こ》。
お嬢《じょう》ちゃんも、いつの間《ま》にかおませになって！
テニスに登山《とざん》、ご活発《かっぱつ》なお嬢《じょう》さんですね。

人柄《ひとがら》・育《そだ》ち

お気性《きしょう》
お行儀《ぎょうぎ》
お育《そだ》ち
お人柄《ひとがら》
お身持《みも》ち
ご気質《きしつ》
ご気性《きしょう》
ご性分《しょうぶん》
お国柄《くにがら》
ご家風《かふう》
ご社風《しゃふう》
お家柄《いえがら》
ご環境《かんきょう》
ご気風《きふう》
ご境遇《きょうぐう》

せっかちなお気性ですからね、あの方《かた》は。
肘《ひじ》をついたまま食《た》べるなんて、お行儀が悪《わる》いわよ！
あくせくなさらないのは、やはりお育ちのせいでしょう。
親方《おやかた》の優《やさ》しいお人柄に触《ふ》れれば、彼《かれ》もきっと変《か》わりますよ。
あの方《かた》は、お身持ちが悪《わる》いという評判《ひょうばん》ですよ。
とにかくお坊《ぼっ》ちゃんで、何事《なにごと》にもこだわらないご気質ですから。
ご主人《しゅじん》がお気《き》の毒《どく》、奥様《おくさま》はなかなか激《はげ》しいご気性ですから。
それはきっと、あの方《かた》のご性分なのよ。
とにかく、あなたの故郷《こきょう》は、のんびりとしたお国柄ですからね。
あのお宅《たく》は、何事《なにごと》にも質実《しつじつ》なご家風ですからね。
こちらは本当《ほんとう》に自由《じゆう》なご社風なんですね、羨《うらや》ましい。
お家柄の違《ちが》いというものが出《で》るんでしょうね。
そのようなご環境だから、天才《てんさい》ピアニストが育《そだ》つのです。
辛抱強《しんぼうづよ》いというのも、雪国独特《ゆきぐにどくとく》のご気風でしょうか。
何《なん》とも、お気《き》の毒《どく》なご境遇でございます。

人柄《ひとがら》・立派《りっぱ》

お偉《えら》い
ご威光《いこう》
ご貫禄《かんろく》
ご奇特《きとく》
ご矜持《きょうじ》
ご器量《きりょう》
ご高名《こうめい》
ご人徳《じんとく》
ご崇高《すうこう》
ご尊厳《そんげん》
ご明快《めいかい》
ご明確《めいかく》
ご立派《りっぱ》
達観《たっかん》なさる
ご的確《てきかく》

ご自分《じぶん》のことより部下《ぶか》をお守《まも》りになる、なんてお偉いんでしょう。

先生《せんせい》のお名前《なまえ》を出《だ》すだけで信用《しんよう》されるんですから、たいしたご威光です。

課長《かちょう》と先生《せんせい》では、ご貫禄が違《ちが》いすぎます。

ご寄付《きふ》を？　それはご奇特なことですね。

商人《あきんど》としてのご矜持を失《うしな》わない、さすが老舗《しにせ》の三代目《さんだいめ》です。

あの方《かた》は、人《ひと》の上《うえ》に立《た》つご器量がおありになる。

所長《しょちょう》のご高名は、かねがね伺《うかが》っております。

お弟子《でし》さんが大勢《おおぜい》ですね。やはりご人徳でしょう。

そのご崇高な精神《せいしん》には頭《あたま》が下《さ》がります。

あの方《かた》のご尊厳を、傷《きず》つけることにならなければよろしいのですが。

あなたの説明《せつめい》は、いつもご明快ですね。

指示《しじ》がいつもご明確だから、若《わか》い人《ひと》がついてくるんですね。

ご立派になられて、親御《おやご》さんもさぞかし鼻《はな》が高《たか》いでしょう。

あのご住職《じゅうしょく》は、何事《なにごと》にも達観なさっています。

部長《ぶちょう》の情勢判断《じょうせいはんだん》は、いつもご的確ですね。

人柄《ひとがら》・良《よ》い

お勇《いさ》ましい
お淑《しと》やか
お上品《じょうひん》
お品《ひん》
お優《やさ》しい
ご闊達《かったつ》
ご高潔《こうけつ》
ご姿勢《しせい》
ご辛抱強《しんぼうづよ》い
ご清潔《せいけつ》
ご誠実《せいじつ》
ご貞淑《ていしゅく》
ご評判《ひょうばん》
ご品格《ひんかく》
ふるまわれる

痴漢《ちかん》に蹴《け》りを？　まあ、お勇ましいこと。
お淑やかなお嬢様《じょうさま》ですね。
先生《せんせい》の奥様《おくさま》はとてもお上品な方《かた》です。
奥様《おくさま》は穏《おだ》やかでお品のいい方《かた》ですね。
あなたは、どなたにもお優しいんですね。
ご闊達なお母様《かあさま》ですね、おいくつでいらっしゃいますか？
ご高潔な先生《せんせい》を、お弟子《でし》さんたちは皆尊敬《みなそんけい》しています。
その真《ま》っ直《す》ぐなご姿勢を、見習《みなら》わなければいけないですね。
婦長《ふちょう》さんは、とにかくご辛抱強い方《かた》です。
町会長《ちょうかいちょう》はご清潔な人柄《ひとがら》で、皆《みな》さんに信頼《しんらい》されています。
あの方《かた》、見《み》るからにご誠実そうだわ。
近頃《ちかごろ》では珍《めずら》しくご貞淑な方《かた》ですね。あのご夫人《ふじん》は。
けっして偉《えら》ぶらない、気《き》さくな方《かた》とご評判ですよ。
さすが人間国宝《にんげんこくほう》、ご品格が違《ちが》いますね。
お母様《かあさま》が、気丈《きじょう》にふるまわれる姿《すがた》が痛々《いたいた》しくて…。

人柄《ひとがら》・のんき

お飾《かざ》り
お気《き》が長《なが》い
お気軽《きがる》
お客《きゃく》さん
お気楽《きらく》
お座《ざ》なり
お荷物《にもつ》
お馬鹿《ばか》さん
お姫様《ひいさま》
お人好《ひとよ》し
お坊《ぼっ》ちゃま気分《きぶん》
お坊《ぼっ》ちゃん育《そだ》ち
おめでたい
お役所仕事《やくしょしごと》
のんびり屋《や》さん

店長《てんちょう》といっても、私《わたし》は単《たん》なるお飾りに過《す》ぎませんよ。
もう夕方《ゆうがた》なのに、まだ一匹《いっぴき》も？　ずいぶんお気が長いですな。
出会《であ》ったその日《ひ》に？　何《なん》ともお気軽なものね。
彼《かれ》は麻雀《マージャン》のいいお客さんなんですから、大切《たいせつ》にしなくちゃ。
そんなにお気楽でよろしいんですか？
そんなお座なりの挨拶《あいさつ》では、かえって失礼《しつれい》ですよ。
浜《はま》ちゃんは、けっしてお荷物じゃありません。
こんなことにも気《き》づかないなんて、私《わたし》ってなんてお馬鹿さん！
とにかくあいつの女房《にょうぼう》は、お姫様ですからね。
うちの亭主《ていしゅ》は根《ね》っからのお人好しですから。
いつまでもお坊ちゃま気分が抜《ぬ》けないようですね。
二代目《にだいめ》はとにかくお坊ちゃん育ちですから、お許《ゆる》しを。
あなたは、どこまでおめでたいんですか。
お役所仕事みたいにのんびりやってたら、終《お》わりませんよ。
あの人《ひと》はのんびり屋さんですけど、いい人ですよ。

人柄《ひとがら》・偉《えら》い人《ひと》

翁《おう》
お偉《えら》い方《かた》
お偉《えら》いさん
お偉方《えらがた》
大御所《おおごしょ》
お局様《つぼねさま》
親分《おやぶん》
お歴々《れきれき》
御大《おんたい》
御大将《おんたいしょう》
学者《がくしゃ》さん
監督《かんとく》さん
ご隠居《いんきょ》さん
大先生《おおせんせい》
ご司令《しれい》

芭蕉翁《ばしょうおう》の足跡《そくせき》を辿《たど》って、行《い》かれるんですか？
お偉い方なんですから、十分《じゅうぶん》にお気《き》をつけて。
本物《ほんもの》のお偉いさんって、実《じつ》に腰《こし》が低《ひく》いものですよ。
この企画《きかく》、果《は》たしてお偉方の目《め》にとまるだろうか。
ご存知《ぞんじ》なかったんですか？　あの方《かた》は日本画《にほんが》の大御所ですよ。
お局様には一目置《いちもくお》かないと、えらいことになりますよ。
ここは親分のお情《なさ》けにすがるしかありません。
お歴々がお揃《そろ》いですね？
さあ、御大のお出《で》ましだ。／御大が居《い》てこそのわが組合《くみあい》です。
さすが御大将、お心掛《こころが》けのケタが違《ちが》う。
学者さんの言《い》うことは、やはり難《むずか》しすぎます。
九十四歳《きゅうじゅうよんさい》、車椅子《くるまいす》に乗《の》った監督さんには驚《おどろ》きましたね。
難《むずか》しい問題《もんだい》は、まずご隠居さんに相談《そうだん》だ。
やっと大先生のお考えを伺《うかが》うことができました。
確《たし》かにうっかりしておりました、ご司令のおっしゃる通《とお》りです。

ひま・退屈《たいくつ》

お時間《じかん》
お時間《じかん》をいただく
お退屈《たいくつ》
ご退屈《たいくつ》
退屈《たいくつ》なさる
お退屈《たいくつ》しのぎ
お退屈様《たいくつさま》
お茶《ちゃ》をひく
おついで
お手数《てかず》
お手《て》すき
お手間《てま》
お手《て》を煩《わずら》わす
お暇《ひま》
ご猶予《ゆうよ》

もしお時間がありましたら、お立《た》ち寄《よ》りください。
貴重《きちょう》なお時間をいただきまして、恐縮《きょうしゅく》です。
子《こ》どもの学芸会《がくげいかい》みたいで、お退屈だったんじゃありませんか？
現役《げんえき》を退《しりぞ》かれて、お父様《とうさま》はご退屈でしょうね。
この映画《えいが》は退屈なさることはありません、私《わたし》が保証《ほしょう》します。
お退屈しのぎに、お散歩《さんぽ》でもいかがですか？
慣《な》れぬ芸《げい》とはいえ、お退屈様でございました。
あ～あ、今日《きょう》もお茶をひいてしまったわ。
それでは、おついでの時《とき》にでもお持《も》ちになってください。
お手数をおかけします。どうぞ、よろしく。
この書類《しょるい》、お手すきの時《とき》に目《め》を通《とお》していただけませんか？
お手間を取《と》らせまして、申《もう》し訳《わけ》ございません。
すっかりお手を煩わせてしまい、申《もう》し訳《わけ》ありません。
お暇な時《とき》は、いつでもいらしてくださいね。
一刻《いっこく》のご猶予もなりません。即刻《そっこく》ご決断《けつだん》を願《ねが》います。

秘密《ひみつ》

お隠《かく》し事《ごと》
お隠《かく》しになる
お忍《しの》び
人目《ひとめ》を忍《しの》ばれる
お秘《ひ》めになる
秘密《ひみつ》になさる
秘蔵《ひぞう》なさる
お伏《ふ》せする[自]
口止《くちど》めなさる
口外《こうがい》なさらないで
お人払《ひとばら》い
ご内密《ないみつ》に
お打《う》ち明《あ》けになる
お漏《も》らしになる
告白《こくはく》なさる

ご夫婦《ふうふ》の間《あいだ》に、お隠し事の一《ひと》つや二《ふた》つあっても当《あ》たり前《まえ》ですよ。
いくらお隠しになってもムダ。尻尾《しっぽ》が出《で》てますよ。
あの方《かた》は、このレストランに時々《ときどき》お忍びでいらっしゃいます。
お二人《ふたり》は人目を忍ばれる仲《なか》だそうですが。
胸《むね》の奥深《おくふか》くに、何《なに》かお秘めになっている方《かた》ですね。
私《わたし》に秘密になさるなんて、水《みず》くさいじゃありませんか。
秘蔵なさっている雪舟《せっしゅう》を、一度見《いちどみ》せていただけませんか？
先日《せんじつ》の件《けん》は、お伏せしておきます。
この件《けん》は関係者《かんけいしゃ》に口止めなさってください。
秘密《ひみつ》ですからね、口外なさらないでください。
お人払いをお願《ねが》いできますか？／何《なに》とぞお人払いを…。
私《わたし》がここに参《まい》りましたことは、くれぐれもご内密に。
彼女《かのじょ》にお打ち明けになったらいかがですか？
とうとう秘密《ひみつ》をお漏らしになったんですか？
思《おも》い切《き》って、彼女《かのじょ》に告白なさったらいかがですか？

評《ひょう》価《か》

お比《くら》べする[自]
お比《くら》べになる
ご好評《こうひょう》
ご講評《こうひょう》
ご高評《こうひょう》
ご採点《さいてん》
採点《さいてん》なさる
ご判断《はんだん》
判断《はんだん》なさる
ご批判《ひはん》を仰《あお》ぐ
判定《はんてい》なさる
ご批評《ひひょう》
批評《ひひょう》なさる
評価《ひょうか》なさる
お褒《ほ》めになる

お比べするのは失礼《しつれい》ですよ、格《かく》が違《ちが》いすぎます。

新製品《しんせいひん》をこれまでのものとお比べになってください。

こちらのパンは、おかげ様《さま》でご好評をいただいております。

先生《せんせい》のきついご講評には参《まい》りました。

先般《せんぱん》は、過分《かぶん》なご高評を賜《たまわ》り、恐縮《きょうしゅく》しました。

一般公募作品《いっぱんこうぼさくひん》のご採点を、お願《ねが》いします。

山《やま》のような答案《とうあん》、採点なさるのが大変《たいへん》ですね。

このデータをご判断の材料《ざいりょう》にしてください。

病気《びょうき》というものは、ご自分《じぶん》で判断なさるのは危険《きけん》です。

ご一読《いちどく》いただいてから、ご批判を仰ぎたいと存《ぞん》じます。

塾長《じゅくちょう》は新《あたら》しい視点《してん》から判定なさいました。

作品《さくひん》のご批評は、どなたでもご自由《じゆう》ですけど。

どうか、存分《ぞんぶん》に批評なさってください。

先生《せんせい》が高《たか》く評価なさったので、彼《かれ》は舞《ま》いあがってますよ。

社長《しゃちょう》はみんなの前《まえ》で、部長《ぶちょう》のアイデアをお褒めになりました。

病気《びょうき》・看病《かんびょう》

ご安静《あんせい》
安静《あんせい》になさる
お下《しも》の世話《せわ》
お見舞《みまい》
お見舞《みまい》に伺《うかが》う
介護《かいご》なさる
介助《かいじょ》なさる
ご看護《かんご》
看護《かんご》なさる
ご看病《かんびょう》
看病《かんびょう》なさる
ご闘病《とうびょう》
闘病《とうびょう》なさる
ご病室《びょうしつ》
ご病床《びょうしょう》

インフルエンザには、ご安静が一番《いちばん》ですよ。

しばらくは安静になさってください。

お下の世話もなさったんですか？　それは大変《たいへん》でしたね。

わざわざお見舞に来《き》てくださって、ありがとうございます。

お見舞に伺ってもよろしいですか？

女手《おんなで》ひとつでお父様《とうさま》を介護なさるのは、大変《たいへん》でしょうね。

介助なさる方《かた》の負担《ふたん》を軽《かる》くする工夫《くふう》が必要《ひつよう》ですね。

手厚《てあつ》いご看護をいただき、ありがとうございました。

寝《ね》たきりのお母様《かあさま》を看護なさるのは、ご苦労《くろう》でしょうね。

長《なが》い間《あいだ》のご看病、本当《ほんとう》にお疲《つか》れ様《さま》でした。

娘《むすめ》さんが一心《いっしん》に看病なさる姿《すがた》には感動《かんどう》しました。

会長《かいちょう》は、ご闘病の記録《きろく》を出版《しゅっぱん》なさるそうです。

ご住職《じゅうしょく》は脳梗塞《のうこうそく》で闘病なさっています。

ご病室には花束《はなたば》があふれていました。

ご病床で原稿《げんこう》を書《か》いていらっしゃるんですか？

病気《びょうき》・診察《しんさつ》

お効《き》きになる
お薬《くすり》
お注射《ちゅうしゃ》
お手当《てあて》
お熱《ねつ》
ご回診《かいしん》
ご症状《しょうじょう》
ご所見《しょけん》
ご診察《しんさつ》
診察《しんさつ》なさる
ご診断《しんだん》
診断《しんだん》なさる
ご病歴《びょうれき》
ご療治《りょうじ》
服用《ふくよう》なさる

今度《こんど》の痛《いた》み止《ど》めは、お効きになりました？
お薬を飲《の》むのをお忘《わす》れにならないように。
私《わたし》、お注射は嫌《きら》いなんです。飲《の》み薬《ぐすり》ではいけませんか？
術後《じゅつご》は十分《じゅうぶん》なお手当が必要《ひつよう》です。
お熱を測《はか》りましょうね。／お熱が高《たか》いので心配《しんぱい》だわ。
研修医《けんしゅうい》をお引《ひ》き連《つ》れになって、教授《きょうじゅ》のご回診です。
ご症状はかなり重《おも》いようですね、牡蠣《かき》にあたったんでしょう。
先生《せんせい》のご所見は？　やはり骨折《こっせつ》でしたか！
良《よ》かったですね、あの名医《めいい》のご診察を受《う》けることができて…。
院長先生《いんちょうせんせい》が直々《じきじき》に診察なさるのは、珍《めずら》しいんですよ。
主治医《しゅじい》のご診断ですから、信《しん》じるほかはありません。
とにかく診断なさったのがあの名医《めいい》ですからね。
あれほどのご病歴がありながら、お祖父様《じいさま》は明《あか》るい方《かた》ですね。
先生《せんせい》のご療治は、患者《かんじゃ》さんたちに人気《にんき》がありますね。
ふだん何《なに》か、お薬《くすり》を服用なさってますか？

病気《びょうき》・病院《びょういん》

お大事《だいじ》に
お治《なお》りになる
治《なお》られる
ご回復《かいふく》
回復《かいふく》なさる
ご快癒《かいゆ》
快癒《かいゆ》なさる
ご全快《ぜんかい》
全快《ぜんかい》なさる
ご退院《たいいん》
退院《たいいん》なさる
ご入院《にゅういん》
入院《にゅういん》なさる
ご面会《めんかい》
面会《めんかい》なさる

退院《たいいん》ですか？　良《よ》かったですね。お大事にどうぞ。
お治りになったら、また遊《あそ》びましょう。
お怪我《けが》はもう、すっかり治られましたか？
一日《いちにち》も早《はや》いご回復をお祈《いの》りしております。（手紙文《てがみぶん》）
早《はや》く回復なさって良《よ》かったですね。
一日《いちにち》も早《はや》いご快癒を、お祈《いの》りしております。（手紙文《てがみぶん》）
このご様子《ようす》なら、日《ひ》ならずに快癒なさることでしょうね。
それでは、ご全快を祝《しゅく》して、乾杯《かんぱい》！
こんなに早《はや》く全快なさるとは、本当《ほんとう》に良《よ》かったですね。
ご退院の日取《ひど》りは、お決《き》まりですか？
退院なさるのですか？　良《よ》かったですね。お大事《だいじ》に。
ご入院と伺《うかが》って、びっくりしましたよ。
詳《くわ》しい検査《けんさ》をしますから、入院なさってください。
ご面会の方《かた》は、お時間《じかん》をお守《まも》りください。
面会なさるのは、午後《ごご》からになさったら？

病《びょう》状《じょう》

お覚《さ》めになる
お倒《たお》れになる
衰《おとろ》えられる
お窶《やつ》れになる
お患《わずら》いになる
患《わずら》われる
気《き》がつかれる
ご危篤《きとく》
ご重体《じゅうたい》
ご憔悴《しょうすい》
憔悴《しょうすい》なさる
ご病状《びょうじょう》
ご容態《ようだい》
小康《しょうこう》を保《たも》たれる
大病《たいびょう》なさる

麻酔《ますい》からお覚めになった時《とき》のご気分《きぶん》は、いかがでしたか?
あんなに丈夫《じょうぶ》な方《かた》がお倒れになるなんて信《しん》じられません。
あの方《かた》、めっきり衰えられたというお噂《うわさ》ですよ。
このところ、だいぶお窶れになったようで、心配《しんぱい》だわ。
難病《なんびょう》をお患いになっていると伺《うかが》いましたが…。
一度《いちど》も寝込《ねこ》んだことがないという方《かた》が患われるとは…。
やっと気がつかれましたね、丸一日《まるいちにち》眠《ねむ》っていたのよ。
父上《ちちうえ》がご危篤? すぐに行《い》っておあげなさい。
父上《ちちうえ》がご重体とのお知《し》らせには驚《おどろ》きました。
このところ、ご憔悴じゃありませんか?
あれほど憔悴なさるなんて、よくよくのことだわ。
教授《きょうじゅ》はこの所《ところ》、ご病状は安定《あんてい》しているようですよ。
その後《ご》、ご主人《しゅじん》のご容態はいかがですか?
先生《せんせい》は、小康を保たれているご様子《ようす》でした。
大病なさったとは思《おも》えないほど、お変《か》わりなくて。

服《ふく》を買《か》う

お襟《えり》
お裾《すそ》
お袖《そで》
おズボン
お丈《たけ》
お揃《そろ》い
お色《いろ》
お色違《いろちが》い
お顔映《かおうつ》り
お地味《じみ》
お柄《がら》
お袖《そで》を通《とお》す
お試《ため》しになる
お取《と》り外《はず》し
お似合《にあ》い

お客様《きゃくさま》、こうしてお襟を立《た》てると、もっとおしゃれですよ。
お裾の柄《がら》が、とても斬新《ざんしん》でございます。
お袖の長《なが》さはよろしいですか？
おズボンの裾上《すそあ》げはどうなさいますか？
お客様《きゃくさま》、お丈をお計《はか》りいたしましょう。
ご夫婦《ふうふ》でお揃いのセーターをお望《のぞ》みなんですね。
お客様《きゃくさま》、お色のお好《この》みはございますか？
お客様《きゃくさま》、こちらにお色違いもございます。
お顔映りのいい方《ほう》を、お選《えら》びになってはいかがですか？
お客様《きゃくさま》には少々《しょうしょう》お地味かと思《おも》いますけど。
お客様《きゃくさま》、このお柄は少々《しょうしょう》お派手《はで》では？
お袖を通《とお》してご覧《らん》になったら？　きっとぴったりですよ。
どうぞ、いろいろお試しになってください。
こちらのコートは、襟《えり》のファーがお取り外しができます。
そのブラウス、とてもよくお似合いですよ。

服《ふく》を仕立《した》てる

お生地《きじ》
お仕立物《したてもの》
お裾丈《すそたけ》
お袖口《そでぐち》
お直《なお》し
お針仕事《はりしごと》（裁縫《さいほう》）
ご寸法《すんぽう》
お誂《あつら》えする［自］
お誂《あつら》えになる
お仕立《した》てする［自］
お仕立《した》てになる
お詰《つ》めになる
お触《ふ》れになる
ご新調《しんちょう》
新調《しんちょう》なさる

お客様《きゃくさま》、お持《も》ちのお生地でお仕立《した》てすることもできます。
お仕立物を、お届《とど》けにあがりました。
お客様《きゃくさま》、お裾丈はよろしいですか？
お袖口がきつそうですね、お直《なお》ししておきます。
お洋服《ようふく》のお直しも承《うけたまわ》っております。
お母様《かあさま》は、お針仕事がお上手《じょうず》なんですね。
お客様《きゃくさま》、ご寸法を頂戴《ちょうだい》いたします。
お約束《やくそく》の日《ひ》までに、確《たし》かに私《わたし》どもがお誂えいたします。
そのシャツ、お誂えになったみたいにぴったりですね。
成人式《せいじんしき》までに晴《は》れ着《ぎ》をお仕立ていたします。
振《ふ》り袖《そで》をお仕立てになるとは豪勢《ごうせい》ですね。
ご隠居《いんきょ》は着物《きもの》の丈《たけ》を少《すこ》しお詰めになったそうです。
生地《きじ》にお触れになってみてください、違《ちが》いがお分《わ》かりでしょう？
ご新調のスーツがよくお似合《にあ》いですね。
フレッシュマンスーツを新調なさるのですね。

仏事《ぶつじ》・経《きょう》・お供《そな》え

お灯《あか》し
お灯明《とうみょう》
お灯《とも》しになる
お位牌《いはい》
ご位牌《いはい》
ご供養《くよう》
供養《くよう》なさる
ご先祖《せんぞ》
ご先祖様《せんぞさま》
お仏壇《ぶつだん》
ご仏壇《ぶつだん》
ご法事《ほうじ》
ご法要《ほうよう》
お墓《はか》
お墓参《はかまい》り

祖母《そぼ》は、お仏壇《ぶつだん》に毎朝《まいあさ》お灯しをあげています。
お灯明は切《き》らさないように、お願《ねが》いね。
奥様《おくさま》は仏壇《ぶつだん》に蠟燭《ろうそく》をお灯しになりました。
お父様《とうさま》とお母様《かあさま》、お二人《ふたり》で一《ひと》つのお位牌なんですか？
ご位牌は大切《たいせつ》にお祀《まつ》りしなければいけません。
皆《みな》さんでしっかりとご供養なさいませ。
ご先祖様《せんぞさま》を供養なされば、きっといいことがありますよ。
ご先祖を粗末《そまつ》にしたら、罰《ばち》が当《あ》たりますよ。
この店《みせ》を畳《たた》んだら、ご先祖様に顔向《かおむ》けができませんよ。
お仏壇にあげる花《はな》を買《か》ってきてくださいね。
こちらのご仏壇は立派《りっぱ》ですね。
お友達《ともだち》が一周忌《いっしゅうき》のご法事にお集《あつ》まりですよ。
今日《きょう》は七回忌《しちかいき》のご法要ですか？
お墓を移転《いてん》する人《ひと》が、最近《さいきん》増《ふ》えているそうですね。
毎年《まいとし》、命日《めいにち》には必《かなら》ずお墓参りをしております。

仏様《ほとけさま》
お経《きょう》
お数珠《じゅず》
お題目《だいもく》
お唱《とな》えになる
お念仏《ねんぶつ》
ご宗旨《しゅうし》
ご声明《しょうみょう》
ご読経《どきょう》
ご念誦《ねんじゅ》
お供物《くもつ》
お榊《さかき》
お供《そな》え
お供《そな》え物《もの》
お供《そな》えする

仏様には、毎朝《まいあさ》、お茶《ちゃ》をあげています。
祥月命日《しょうつきめいにち》には、ご住職《じゅうしょく》にお経をあげていただきます。
ご葬儀《そうぎ》にはお数珠を忘《わす》れてはいけませんよ。
困《こま》った時《とき》は、懸命《けんめい》にお題目をお唱《とな》えなさい。
般若心経《はんにゃしんきょう》をお唱えになれますか？
今月《こんげつ》のお念仏の集《あつ》まりは、町会長《ちょうかいちょう》さんのお宅《たく》でしたね。
僧正《そうじょう》は熱心《ねっしん》に、ご宗旨を説《と》かれました。
僧正《そうじょう》のご声明はお唄《うた》を聞《き》いているようです。
先代《せんだい》のご読経は、大通《おおどお》りまで聞《き》こえたという話《はなし》です。
学長《がくちょう》は静《しず》かにご念誦なさっておいででした。
お宮参《みやまい》りに行《い》って、お供物をいただいてきました。
お榊を替《か》えてくれたかしら？
キッチン用《よう》に、小《ちい》さなお供えを買《か》ってきてくださいね。
お供え物は仏様《ほとけさま》に食《た》べていただくものなんですよ。
祖母《そぼ》は毎朝《まいあさ》、仏壇《ぶつだん》にご飯《はん》とお水《みず》をお供えしています。

風呂《ふろ》・清潔《せいけつ》

お汗《あせ》
お浴《あ》びになる
お洗《あら》いになる
お絞《しぼ》り
お手拭《てぬぐ》い
お手拭《てふ》き
お拭《ふ》きになる
お風呂《ふろ》
お湯殿《ゆどの》
お湯《ゆ》(風呂《ふろ》)
お湯加減《ゆかげん》
お浴衣《ゆかた》
背中《せなか》をお流《なが》しする[自]
入浴《にゅうよく》なさる
お香《こう》

まあ、お汗が多《おお》い方《かた》ですね。
まあ、汗《あせ》びっしょり、シャワーをお浴びになったら？
手《て》をお洗いになるなら、どうぞ、こちらへ。
暑《あつ》い中《なか》を来《こ》られるお坊様《ぼうさま》に、冷《つめ》たいお絞りを用意《ようい》してね。
こちらのお手拭いをお使《つか》いください。
お手拭きをこちらに出《だ》しておきます。
さ、これで涙《なみだ》をお拭きになって。
お風呂の用意《ようい》ができましたから、どうぞ。
お湯殿に菖蒲《しょうぶ》の葉《は》を入《い》れておきましたよ。
お湯につかって、ゆっくりなさってください。
熱《あつ》すぎず温《ぬる》すぎず、とてもいいお湯加減でした。
涼《すず》し気《げ》な柄《がら》のお浴衣ですね。
先生《せんせい》、背中をお流ししましょう。
入浴なさるのは、いつも早朝《そうちょう》ですか？
着物《きもの》にお香をたき込《こ》めるそうですよ、おしゃれねえ。

へりくだる・謙《けん》虚《きょ》

お下《さ》がりになる
お譲《ゆず》りになる
ご謙遜《けんそん》
謙遜《けんそん》なさる
譲歩《じょうほ》なさる
甘《あま》んじて
痛《いた》み入《い》ります
至《いた》らない
恐《おそ》れ入《い》ります
とんでもない
不躾《ぶしつけ》ながら
不束者《ふつつかもの》
不出来《ふでき》
身《み》に余《あま》る
老婆心《ろうばしん》ながら

ここは我慢《がまん》して、お下がりになった方《ほう》が得《とく》ですよ。
ここはお譲りになってはいかがですか？
それはご謙遜でしょ？　あなたの実力《じつりょく》は相当《そうとう》なものですよ。
そんなに謙遜なさらないでください。
ここは譲歩なさった方《ほう》が、あなたの株《かぶ》が上《あ》がりますよ。
私《わたし》の手《て》落《お》ちですから、処罰《しょばつ》は甘んじてお受《う》けします。
ご丁寧《ていねい》なご挨拶《あいさつ》、痛み入ります。／わざわざのお運《はこ》び、痛み入ります。
至らない私《わたくし》たちのためにお集《あつ》まりいただき、ありがとうございます。
重《かさ》ねてのお願《ねが》い、恐れ入ります。
私《わたし》がチームリーダーなんて、とんでもないです。
不躾ながら、これだけは申《もう》しあげます。
不束者ですが、よろしくお願《ねが》いいたします。
不出来な息子《むすこ》ですが、よろしくご指導《しどう》ください。
私《わたし》のような者《もの》には、身に余る光栄《こうえい》です。
老婆心ながら申《もう》しあげますが、相手《あいて》もなかなかの腕《うで》ですよ。

ほ

報告《ほうこく》・知《し》らせる

お知《し》らせ
お知《し》らせする［自］
お知《し》らせになる
ご通知《つうち》
ご通知《つうち》する［自］
発表《はっぴょう》なさる
ご一報《いっぽう》
ご通報《つうほう》
通報《つうほう》なさる
ご報告《ほうこく》
ご報告《ほうこく》する［自］
報告《ほうこく》なさる
ご連絡《れんらく》
ご連絡《れんらく》する［自］
連絡《れんらく》なさる

お式《しき》の日取《ひど》りが決《き》まりましたら、お知らせをくださいね。
ともかく、あなたにだけは早《はや》くお知らせしようと思《おも》って…。
先《さき》にご家族《かぞく》に、お知らせになった方《ほう》がよろしいのでは？
そのご通知は、まだいただいておりません。
結果《けっか》は当方《とうほう》からご通知いたします。
教授《きょうじゅ》は生命研究所《せいめいけんきゅうじょ》の設立《せつりつ》を、新聞《しんぶん》に発表なさいました。
ご出発《しゅっぱつ》の日取《ひど》りが決《き》まりましたら、ご一報ください。
怪《あや》しい人物《じんぶつ》を見《み》かけたら、ご通報ください。
すぐ警察《けいさつ》に通報なさったんですか？
病床《びょうしょう》の校長《こうちょう》に、いち早《はや》く優勝《ゆうしょう》のご報告をしました。
調査結果《ちょうさけっか》を、ここにご報告いたします。
もし芥川賞《あくたがわしょう》が決《き》まったら、真《ま》っ先《さき》にどなたに報告なさいますか？
折《お》り返《かえ》し、ご連絡をいただけますでしょうか？
検査結果《けんさけっか》については、一ヶ月《いっかげつ》以内《いない》にご連絡いたします。
来月《らいげつ》の役員会《やくいんかい》の予定《よてい》を、会長《かいちょう》に連絡なさいましたか？

訪《ほう》問《もん》

伺《うかが》う
お訪《たず》ねする[自]
お訪《たず》ねになる
お立《た》ち寄《よ》りになる
立《た》ち寄《よ》られる
立《た》ち寄《よ》らせていただく
お見《み》えになる
お寄《よ》りする[自]
お寄《よ》りになる
ご機嫌《きげん》伺《うかが》い
ご訪問《ほうもん》
ご訪問《ほうもん》する[自]
訪問《ほうもん》なさる
ご来訪《らいほう》
来訪《らいほう》なさる

これからお宅《たく》に伺っても、よろしいでしょうか？
お宅《たく》をお訪ねするのは三年《さんねん》ぶりでしょうか。
わが家《や》と思《おも》って、気楽《きらく》にお訪ねください。
ぜひまた、お立ち寄りくださいね。
部長《ぶちょう》は名古屋《なごや》支社《ししゃ》に立ち寄られる予定《よてい》です。
旅《たび》の途中《とちゅう》で立ち寄らせていただきました。
新会長《しんかいちょう》がご挨拶《あいさつ》にお見えになりました。
突然《とつぜん》ですが、お寄りしてよろしいでしょうか？
散《ち》らかしておりますが、お寄りになってください。
会長《かいちょう》、ご機嫌伺いにまかり出《で》ました。
社長《しゃちょう》は筑波《つくば》の研究所《けんきゅうじょ》を、ご訪問になったそうですね。
今夜《こんや》は遠慮《えんりょ》します。酔《よ》っていない時《とき》にご訪問いたします。
夜《よる》の十時《じゅうじ》すぎに訪問なさるなんて、非常識《ひじょうしき》ですよ。
ご来訪いただきまして、誠《まこと》にありがとうございます。
三《み》つ星《ぼし》のシェフが、当店《とうてん》を来訪なさるというお話《はなし》です。

ほめる・上手《じょうず》

お世辞《せじ》抜《ぬ》きで
お褒《ほ》めにあずかる
お褒《ほ》めの言葉《ことば》
お見《み》それ
ご喝采《かっさい》
喝采《かっさい》なさる
ご賛辞《さんじ》
お筆跡《て》
お手《て》にかかる
お光《ひか》りになる
お見事《みごと》
飾《かざ》られる
肩《かた》をお並《なら》べになる
向上《こうじょう》なさる
ご上達《じょうたつ》

お世辞抜きで、あなたは俳句《はいく》がお上手《じょうず》ですね。
過分《かぶん》のお褒めにあずかり、恐縮《きょうしゅく》です。
やっと宗匠《そうしょう》から、お褒めの言葉を頂戴《ちょうだい》しました。
たいした腕前《うでまえ》ですね、お見それしました。
満員《まんいん》の聴衆《ちょうしゅう》から、ご喝采を浴《あ》びていらっしゃいましたね。
皆《みな》さんが喝采なさっていらっしゃいましたね。
身《み》に余《あま》るご賛辞を賜《たまわ》り、恐縮《きょうしゅく》です。
まあ、きれいなお筆跡ね。／先生《せんせい》のご指導《しどう》でお筆跡があがりましたね。
先生《せんせい》のお手にかかると、見違《みちが》えるようですね。
関取《せきとり》は、同《おな》じ世代《せだい》では断然《だんぜん》お光りになってますね。
お見事、お見事。君《きみ》は才能《さいのう》あるじゃないか！
引退記念《いんたいきねん》の舞台《ぶたい》で、有終《ゆうしゅう》の美《び》を飾られましたね。
親方《おやかた》、遂《つい》に先代《せんだい》に肩をお並べになりましたね。
短期間《たんきかん》で、連句《れんく》がここまで向上なさるとは、驚《おどろ》きました。
もう三段《さんだん》ですか、ずいぶん早《はや》いご上達ですね。

上達《じょうたつ》なさる
進歩《しんぽ》なさる
お詳《くわ》しい
お出来《でき》になる
お若《わか》い
ご教養《きょうよう》
ご研鑽《けんさん》
ご見識《けんしき》
ご高察《こうさつ》
ご考証《こうしょう》
ご精通《せいつう》
精通《せいつう》なさる
ご造詣《ぞうけい》
ご卓見《たっけん》
お上手《じょうず》

わずか半年《はんとし》で、ここまで上達なさるとはたいしたものです。
短期間《たんきかん》にずいぶん進歩なさいましたね。
映画《えいが》だけでなく、落語《らくご》にもお詳しいんですね。
子《こ》どもの頃《ころ》から勉強《べんきょう》がお出来になったんですって?
いつまでもお若いですね。/さすがに先輩《せんぱい》は発想《はっそう》がお若い。
あの方《かた》のご教養は並《なみ》ではありませんよ。
このご本《ほん》は、永年《ながねん》ご研鑽を積《つ》まれた先生《せんせい》の成果《せいか》ですね。
先生《せんせい》のご見識の高《たか》さには頭《あたま》が下《さ》がります。
いろいろな角度《かくど》からのご高察、恐《おそ》れ入《い》りました。
この舞台《ぶたい》は先生《せんせい》のご考証が確《たし》かだから、安心《あんしん》して見《み》ていられます。
あなたはその道《みち》にはご精通ですからね。
そこまで精通なさるには、相当《そうとう》投資《とうし》なさったんでしょうね。
あの方《かた》、仏像《ぶつぞう》に関《かん》してはかなりご造詣が深《ふか》いですよ。
そのお考《かんが》えは、まさにご卓見だと思《おも》います。
あの方《かた》は、空気《くうき》を読《よ》むのがとてもお上手なのよ。

任《まか》せる・引《ひ》き受《う》ける

ご一任《いちにん》する[自]
一任《いちにん》なさる
委任《いにん》なさる
お託《たく》しになる
託《たく》される
お任《まか》せ
お任《まか》せする[自]
お任《まか》せになる
お譲《ゆず》りになる
委譲《いじょう》なさる
移譲《いじょう》なさる
お請《う》けする[自]
お請《う》けになる
お取《と》り扱《あつか》いする[自]
お引《ひ》き受《う》けする[自]

その計画《けいかく》は、会長《かいちょう》さんにご一任しましょう。
その件《けん》は、担当課長《たんとうかちょう》に一任なさってはいかがでしょう。
議長《ぎちょう》に委任なさったらいいんじゃないですか？
息子《むすこ》さんに会社《かいしゃ》の未来《みらい》をお託しになるんですね？
この件《けん》は、お友達《ともだち》に託される方《ほう》がいいですよ。
板前《いたまえ》さん、お任せで、お願《ねが》いします。
この件《けん》は、あなたにお任せしますよ。
了解《りょうかい》しました。どうかこの場《ば》は私《わたし》にお任せください。
弟《おとうと》さんにお店《みせ》を、お譲りになったんですか？
社長《しゃちょう》は思《おも》い切《き》って権限《けんげん》を委譲なさったそうですね。
土地建物《とちたてもの》の権利《けんり》を、ご長男《ちょうなん》に移譲なさったんですか？
その条件《じょうけん》でしたら、お請けしましょう。
そんなギャラで、よくお請けになったわね。
新《しん》サービスは、四月《しがつ》からお取り扱いいたします。
この仕事《しごと》、喜《よろこ》んでお引き受けいたします。

お引《ひ》き受《う》けになる
お頼《たの》み
お役《やく》に立《た》つ
お安《やす》いご用《よう》
及《およ》ばずながら
ご恩返《おんがえ》し
非力《ひりき》
微力《びりょく》
不肖《ふしょう》
任《まか》せて
喜《よろこ》んで
承《うけたまわ》る
畏《かしこ》まる
承知《しょうち》する
了解《りょうかい》する

名誉職《めいよしょく》だと思《おも》って、お引き受けになったらいかがですか？
親方《おやかた》のお頼みとあらば、全力《ぜんりょく》でお手伝《てつだ》いいたします。
お役に立てて光栄《こうえい》です。／お役に立つかどうか分《わ》かりませんが…。
それでしたら、当社《とうしゃ》にとって、お安いご用でございます。
及ばずながら、お手伝《てつだ》いさせていただきます。
こんなことでご恩返しができるなら、たやすいことです。
非力ですが、何《なん》とかお役《やく》に立《た》ちたいと存《ぞん》じます。
微力ですが、お手伝《てつだ》いさせていただきます。
この件《けん》は、不肖私《わたくし》にお任《まか》せください。
任せて頂戴《ちょうだい》、他《ほか》ならぬあなたの頼《たの》みですもの。
私《わたし》でよかったら、喜んでお手伝《てつだ》いします。
はい、確《たし》かに承りました。早速手配《さっそくてはい》いたします。
畏まりました、間違《まちが》いなくお届《とど》けいたします。
承知しました、見積《みつ》りを直《なお》してまいります。
了解しました、早速手配《さっそくてはい》いたします。

間《ま》違《ちが》える

お門違《かどちが》い
お考《かんが》え違《ちが》い
お聞《き》き捨《す》て
お心《こころ》得《え》違《ちが》い
お間違《まちが》い
お間違《まちが》いなく
お間違《まちが》えになる
勘違《かんちが》いなさる
ご過失《かしつ》
ご記憶《きおく》が怪《あや》しい
ご記憶違《きおくちが》い
ご失念《しつねん》
失念《しつねん》なさる
混同《こんどう》なさる
お見《み》それ

私《わたし》をお恨《うら》みになるのは、お門違いというものです。
どうか、お考え違いをなさらないでください。
いえ、あの件《けん》はどうぞ、お聞き捨てください。
それは二代目《にだいめ》として、お心得違いというものです。
傘《かさ》をお間違いのないよう、ご注意《ちゅうい》ください。
宴《うたげ》の会場《かいじょう》は朱雀《すざく》の間《ま》でございます。どうぞお間違いなく。
待《ま》ち合《あ》わせ場所《ばしょ》を、お間違えになったんですか？
何《なに》か勘違いなさってるんじゃないでしょうか？
お客様《きゃくさま》のご過失の有無《うむ》に関《かか》わらず、保証《ほしょう》させていただきます。
だいぶ召《め》しあがったから、ご記憶が怪しいようね。
それはお客様《きゃくさま》のご記憶違いではありませんか？
いつもの所《ところ》でお待《ま》ちしていたのですが、ご失念でしたか。
そう度々《たびたび》失念なさるようでは困《こま》りますな。
公私《こうし》を混同なさるのは、やはり良《よ》くないですよ。
まあすっかりおきれいになって、お見それしました。

待《ま》つ

お預《あず》けを食《く》う
お待《ま》たせする[自]
お待《ま》ち合《あ》わせ
お待《ま》ちかね
お待《ま》ちください
お待《ま》ちする[自]
お待《ま》ちになる
お待遠様《まちどおさま》
お待遠《まちどお》
すぐに参《まい》ります
ただいま
取《と》り込《こ》んでおります
間《ま》に合《あ》いませんで
ごめんなさい
遅《おそ》なりまして

どうしたんでしょう、お預けを食ってしまいましたね。
お待たせしてすみません。／お待たせしました。
どなたかとお待ち合わせでいらっしゃいますか?
先生《せんせい》が先《さき》ほどから、お待ちかねです。
ただいま審議《しんぎ》中《ちゅう》です。しばらくお待ちください。
ご連絡《れんらく》いただくまで、ロビーでお待ちします。
すぐ戻《もど》ると思《おも》いますが、お待ちになりますか?
お待遠様、うな丼《どん》でございます。／お待遠様、ずいぶんお待《ま》ちになった?
お待遠、皆《みな》さん、お早《はや》いですね。
どうぞおかけになってお待《ま》ちください、主人《しゅじん》はすぐに参ります。
はい、ただいま、お届《とど》けにあがります。
ただいま取り込んでおりますので、少々《しょうしょう》お待《ま》ちください。
間に合いませんで、この度《たび》はご無礼《ぶれい》をいたしました。
遅くなってごめんなさい。ひどい渋滞《じゅうたい》に巻《ま》き込《こ》まれてしまって…。
大変《たいへん》遅なりまして…すぐにお支度《したく》いたします。

学《まな》ぶ

会得《えとく》なさる
お学《まな》びになる
学《まな》ばれる
学習《がくしゅう》なさる
ご修得《しゅうとく》
修得《しゅうとく》なさる
ご修了《しゅうりょう》
ご留学《りゅうがく》
留学《りゅうがく》なさる
お勉強《べんきょう》
勉強《べんきょう》なさる
聴講《ちょうこう》なさる
見習《みなら》われる
ご見学《けんがく》
見学《けんがく》なさる

まずは実務《じつむ》を会得なさることからお始《はじ》めください。
その理論《りろん》は、どなたにお学びになったんですか？
棟梁《とうりょう》の息子《むすこ》さんは、大学《だいがく》で建築《けんちく》を学ばれるそうですね。
大事《だいじ》なことは、効率《こうりつ》よく学習なさることですよ。
その手法《しゅほう》はどちらの教室《きょうしつ》でご修得になったんですか？
師範《しはん》の免許《めんきょ》を修得なさるおつもりなんですか？
博士課程《はくしかてい》を遂《つい》にご修了ですね、おめでとう。
お祖父様《じいさま》は、ドイツにご留学だったそうですね。
フランスの料理学校《りょうりがっこう》に留学なさるんですって？
お勉強に身《み》が入《はい》らないご様子《ようす》ですね、どうなさったの？
毎晩遅《まいばんおそ》くまで、受験《じゅけん》勉強なさっているそうですね。
いつも最前列《さいぜんれつ》で聴講なさってますね。
少《すこ》しは、あの方《かた》を見習われたらいかがですか？
新聞《しんぶん》の作成現場《さくせいげんば》を、一度《いちど》ご見学になるといいですよ。
ぜひ、ビールの製造《せいぞう》ラインを見学なさってください。

守《まも》る・味方《みかた》

お庇《かば》いになる
庇《かば》い合《あ》われる
お守《まも》りする［自］
お守《まも》りになる
お味方《みかた》
味方《みかた》なさる
ご加勢《かせい》
加勢《かせい》なさる
肩《かた》を持《も》たれる
肩入《かたい》れなさる
お守《も》り役《やく》
ご後見人《こうけんにん》
応援《おうえん》なさる
ご声援《せいえん》
声援《せいえん》なさる

なぜそんなにあの人《ひと》をお庇いになるんですか？
ご兄弟《きょうだい》が庇い合われる姿《すがた》は、実《じつ》に美《うつく》しいものです。
何《なに》があっても、お子《こ》さんたちをお守りいたします。
お父様《とうさま》は必死《ひっし》に働《はたら》いてあなたたちをお守りになっているのよ。
忘《わす》れないで。私《わたし》はいつも、あなたのお味方ですからね。
あなたはいつも、お母様《かあさま》に味方なさるのね。
みんな敵《てき》に回《まわ》ってしまう、どうか私《わたし》どもにご加勢をお願《ねが》いします。
つらいわ。親戚《しんせき》がみんなお姑《しゅうとめ》さんに加勢なさるんですもの。
ずいぶんとあの人《ひと》の肩を持たれるんですね。
あなたが肩入れなさった会社《かいしゃ》、持《も》ち直《なお》しましたね。
社長《しゃちょう》の息子《むすこ》さんの、お守り役をなさっていらしたそうですね？
あなたは人情味《にんじょうみ》があるから、ご後見人にぴったりですよ。
今《こん》シーズンもまた巨人《きょじん》を応援なさるんですか？
皆様《みなさま》のご声援に心《こころ》から感謝《かんしゃ》いたします。
坊《ぼっ》ちゃんを声援なさる姿《すがた》が、とても微笑《ほほえ》ましかったですよ。

み

店《みせ》・業務《ぎょうむ》

お店《みせ》
当店《とうてん》
弊店《へいてん》
貴店《きてん》
お店《たな》
ご主人《しゅじん》
店員《てんいん》さん
お開《あ》けになる
お休《やす》み
休《やす》ませていただく
ご来店《らいてん》
お得《とく》意《い》回《まわ》り
ご商売《しょうばい》
お終《しま》い
お閉《し》めになる

今《いま》からお店の方《ほう》に伺《うかが》っていいですか？
当店のオーガニック野菜料理《やさいりょうり》を、お楽《たの》しみください。
いつも弊店をご利用《りよう》いただきまして、ありがとうございます。
貴店の心《こころ》のこもった接客《せっきゃく》サービスは、大変勉強《たいへんべんきょう》になります。
職人《しょくにん》は弱《よわ》い立場《たちば》ですから、お店には何《なに》も言《い》えないんですよ。
ご主人はどちらで修業《しゅぎょう》なさったんですか？
こちらは気持《きも》ちの良《よ》い店員さんばかりですね。
おかみさん、店《みせ》をお開けになる時間《じかん》ですよ。
お店《みせ》は今日《きょう》はお休みです。／あら残念《ざんねん》、今日はお休みだったんですね。
明日《あす》は臨時《りんじ》に休ませていただきます。
いつもご来店いただき、ありがとうございます。
先輩《せんぱい》は毎晩《まいばん》のお得意回りで注文《ちゅうもん》を取《と》っているんですって。
ご商売ますますご繁盛《はんじょう》で結構《けっこう》ですね。
申《もう》し訳《わけ》ございません、今日《きょう》はもうお終いなんです。
もうラストオーダー？　今日《きょう》はいつもより早《はや》くお閉めになるんですね。

店《みせ》・栄枯《えいこ》

お栄《さか》えになる
共存《きょうぞん》なさる
ご盛況《せいきょう》
ご発展《はってん》
発展《はってん》なさる
ご繁栄《はんえい》
ご繁盛《はんじょう》
繁盛《はんじょう》なさる
お傾《かたむ》けになる
お寒《さむ》い
お終《しま》い
お閉《し》めになる
お畳《たた》みになる
お潰《つぶ》しになる
ご不振《ふしん》

チェーン店《てん》が二十《にじゅう》ですか、お栄えになってますね。
小《ちい》さな町《まち》のことですし、共存なさることをまずお考《かんが》えにならないと。
初《はつ》売《う》り出《だ》しはご盛況で結構《けっこう》でしたね。
貴社《きしゃ》のますますのご発展を祈念《きねん》しております。(手紙文《てがみぶん》)
まだまだ発展なさる余地《よち》は充分《じゅうぶん》にありますよ。
ご両家《りょうけ》のご繁栄を、心《こころ》からお祈《いの》り申《もう》しあげます。
新《あたら》しいお店《みせ》のご繁盛を、お祈《いの》りいたします。
お店《みせ》が繁盛なさっているそうで、良《よ》かったですね。
金融商品《きんゆうしょうひん》に目《め》が眩《くら》んで、会社《かいしゃ》をお傾けになるとはね。
善良《ぜんりょう》なお店《みせ》が続《つづ》けられないなんて、お寒い限《かぎ》りですねぇ。
寂《さび》しいですね、あのお店《みせ》も、お終いになってしまいましたね。
まあ、お店《みせ》をお閉めになるの? 残念《ざんねん》ですね。
こんなにいいお店《みせ》を、お畳みになるんですか?
例《れい》の二代目《にだいめ》が、店《みせ》をお潰しになったんです。
大型店《おおがたてん》ができて、ご商売《しょうばい》もご不振のようですね。

認《みと》める

お聞《き》き入《い》れになる
認可《にんか》なさる
お認《みと》めになる
ご快諾《かいだく》
快諾《かいだく》なさる
ご許可《きょか》
許可《きょか》なさる
許諾《きょだく》なさる
公認《こうにん》なさる
ご承諾《しょうだく》
承諾《しょうだく》なさる
ご承認《しょうにん》
承認《しょうにん》なさる
ご了承《りょうしょう》
黙認《もくにん》なさる

この一件《いっけん》は、ぜひともお聞き入れいただきたいのですが。
新《あたら》しい路線《ろせん》を、認可なさるんですね。
ご自分《じぶん》の責任《せきにん》をお認めになったらいかがですか？
その案《あん》ならば、会長《かいちょう》もご快諾なさるはずです。
教授《きょうじゅ》は講演《こうえん》の依頼《いらい》を快諾なさいました。
何《なん》とか今月中《こんげつちゅう》に、ご許可をいただきたいのですが。
公務《こうむ》の出張《しゅっちょう》に家族同伴《かぞくどうはん》を許可なさるんですか？
その件《けん》を許諾なさるとは驚《おどろ》きましたね。
マラソンコースも、協会《きょうかい》が公認なさるのですね。
団地《だんち》の理事長《りじちょう》の件《けん》、ご承諾いただいて幸《さいわ》いです。
弟《おとうと》さんの頼《たの》み、承諾なさったんですね。
早急《そうきゅう》にご承認いただかないと、手遅《ておく》れになってしまいます。
部長《ぶちょう》、このような案《あん》を承認なさるのですか？
何《なに》とぞ、ご了承ください。
会長《かいちょう》、彼《かれ》の身勝手《みがって》な行動《こうどう》を、黙認なさるおつもりですか？

身《み》の回《まわ》りの物《もの》

お傘《かさ》
お鞄《かばん》
お靴《くつ》
お財布《さいふ》
お扇子《せんす》
お杖《つえ》
お机《つくえ》
お時計《とけい》
お寝巻《ねまき》
お履物《はきもの》
お帽子《ぼうし》
お枕《まくら》
お眼鏡《めがね》
ご調度《ちょうど》
おざぶとん

すみません、お傘を拝借《はいしゃく》できますでしょうか。
お客様《きゃくさま》、お鞄をお持《も》ちします。
ピカピカの新《あたら》しいお靴で、どちらにお出《で》かけ？
お財布をお忘《わす》れになっていませんか？
きれいなお扇子をお持《も》ちですね。どなたの絵《え》ですか？
師匠《ししょう》のお杖は特別製《とくべつせい》ですか？
大事《だいじ》なお手紙《てがみ》、お机の上《うえ》に置《お》いておきました。
立派《りっぱ》なお時計ですね、どちらのですか？
可愛《かわい》らしいお寝巻ですね。
お履物をお間違《まちが》えになりませんように。
そのお帽子、よくお似合《にあ》いですね。
お枕の下《した》の手紙《てがみ》、お読《よ》みになってくださいね。
お眼鏡をいくつもお持《も》ちなんですね。／そのお眼鏡、素敵《すてき》ですね。
民芸家具《みんげいかぐ》が揃《そろ》った結構《けっこう》なご調度ですね。
おざぶとんは、勧《すす》められてから敷《し》くものですよ。

見《み》る・見《み》せる

閲覧《えつらん》なさる
お下見《したみ》
お目通《めどお》し
ご見物《けんぶつ》
見物《けんぶつ》なさる
ご回覧《かいらん》
回覧《かいらん》なさる
お見《み》せする[自]
お見《み》せになる
お目《め》にかける
ご一覧《いちらん》
ご供覧《きょうらん》
ご高覧《こうらん》
ご披露《ひろう》
ご覧《らん》に入《い》れる

データベースを閲覧なさる方《かた》は、次《つぎ》の点《てん》にご注意《ちゅうい》ください。
式場《しきじょう》のお下見をしておいた方《ほう》が、よろしいかと思《おも》いますが。
専務《せんむ》、契約書《けいやくしょ》にお目通し願《ねが》います。
この町《まち》のお祭《まつ》りをぜひご見物ください。
前《まえ》の方《ほう》で見物なさる方《かた》は、水《みず》しぶきにご注意《ちゅうい》ください。
初《はじ》めての方《かた》はファイルをご回覧ください。
皆《みな》さんで資料《しりょう》を回覧なさってくださいね。
他人様《ひとさま》にお見せするほどのものではございません。
お母様《かあさま》にお見せになったら？　きっと喜《よろこ》ばれますよ。
門外不出《もんがいふしゅつ》の絵巻物《えまきもの》ですが、特別《とくべつ》にお目にかけましょう。
ご一覧いただいてから、ぜひご批判《ひはん》を仰《あお》ぎたいと存《ぞん》じます。
どうぞ、収支決算書《しゅうしけっさんしょ》をご供覧ください。
桃山時代《ももやまじだい》の茶碗《ちゃわん》、皆《みな》さんのご高覧に供《きょう》したいと思《おも》います。
浅学《せんがく》ながら、研究《けんきゅう》の一端《いったん》をご披露しましょう。
拙《つたな》い絵《え》です。ご覧《らん》に入《い》れるようなものではありません。

見《み》る・観《み》る

ご観察《かんさつ》
観察《かんさつ》なさる
ご観戦《かんせん》
観戦《かんせん》なさる
ご観測《かんそく》
観測《かんそく》なさる
ご覧《らん》
ご覧《らん》なさい
ご覧《らん》になる
一瞥《いちべつ》なさる
お覗《のぞ》きになる
眺《なが》めていらっしゃる
拝観《はいかん》
拝見《はいけん》
見《み》せていただく

さすがに鋭《するど》いご観察ですな。
野鳥《やちょう》を観察なさるなんて、楽《たの》しそうですね。
先日《せんじつ》のオーストラリア戦《せん》をご観戦になられたんですか?
野球《やきゅう》を観戦なさるなら、やはりネット裏《うら》が一番《いちばん》ですよね。
新星《しんせい》の発見《はっけん》は、日頃《ひごろ》の地道《じみち》なご観測の成果《せいか》ですね。
天体《てんたい》を観測なさるのがご趣味《しゅみ》なんて、ロマンチックですね。
ほら、ご覧、これが恐竜《きょうりゅう》の骨《ほね》だよ。
ご覧なさい、実《じつ》に見事《みごと》な花《はな》の山《やま》だ。
生徒《せいと》たちの力作《りきさく》を、ご覧になってください。
会長《かいちょう》は冷《つめ》たく一瞥なさっただけでした。
万華鏡《まんげきょう》をお覗きになったことがありますか?
あなたはガレの花瓶《かびん》を、じっと眺めていらっしゃいましたね。
百済観音像《くだらかんのんぞう》を拝観して感激《かんげき》しました。
拝見します。素晴《すば》らしい器《うつわ》ですね。/お手紙《てがみ》、拝見いたしました。
オリンピックの金《きん》メダルを見《み》せていただけませんか?

迎《むか》える

お出《いで》ください
お越《こ》し
お着《つ》き
お着《つ》きになる
お出迎《でむか》え
お運《はこ》び
お迎《むか》え
お迎《むか》えする[自]
お迎《むか》えになる
ご送迎《そうげい》
送迎《そうげい》なさる
ご足労《そくろう》
ご到着《とうちゃく》
到着《とうちゃく》なさる
ようこそ

すぐにお出ください。急用《きゅうよう》でございます。
遠路《えんろ》はるばるお越しいただきまして、ありがとうございます。
お連《つ》れ様《さま》は先《さき》にお着きです。／お早《はや》いお着きで。
お客様《きゃくさま》がお着きになりました。
お出迎えはご無用《むよう》に願《ねが》います。
久々《ひさびさ》のお運び、お待《ま》ち申《もう》しあげておりました。
車《くるま》でお迎えにあがりましょうか。／お迎えの車《くるま》が参《まい》りました。
こんなあばら家《や》にお迎えするのも恥《は》ずかしいのですが…。
島《しま》の人《ひと》が総出《そうで》で、ドクターをお迎えになったそうです。
間《ま》もなくご送迎のバスが参《まい》ります。
最近《さいきん》は物騒《ぶっそう》ですから、高学年《こうがくねん》でも送迎なさるんですね。
わざわざご足労いただき、ありがとうございました。
大統領《だいとうりょう》が成田《なりた》にご到着です。
ローマ法王《ほうおう》のご一行《いっこう》が、先《さき》ほど到着なさいました。
本日《ほんじつ》は、ようこそお越《こ》しくださいました。

も

持《も》っている

お有《あ》りになる
お手回《てまわ》り品《ひん》
お手持《ても》ち
お荷物《にもつ》
お持《も》たせになる
お持《も》ち
お持《も》ちする[自]
お持《も》ちになる
共有《きょうゆう》なさる
携行《けいこう》なさる
ご持参《じさん》
ご持参《じさん》になる
ご所有《しょゆう》
所持《しょじ》なさる
持《も》ってあげる

そんな才能《さいのう》がお有りになるとは、存《ぞん》じませんでした。
混《こ》んでおりますので、お手回り品にお気《き》をつけください。
お手持ちのブランドバッグ類《るい》、買《か》い取《と》らせていただきます。
お荷物は、おひとつですか？／お荷物お持《も》ちしましょう。
お荷物《にもつ》は、若《わか》い方《かた》にお持たせになったらいかがですか？
お持ちのお車《くるま》、査定《さてい》いたします。／お持ちの服《ふく》は何色《なにいろ》が多《おお》いですか？
お荷物重《にもつおも》そうですね。お持ちしましょうか？
副会長《ふくかいちょう》は、反対意見《はんたいいけん》をお持ちのようですよ。
価値観《かちかん》を共有なさるのが、ご夫婦円満《ふうふえんまん》の秘訣《ひけつ》です。
軽《かる》い登山《とざん》でも、非常食《ひじょうしょく》は携行なさる方《ほう》がいいですよ。
作品《さくひん》をご持参ですか？
会場《かいじょう》へは上履《うわば》きをご持参ください。
ご所有の不動産《ふどうさん》を抵当《ていとう》になさるのですね？
たくさんの現金《げんきん》を所持なさるのは危険《きけん》ですよ。
ご注文《ちゅうもん》いただいた品《しな》を、持ってあがりました。

や

約《やく》束《そく》

お請《う》け合《あ》いする[自]
お交《か》わしになる
お誓《ちか》いする[自]
お誓《ちか》いになる
お守《まも》りになる
お約束《やくそく》
お約束《やくそく》の品《しな》
お約束《やくそく》する[自]
お約束《やくそく》になる
約束《やくそく》なさる
確約《かくやく》なさる
ご指定《してい》
指定《してい》なさる
ご先約《せんやく》
変更《へんこう》なさる

品質《ひんしつ》はもちろん、お味《あじ》の方《ほう》も、お請け合いいたします。
彼女《かのじょ》と結婚《けっこん》の約束《やくそく》を、お交わしになったそうですね。
この秘密《ひみつ》は守《まも》ると、お誓いします。
ご主人《しゅじん》は二度《にど》と浮気《うわき》しないと、お誓いになったそうですね。
娘《むすめ》さんとの約束《やくそく》をお守りになっていますか?
先《さき》ほどのお約束は、信《しん》じていいんですね。
お約束の品をお持《も》ちしました。
これからは、無断欠勤《むだんけっきん》しないとお約束します。
その場《ば》しのぎでお約束になったんですか?
結婚《けっこん》するって約束なさったでしょ?
課長《かちょう》が納品日《のうひんび》を確約なさったんですか?
日時《にちじ》をご指定ください、こちらから出向《でむ》きますので。
待《ま》ち合《あ》わせの時間《じかん》と場所《ばしょ》を指定なさってください。
七月十四日《しちがつじゅうよっか》はご先約がありますか?
記者発表《きしゃはっぴょう》の日時《にちじ》を変更なさるんですか?

役割《やくわり》・役目《やくめ》

お使者《ししゃ》
お接待係《せったいがかり》
お使《つか》い
お就《つ》きになる
ご就任《しゅうにん》
お当番《とうばん》
お目付役《めつけやく》
お役目《やくめ》
お留守番《るすばん》
ご意見番《いけんばん》
ご後見役《こうけんやく》
ご指南番《しなんばん》
ご担当《たんとう》
担当《たんとう》なさる
ご名代《みょうだい》

間《ま》もなく協会《きょうかい》から、お使者が見《み》えるはずです。
お接待係のようなことは、もうごめんです。
お使いのお役目《やくめ》、ご苦労様《くろうさま》です。
春《はる》から民生委員《みんせいいいん》にお就きになるそうですね。
大臣《だいじん》へのご就任、おめでとうございます。
まる子《こ》さん、掃除《そうじ》のお当番をサボっちゃ駄目《だめ》ですよ。
奥様《おくさま》から、お嬢《じょう》さんのお目付役を仰《おお》せつかってしまいました。
お忙《いそが》しい中《なか》、お役目ご苦労様《くろうさま》でございます。
じきに帰《かえ》るけど、お留守番お願《ねが》いね。
この総理《そうり》には、どうやらご意見番が不在《ふざい》のようですね。
彼《かれ》のご後見役をなさっているんですか？
あの先生《せんせい》はご指南番として適格《てきかく》だと思《おも》います。
それでは、ご担当の方《かた》をお願《ねが》いいたします。
お客様係《きゃくさまがかり》を担当なさるのは大変《たいへん》ですよ。
社長《しゃちょう》のご名代ということで緊張《きんちょう》なさったでしょ？

休《やす》む・くつろぐ

お休《やす》み
お休《やす》みする［自］
お休《やす》みになる（休暇《きゅうか》）
休《やす》まれる
お休《やす》みになる（休憩《きゅうけい》）
ご休憩《きゅうけい》
休憩《きゅうけい》なさる
おくつろぎになる
ご休養《きゅうよう》
休養《きゅうよう》なさる
ご静養《せいよう》
静養《せいよう》なさる
ゆっくりなさる
養生《ようじょう》なさる
療養《りょうよう》なさる

先生《せんせい》はお休みです。／部長《ぶちょう》は、本日《ほんじつ》お休みをいただいております。

明日《あす》は父《ちち》の法事《ほうじ》で、お休みさせていただきます。

課長《かちょう》は一泊二日《いっぱくふつか》の人間《にんげん》ドックで、お休みになるそうです。

係長《かかりちょう》は体調不良《たいちょうふりょう》で、しばらく休まれるそうです。

少《すこ》しお休みになったらいかが？

そろそろご休憩のお時間《じかん》です。

歩《ある》きづめでしたからね、少《すこ》し休憩なさる方《ほう》がいいですよ。

どうぞ、こちらでおくつろぎになってください。

地方《ちほう》へご転勤《てんきん》？　ちょうどいいご休養じゃないかしら？

温泉《おんせん》にでもつかって、ゆっくり休養なさったら？

働《はたら》きづめでしたもの、これを機《き》に、十分《じゅうぶん》にご静養ください。

静養なさるなら、南《みなみ》の島《しま》がお勧《すす》めですよ。

ゆっくりなさるのも、久《ひさ》しぶりのことですね。

この際《さい》、ゆっくり養生なさったら？

療養なさるなら温《あたた》かい地方《ちほう》の温泉《おんせん》がいいですよ。

やめる・中止《ちゅうし》

お蔵入《くらい》り
おじゃんになる
お取《と》り消《け》し
お取《と》り消《け》しになる
取《と》り消《け》される
取《と》り下《さ》げられる
お取《と》りやめになる
おやめになる
お流《なが》れ(中止《ちゅうし》)
お投《な》げになる
棄権《きけん》なさる
キャンセルなさる
ストップなさる
中断《ちゅうだん》なさる
撤回《てっかい》なさる

あの映画《えいが》がお蔵入りになってしまうなんて、残念《ざんねん》です。
提携《ていけい》の話《はなし》がおじゃんになって、専務《せんむ》は肩《かた》を落《お》とされていました。
お取り消しは、三日前《みっかまえ》までにお願《ねが》いいたします。
お客様《きゃくさま》、ご予約《よやく》をお取り消しになるのですね？
弊社《へいしゃ》との契約《けいやく》を取り消されるということですか？
先様《さきさま》が訴《うった》えを取り下げられたのですね？
今度《こんど》の公演《こうえん》、お取りやめになるんですか？
煙草《たばこ》をおやめになったの？　やはり命《いのち》が惜《お》しくなったんですね。
突然《とつぜん》の大雪《おおゆき》で、ゴルフ大会《たいかい》がお流れになりました。
今度《こんど》の仕事《しごと》だけは途中《とちゅう》でお投げにならないでくださいね。
チャンスでしたのに、途中《とちゅう》で棄権なさるなんて残念《ざんねん》でしたね。
この際《さい》、旅行《りょこう》はキャンセルなさった方《ほう》がいいですよ。
実験《じっけん》をストップなさる理由《りゆう》は何《なん》ですか？
町長《ちょうちょう》は予算《よさん》が取《と》れなくて、事業《じぎょう》を中断なさるようです。
スキー場《じょう》でのプロポーズ、撤回なさるんですか？

やり遂《と》げる

打《う》ち立《た》てられる
お果《は》たしになる
果《は》たされる
負《お》われる
確立《かくりつ》なさる
敢行《かんこう》なさる
貫徹《かんてつ》なさる
貫《つらぬ》かれる
ご使命《しめい》
ご重責《じゅうせき》
ご遂行《すいこう》
遂行《すいこう》なさる
ご大任《たいにん》
責任《せきにん》をお取《と》りになる
到達《とうたつ》なさる

総理《そうり》は改革《かいかく》の方針《ほうしん》を、ようやく打ち立てられました。
最後《さいご》まで責任《せきにん》をお果たしになったんですね。
専務《せんむ》は役員《やくいん》としてのお務《つと》めを、立派《りっぱ》に果たされました。
あなただけが責任《せきにん》を負われることはないと思《おも》うのですが。
教授《きょうじゅ》は永年《ながねん》の研究《けんきゅう》が実《みの》って、新説《しんせつ》を確立なさいました。
とうとう念願《ねんがん》のアマゾン下《くだ》りを敢行なさるんですね？
初志《しょし》を貫徹なさるのが、あの方《かた》の生《い》き方《かた》ですよ。
あの先生《せんせい》は、最後《さいご》まで反戦《はんせん》の信念《しんねん》を貫かれた方《かた》です。
それがあなたのご使命だと思《おも》います。
お父様《とうさま》は、補佐官《ほさかん》としてのご重責を見事《みごと》に果《は》たされました。
任務《にんむ》のご遂行によく邁進《まいしん》なさいました。
それで、立派《りっぱ》に任務《にんむ》を遂行なさった訳《わけ》ですね。
ご大任を果《は》たされ、今《いま》は悠々自適《ゆうゆうじてき》だそうですよ。
真《ま》っ先《さき》に責任をお取りになるなんて、潔《いさぎよ》い方《かた》ですね。
中尉《ちゅうい》は遂《つい》に南極点《なんきょくてん》に到達なさったのです。

よ

予定《よてい》・延期《えんき》

お繰《く》り合《あ》わせ
お差障《さしさわ》り
お差支《さしつか》え
ご支障《ししょう》
ご事情《じじょう》
ご都合《つごう》
ご日程《にってい》
ご猶予《ゆうよ》
猶予《ゆうよ》なさる
ご予定《よてい》
予定《よてい》なさる
ご延長《えんちょう》
延長《えんちょう》なさる
お延《の》ばしになる
延期《えんき》なさる

万障《ばんしょう》お繰り合わせのうえ、ご参集《さんしゅう》ください。
お差障りなければ、次《つぎ》の会《かい》は来月《らいげつ》にさせていただきます。
お差支えなければ、ご予定《よてい》を入《い》れておいてください。
くれぐれもお仕事《しごと》にご支障のないように願《ねが》います。
それぞれにご事情はおありでしょうが、ここはひとつ…。
改《あらた》めてご挨拶《あいさつ》に伺《うかが》います。ご都合のよい日《ひ》を教《おし》えてください。
出張《しゅっちょう》のご日程がかなりハードですね。
あと三日《みっか》のご猶予をいただきたいのですが。
二《に》、三日《さんにち》締《し》め切《き》りを猶予なさったら?
来週《らいしゅう》のご予定は、いかがですか?
来月《らいげつ》は発表会《はっぴょうかい》ですから、そのつもりで予定なさってくださいね。
この契約《けいやく》は、ご延長の手続《てつづ》きが必要《ひつよう》でございます。
ご滞在《たいざい》を延長なさる場合《ばあい》は、手続《てつづ》きをお願《ねが》いします。
台風《たいふう》が接近中《せっきんちゅう》です。出張《しゅっちょう》をお延ばしになりますか?
記者発表《きしゃはっぴょう》を延期なさる? やはり理由《わけ》ありなんですか?

要求《ようきゅう》・要望《ようぼう》

おせがみになる
おねだりする
ください
ご所望《しょもう》
所望《しょもう》なさる
ご提供《ていきょう》
ご無心《むしん》する［自］
無心《むしん》なさる
ご要求《ようきゅう》
要求《ようきゅう》なさる
ご注文《ちゅうもん》
注文《ちゅうもん》なさる
頂戴《ちょうだい》
申《もう》し入《い》れる
要請《ようせい》なさる

もっとしつっこくおせがみになったら？
こんなに高価《こうか》な物《もの》をおねだりして、すみません。
この煎茶《せんちゃ》を百《ひゃく》グラムください。
ご所望のお品《しな》は、こちらでよろしいでしょうか？
一曲《いっきょく》所望なさるなら、今《いま》の内《うち》ですよ。
部長《ぶちょう》、二次会費用《にじかいひよう》をご提供いただけませんか？
お庭《にわ》の花《はな》までご無心して、本当《ほんとう》にすみません。
厚《あつ》かましくも親方《おやかた》に、お金《かね》まで無心なさったんですって？
先様《さきさま》のご要求は、そんなに厳《きび》しいものなんですか？
それなら、交換条件《こうかんじょうけん》を要求なさるべきですよ。
そんな無理《むり》なご注文ばかりおっしゃらないでください。
代表《だいひょう》は組織《そしき》の改善《かいぜん》を注文なさいました。
見《み》せて頂戴！／買《か》って頂戴！／私《わたし》に頂戴！／早《はや》く頂戴！
担当部署《たんとうぶしょ》に申し入れておきます。
眼鏡橋《めがねばし》の修復《しゅうふく》を、要請なさったそうですね。

お申《もう》し込《こ》み
お申《もう》し込《こ》みになる
申《もう》し込《こ》まれる
お申《もう》し越《こ》し
ご希望《きぼう》
希望《きぼう》される
ご希望《きぼう》を伺《うかが》う
ご要望《ようぼう》
要望《ようぼう》なさる
ご予約《よやく》
予約《よやく》なさる
予約《よやく》をお入《い》れする[自]
お聞《き》きになりたい
お知《し》りになりたい
ご覧《らん》になりたい

お申し込みは三月中《さんがつちゅう》にお願《ねが》いします。
お申し込みになる方《かた》は、お早《はや》めにお願《ねが》いいたします。
空《あ》き家《や》の抽選《ちゅうせん》に申し込まれたんですって？
お申し越しの件《けん》ですが、もうしばらくお待《ま》ちください。
どちらのツアーコースをご希望ですか？
クライアントは、インパクトの強《つよ》い表現《ひょうげん》を希望されています。
ご希望を伺います、ホテルと日本旅館《にほんりょかん》、どちらになさいますか？
残念《ざんねん》ですが、ご要望にお応《こた》えすることはできません。
勤務体制《きんむたいせい》の改善《かいぜん》を、要望なさった方《ほう》がいいですよ。
ご予約は承《うけたまわ》っております。
相撲見物《すもうけんぶつ》を予約なさったそうですね。
カウンセリングの予約をお入れしておきます。
お聞きになりたいのは新《あたら》しい映像《えいぞう》システムのことですか？
新製品《しんせいひん》について、詳《くわ》しくお知《し》りになりたいんですね？
研究所《けんきゅうじょ》をご覧になりたいのですね？

幼児《ようじ》に

お歌《うた》
お馬《うま》さん
お絵《え》描《か》き
お片《かた》付《づ》け
お砂《すな》
お砂《すな》遊《あそ》び
お砂《すな》場《ば》
おすべり
お人《にん》形《ぎょう》さん
おままごと
お遊《ゆう》戯《ぎ》
お池《いけ》
お猿《さる》さん
きんとと（金魚《きんぎょ》）
お船《ふね》

みっちゃん、お歌《うた》が上手《じょうず》になったね。
パパがお馬さんになってあげよう。
さあ、この公園《こうえん》でお絵描きしようね。
遊《あそ》んだ後《あと》は、ちゃんとお片付けしようね。
お友達《ともだち》にお砂をかけてはいけませんよ。
さあ、お砂遊びしましょう。
お砂場では仲良《なかよ》く遊《あそ》びましょうね。
さあ、並《なら》んでね、おすべりは順番《じゅんばん》ですよ。
色《いろ》が白《しろ》くて、お人形さんみたいね。
さっちゃん、おままごとしよう。さっちゃんがお母《かあ》さんだよ。
さあ、お遊戯の練習《れんしゅう》をしましょう。
♪お池にはまってさあ大変《たいへん》。
お猿さんはどうしてお尻《しり》が赤《あか》いのかな。
真《ま》っ赤《か》なきんとと、可愛《かわい》いね。
見《み》てごらん、大《おお》きなお船だね〜。

お外《そと》
お空《そら》
お月様《つきさま》
お日様《ひさま》
お星様《ほしさま》
おんも(外《そと》)
ブーブ(車《くるま》)
お椅子《いす》
お家《うち》
お教室《きょうしつ》
お屋根《やね》
お余所《よそ》
おべべ(服《ふく》)
くっく(靴《くつ》)
あんよ(足《あし》)

お外で遊《あそ》びなさい、ゲームばかりしてないで。
風船《ふうせん》がお空に飛《と》んでっちゃったね。
しんちゃん、お月様に兎《うさぎ》さんが本当《ほんとう》にいると思《おも》う？
お日様って、いつもあったかいね。
ちーちゃんは、お星様になったんだよ。
いいお天気《てんき》だから、おんもに行《い》こうか。
道《みち》を渡《わた》るときは、ブーブに気《き》をつけるんだよ。
大《だい》ちゃん、お椅子に乗《の》って遊《あそ》んだら危《あぶ》ないよ。
暗《くら》くなってきたからおうちへ入《はい》りましょ。
さあ、お教室に入《はい》って、絵本《えほん》を読《よ》みましょう。
シャボン玉《だま》がお屋根に飛《と》んでったね。
しんちゃん、およそでは、いい子《こ》にしてね。
きれいなおべべでいいわね。／おべべがぬれるヨ。
さあ、ひとりでくっくをはいてごらん。
あんよが汚《よご》れたから拭《ふ》こうね。

幼《よう》児《じ》に

あんよ（歩《ある》く）
おいで
おいでおいで
お口《くち》
お座《すわ》り
おっぱい
おつむ（頭《あたま》）
お手《て》々《て》
お洟《はな》
お鼻《はな》
お耳《みみ》
お目《め》々《め》
おもらし
しっこ
ぽんぽん（お腹《なか》）

お姉《ねえ》ちゃんなんだから、バギーから降《お》りてあんよしようね。
抱《だ》っこしてあげる、こっちへおいで。
すすきがおいでおいでしてるみたいだね。
お口をあーんして。お薬《くすり》飲《の》もうね。
一人《ひとり》でお座りができるようになったね。
おっぱいが欲《ほ》しいの？　今日《きょう》はもうおしまい。
おつむてんてん、おなかぽんぽん。
おやつの前《まえ》に、お手々を洗《あら》いましょうね。
チンして。しっかりお洟をかもうね。
トナカイさんは、どうしてお鼻が真《ま》っ赤《か》なのかな？
どうしたの？　お耳がかゆいの？
水遊《みずあそ》びしたから、お目々が赤《あか》くなっちゃったね。
おもらししちゃったの？　すぐ取《と》り替《か》えようね。
しっこしたいの？　ちょっと待《ま》ってね。
ぽんぽんを出《だ》しっぱなしだと、イタイイタイになるよ。

お寝坊《ねぼう》さん
おねむ（眠《ねむ》い）
おねんね
抱《だ》っこ
お湯《ぶ》
おめざ
まんま
あんがと
おいくつ（何歳《なんさい》）
おいた
お返事《へんじ》
お丸《まる》
お利口《りこう》さん
ごほうび

お寝坊さん、そろそろ起《お》きてくれない？
そろそろおねむのようね。
さあ、おねんねの時間《じかん》ですよ。
抱っこ？　抱っこはあとでね。
フーフーして、お湯を飲《の》もうね。
起《お》っきした？　おめざにカステラあげようね。
おなかすいたの？　まんまにしようね。
お手伝《てつだ》いしてくれて、あんがとね。
お嬢《じょう》ちゃんは、おいくつ？
こらこら、そんなおいたをしてはいけません。
タラちゃん、大《おお》きな声《こえ》でしっかりお返事できたね。
よくできました。花《はな》のお丸をあげましょう。
ママの言《い》うことを聞《き》いて、お利口さんにしててね。
いい子《こ》にしてたから、はい、ごほうび。

読《よ》む

お読《よ》みする[自]
お読《よ》みになる
お読《よ》みいただく
ご一読《いちどく》
ご購読《こうどく》
読《よ》まれる
読《よ》んでいらっしゃる
購読《こうどく》なさる
読《よ》ませていただく
朗読《ろうどく》なさる
拝見《はいけん》
拝読《はいどく》
ご愛読《あいどく》
お伽噺《とぎばなし》
ご観測《かんそく》

私《わたし》が代《か》わって、祝辞《しゅくじ》をお読みしましょうか？
今度《こんど》の芥川賞受賞作《あくたがわしょうじゅしょうさく》は、お読みになりましたか？
拙著《せっちょ》、お読みいただきましたら、ご感想《かんそう》をお聞《き》かせください。
弊社《へいしゃ》の会社案内《かいしゃあんない》をぜひ、ご一読ください。
本紙《ほんし》を続《つづ》けてご購読いただけますでしょうか？
シェイクスピアを原文《げんぶん》で読まれるそうですね。
館長《かんちょう》は四社《よんしゃ》の新聞《しんぶん》を読んでいらっしゃいます。
当誌《とうし》を購読なさるなら、年払《ねんばら》いの方《ほう》がお得《とく》です。
社史《しゃし》の傑作《けっさく》ですね。読ませていただきました。
空襲《くうしゅう》の体験談《たいけんだん》を朗読なさっているんですね。
先生《せんせい》のお作《さく》は、いつも拝見しています。
ご著書《ちょしょ》を拝読いたしました。
先輩《せんぱい》は漱石《そうせき》をご愛読だそうですね。
お伽噺って、とても怖《こわ》いお話《はなし》だと思《おも》いませんか？
部長《ぶちょう》のご観測が正《ただ》しかったようですね。

喜《よろこ》ぶ・笑《わら》う

お喜《よろこ》び
お喜《よろこ》びになる
御《おん》の字《じ》
気《き》を良《よ》くなさる
小躍《こおど》りなさる
ご機嫌《きげん》
ご満悦《まんえつ》
ご満足《まんぞく》
満足《まんぞく》なさる
願《ねが》ってもない
笑《え》みを浮《う》かべられる
大笑《おおわら》いなさる
お笑《わら》いになる
相好《そうごう》を崩《くず》される
にこにこなさる

ご両親《りょうしん》のお喜びは、いかばかりでしょう。
合格《ごうかく》の知《し》らせに、皆《みな》さんお喜びになったでしょうね。
三度目《さんどめ》で合格《ごうかく》なさったのなら、御の字ですよ。
あなたの笑顔《えがお》で、お舅《しゅうと》さん、気を良くなさるはずよ。
ロト6《シックス》でも当《あ》たったの？　小躍りなさって。
ご機嫌ですね。何《なに》かいいことでもあったんですか？
部長《ぶちょう》も至極《しごく》、ご満悦のご様子《ようす》でした。
今夜《こんや》の演奏会《えんそうかい》、ご満足いただけましたでしょうか？
その辺《へん》で満足なさるのが、程《ほど》ほどと思《おも》いますけど…。
それはそれは、願ってもない幸《しあわ》せです。
ようやく、晴《は》れやかな笑みを浮かべられましたね。
目《め》の覚《さ》めるような逆転劇《ぎゃくてんげき》で、オーナーは大笑いなさってましたよ。
真面目《まじめ》に言《い》ってるんですから、お笑いにならないでね。
先輩《せんぱい》はお孫《まご》さんの唄《うた》を聞《き》いて、相好を崩されました。
何《なに》かいいことあったんですか？　にこにこなさって…。

冷《れい》淡《たん》

お飽《あ》きになる
お固《かた》い
お厳《きび》しい
お切《き》り捨《す》てになる
お裂《さ》きになる
お焦《じ》らしになる
お捨《す》てになる
お手厳《てきび》しい
お泣《な》かせになる
お離《はな》れになる
お振《ふ》りになる
お見捨《みす》てになる
軽蔑《けいべつ》なさる
冷《つめ》たくなさる
冷笑《れいしょう》なさる

時間《じかん》の問題《もんだい》ね、あなたがお飽きになるのは。
そうお固いこと言《い》わないで、ちょっとだけ覗《のぞ》いてみませんか?
それはそれは言葉遣《ことばづか》いには、お厳しい方《かた》でした。
ずいぶん簡単《かんたん》にお切り捨てになるんですね、ひどい方《かた》。
二人《ふたり》の仲《なか》をお裂きになるのは酷《こく》だと思《おも》うわ。
そんなにお焦らしになるのは罪《つみ》ですよ。
どうして彼《かれ》をお捨てになったんですか?
なかなかお手厳しいご批判《ひはん》ですね?
そんなにご主人《しゅじん》をお泣かせになっては、可哀相《かわいそう》よ。
あなた、私《わたし》からお離れになるからいけないのよ。
彼《かれ》をお振りになったの? もったいないわね。
どうか私《わたし》をお見捨てにならないでください。
私《わたし》のことを軽蔑なさってるんですか?
ずいぶん、私《わたし》に冷たくなさるんですね。
先生《せんせい》は、口先《くちさき》ばかりでごまかす議員《ぎいん》を冷笑なさっています。

恋《れん》愛《あい》

愛《あい》していらっしゃる
お色気《いろけ》
お思《おも》いになる
お盛《さか》ん
お慕《した》いする[自]
お付《つ》き合《あ》い
お熱《ねつ》を上《あ》げる
思《おも》いをお寄《よ》せになる
お惚気《のろけ》
お飯事《ままごと》
お安《やす》くない
ご交際《こうさい》
交際《こうさい》なさる
ご親密《しんみつ》
ご発展《はってん》

奥様《おくさま》を愛していらっしゃるんですね。
お色気で勝負《しょうぶ》されたのではとても適《かな》いません。
ずっとあなたのことを、お思いになっているんですって。
お年齢《とし》を重《かさ》ねて、ますますお盛んですね。
あなたのことをずっとお慕いしていました。
その方《かた》とは長《なが》いお付き合いらしいですね。
韓流《はんりゅう》スターにお熱を上げるのも、程《ほど》ほどになさってね。
密《ひそ》かに思いをお寄せになる、なんて古《ふる》いですよねぇ。
お惚気ですか、ご馳走様《ちそうさま》！／まあ、お惚気を、ご馳走様！
新婚生活《しんこんせいかつ》は、お飯事みたいなものですか？
これはこれは、お安くない仲《なか》ですこと、お二人《ふたり》さん！
どんな職業《しょくぎょう》の方《かた》とのご交際をお望《のぞ》みですか？
どんな方《かた》と交際なさっているんですか？
いつからそんなにご親密なんですか？　お二人《ふたり》は。
お二人《ふたり》はかなりご発展のようですね。

恋《れん》愛《あい》

お射《い》止《と》めになる
お受《う》け入《い》れになる
お奪《うば》いになる
お口説《くど》きになる
お誘《さそ》いする[自]
お負《ま》けになる
お見《み》つめになる
おもてになる
お焼《や》きになる
お破《やぶ》れになる
お忘《わす》れになる
傷《きず》つかれる
気《き》をお引《ひ》きになる
気《き》をお許《ゆる》しになる
失恋《しつれん》なさる

どうやって彼女《かのじょ》のハートを、お射《い》止《と》めになったの？
あなたの誠意《せいい》を、あの方《かた》はきっとお受け入れになるはずです。
花嫁《はなよめ》をお奪いになる？　そんな勇気《ゆうき》がおあり？
本当《ほんとう》にあなたって、さりげなくお口説きになるのね。
いい店《みせ》があるんです。今度《こんど》お誘いしましょう。
結局《けっきょく》、その女《ひと》の誘惑《ゆうわく》にお負けになったんでしょ？
そんなにお見つめになっちゃ嫌《いや》だわ。
おじ様《さま》、若《わか》い女性《じょせい》におもてになるんですって？
焼《や》き餅《もち》をお焼きになるのは、愛《あい》している証拠《しょうこ》ですよ。
恋《こい》にお破れになったからって、自棄《やけ》になっちゃだめですよ。
私《わたし》のことは、もうお忘れになったんですか？
それはひどい、あなたが傷つかれるのも無理《むり》はない。
モテようと思《おも》って、若《わか》い娘《こ》の気をお引きになってるでしょ。
つまらない男《おとこ》に簡単《かんたん》に気をお許しになっちゃだめですよ。
この頃《ごろ》元気《げんき》がないようだけど、失恋でもなさったのかしら？

わ

別《わか》れる

お暇乞《いとまご》い
お送《おく》りになる
お餞別《せんべつ》
お名残《なご》り惜《お》しい
お別《わか》れ
お別《わか》れ会《かい》
お別《わか》れする[自]
お別《わか》れになる
お別《わか》れのご挨拶《あいさつ》
勘当《かんどう》なさる
決別《けつべつ》なさる
ごめんください
離婚《りこん》なさる
離別《りべつ》なさる
別《わか》れをお告《つ》げになる

沖縄《おきなわ》へ転居《てんきょ》いたします。お暇乞いに伺《うかが》いました。
お母様《かあさま》をお送りになったとか、お寂《さび》しいことですね。
お餞別をいただいたんですから、お土産《みやげ》を忘《わす》れずにね。
あら、もうお帰《かえ》りですか？　お名残り惜しいわ。
お別れね。これからは自分《じぶん》らしく生《い》きてみたいと思《おも》います。
卒業式《そつぎょうしき》のあと、お別れ会には参加《さんか》なさるんですか？
お別れしても、いいお友達《ともだち》でいましょうね。
カサブランカの空港《くうこう》で、お別れになったんでしょ？
お発《た》ちになる前《まえ》に、お別れのご挨拶をしたいわ。
息子《むすこ》さんを勘当なさったんですか？
彼《かれ》とは、この辺《へん》で決別なさった方《ほう》がいいんじゃないですか？
それではこの辺《へん》で、ごめんください。
離婚なさってお若《わか》くなったんじゃありませんか？
課長《かちょう》は旦那《だんな》さんと、だいぶ前《まえ》に離別なさっています。
王女《おうじょ》は、目《め》だけで彼《かれ》に別れをお告げになりました。

わかる・理解《りかい》

お当《あ》てになる
お顔《かお》に出《で》る
お気《き》づき
お気《き》づきになる
お見通《みとお》し
お見抜《みぬ》きになる
お分《わ》かりにならない
お分《わ》かりになる
喝破《かっぱ》なさる
ご炯眼《けいがん》
ご理解《りかい》
理解《りかい》なさる
ご了解《りょうかい》
了解《りょうかい》なさる
洞察《どうさつ》なさる

あの人《ひと》、女性《じょせい》の年齢《とし》を的確《てきかく》にお当てになるんですよ。
何《なに》かいいことあったのね、お顔に出てるわ。
お気づきの点《てん》がございましたら、何《なん》なりとどうぞ。
あなたは彼女《かのじょ》の気持《きも》ちにお気づきになるのが遅《おそ》すぎたのよ。
参《まい》ったなあ、何《なに》もかもお見通しなんですね。
学長《がくちょう》は、官僚《かんりょう》の腹《はら》の内《うち》は、とうにお見抜きになっています。
ご自分《じぶん》の今《いま》の状況《じょうきょう》を、お分かりになっていないようね。
今《いま》、私《わたし》が何《なに》を考《かんが》えているか、お分かりになる?
さすが刑事長《デカちょう》、嘘《うそ》で固《かた》めた筋書《すじが》きを、見事《みごと》に喝破なさいましたね。
会長《かいちょう》のご炯眼には恐《おそ》れ入《い》りました。
私《わたし》の苦《くる》しい立場《たちば》も、ご理解いただけませんか?
先方《せんぽう》はきっと、あなたの努力《どりょく》を理解なさっていますよ。
契約内容《けいやくないよう》を、ご了解いただけましたか?
言葉《ことば》に出《だ》さなくても、先生《せんせい》は了解なさっていますよ。
ドルの動向《どうこう》は、部長《ぶちょう》が洞察なさった通《とお》りになりましたね。

わかる・察《さっ》する

お汲《く》み取《と》りになる
お心《こころ》当《あ》たり
お察《さっ》しする[自]
お察《さっ》しになる
お察《さっ》しの通《とお》り
お悟《さと》りになる
お含《ふく》みおき
お含《ふく》みになる
ご賢察《けんさつ》
ご推察《すいさつ》
推察《すいさつ》なさる
ご想像《そうぞう》
想像《そうぞう》なさる
ご明察《めいさつ》
拝察《はいさつ》

どうぞ、こちらの意《い》のある所《ところ》をお汲み取りください。
何《なに》かお心当たりはございませんでしょうか?
お困《こま》りのご様子《ようす》、お察しいたします。
当方《とうほう》の事情《じじょう》も、どうかお察しください。
ずばり! お察しの通りです。
きっと、気配《けはい》でお悟りになったのでしょうね。
状況《じょうきょう》により、スケジュールの変更《へんこう》も、お含みおきください。
この会《かい》の趣旨《しゅし》を、よくお含みになってくださいね。
そこの所《ところ》は、ご賢察いただけたものと思《おも》っておりました。
まあ、それはご推察にお任《まか》せします。
あれこれと推察なさるのは、あなたのご自由《じゆう》ですが…。
私《わたし》たちのなれそめ? ご想像にお任《まか》せしますわ。
いろいろ想像なさると眠《ねむ》れなくなりますよ。
ご明察! さすがお目《め》が高《たか》い。/ご明察の通《とお》りです。
ますます、ご活躍《かつやく》のことと拝察いたします。(手紙文《てがみぶん》)

悪巧《わるだく》み

入《い》れ知恵《ぢえ》なさる
お裏切《うらぎ》りになる
お消《け》しになる
お先棒《さきぼう》を担《かつ》ぐ
お仕《し》かけになる
お仕組《しく》みになる
お狙《ねら》いになる
お目論見《もくろみ》
お礼参《れいまい》り
画策《かくさく》なさる
共謀《きょうぼう》なさる
ご了見《りょうけん》
談合《だんごう》なさる
白状《はくじょう》なさる
誘導《ゆうどう》なさる

またうちの子《こ》に、入れ知恵なさったんでしょ。
皆《みな》さんを、お裏切りになっていいんですか？
うまく浮気《うわき》の証拠《しょうこ》を、お消しになったものね。
そんな悪事《あくじ》のお先棒を担ぐなんて、どうなさったんですか？
うまく罠《わな》をお仕かけになったものですね。
今回《こんかい》の逆転劇《ぎゃくてんげき》は、課長《かちょう》がお仕組みになったんじゃありませんか？
お狙いになるのは、いつも難《むずか》しい標的《ひょうてき》ばかりですね。
お生憎様《あいにくさま》、お目論見は見事《みごと》に外《はず》れましたね。
お礼参りが恐《こわ》くては、この仕事《しごと》はできませんよ。
今度《こんど》のこと、裏《うら》で画策なさったのはどなたかしら？
社長《しゃちょう》の追《お》い出《だ》しは、専務一派《せんむいっぱ》と共謀なさったんでしょう？
ここで悪《わる》いご了見を起《お》こしてはいけませんよ。
談合なさるのは、もうお止《や》めになったらいかがですか。
みんなお見通《みとお》しです。白状なさった方《ほう》がいいですよ。
ずるいわ。ご自分《じぶん》の都合《つごう》の良《よ》い方向《ほうこう》に会議《かいぎ》を誘導なさるなんて！

時代劇《じだいげき》・女《おんな》

お后様《きさきさま》
ご新造《しんぞ》
お方様《かたさま》
お部屋様《へやさま》
ご内室《ないしつ》
ご後室様《こうしつさま》
御台様《みだいさま》
お嬶様《かかさま》
母上《ははうえ》
母御《ははご》
姫様《ひめさま》
お乳《ち》の人《ひと》
お職《しょく》
お女中《じょちゅう》
お女郎《じょろう》

お后様の神々《こうごう》しいまでの美《うつく》しさに、見《み》とれておりました。
そのお方《かた》にご新造はおありかな?
お方様は、とてもお美《うつく》しい方《かた》でございました。
そんなこととして、お部屋様がへそを曲《ま》げないかな?
実《じつ》に美《うつく》しいご内室でござるな。
ご後室様へお使《つか》いがございまして、明日《あす》お越《こ》し願《ねが》いたいと。
そのご仁《じん》は御台様を守護《しゅご》なさっておいででした。
お嬶様のおっしゃることは分《わ》かりますけど。
母上、主税《ちから》は父上《ちちうえ》と一緒《いっしょ》に参《まい》ります。
小《ちい》さなうちに母御から離《はな》れていたからな、無理《むり》もない。
姫様は狐《きつね》に憑《つ》かれてるんじゃないのかな?
竹千代君《たけちよぎみ》は、お乳の人に抱《だ》かれて、すやすやと眠《ねむ》っておいでです。
あの野郎《やろう》、吉原《よしわら》でお職を張《は》る売《う》れっ子《こ》を家《いえ》に入《い》れたらしい。
たくさんのお女中衆《しゅう》を連《つ》れた、華《はな》やかなお国入《くにい》りでござった。
お女郎みたいに監視《かんし》されるのは、嫌《いや》だわ。

時代劇《じだいげき》・人称《にんしょう》

拙者《せっしゃ》
某《それがし》
手前《てまえ》
御自《おんみずか》ら
お手前《てまえ》
お主《ぬし》
お前様《まえさま》
おめえさん
貴公《きこう》
貴殿《きでん》
そち
そなた
各々方《おのおのがた》
方々《かたがた》
御坊《ごぼう》

拙者にとっては、赤子《あかご》の手《て》をひねるような相手《あいて》でござったよ。
某、これにてご免《めん》仕《つかまつ》る。
手前、生《う》まれは関東《かんとう》にござんす。
信長公《のぶながこう》御自ら、ご出陣《しゅつじん》になりました。
お手前は武家《ぶけ》の出《で》とお見受《みう》けしたが。／お手前は何《なん》と申《もう》される。
お主なかなかやるではないか。見《み》かけによらず…。
お前様はどちらの藩《はん》のお方《かた》かな？
おめえさんの恨《うら》み、必《かなら》ず晴《は》らしてやるぜ。
貴公の考《かんが》えをぜひ聞《き》かせて欲《ほ》しい。
どうか、貴殿のお考《かんが》えを、お聞《き》かせ願《ねが》いたい。
そちの娘《むすめ》はいくつになった？
そなたの内助《ないじょ》あればこそ、お役《やく》をまっとうできたのじゃ。
各々方、明日《あす》は討《う》ち入《い》りでござる。
方々、お覚悟《かくご》はよろしいか。
御坊は、いつもお顔《かお》がつやつやしていて、お若《わか》い！

時代劇《じだいげき》・侍《さむらい》

お国衆《くにしゅう》
お侍《さむらい》
お侍様《さむらいさま》
お代官《だいかん》
お代官様《だいかんさま》
お大名《だいみょう》
お旗本《はたもと》
お武家様《ぶけさま》
お役人様《やくにんさま》
お役人《やくにん》さん
ご家老様《かろうさま》
ご家来《けらい》
ご家来衆《けらいしゅう》
ご直参《じきさん》
ご浪人《ろうにん》

お国衆をまとめるのが、そちの役目《やくめ》ではないのか?
あなたは、お侍の子《こ》なんですからね?
お侍様、命《いのち》ばかりはお助《たす》けを。
今度《こんど》のお代官には、気《き》をつけた方《ほう》が良《よ》さそうだ。
お代官様、それだけはどうぞご勘弁《かんべん》を。
何《なん》てったって、お大名に出世《しゅっせ》なすったんだから、すごい。
どこから見《み》ても、お旗本の貫禄《かんろく》でございました。
お武家様の腕《うで》を見込《みこ》んで、どうか助太刀《すけだち》を。
お役人様、そりゃあまりに殺生《せっしょう》だ。
お役人さんの言《い》うことを、真《ま》に受《う》けちゃいけないよ。
ここは、ご家老様の出番《でばん》でございます。
ご家老《かろう》、表向《おもてむ》きにご家来衆《けらいしゅう》がお集《あつ》まりです。
長官《ちょうかん》からのご沙汰《さた》が、ご家来衆に伝《つた》えられた。
お主《ぬし》はご直参だからな、羨《うらや》ましい。
ご浪人様《さま》の腕《うで》を見込《みこ》んで、ひとつお願《ねが》いがございます。

時代劇《じだいげき》・人《ひと》

上様《うえさま》
お殿様《とのさま》
お上《かみ》
お館様《やかたさま》
お公家《くげ》さん
ご老公《ろうこう》
ご隠居《いんきょ》
ご老師《ろうし》
長《おさ》
御前様《ごぜんさま》
父上《ちちうえ》
若様《わかさま》
お子達《こたち》
坊《ぼう》
御子《みこ》

上様、寺社奉行《じしゃぶぎょう》が悪事《あくじ》を働《はたら》いているようでございます。
お殿様にはご壮健《そうけん》で、恐悦至極《きょうえつしごく》に存《ぞん》じます。
とにかく、お上には逆《さか》らわないことだよ。
お館様にはご機嫌麗《きげんうるわ》しく、祝着至極《しゅうちゃくしごく》に存《ぞん》じます。
やはりお公家さんの言《い》うことは大《おお》らかだ。
ご老公の御前《ごぜん》である、静《しず》まれ！
ご隠居いるかい、実《じつ》はえらいことになっちまったよ。
ご老師の教《おし》えは、とても分《わ》かりやすくて、ありがたい。
我《わ》が村《むら》の長は心《こころ》の広《ひろ》いお方《かた》だ。
御前様にお願《ねが》いしたいことがあるのですが。
父上、私《わたくし》は、もう子《こ》どもではありません。
若様は、いい御形《おなり》をしていらっしゃる。
お子達も次々《つぎつぎ》お生《う》まれになって…。
坊、泣《な》くんじゃねえ。／坊はどこから来《き》たんだい？　お母《か》んは？
まあ、賢《かしこ》そうな御子ですこと。

お世継《よつ》ぎ
お忘《わす》れ形見《がたみ》
ご幼少《ようしょう》
ご落胤《らくいん》
御年《おんとし》
お若《わ》けえの
頭《かしら》
お頭《かしら》
お庭番《にわばん》
ご用聞《ようき》き
ご用商人《ようしょうにん》
お店者《たなもの》
お尋《たず》ね者《もの》
番頭《ばんとう》さん
お遣《つか》い奴《やっこ》

奥方《おくがた》は、お世継ぎがお生《う》まれになって大層《たいそう》お慶《よろこ》びだ。
その御子《みこ》は、秀吉公《ひでよしこう》のお忘れ形見でございます。
殿《との》のご幼少のみぎり、大殿《おおとの》が亡《な》くなられたのだ。
あの方《かた》は、さる殿《との》のご落胤という噂《うわさ》、世《よ》が世ならば…。
若君《わかぎみ》は、御年十五《じゅうご》におなりです。
お若けえのどうした、青《あお》い顔《かお》して。
芝《しば》の頭んとこへ使《つか》いに行《い》っとくれ。
お頭！　腹黒《はらぐろ》い伊勢屋《いせや》をとっちめてやりましょう。
先祖《せんぞ》は、さる大名家《だいみょうけ》のお庭番を勤《つと》めていたらしい。
あの蕎麦屋《そばや》は、ご用聞きも勤《つと》めているらしいぜ。
さすがはご用商人、大層《たいそう》な羽振《はぶ》りだ。
お店者の分際《ぶんざい》で、一人前《いちにんまえ》の口《くち》をきくな！
このお尋ね者の首《くび》が千両《せんりょう》だとさ。
父上《ちちうえ》、万屋《よろずや》の番頭さんがお見《み》えです。
お遣い奴は、あっしにお任《まか》せくだせえ。

時代劇《じだいげき》・言葉《ことば》

お家《いえ》
お家騒動《いえそうどう》
お命頂戴《いのちちょうだい》
お恨《うら》みする
お江戸《えど》
お覚悟《かくご》
お隠《かく》れになる（死《し》ぬ）
お駕籠《かご》
お心《こころ》が晴《は》れない
お輿入《こしい》れ
お沙汰《さた》
お沙汰書《さたがき》
お裁《さば》き
お仕打《しう》ち
お仕置《しお》き

お世継《よつ》ぎ誕生《たんじょう》、これでお家も安泰《あんたい》でござる。
お世継《よつ》ぎ問題《もんだい》が、お家騒動に火《ひ》をつけたのだよ。
ここで逢《お》うたが百年目《ひゃくねんめ》、お命頂戴 仕《つかまつ》る。
それはあんまりなお仕打《しう》ち、お恨み申《もう》す。
お江戸の城下《じょうか》を仕切《しき》るとは、お主《ぬし》もやるな。
すでにお覚悟ありと存《ぞん》ずるが…。
殿《との》がお隠れになって早一年《はやいちねん》、大石殿《おおいしどの》はどうしておられる？
お駕籠には、姫様《ひめさま》が乗《の》っておいでです。
密《ひそ》かにご返事《へんじ》いただけぬか。姫《ひめ》のお心が晴れぬゆえ。
とうとう姫様《ひめさま》のお輿入れが決《き》まったそうじゃ。
お沙汰があるまで、神妙《しんみょう》にしておるのだ。
お沙汰書さえ読《よ》んでおけばよいのじゃ。
あとは大岡様《おおおかさま》のお裁きに、お任《まか》せするだけじゃ。
それは余《あま》りに惨《むご》いお仕打ちではございませぬか。
お仕置きじゃ、庭《にわ》で一晩正座《ひとばんせいざ》しておれ。

お褥《しとね》
お白州《しらす》
お城《しろ》
お垂髪《すべらかし》
畏《おそ》れながら
お企《たくら》み
お店《たな》
お戯《たわむ》れを
お帳面《ちょうめん》
お遣《つか》わしになる
お盗《つとめ》
お手打《てう》ち
お手負《てお》い
お手口《てぐち》
お手付《てつ》き

お褥が無事《ぶじ》に終《お》わり、ご家老《かろう》は胸《むね》をなでおろされた。
とうとう、お白州に引《ひ》き据《す》えられてしまった。
お城から、お使《つか》いの方《かた》がお見《み》えです。
お美《うつく》しいお垂髪でございます。
畏れながら…と奉行所《ぶぎょうしょ》に願《ねが》い出《で》たのさ。
さては、これはお前《まえ》さんのお企みですな。
大《おお》きなお店でね、お城《しろ》にも出入《でい》りしているんだとさ。
若様《わかさま》、お戯れを！
先代《せんだい》のお帳面は、とても勉強《べんきょう》になります。
吉良様《きらさま》は上杉家《うえすぎけ》へ使者《ししゃ》をお遣わしになりました。
次《つぎ》のお盗は、日本橋《にほんばし》の両替商《りょうがえしょう》に決《き》まったぜ。
盗賊《とうぞく》の長兵衛《ちょうべえ》が、ついにお手打ちになったそうだ。
殿《との》は先《さき》の戦《いくさ》で、お手負いになってしまわれたのじゃ。
頭《かしら》のお手口はいつもきれいなもんだ。
とうとう殿《との》のお手付きになってしまったか！

時代劇《じだいげき》・言葉《ことば》

お咎《とが》め
お名《な》
お名乗《なの》りになる
お成《な》り
御形《おなり》
お縄《なわ》になる
お歯黒《はぐろ》
お腹《はら》を召《め》す（割腹《かっぷく》）
お控《ひか》えなすって
お触《ふ》れ
思《おぼ》し召《め》し
お骨《ほね》
お館《やかた》
お役《やく》
お役目《やくめ》

酔《よ》って大声《おおごえ》を出《だ》しただけで、このお咎めはきつすぎるぜ。
あなた様《さま》はさぞかしお名のある方《かた》で…。
賊《ぞく》を前《まえ》にして、平蔵様《へいぞうさま》は堂々《どうどう》とお名乗りになった。
殿《との》のお成りである、くれぐれも遺漏《いろう》なきように。
かみしもをお付《つ》けになった若様《わかさま》は、いい御形でした。
とうとうあの盗人《ぬすっと》どもも、お縄になったか。
ご新造《しんぞ》さんのお歯黒は、どなたにお願《ねが》いしたんですか？
どうか、お心置《こころお》きなく、お腹を召してくださいませ。
お控えなすって、手前関東《てまえかんとう》に発《はっ》しやす。
高札場《こうさつば》に、お上《かみ》のお触れが出《で》たぞ。
ありがたい思し召し、かたじけなく存《ぞん》じます。
若殿《わかとの》は亡君《なききみ》のお骨を拾《ひろ》われてから、出陣《しゅつじん》なさいました。
信濃《しなの》のお館の周《まわ》りは今《いま》、花盛《はなざか》りでござる。
あちらの同心《どうしん》は、千住宿《せんじゅじゅく》の見回《みまわ》りがお役らしい。
お忙《いそが》しいところ、お役目ご苦労様《くろうさま》です。

お屋敷《やしき》
かたじけない
御意《ぎょい》
御維新《ごいしん》
ご一門《いちもん》
ご介錯《かいしゃく》
ご家督《かとく》
ご禁制《きんせい》
ご献上品《けんじょうひん》
ご公儀《こうぎ》
ご最期《さいご》
ご沙汰《さた》
ござる
ござんす
ご出座《しゅつざ》

どちらのお屋敷の方《かた》でござるかな？
その折《おり》は握《にぎ》り飯《めし》を頂戴《ちょうだい》し、何《なん》ともかたじけない。
急《いそ》ぎ、殿《との》の御意を得《え》たいのだが…。
御維新で世《よ》の中《なか》がらっと変《か》わっちまった。
ご一門の末永《すえなが》いご繁栄《はんえい》を祈念《きねん》いたします。
貴殿《きでん》のご介錯なら本望《ほんもう》でござる。
ご家督はどなたに譲《ゆず》られるのでござるか？
西海屋《さいかいや》、この鼈甲《べっこう》はご禁制の品《しな》ではないのか。
これが、ご献上品でござるか。
これはご公儀の取《と》り調《しら》べである、神妙《しんみょう》に致《いた》せ。
あの御仁《ごじん》は、非業《ひごう》のご最期を遂《と》げられたという噂《うわさ》でござる。
長官《ちょうかん》からのご沙汰が、ご家来衆《けらいしゅう》に伝《つた》えられた。
宵越《よいご》しの銭《ぜに》は持《も》たぬ主義《しゅぎ》でござる、なんて気取《きど》るなよ。
親分《おやぶん》、これが浮世《うきよ》というものでござんす。
大岡越前守《おおおかえちぜんのかみ》様、ご出座～。

時代劇《じだいげき》・言葉《ことば》

御所《ごしょ》
ご情愛《じょうあい》
ご城下《じょうか》
ご政道《せいどう》
ご正道《せいどう》
ご成敗《せいばい》
ご誓文《せいもん》
御前《ごぜん》
ご他界《たかい》
ご託宣《たくせん》
ご短慮《たんりょ》
ご知行《ちぎょう》
ご寵愛《ちょうあい》
ご読経《どきょう》
ご得心《とくしん》

御所をお守《まも》りするのが我《われ》らが役目《やくめ》。
殿《との》は、末《すえ》の姫君《ひめぎみ》には格別《かくべつ》のご情愛を示《しめ》されました。
ことのほか、ご城下は平穏《へいおん》でございました。
まずは世《よ》の為人《ためひと》の為《ため》、これが天下《てんか》のご政道でい。
そんなことでは、ご正道を踏《ふ》み外《はず》していませんか？
お奉行《ぶぎょう》は、あの暴《あば》れ者《もの》をとうとうご成敗なさったそうだ。
式典《しきてん》では五箇条《ごかじょう》のご誓文を押《お》し頂《いただ》いたものさ。
ご老公《ろうこう》の御前である、頭《ず》が高《たか》い、控《ひか》えおろう！
殿《との》のご他界の後《あと》となっては、もはや手遅《ておく》れでござる。
殿《との》は毘沙門天《びしゃもんてん》のご託宣を、お受《う》けになりました。
藩主《はんしゅ》のご短慮がもとで、お家《いえ》はお取《と》り潰《つぶ》しだとさ。
殿《との》は三十万石《さんじゅうまんごく》で、ご知行あそばすことに相成《あいな》った。
姫《ひめ》は殿《との》のご寵愛を一身《いっしん》に受《う》けていらっしゃいます。
殿《との》はご読経に専心《せんしん》なさっておいでです。
殿《との》もご得心あそばしたご様子《ようす》でござった。

ご難《なん》
ご念《ねん》
ご法度《はっと》
ご評定《ひょうじょう》
ご武運《ぶうん》
ご扶持《ふち》
御法《ごほう》
ご奉納《ほうのう》
ご本懐《ほんかい》
ご本丸《ほんまる》
ご本領《ほんりょう》
ご身分《みぶん》
ご無体《むたい》
ご無用《むよう》
ご命令《めいれい》

それはそれは、ご難なことであったな。
ご念の入《い》ったことで、畏《おそ》れ入《い》りました。
仇討《あだう》ちはすでにご法度のはずだが。
殿様方《とのさまがた》がお集《あつ》まりになり、ご評定がございました。
殿《との》のご武運を、お祈《いの》りいたします。
平蔵様《へいぞうさま》のご扶持は四百石《よんひゃっこく》で、楽《らく》ではないはず。
御法をたがえている盗人風情《ぬすっとふぜい》が、何《なに》を言《い》うか！
殿《との》は絹《きぬ》一疋《いっぴき》を、その社《やしろ》にご奉納になったのじゃ。
ただいま、大石殿《おおいしどの》がご本懐を遂《と》げられました。
敵《てき》の軍勢《ぐんぜい》が、一気《いっき》にご本丸に押《お》し寄《よ》せたのでございます。
殿《との》は、ご本領へ無事《ぶじ》、ご安着《あんちゃく》になりました。
今日《きょう》は、ご身分を隠《かく》してのお忍《しの》びですか？
お代官様《だいかんさま》、それはあまりにご無体な。
ご配慮《はいりょ》は、ご無用でござる。
それは殿《との》のご命令だったのでございます。

時代劇《じだいげき》・言葉《ことば》

ごめんやす
ご紋《もん》
ご紋章《もんしょう》
ご用《よう》だ
ご乱心《らんしん》
ご隆盛《りゅうせい》
参上《さんじょう》
自害《じがい》なさる
出家《しゅっけ》なさる
賜《たまわ》る
御首《みしるし》
御霊《みたま》
御名《みな》
御仏《みほとけ》
御代《みよ》

ごめんやす、手前《てまえ》は深川《ふかがわ》の伊佐治《いさじ》と申《もう》します。
この葵《あおい》のご紋が目《め》に入《はい》らぬか。頭《ず》が高《たか》い、控《ひか》えおろう!
殿《との》のご紋章が関ヶ原《せきがはら》にひるがえったのだ。
ご用だご用だ、忠治《ちゅうじ》ご用だ、神妙《しんみょう》にしろ!
大事《だいじ》でござる、殿《との》がご乱心!
徳川家《とくがわけ》は大御所様《おおごしょさま》以来《いらい》のご隆盛でございます。
拙者《せっしゃ》、喜《よろこ》んで参上仕《つかまつ》る。/鼠《ねずみ》小僧《こぞう》、参上!
殿《との》の自害なさるお姿《すがた》は、とても正視《せいし》できなんだ…。
貴殿《きでん》、とうとう出家なさると聞《き》き及《およ》んだが…。
殿《との》から刀《かたな》を賜ったそうじゃな。
御首頂戴《ちょうだい》仕《つかまつ》る、ご覚悟《かくご》を。
大御所様《おおごしょさま》の御霊は日光東照宮《にっこうとうしょうぐう》に祀《まつ》られておるのじゃ。
殿《との》の御名を汚《けが》すことにはなりませぬかと…。
御仏に、何《なに》をお願《ねが》いしていたのですか?
これも、太平《たいへい》の御代のありがたさでござる。

●ことば探しに便利な辞典

西方草志 編

俳句 短歌 ことばの花表現辞典

短詩系ならではの独特の語彙と美しい表現を集めた辞典。歴代の名句名歌のエッセンス4万例を1万の見出で分類。類語引きなので引くほどに語彙が広がり表現力がつく。

佛渕健悟・西方草志 編

五七語辞典

〝読むだけで句がうまくなる〟俳句・連句・短歌・川柳の超速表現上達本。江戸(芭蕉・蕪村・一茶)から昭和まで、約百人の作家の五音七音表現四万【主に俳句】を分類。

西方草志 編

雅語・歌語 五七語辞典

千年の五七語—〝昔の美しい言葉に出会う本〟万葉から明治まで千余年の五音七音表現五万【主に和歌・短歌】を分類したユニークな辞典。『五七語辞典』の姉妹本。

西方草志 編

川柳五七語辞典

川柳独特の味わい・ひねりのある表現がぎっしり。江戸(柳多留・武玉川)から昭和前期迄の川柳の名句から約四万の表現を集め、二十六分野・五千のキーワードで分類。

東 明雅・丹下博之・佛渕健悟 編著

連句・俳句季語辞典 十七季 第二版

手の平サイズで横開き、おしゃれな布クロスの季語辞典。類書中、最も美しく見易い大活字の季語一覧表、五十音で引ける季語解説、連句概説付き。俳句人・連句人必携。

坂本 達・西方草志 編著

敬語のお辞典

約五千の敬語の会話例を三百余りの場面別・意味別に分類。豊富なバリエーションからぴったりした表現が探せる。漢字は全部ふりがなつき。猫のイラストが面白い。

編著者

坂本　達　さかもと・とおる

1940年、東京生まれ。コピーライターを経てフリーライター。
弓道・書道ともに四段。

西方草志　にしかた・そうし

1946年、東京生まれ。コピーライター。

著作　編者として『俳句 短歌　ことばの花表現辞典』『川柳五七語辞典』『雅語・歌語五七語辞典』。共編で『五七語辞典』（以上、三省堂）

敬語のお辞典

2009年8月2日　第1刷発行
2015年12月29日　第2刷発行

編著者…………坂本　達・西方草志
発行者…………株式会社　三省堂
　　　　　　　代表　北口克彦
発行所…………株式会社　三省堂
　　　　　　　〒101-8371　東京都千代田区三崎町2丁目22番14号
　　　　　　　電話　編集(03)3230-9411　営業(03)3230-9412
　　　　　　　振替口座　00160-5-54300
　　　　　　　http://www.sanseido.co.jp/
印刷所…………三省堂印刷株式会社
ＤＴＰ…………株式会社　エディット
カバー印刷……株式会社　あかね印刷工芸社

落丁本・乱丁本はお取替えします

〈敬語のお辞典・416頁〉　ISBN 978-4-385-36425-4

敬語《けいご》からも、普通《ふつう》の語《ご》からも引《ひ》ける

索《さく》　引《いん》

この索引《さくいん》は、本文《ほんぶん》で見出《みだ》しにたてた敬語《けいご》が引《ひ》けます。
普通《ふつう》の語《ご》（見出《みだ》しにたてた敬語《けいご》の元《もと》の形《かたち》）からも引《ひ》けます。
以下《いか》の３通《とお》りに区別《くべつ》しました。…のあとの数字《すうじ》はページです。

(1)　→がある行《ぎょう》　普通《ふつう》の語《ご》→敬語《けいご》　例・あう→お会いになる…8
(2)　■がある行《ぎょう》　読《よ》みがなと分類名《ぶんるいめい》　例・あいづち■相槌…6, 257
(3)　→■がない行《ぎょう》　読《よ》みがなと敬語《けいご》　例・おあいになる お会いになる…8

なお、敬語以外《けいごいがい》で見出《みだ》しにたてた語《ご》も、この索引《さくいん》に入《い》れました。

あ

あいきょう→ご愛敬 …………159
あいこ→お相子 …………12
あいこ→ご愛顧 …………83
あいさつ■挨拶 …………2～4
あいさつ→ご挨拶 ……8, 90, 204
あいさつ→ご挨拶が後回し ……9
あいさつ→ご挨拶する…………8
あいさつ→ご挨拶なさる………8
あいすみません 相すみません 16
あいする→愛していらっしゃる 327
あいせき→ご相席 ……185, 187
あいそ→お愛想 ……65, 93, 202
あいづち■相槌 …………6, 257
あいて→お相手 ………110, 187
アイデア■アイデア …………7
あいとう 哀悼 …………190
あいどく→ご愛読 …………324
あいにく 生憎 …………4, 122
あいにく→お生憎様……120, 249
あう→お会いしたい ………8, 10
あう→お会いする …………8
あう→お会いできる …………8
あう→お会いになる …………8
あう→会われる …………8
あう→お目通り…………9
あう→お目にかかる ……8, 9, 10
あう→お目にかかりたい ……10
あう→お目文字を賜る ………10
あう→ご尊顔を拝す …………10
あかちゃん 赤ちゃん …………11
あがる→おあがりください …91
あがる→あがらせていただく 90
あきらめる→お諦めになる …132
あきる→お飽きになる………326
あくしゅ→握手なさる…………76
あくせく→あくせくなさる ……45
あくびをする→欠伸をなさる…74
あげ→お揚げさん …………170
あける→お開けになる………304
あげる→おあげになる ……194
あげる→謹呈 …………194
あげる→さしあげる……194, 227
あげる→お挙げになる ……111
あげる→お揚げになる ……165
あさごはん 朝ご飯 …………164
あさって→明後日(みょうごにち) …………119
あし(足)→お足 …………78
あし(足)→おみ足 …………78
あし(足)→あんよ …………322
あしもと→お足元 …………78
あしをとめる→足をお止めになる 82
あしをはこぶ→足をお運びになる 28
あしをはこぶ→足を運ばれる…28
あじ→お味 …………160, 163
あじつけ→お味付け…………164
あじわう→お味わいになる …163
あしからず 悪しからず ………209
あす→明日(みょうにち)……119
あすのあさ→明朝(みょうちょう) …………119
あすのよる→明晩(みょうばん) 119
あずからせて 預からせて……113
あずかる→お預かりする ……85
あずける→お預け ……113, 218
あずける→お預けする ………85
あずける→お預けになる ……85
あせ→お汗 …………292
あせをかく→汗をおかきになる 13
あせをかく→汗をかかれる …13
あせる→お焦りになる ………45
あせる→焦られる …………45
あそばす 遊ばす …………182
あそび→お遊び …………200
あそぶ→お遊びになる ………12
あたえる→お与えになる……194
あたたまる→温まられる………13
あたま→おつむ …………72, 322
あたまをかかえる→頭をお抱えになる …………123
あたまをさげる→頭をお下げになる 15
あたる→お当たりになる ……26
あちら あちら …………118
あちらさま あちら様 …………264
あつい→お暑い…………4, 13
あついなか→お熱い仲 ……237
あつかましい 厚かましい ……209
あっち→あちら…………118
あっち→あちら様…………264
あつまり→お集まり …………14
あつまる→お集まりになる …14
あつめる→お集めする ………14
あつめる→お集めになる ……58
あつらえる→お誂えする ……289
あつらえる→お誂えになる …289
あてにする→当てになさる …174
あてる→お当てください ……91

あてる→お当てになる………330
あと→お後 ………120
あとで→後ほど ………119
あとにする→後になさる ……105
アドバイス→アドバイスなさる 30
あなた あなた ………263
あなたがた あなた方 ………263
あなたさま あなた様………263
あに■兄 ………272
あね■姉 ………274
あねごはだ 姐御肌 ………275
あのひと→あの方 ………264
あびる→お浴びになる ……292
あま→尼さん ………153
あまり→おこぼれ………193
あまり→お余り ………97
あまる→お余りになる ………193
あまんじて 甘んじて………293
あむ→お編みになる ………127
あめ（雨）→お湿り ………4
あやまる→お謝りになる ……15
あゆむ→お歩みになる ……197
あゆむ→歩まれる ………197
あらう→お洗いする………127
あらう→お洗いになる …127, 292
あらそう→お争いになる ……206
あらたまったことば■改まった言葉 118
あらためる→お改めになる 18, 59
あらわす→感情を表される …84
あらわれる■現れる ………19
ありがたく ありがたく ………193
ありがとう ありがとう………5, 48
ありがとう→あんがと ………323
ある→ございます ………52
ある→お有りになる………311
あるきまわる→歩き回られる …20
あるく→お歩きになる ………20
あるく→歩かれる ………20
あるく→あんよ………322
あわせる→お会わせする ……10
あわせる→お合わせになる …10
あわてる→お慌てになる ……32
あわれる 会われる ………8
あんがと あんがと ………323
あんざん→ご安産………11
あんじる→ご案じする ………229
あんじる→ご案じになる ……175
あんしん→ご安心 ………21
あんしん→安心なさる ………21
あんせい→ご安静 ………284
あんせい→安静になさる …284
あんぜん→ご安全 ………2, 216
あんたい→ご安泰 ………21
あんちゃん 兄ちゃん ………272
あんてい→安定なさる ………21
あんど→ご安堵 ………21
あんど→安堵なさる ………21
あんない→ご案内 ………157
あんない→ご案内する ………39
あんないじょう→ご案内状 …157
あんばい→いい按配 ………4
あんぴ■安否 ………229
あんぴ→ご安否 ………3
あんよ（足） あんよ ……321, 322

い

いいあんばい いい按配 ………4
いいかげん→お座なり ……279
いいかんがえ→いいお考え …6
いいだす→言い出される ……22
いいつけ→お言いつけ ……148
いいつける→お言いつけになる 148
いいなさい→言ってごらん …22
いいにくい→申しあげにくい…22
いいにくい→申しかねる ……22
いう→おっしゃい………218
いう→おっしゃる ………22
いう→お言いになる ………22
いう→言われる………22
いう→申しあげる ………22
いう→申し入れ ………318
いう→申し遅れる ………9
いう→申し出る ………22
いう→申す ………22
いうとおり→おっしゃる通り ……6
いえ■家………23, 24, 25
いえ→お家 ………338
いえがら→お家柄 ………276
いかが いかが………2, 198
いかく→威嚇なさる………199
いかす→お生かしになる …219
いかほど いかほど ………118
いかる→お怒り ………26
いかる→お怒りになる ………26
いかれる 行かれる………28
いかん 遺憾 ………16
いき→お息………74
いぎ→ご異議 ………256
いぎがない→ご異議がない …6
いきき→行き来なさる ………20
いきしょうちん→意気消沈なさる 61
いきたい→お行きになりたい 144
いきとうごう→意気投合なさる 237
いきをひきとる→息を引き取られる 146
いく→いらっしゃる………28
いく→お行きになる ………28
いく→行かれる ………28
いく→行ってらっしゃい ……4, 5
いく→お運び ………28
いく→伺う ………28, 295
いく→参上する ………28, 344
いく→参る ………28
いくせい→育成なさる ………44
いくつ（数）→おいくつ………160
いくつ（年齢）→おいくつ 142, 323
いくひさしく 幾久しく ………36
いくら→おいくら ………53
いくら→いかほど ………118
いくん→ご遺訓 ………145
いけ→お池 ………320
いけない→いけません ……218
いける→お生けになる ……107
いけん■意見 ……29, 30, 31, 256
いけん→ご意見………29
いけん→卑見………29
いけん→ご意見する ………217
いけん→意見なさる ………217
いけんばん→ご意見番 ……313
いこう→ご意向 ………29
いこう→ご遺稿 ………145
いこう→ご威光 ………277
いこつ→ご遺骨 ………145
いさましい→お勇ましい ……278
いさめる→お諫めする………217
いさめる→お諫めになる……217
いし→ご意志 ………117
いじめる→お苛めになる ……200
いじゅう→移住なさる ………211
いしゅく→萎縮なさる………61
いしょう→お衣装 ………98
いじょう→委譲なさる ………298

いじょう→移譲なさる ………298
いじる→おいじりになる ……126
いしん→御維新 ……………341
いす→お椅子 ………………321
いせき→移籍なさる ………136
いせじんぐう→お伊勢さん …150
いせまいり→お伊勢参り ……46
いぞう→ご遺贈 ……………145
いそがしい→お忙しい……32, 90
いそぎ→お急ぎ…………32, 120
いそぐ→お急ぎになる ………32
いそぐ→馳せ参じる …………32
いぞく→ご遺族 ……………145
いそしむ→勤しまれる ………207
いそん→依存なさる ………208
いぞん→ご異存 ……………256
いたい→ご遺体 ……………145
いたく→ご遺沢………………145
いたく→委託なさる…………208
いだく→抱かれる ……………87
いだく→関心を抱かれる ……82
いたしかねる 致しかねる……122
いたす 致す …………………182
いたずら→おいた …………323
いただきます いただきます 5, 161
いただきもの いただき物 …192
いただく いただく …50, 163, 193
いただけない いただけない 257
いたで→お痛手 ……………123
いたみいります 痛み入ります 293
いたむ→お痛み ………………79
いたむ→お悼み ……………190
いたむ→お悼みする ………190
いためる→お痛めになる ……79
いたらない 至らない ………293
いたりませんで 至りませんで 16
いたわしい→お労しい………190
いたわる→お労りになる……248
いちげんさん 一見さん ……262
いちごんもない→一言もありません 16
いちぞく→ご一族……………266
いちどう→ご一同様…………259
いちどうにかいする→一堂に会される ……………………14
いちどく→ご一読 …………324
いちにん→ご一任する ……298
いちにん→一任なさる ……298
いちにんしょう■一人称 263, 334
いちべつ→一瞥なさる ……309
いちょ→ご遺著 ……………145
いちらん→ご一覧……………308
いっか→ご一家 ……………266
いっかつ→ご一括 ……………68
いっこう→ご一行様…………259
いっこん→ご一献………157, 159
いっさくじつ 一昨日 ………119
いっさくねん 一昨年 ………119
いっしょ→ご一緒 …33, 157, 187
いっしょう→ご一生 ………184
いっしん→一新なさる ………18
いつだったか→いつぞや……118
いってごらん 言ってごらん …22
いってまいります 行ってまいります 5
いってらっしゃい 行ってらっしゃい 4, 5
いっぷく→ご一服……………212
いっぷく→一服なさる ………212
いっぽう→ご一報……………294
いてん→ご移転 ………………34
いてん→移転なさる …………34
いと→意図なさる ……………7
いとう→お厭いになる …97, 229
いどう→異動なさる…………136
いとく→ご遺徳………………145
いとこ→お従兄弟さん ……272
いとなむ→営まれる…………138
いとま→お暇 ……………90, 92
いとまごい→お暇乞い………329
いどむ→挑まれる ……………60
いとめる→お射止めになる …328
いない→いらっしゃらない …124
いなり→お稲荷さん …150, 170
いにん→委任なさる ………298
いのちびろい→命拾いなさる 184
いのちをおとす→命を落とされる 146
いのる→お祈り ……………246
いのる→お祈りする ………246
いのる→お祈りになる………246
いはい→ご遺灰 ……………145
いはい→お位牌・ご位牌 ……290
いはつ→ご遺髪 ……………145
いばる→お威張りになる……199
いばる→お山の大将 ………199
いびきをかく→鼾をおかきになる 75
いま→ただいま …………5, 301
いましめる→戒められる ……217
いも→お芋さん ……………169
いもうと→妹さん・お妹さん 274
いもん→慰問なさる ………248
いや→お嫌 ……………………97
いやなもの→お嫌いなもの 160
いらい→ご依頼 ……………208
いらい→依頼なさる ………208
いらいら→いらいらなさる……26
いらした～ いらした～ ………182
いらだち→おいらだち ………26
いらっしゃい いらっしゃい ……91
いらっしゃらない いらっしゃらない 124
いらっしゃる いらっしゃる …………………28, 104, 124
いりよう→お入り用 …………38
いる(居る)→いらっしゃる …124
いる(居る)→おいでになる ……………………124, 230
いる(居る)→おられる………124
いれぢえ→入れ知恵なさる 332
いれる→お淹れする ………214
いれる→お入れする …………85
いれる→お入れになる …13, 89
いろ→お色 …………………288
いろけ→お色気 ……………327
いろちがい→お色違い ……288
いろなおし→お色直し ……111
いろう→慰労なさる…………248
いろん→ご異論 ……………256
いわい→お祝い………………37
いわいがえし→お祝い返し …37
いわいごと→お祝い事 ………37
いわれる 言われる……………22
いをとなえる→異を唱えられる 256
いんかん→ご印鑑 …………100
いんきょ→隠居なさる ………35
いんきょ→ご隠居さん………280
いんそつ→ご引率 ……………33
いんたい→ご引退 ……………35
いんたい→引退なさる ………35

う

うえさま 上様 …………65, 336
うえる→植えられる…………126
うおうさおう→右往左往なさる 45
うがいをする→うがいをなさる 74

うかがう 伺う …28, 86, 142, 295
うかがう→お伺いする ……28
うけあう→お請け合いする …312
うけいれる→お受け入れになる 328
うけたまわる 承る …38, 231, 299
うけつぐ→受け継がれる ……222
うけつけ■受付 ……38
うけつける→お受け付けする 38
うけとる→お受け取りになる 43, 194
うけとる→拝受 ……43, 228
うけとる→落手 ……43
うけもつ→受け持たれる ……62
うける→お受けする ……193
うける→受けられる ……42
うける→お請けする ……298
うける→お請けになる ……298
うけわたし■受け渡し ……85
うごく→お動きになる ……235
うごく→動かれる ……235
うしなう→お失いになる ……240
うそつけ→嘘おっしゃい ……257
うそをつく→嘘をおつきになる 201
うた→お歌 ……320
うたう→お唄いになる ……107
うたう→唄われる ……107
うたがう→お疑い ……59
うたがう→疑いをお持ちになる 59
うち→お家 ……23, 321
うちあける→お打ち明けになる 282
うちあわせ→お打ち合わせ …191
うちあわせ→お打ち合わせする 191
うちあわせ→打ち合わせなさる 191
うちけす→打ち消される ……256
うちたてる→打ち立てられる 316
うちのひと うちの人 ……269
うちのひと→お家の方 ……267
うちのやつ うちの奴 ……271
うつ→お打ちになる …107, 165
うつくしい→お美しい ……70
うつくしい→玉のような ……11
うつす→お移しする ……187
うつす→移される ……136
うつす→お写しになる ……129
うったえる→お訴えになる …130
うつむく→うつむかれる ……254
うつる→お移りになる …34, 187
うつる→移られる ……34, 187
うどん→おうどん ……167
うなぎ→お鰻(おうな) ……170
うなずく→頷かれる ……72
うなだれる→うなだれていらっしゃる ……61
うぬぼれる→お自惚れになる 199
うのみ→鵜呑みになさる ……174
うばう→お奪いになる ……328
うま→お馬さん ……12, 320
うまい→美味しい ……161
うまい→お上手 ……297
うまれ→お生まれ ……184
うまれる→お生まれになる …184
うむ→お産みになる ……11
うめあわせ→埋め合わせなさる 81
うめく→呻かれる ……74
うめる→お埋めになる ……126
うらぎる→お裏切りになる …332
うらむ→お恨みする ……338
うらむ→お恨みになる ……27
うらやましい→お羨ましい ……36
うる→お売りする ……50
うる→お売りになる ……50
うるさい→お声が高い ……203
うわさ→お噂 ……9, 201
うわさ→お噂する ……201
うわさをながす→噂をお流しになる 201
うん→ご運 ……151
うんがむく→運がお向きになる 151
うんこ→お通じ ……232
うんざり→うんざりなさる ……97
うんせい→ご運勢 ……151
うんてん→運転なさる ……250
うんどう→運動をなさる ……181
うんよう→ご運用 ……101
うんよう→運用なさる ……101

え

えいぎょう→営業なさる ……138
えいこ■栄枯 ……305
えいじゅう→永住なさる ……211
えいてん→ご栄転 ……183
えいてん→栄転なさる ……183
えいみん→永眠なさる ……146
えしゃく→会釈なさる ……8
えっとう→越冬なさる ……13
えつらん→閲覧なさる ……308
えど→お江戸 ……338
えとく→会得なさる ……302
えみをうかべる→笑みを浮かべられる ……325
えらい→お偉い ……277
えらいひと→お偉い方 ……280
えらいひと→お偉いさん ……280
えらいひと→お偉方 ……280
えらくなる→お偉くなる ……199
えらぶ→お選びする ……40
えらぶ→お選びになる ……40
えらぶ→お選びください ……40
えり→お襟 ……288
えりごのみ→選り好みなさる 40
えりもと→お襟元 ……70
えをかく→お絵描き ……320
えん→ご縁 ……9, 220
えんかい→ご宴会 ……159
えんき→延期なさる ……317
えんぎ→演技なさる ……116
えんぎをかつぐ→ご幣を担ぐ 121
えんぐみ→ご縁組 ……110
えんしゅつ→演出なさる ……116
えんじょ→ご援助 ……205
えんじょ→ご援助する ……205
えんじょ→援助なさる ……205
えんじる→お演じになる ……200
えんせい→遠征なさる ……210
えんぜつ→演説なさる ……114
えんそう→演奏なさる ……116
えんだん→ご縁談 ……110
えんちょう→ご延長 ……317
えんちょう→延長なさる ……317
えんぽう→ご遠方 ……253
えんま→閻魔様 ……152
えんまん→ご円満 ……237
えんりょ→ご遠慮 …41, 179, 212
えんりょ ご遠慮する ……122
えんりょ→遠慮なさる 41, 179, 212

お

おあいしたい お会いしたい 8, 10
おあいする お会いする ……8, 10
おあいできる お会いできる …8
おあいになる お会いになる …8
おあいこ お相子 ……12
おあいそ お愛想 ……65, 93, 202

おあいて お相手 ………110, 187
おあいにくさま お生憎様…120, 249
おあかし お灯し ……………290
おあがりください おあがりください 91
おあがりになる おあがりになる 163
おあがんなさい おあがんなさい 91
おあきになる お飽きになる…326
おあきらめになる お諦めになる…132
おあげさん お揚げさん ……170
おあけになる お開けになる…304
おあげになる おあげになる 194
おあげになる お挙げになる 111
おあげになる お揚げになる 165
おあし お足 ………………64, 78
おあしもと お足元 ……………78
おあじ お味 ……………160, 163
おあじつけ お味付け ………167
おあじわいになる お味わいになる 163
おあずかりする お預かりする 85
おあずけ お預け ………113, 218
おあずけする お預けする ……85
おあずけになる お預けになる 85
おあずけをくう お預けを食う 301
おあせ お汗 …………………292
おあせりになる お焦りになる…45
おあそび お遊び ……………200
おあそびになる お遊びになる 12
おあたえになる お与えになる 194
おあたりになる お当たりになる 26
おあつい お暑い …………4, 13
おあついなか お熱い仲 ……237
おあつまり お集まり …………14
おあつまりになる お集まりになる 14
おあつめする お集めする ……14
おあつめになる お集めになる 58
おあつらえする お誂えする…289
おあつらえになる お誂えになる 289
おあてください お当てください …91
おあてになる お当てになる…330
おあと お後 …………………120
おあびになる お浴びになる 292
おあまり お余り ………………97
おあまりになる お余りになる 193
おあみになる お編みになる 127
おあやまりになる お謝りになる …15
おあゆみになる お歩みになる …197
おあらいする お洗いする……127
おあらいになる お洗いになる 127, 292
おあらそいになる お争いになる 206
おあらためになる お改めになる 18, 59
おありになる お有りになる …311
おあるきになる お歩きになる 20
おあわせする お会わせする …10
おあわせになる お合わせになる 10
おあわてになる お慌てになる 32
おい→甥御さん …………272
おいいつけ お言いつけ ……148
おいいつけになる お言いつけに
なる ……………………148
おいいになる お言いになる …22
おいえ お家 …………………338
おいえがら お家柄 …………276
おいえげい お家芸 …………233
おいえそうどう お家騒動 ……338
おいかしになる お生かしになる 219
おいかり お怒り ……………26
おいかりになる お怒りになる 26
おいき お息 …………………74
おいきになりたい お行きになりたい 144
おいきになる お行きになる …28
おいくつ おいくつ 142, 160, 323
おいくら おいくら ……………53
おいけ お池 …………………322
おいけになる お生けになる…107
おいさましい お勇ましい ……278
おいさめする お諌めする …217
おいさめになる お諌めになる 217
おいしい 美味しい …………161
おいじめになる お苛めになる 200
おいしゃさんごっこ お医者さんごっこ 12
おいしょう お衣装 ……………98
おいじりになる おいじりになる 126
おいす お椅子 ………………321
おいせさん お伊勢さん ……150
おいせまいり お伊勢参り ……46
おいそがしい お忙しい …32, 90
おいそぎ お急ぎ ………32, 120
おいそぎになる お急ぎになる 32
おいた おいた ………………323
おいたで お痛手 ……………123
おいたみ お痛み ……………79
おいたみ お悼み ……………190
おいたみする お悼みする …190
おいためになる お痛めになる 79
おいたわしい お労しい ……190
おいたわりになる お労りになる 248
おいで おいで ………………322
おいでおいで おいでおいで 322
おいでください お出ください 310
おいでなすった お出なすった
………………………19, 120
おいでになる お出になる
………………104, 124, 230
おいど(尻) お居処 …………77
おいといになる お厭いになる 97, 229
おいとこさん お従兄弟さん…272
おいとまする お暇する……90, 92
おいとまごい お暇乞い ……329
おいとめになる お射止めになる …328
おいなりさん お稲荷さん 150, 170
おいのちちょうだい お命頂戴 338
おいのり お祈り ……………246
おいのりする お祈りする……246
おいのりになる お祈りになる 246
おいはい お位牌 ……………290
おいばりになる お威張りになる 199
おいもうとさん お妹さん ……274
おいもさん お芋さん ………169
おいや お嫌 …………………97
おいらだち おいらだち ………26
おいりよう お入り用 …………38
おいれする お淹れする ……214
おいれする お入れする………85
おいれになる お入れになる…13, 89
おいろ お色 …………………288
おいろけ お色気 ……………327
おいろちがい お色違い ……288
おいろなおし お色直し………111
おいわい お祝い ……………37
おいわいがえし お祝い返し …37
おいわいごと お祝い事 ………37
おいわいする お祝いする ……37
おいわいのことば お祝いの言葉…37
おいわいのしな お祝いの品 …37
おいわいのせき お祝いの席 …37
おいわいもの お祝い物 ………37
おう 翁 ……………………280
おう→負われる ……………316
おうえん→応援なさる………303
おうかがいする お伺いする
………………28, 144, 231

おうかがいをたてる お伺いをたてる ……86
おうけあいする お請け合いする 312
おうけいれになる お受け入れになる ……328
おうけする お受けする ……193
おうけする お請けする ……298
おうけつけする お受け付けする…38
おうけとりになる お受け取りになる ……43, 194
おうけになる お請けになる …298
おうごきになる お動きになる 235
おうしないになる お失いになる 240
おうしゅう→応酬なさる ……206
おうじょう→往生なさる ……146
おうす お薄 ……214
おうせん→応戦なさる……206
おうた お歌 ……320
おうたい→応対なさる ……39
おうたいになる お唄いになる 107
おうたがい お疑い……59
おうたがいがはれる お疑いが晴れる ……59
おうたがいになる お疑いになる 59
おうだん→横断なさる……144
おうち お家……23, 321
おうちあけになる お打ち明けになる 282
おうちあわせ お打ち合わせ…191
おうちあわせする お打ち合わせする ……191
おうちになる お打ちになる 107, 165
おうちのかた お家の方 ……267
おうつくしい お美しい ……70
おうつしする お移しする ……187
おうつしになる お写しになる 129
おうったえになる お訴えになる…130
おうつりになる お移りになる 34, 187
おうどん おうどん ……167
おうな お鰻 ……170
おうぬぼれになる お自惚れになる 199
おうばいになる お奪いになる 328
おうふく→往復なさる ……20
おうぼ→ご応募 ……42
おうぼ→応募なさる ……42
おうまさん お馬さん ……12, 320
おうまれ お生まれ ……184
おうまれになる お生まれになる 184
おうみになる お産みになる …11
おうめになる お埋めになる…126
おうよう→応用なさる ……219
おうらぎりになる お裏切りになる 332
おうらさま お裏様 ……153
おうらみする お恨みする……338
おうらみになる お恨みになる 27
おうらやましい お羨ましい……36
おうりする お売りする ……50
おうりになる お売りになる……50
おうわさ お噂 ……9, 201
おうわさする お噂する……201
おえかき お絵描き ……320
おえつ→嗚咽なさる ……239
おえど お江戸 ……338
おえらい お偉い ……277
おえらいかた お偉い方 ……280
おえらいさん お偉いさん……280
おえらがた お偉方 ……280
おえらくなる お偉くなる ……199
おえらびください お選びください 40
おえらびする お選びする ……40
おえらびになる お選びになる 40
おえり お襟 ……288
おえりもと お襟元 ……70
おえんじになる お演じになる 200
おおきなおせわ 大きなお世話…120
おおきに おおきに……48
おおきになる お置きになる…126
おおきになる お起きになる…245
おおくりする お送りする …43, 93
おおくりになる お送りになる 100, 329
おおくりする お贈りする ……194
おおくりになる お贈りになる 194
おおこしする お起こしする …245
おおごしょ 大御所 ……280
おおさめする お納めする ……43
おおさめになる お納めになる 194
おおさわぎ→大騒ぎなさる…203
おおしえ お教え……44
おおしえする お教えする ……44
おおしえになる お教えになる 44
おおしになる お押しになる …76
おおせ 仰せ ……148
おおぜい→大勢さん ……259
おおぜい→大勢様 ……259
おおせつかる 仰せつかる …148
おおせつけ 仰せつけ ……148
おおせのとおり 仰せの通り…148
おおせんせい 大先生 ……280
おおそうじ→大掃除をなさる 128
おおだんな 大旦那 ……262
おおもいになる お思いになる 29, 327
おおりになる お降りになる …78
おおりになる お折りになる …79
おおわらい→大笑いなさる…325
おかあさま お母様 ……270
おかあさん お母さん ……270
おかあちゃん お母ちゃん……270
おかいあげ お買上 ……50
おかいけい お会計……65
おかいこさん お蚕さん ……140
おかいどく お買得 ……53
おかいになる お買いになる …50
おかいになる お飼いになる 126
おかいもとめになる お買い求めになる ……50
おかいもの お買物……50
おかえし お返し ……65, 194
おかえしする お返しする…54, 66
おかえしになる お返しになる 54
おかえしになる お帰しになる 54
おかえになる お変えになる …18
おかえり お帰り ……5, 55, 93
おかえりください お帰りください 122
おかえりなさい お帰りなさい …5
おかえりになる お帰りになる…55
おかお お顔 ……73
おかおがきく お顔が利く……220
おかおがひろい お顔が広い 220
おかおにでる お顔に出る …330
おかおはぞんじあげる お顔は存じあげる ……141
おかおをあからめる お顔を赤らめる 254
おかおをみせる お顔を見せる 93
おかおをゆがめる お顔をゆがめる 239
おかおいろ お顔色 ……198
おかおうつり お顔写り ……73
おかおうつり お顔映り ……288
おかおだち お顔立ち……70
おかおつき お顔つき……73
おかおぶれ お顔ぶれ ……221
おかおみしり お顔見知り……141
おかか おかか ……168

おかかえ **お抱え** ……………139
おかかえになる **お抱えになる** 77, 139
おかかげになる **お掲げになる** …105
おかかさま **お嬶様** …………333
おかがみ **お鏡** ………………71
おかがみ(餅) **お鏡** …………95
おかかわりになる **お関わりになる** 80
おかき(欠餅) **おかき** ………215
おかきする **お書きする** ………56
おかきとめになる **お書き留めになる** ……………………155
おかきなおしになる **お書き直しになる** ……………………109
おかきになる **お書きになる** …………………56, 107, 227
おかきになる **お描きになる** 107, 129
おかきになる **お掻きになる** …72
おかぎになる **お嗅ぎになる** …75
おかくご **お覚悟** ……………338
おかくしごと **お隠し事** ………282
おかくしになる **お隠しになる** 282
おかぐら **お神楽**………………47
おかくれになる **お隠れになる** 338
おかげ **おかげ** ………………48
おかげさま **おかげ様** …………48
おかけつけになる **お駆け付けになる** 32
おかけになる **おかけになる** 91, 186
おかけになる **お駆けになる** …32
おかけになる **お賭けになる** …87
おかげん **お加減** ……………198
おかご **お駕籠** ………………338
おかこみになる **お囲みになる** 12
おかさ **お傘** …………………307
おかさねになる **お重ねになる** 81
おかざり **お飾り** …………95, 279
おかざりになる **お飾りになる**…71
おかし **お菓子** ………………215
おかしする **お貸しする**……66, 89
おかしになる **お貸しになる** 66, 89
おかしら **お頭** ………………337
おかず **お菜** …………………171
おかぜ **お風邪** ………………198
おかぜをめす **お風邪を召す** 229
おかせぎになる **お稼ぎになる** 64
おかぞえになる **お数えになる** 108
おかた **お肩** …………………72
おかた **お方** …………………264
おかたい **お固い** ……………326
おかたさま **お方様** …………333
おかたづけ **お片付け** …128, 320
おかたみ **お形見** ……………145
おかたむけになる **お傾けになる** 305
おかためになる **お固めになる** 85
おかたらい **お語らい** ………255
おかたりになる **お語りになる** 255
おかちになる **お勝ちになる** …60
おかちん(餅) **おかちん** ……166
おかつぎになる **お担ぎになる** …200
おかって **お勝手**………………24
おかってぐち **お勝手口** ………24
おかっぱ(頭) **お河童** ………71
おかどちがい **お門違い** ……300
おかなえになる **お叶えになる** 87
おかなしみ **お悲しみ** …190, 238
おかなしみになる **お悲しみになる** 238
おかなでになる **お奏でになる** 107
おかね **お金** …………………64
おかねもうけ **お金儲け** ………64
おかねもち **お金持ち**…………64
おかばいになる **お庇いになる** 303
おかばん **お鞄** ………………307
おかぶをうばう **お株を奪う** …233
おかぼ(かぼちゃ) **おかぼ** …169
おかま **お釜** ……………24, 213
おかま **お蒲** …………………170
おかまい **お構い** ……………93
おかまいなく **お構いなく** ……90
おかまいなし **お構いなし**……203
おかまいになる **お構いになる** 80
おかまえになる **お構えになる** 103
おかみ **お髪** …………………72
おかみ **お上** …………………336
おかみさん **お上さん** ………271
おかみさん **お内儀さん** ……271
おかみしめになる **お噛みしめになる** 74
おかみになる **お噛みになる** …76
おかゆ **お粥** …………………166
おかよいになる **お通いになる** 20
おから **おから** ………………170
おがら **お柄** …………………288
おからかいになる **おからかいになる** ……………………200
おからだ **お身体** ………196, 198
おからだつき **お身体つき** …196
おからみになる **お絡みになる** 200
おかりする **お借りする**……66, 89
おかりになる **お借りになる** …85
おかわいそう **お可哀相** ……248
おかわきになる **お渇きになる** 74
おかわしになる **お交わしになる** ………………75, 227, 312
おかわり **お代わり** …………160
おかわり **お変わり** ……………2
おかわりない **お変わりない** 3, 229
おかわりになる **お変わりになる** 3
おかん **お燗** …………………158
おかん **お棺** …………………188
おかん **お母ん** ………………270
おかんがえ **お考え** …………29
おかんがえちがい **お考え違い** ……………………257, 300
おかんがえになる **お考えになる** 113
おがんじつ **お元日**……………95
おかんじになる **お感じになる** 84, 175
おかんじょう **お勘定** …………65
おかんむり **お冠** ………………26
おきえになる **お消えになる**…244
おきがえ **お着替え** ……………98
おきがえになる **お着替えになる** 98
おきがかわる **お気が変わる** …18
おきがすすまない **お気が進まない** 97
おきがすむ **お気が済む**………18
おきかせする **お聞かせする** …86
おきかせになる **お聞かせになる** 86
おきがながい **お気が長い** …279
おきがねなく **お気兼ねなく**…179
おきがはやい **お気が早い**……32
おきがやすまる **お気が休まる** 21
おきがるに **お気軽に** …156, 279
おききいれになる **お聞き入れになる** ……………………306
おききおよび **お聞き及び** …141
おききぐるしい **お聞き苦しい**…16
おききすて **お聞き捨て** ……300
おききする **お聞きする** 86, 141, 144
おききとどける **お聞き届ける** 246
おききながしになる **お聞き流しになる** ……………………86
おききになりたい **お聞きになりたい** ……………………231, 319
おききになる **お聞きになる** …86

おききになる お聴きになる …86
おききになる お効きになる …285
おきさきさま お后様 …333
おきざみになる お刻みになる 73
おきじ お生地 …289
おきしょう お気性 …276
おきず お傷 …79
おきずきになる お築きになる …64, 103
おきたえする お鍛えする …88
おきたえになる お鍛えになる 88
おきづかい お気遣い …177
おきづかいなく お気遣いなく 90
おきづき お気づき …330
おきづきになる お気づきになる 330
おきつねさま お狐様 …152
おきづまり お気詰まり …41
おきにいり お気に入り …178
おきにかける お気にかける …177
おきにさわる お気に障る …16, 27
おきにとめる お気に留める …82
おきになさる お気になさる …175
おきにめさない お気に召さない …97
おきにめされる お気に召される 178
おきにめす お気に召す …178
おきにやむ お気に病む …242
おきのどくさま お気の毒様 …249
おきびしい お厳しい …326
おきまり お決まり …52, 89
おきめする お決めする …89
おきめになる お決めになる …89
おきもち お気持ち …117
おきもちだけ お気持ちだけ …193
おきもの お着物 …99
おきゃくさま お客様 …38, 262
おきゃくさん お客さん …262, 279
おきゃん お侠 …275
おきゅうきん お給金 …69
おきゅうじ お給仕 …162
おきゅうす お急須 …214
おきゅうりょう お給料 …69
おきゅうをすえる お灸をすえる …133
おきょう お経 …291
おぎょうぎ お行儀 …276
おきょうしつ お教室 …321
おぎょうれつ お行列 …47
おきよめ お清め …189
おきよめする お清めする …46
おきよめのしお お清めの塩 …189
おきらい お嫌い …97
おきらいなもの お嫌いなもの 160
おきらいになる お嫌いになる 97
おきらく お気楽 …279
おぎり お義理 …41
おきりすてになる お切り捨てになる 326
おきりする お切りする …165
おきりになる お切りになる …72
おきる→お起きになる …245
おきれい おきれい …70
おきわめになる お極めになる 112
おきをおとす お気を落とす …190
おきをしずめる お気を鎮める 26
おきをつけて お気をつけて 93, 216
おきをつよく お気を強く …190
おきをわるくなさる お気を悪くなさる 97
おく→お置きになる …126
おぐあい お具合 …198
おくいぞめ お食い初め …11
おくがた 奥方 …271
おくがたさま 奥方様 …271
おくげさん お公家さん …336
おくさま 奥様 …271
おくさん 奥さん …271
おぐし お髪 …72
おくすり お薬 …285
おくち お口 …74, 322
おくちがかるい お口が軽い …201
おくちかず お口数 …203
おくちがわるい お口が悪い …201
おくちぞえ お口添え …81
おくちなおし お口直し …160
おくちにあう お口に合う …160
おくちぶり お口振り …201
おくちよごし お口汚し …192
おくつ お靴 …307
おくってもらう→送っていただく 43
おくつろぎ おくつろぎ …187
おくつろぎになる おくつろぎになる …314
おくどきになる お口説きになる 328
おくどさん（かまど） おくどさん 24
おくに お故郷 …102
おくに お国 …102, 142
おくにいり お国入り …102
おくにがら お国柄 …276
おくにことば お国言葉 …201
おくにじまん お国自慢 …233
おくにしゅう お国衆 …335
おくばりする お配りする …85
おくばりになる お配りになる …85
おくび お首 …72
おくびすじ お首筋 …70
おくみとりになる お汲み取りになる 331
おくみになる お組みになる …100
おくもつ お供物 …291
おくやみ お悔やみ …190
おくやみじょう お悔やみ状 …189
おくやみになる お悔やみになる 238
おくら お蔵 …24
おくらい お暗い …141
おくらいり お蔵入り …315
おくらし お暮らし …103
おくらしになる お暮らしになる 103
おくらしむき お暮らし向き …103
おくらべする お比べする …283
おくらべになる お比べになる 283
おくりあわせ お繰り合わせ …317
おくりものをする→贈り物をなさる …194
おくる→お送りする …43, 93
おくる→お送りになる …100, 329
おくる→お贈りする …194
おくる→お贈りになる …194
おくるしい お苦しい …247
おくるしみになる お苦しみになる 247
おくるま お車 …250
おくるまだい お車代 …69
おくるみ おくるみ …11
おくるみになる おくるみになる 13
おくれ おくれ …182
おくわえになる お咥えになる 74
おくわしい お詳しい …297
おけいこ お稽古 …243
おけが お怪我 …79
おけしになる お消しになる …332
おけしょう お化粧 …71
おけしょうしつ お化粧室 …71, 232
おけしょうひん お化粧品 …71
おげた お下駄 …99
おげっしゃ お月謝 …68
おけりになる お蹴りになる …78

おけわしい お険しい …………73
おげんかん お玄関 …………24
おげんかんさき お玄関先 ……90
おげんき お元気 …………2, 92
おげんこう お原稿 ……………57
おこいちゃ お濃茶 …………214
おこう お香 ……………106, 292
おこう お講 ……………………150
おこうこ（漬物） お香香 ……171
おこうすい お香水 ……………94
おこうちゃ お紅茶……………214
おこうでん お香典 …………189
おこうでんがえし お香典返し 189
おこうのもの（漬物） お香の物 171
おこうりょう お香料 …………189
おこえ お声 ……………………74
おこえがかかる お声がかかる 156
おこえがかり お声がかり ……83
おこえがたかい お声が高い 203
おこえになる お越えになる…260
おこえをかける お声をかける 156
おこげ お焦げ ………………166
おこごと お小言 ……………133
おこころ お心 ………………117
おこころがうごく お心が動く 178
おこころがはれない お心が晴れない ……………………338
おこころにかける お心にかける 177
おこころにとめる お心に留める …82
おこころのこもった お心のこもった 193
おこころのままに お心のままに 179
おこころをいためられる お心を傷められる ………………175
おこころをやすらかに お心を安らかに ……………………21
おこころあたり お心当たり …331
おこころえ お心得 …………233
おこころえちがい お心得違い 300
おこころおきなく お心置きなく 179
おこころがけ お心掛け ……252
おこころがまえ お心構え……117
おこころくばり お心配り ……177
おこころざし（金） お志 ………67
おこころじょうぶ お心丈夫……21
おこころぞえ お心添え ……176
おこころづかい お心遣い …177
おこころづくし お心尽し ……161
おこころづけ お心付け ………69
おこころづもり お心積もり …105
おこころづよい お心強い ……21
おこころのこり お心残り………27
おこころぼそい お心細い……175
おこさま お子様 ……………267
おこざら お小皿 ……………172
おこさん お子さん …………142
おこさんがた お子さん方 …267
おこし お腰……………………77
おこし（腰巻） お腰……………99
おこし お越し ………………310
おこしいれ お輿入れ ………338
おこしになる お越しになる …104
おこしねがう お越し願う ……156
おこす→お起こしする………245
おこた お炬燵 ………………13
おこたえ お答え ……………143
おこたえする お応えする……116
おこたえする お答えする……143
おこたえになる お答えになる 143
おこたち お子達 ………267, 336
おこつ お骨 …………………189
おこつあげ お骨上げ ………189
おこづかい おこづかい………69
おこと お琴 …………………106
おことづて お言伝 …………230
おことば お言葉…………22, 257
おことばにあまえて お言葉に甘えて 193
おことわりする お断りする …122
おことわりになる お断りになる 122
おこな お粉 …………71, 168
おこのみで お好みで ………178
おこのみになる お好みになる 178
おこのみやき お好み焼き …167
おこばみになる お拒みになる 97
おこぼしになる おこぼしになる 238
おこぼれ おこぼれ …………193
おこまり お困り……………123
おこまりになる お困りになる 123
おこめ お米 …………………166
おこもりになる お籠りになる 244
おこらえになる お堪えになる 41
おごる→ご馳走する ………162
おごられる→ご馳走になる …161
おころびになる お転びになる 79
おこわ おこわ（お強） ………166
おこんだて お献立 …………164
おさ 長 ……………………336
おさい お菜 …………………171
おさいせん お賽銭……………67
おさいばし お菜箸 …………172
おさいふ お財布 ……………307
おさいほう お裁縫 …………127
おさかえになる お栄えになる 305
おさかき お榊 ………………291
おさがしする お探しする ……52
おさがしになる お探しになる ……………………52, 125
おさかずき お杯・お盃 ………159
おさかな お魚 ………………170
おさからいになる お逆らいになる 256
おさがり お下がり ………98, 218
おさがりになる お下がりになる 293
おさかん お盛ん ……………327
おさきに お先に ……………92
おさきになる お裂きになる …326
おさきぼうをかつぐ お先棒を担ぐ 332
おさきまっくら お先真っ暗 …123
おさく お作 …………………129
おさぐりになる お探りになる 125
おさけ お酒 …………………158
おさげ お下げ ………………71
おさけになる お避けになる …244
おさけびになる お叫びになる 203
おささえする お支えする ……205
おささえになる お支えになる 205
おささげになる お捧げになる 223
おさじ お匙 …………………172
おざしき お座敷 ……………24
おざしきがかかる お座敷がかかる 156
おざしきげい お座敷芸 ……159
おさしさわり お差障り ………317
おさしず お指図 ……………148
おさしつかえ お差支え………317
おさしになる お挿しになる …71
おさしみ お刺身 ……………170
おさずけになる お授けになる 246
おざせき お座席 ……………185
おさそいする お誘いする 156, 328
おさそいになる お誘いになる 156
おさた お沙汰 ………………338
おさたがき お沙汰書 ………338
おさだまり お定まり …………89

おさつ お札 ……64
おさつ（さつまいも） お薩 ……169
おさっしする お察しする ……331
おさっしになる お察しになる 331
おさっしのとおり お察しの通り 331
おさと お里 ……102, 266
おさとう お砂糖 ……168
おさとがえり お里帰り ……55
おさとしになる お諭しになる 217
おさとりになる お悟りになる 331
おざなり お座なり ……279
おさばき お裁き ……338
おさばきになる お裁きになる 130
おさびしい お寂しい ……190
おざぶとん おざぶとん ……307
おさほう お作法 ……213
おさむい お寒い……4, 13, 305
おさむらい お侍 ……335
おさむらいさま お侍様 ……335
おさめになる お覚めになる…287
おさめる→お納めする ……43
おさめる→お納めになる……194
おさら お皿 ……172
おさらい お浚い ……243
おさらいかい お浚い会 ……243
おさるさん お猿さん ……320
おさわがしい お騒がしい……203
おさわがせする お騒がせする 16
おさわぎになる お騒ぎになる 203
おさわりになる お触りになる…76
おさん お産 ……11
おさんかた お三方 ……258
おさんじ お三時 ……215
おさんどん おさんどん ……165
おさんにんさま お三人様……258
おさんぽ お散歩 ……20
おじ→伯父貴 ……268
おしあがり お仕上がり……129
おしあわせ お幸せ……36
おじいさま お祖父様 ……261
おじいさん お祖父さん ……261
おじいさん お爺さん ……261
おじいちゃん お祖父ちゃん…261
おしうち お仕打ち ……338
おしえる→お教え ……44
おしえる→お教えする ……44
おしえる→お教えになる ……44
おしお お塩 ……168
おしおき お仕置き ……338
おしかけになる お仕かけになる 332
おしかり お叱り……133
おしかりになる お叱りになる 133
おしかりをこうむる お叱りをこうむる ……133
おじかん お時間 ……113, 281
おしき お式 ……111
おじき 伯父貴 ……268
おじぎする→お辞儀なさる……8
おしきせ お仕着せ ……149
おじく お軸 ……213
おしくみになる お仕組みになる 332
おしけん お試験……63
おしごと お仕事 ……142
おじさま おじ様……268
おじさん■おじさん ……268
おししゃ お使者 ……313
おししょうさん お師匠さん …243
おしずかに お静かに ……134
おじぞうさま お地蔵様……152
おしたいする お慕いする …327
おしたがいになる お従いになる 148
おしたく お支度 ……154
おしたくをする お支度をする 154
おしたじ（しょうゆ） お下地 …168
おしたしい お親しい……237
おしたてする お仕立てする…289
おしたてになる お仕立てになる 289
おしたてもの お仕立物 ……289
おしたみ お下見……25, 308
おしちや お七夜……11
おじちゃん おじちゃん……268
おしっこ おしっこ……232
おしとね お褥 ……339
おしとやか お淑やか ……278
おしな お品 ……51
おしながき お品書き ……162
おしなもの お品物……51
おしのび お忍び ……282
おしばい お芝居 ……106, 201
おしはらい お支払 ……68
おしはらいする お支払する …68
おしはらいになる お支払になる 68
おしはらいまどぐち お支払窓口…68
おしばりになる お縛りになる 149
おじひ お慈悲 ……246
おしぼり お絞り ……292
おしまい お終い 49, 120, 305, 304
おしまいになる おしまいになる 128
おしまつ お始末 ……128
おじみ お地味 ……288
おしめ おしめ ……232
おしめしになる お示しになる…30
おしめになる お閉めになる 304, 305
おしめり（雨） お湿り……4
おしものせわ お下の世話 …284
おじや おじや ……167
おじゃが おじゃが ……169
おしゃかさま お釈迦様……152
おしゃがみになる おしゃがみになる 77
おしゃくをする お酌をする …158
おじゃこ お雑魚 ……170
おしゃしん お写真 ……129
おしゃぶり おしゃぶり……11
おしゃべり お喋り……203, 255
おしゃま おしゃま……275
おじゃまさま おじゃま様 ……249
おじゃまさん おじゃまさん……92
おじゃましました おじゃましました 92
おじゃまする おじゃまする 90, 187
おじゃまむし おじゃま虫 ……187
おしゃみせん お三味線 ……106
おしゃもじ おしゃもじ ……172
おしゃれ おしゃれ ……71
おしゃれ→お洒落さん……275
おじゃんになる おじゃんになる 315
おじゅう（重箱） お重 ……171
おしゅうじ お習字……106
おしゅうとさん お舅さん……268
おしゅうとめさん お姑さん …270
おじゅうや お十夜 ……94
おしゅくじ お祝辞 ……37
おじゅけん お受験……63
おじゅず お数珠……291
おじゅばん お襦袢……99
おしょうがつ お正月 ……95
おしょうきゃく お正客 ……213
おしょうこう お焼香 ……189
おじょうさま お嬢様 ……275
おしょうさん 和尚さん ……153
おじょうさん お嬢さん ……275
おしょうじ お障子 ……24

おじょうず お上手…201,233,297
おしょうすい お小水……232
おじょうちゃま お嬢ちゃま……275
おじょうちゃん お嬢ちゃん …275
おじょうど お浄土……147
おしょうばん お相伴……159,161
おじょうひん お上品……278
おじょうぶ お丈夫……2
おしょうゆ お醤油……168
おしょうろさん お精霊さん……94
おしょく お職……333
おしょくじ お食事 ……91,164
おしょくじになさる お食事になさる 163
おしょさん 和尚さん……153
おじょちゅう お女中……333
おじょろう お女郎……333
おしらが お白髪……72
おじらしになる お焦らしになる 326
おしらす お白州……339
おしらせ お知らせ……294
おしらせする お知らせする …224
おしらせになる お知らせになる 294
おしらべ お調べ……173
おしらべする お調べする……173
おしらべになる お調べになる 173
おしり お尻……77
おしりあい お知り合い……141
おしりがおもい お尻が重い …92
おしりになりたい お知りになりたい 319
おしりになる お知りになる …141
おしるこ お汁粉……215
おしるし お印……192
おしろ お城……339
おしろい お白い……70
おしわ お皺……73
おしんこ お新香……171
おしんじになる お信じになる 174
おす→お押しになる……76
おす お酢……168
おすあし お素足……78
おすいじ お炊事……165
おすいになる お吸いになる 212
おすいもの お吸い物……167
おすがたをはいけん お姿を拝見 19
おすがりする おすがりする…208
おすき お好き……178
おすきなもの お好きな物 …160
おすきに お好きに ……179
おすくいする お救いする……205
おすくいになる お救いになる 205
おすくいになる お掬いになる 76
おすごしになる お過ごしになる 103
おすこやか お健やか ……2
おすし お寿司……167
おすすみになる お進みになる
……20,105,144
おすずみになる お涼みになる 13
おすすめ お勧め……180
おすすめする お勧めする …180
おすすめになる お勧めになる 180
おすすめになる お進めになる 235
おすすめひん お勧め品……51
おすすめりょうり お勧め料理 162
おすすりになる お啜りになる 163
おすそ お裾……288
おすそたけ お裾丈……289
おすそわけ お裾分け……192
おすだちになる お巣立ちになる 195
おすてになる お捨てになる 326
おすな お砂……320
おすなあそび お砂遊び ……320
おすなば お砂場……320
おすのもの お酢の物……167
おすべらかし お垂髪……339
おすべり おすべり……320
おすべりになる お滑りになる 181
おずぼん おズボン……288
おすまい お住まい……23,142
おすまし(汁) お清し……167
おすまし お澄まし……199
おすましやさん お澄ましやさん 275
おすませになる お済ませになる…49
おすみ お済み……49
おすみ お炭……213
おすみ お墨……106
おすみつき お墨付き……155
おすみになる お住みになる …23
おすみになる お済みになる …49
おすもう お相撲……181
おすわり お座り ……5,218,322
おすわりになる お座りになる 186
おせいぼ お歳暮……51
おせがみになる おせがみになる 318
おせき お咳……74
おせき お席……185
おせきじゅん お席順……185
おせきはん お赤飯……166
おせじ お世辞……202
おせじぬきで お世辞抜きで 296
おぜぜ(金) おぜぜ……64
おせたけ お背丈……196
おせち(料理) お節……95
おせつ お説……29
おせつのとおり お説の通り……6
おせっかい お節介……80
おせっかいやき お節介焼き 202
おせっきょう お説教……133
おせっく お節句……94
おせったい お接待……162
おせったいがかり お接待係…313
おせなか お背中……77
おせめになる お責めになる 133
おせわさま お世話様……249
おせわさん お世話さん ……249
おせわしい お忙しい……32
おせわする お世話する …10,96
おせわになる お世話になる …48
おぜん お膳……162
おせんこう お線香……189
おせんす お扇子……307
おせんたく お洗濯……127
おぜんだて お膳立て …154,160
おせんち おセンチ……238
おせんちゃ お煎茶……214
おせんべい お煎餅……215
おせんべつ お餞別……329
おぞうきん お雑巾……128
おそうざい お総菜……171
おそうじ お掃除……128
おそうじをなさる お掃除をなさる
……128
おそうしき お葬式……188
おぞうすい お雑炊……167
おそうそうさま お草々様 ……161
おぞうに お雑煮……95
おそうめん お素麺……167
おぞうり お草履……99
おそーす おソース……168
おそしさま お祖師様……152
おそだち お育ち……276
おそだちになる お育ちになる 195

おそだてになる **お育てになる** 195
おそで **お袖** ……288
おそでぐち **お袖口** ……289
おそでをとおす **お袖を通す** …288
おそと **お外** ……321
おそなえ **お供え** ……291
おそなえする **お供えする** …291
おそなえになる **お備えになる** 216
おそなえもの **お供え物** ……291
おそなりまして **遅なりまして** 301
おそば **お蕎麦** ……167
おそば **お側** ……253
おそばづかえ **お側仕え** ……223
おそまつ **お粗末** ……16
おそまつさま **お粗末様** ……161
おそむきになる **お背きになる** 256
おそめになる **お染めになる** …127
おそら **お空** ……321
おそれいります **恐れ入ります** ……144, 293
おそれながら **畏れながら** …339
おそろい **お揃い** ……33, 288
おそろいになる **お揃いになる** 14
おそろえになる **お揃えになる** 14
おだい **お代** ……65, 120
おだいかん **お代官** ……335
おだいかんさま **お代官様** …335
おだいきん **お代金** ……65
おたいくつ **お退屈** ……281
おたいくつさま **お退屈様** 249, 281
おたいくつしのぎ **お退屈しのぎ** 281
おたいこむすび **お太鼓結び** …99
おだいこん **お大根** ……169
おだいし **お大師様** ……152
おだいじに **お大事に** ……93, 198, 229, 286
おだいじん **お大尽** ……64
おたいせつに **御身お大切に** 229
おだいどころ **お台所** ……24
おだいふき **お台拭き** ……171
おだいみょう **お大名** ……335
おだいもく **お題目** ……291
おたいらに **お平らに** ……91
おたおしになる **お倒しになる** 60
おたおれになる **お倒れになる** 287
おたかい **お高い** ……53
おたがい **お互い** ……221
おたがいさま **お互い様** ……249
おたかくとまる **お高くとまる** 199
おたかめ **お高め** ……53
おたから **お宝** ……64
おたきになる **お焚きになる** …126
おたきになる **お炊きになる** …165
おだきになる **お抱きになる** …76
おたく **お宅** ……23, 263
おたくさん **お宅さん** ……263
おたくしになる **お託しになる** 298
おたくらみ **お企み** ……339
おたくわえ **お蓄え** ……101
おたくわえになる **お蓄えになる** 101
おたけ **お丈** ……288
おだし **お出汁** ……168
おたしかめする **お確かめする** 59
おたしかめになる **お確かめになる** 59
おだしする **お出しする** ……227
おたしになる **お足しになる** …108
おだしになる **お出しになる** ……68, 89, 225
おたすけする **お助けする** …205
おたすけになる **お助けになる** 205
おたずね **お尋ね** ……142
おたずねする **お尋ねする** …144
おたずねする **お訪ねする** …295
おたずねになる **お尋ねになる** 142
おたずねになる **お訪ねになる** 295
おたずねもの **お尋ね者** ……337
おたたきになる **お叩きになる** 107
おたたみになる **お畳みになる** 127, 305
おたち **お発ち・お立ち** ……211
おたちあい **お立会い** …120, 155
おたちだい **お立台** ……181
おたちなおりになる **お立ち直りになる** ……251
おたちなさい **お立ちなさい** …186
おたちになる **お立ちになる** …186
おたちになる **お断ちになる** …41
おたちになる **お発ちになる** …211
おたちば **お立場** ……132
おたちよりになる **お立ち寄りになる** 295
おだちん **お駄賃** ……69
おたっし **お達し** ……149
おたっしゃ **お達者** ……93, 233
おたてかえする **お立て替えする** 65
おたてかえになる **お立て替えになる** ……65
おたてになる **お建てになる** …25
おたてになる **お立てになる** …105
おたな **お店** ……304, 339
おたなもの **お店者** ……337
おたのしみ **お愉しみ** ……207
おたのしみ **お楽しみ** ……87, 207
おたのしみになる **お楽しみになる** 207
おたのみ **お頼み** ……299
おたのみする **お頼みする** …208
おたのみになる **お頼みになる** 208
おたばこ **お煙草** ……212
おたばこぼん **お煙草盆** ……212
おたばねになる **お束ねになる** 81
おたび **お足袋** ……99
おたびしょ **お旅所** ……47
おたびだち **お旅立ち** ……210
おたびだちになる **お旅立ちになる** 146
おたふくまめ **お多福豆** ……169
おだぶつ **お陀仏** ……147
おたべになる **お食べになる** 163
おたま **お玉** ……172
おだましになる **お騙しになる** 201
おだまり **お黙り** ……218
おだまりになる **お黙りになる** …27
おためごかし **お為ごかし** ……202
おためしになる **お試しになる** 288
おたもちになる **お保ちになる** 252
おたより **お便り** ……227
おたよりする **お便りする** ……227
おたよりする **お頼りする** ……208
おたわむれになる **お戯れになる** ……12, 200
おたわむれを **お戯れを** ……339
おだんぎ **お談義** ……217
おだんご **お団子** ……215
おたんじょう **お誕生** ……184
おたんじょういわい **お誕生祝い** 37
おたんじょうび **お誕生日** ……94
おちいさい **お小さい** ……260
おちえ **お知恵** ……7, 191
おちえをおかりする **お知恵をお借りする** ……191
おちえをはいしゃく **お知恵を拝借** 191
おちかい **お近い** ……253
おちかいうちに **お近いうちに** 93
おちかいする **お誓いする** …312

おちかいになる お誓いになる 312
おちかしい お近しい ………237
おちかづき お近づき ………159
おちかづきになる お近づきになる 220
おちから お力……………………96
おちからおとし お力落とし …190
おちからぞえ お力添え ………96
おちからづけ お力づけ ……251
おちからづけになる お力づけになる 251
おちからになる お力になる …190
おちからになれない お力になれない………………………122
おちごさん お稚児さん ………47
おちこむ→落ち込まれる ……61
おちち お乳 ……………………77
おちちうえ お父上 …………268
おちのひと お乳の人 ………333
おちゃ お茶 ……………156, 214
おちゃ(茶道) お茶 …………106
おちゃうけ お茶請け…………215
おちゃかい お茶会 …………213
おちゃがし お茶菓子 ………215
おちゃじ お茶事 ……………213
おちゃしつ お茶室 …………213
おちゃしゃく お茶杓 ………213
おちゃだい お茶代……………69
おちゃづけ お茶漬け ………167
おちゃづつ お茶筒 …………214
おちゃのこさいさい お茶の子さいさい ………………………120
おちゃのま お茶の間 …………24
おちゃめ お茶目 ……………275
おちゃやさんあそび お茶屋さん遊び ………………………12
おちゃわん お茶碗 ……172, 213
おちゃをさしあげる お茶をさしあげる ………………………214
おちゃをひく お茶をひく ……281
おちゅうげん お中元 …………51
おちゅうしゃ お注射 …………285
おちゅうにち お中日 …………94
おちょうし お銚子 …………172
おちょうしもの お調子者 ……202
おちょうず お手水 …………232
おちょうば お帳場 …………234
おちょうめん お帳面…………339
おちょきん お貯金 …………101
おちょこ お猪口 ……………172
おちょぼぐち おちょぼ口 ……74
おついしょう お追従…………202
おついしょうもの お追従者 …202
おついたち お朔日……………95
おついで おついで …………281
おつうじ(便通) お通じ ……232
おつうちょう お通帳 …………101
おつえ お杖 …………………307
おつかい お使い ………209, 313
おつかいください お使いください 219
おつかいだて お使い立て …208
おつかいちん お使い賃………69
おつかいになる お使いになる 219
おつかいもの お遣い物………51
おつかいやっこ お遣い奴 …337
おつかえする お仕えする …223
おっかさん おっ母さん………270
おつがせになる お継がせになる 222
おつかみになる お掴みになる 58
おつかれ お疲れ ……………198
おつかれさま お疲れ様 ……249
おつかれさん お疲れさん …249
おつかれになる お疲れになる 247
おつかわしになる お遣わしになる ………………………………339
おつき お着き ………………310
おつきあい お付き合い 220, 327
おつきあいする お付き合いする 220
おつきあいのほど お付き合いのほど ………………………………9
おつきさま お月様 ……140, 321
おつぎする お注ぎする ……159
おつきそい お付き添い………33
おつきになる お突きになる …60
おつきになる お付きになる…186
おつきになる お着きになる…310
おつきになる お就きになる…313
おつぎになる お継ぎになる 222
おつきのかた お付きの方 …265
おつぎのかた お次の方 ……265
おつきみ お月見 ……………94
おつくえ お机 ………………307
おつくしする お尽しする ……223
おつくしになる お尽しになる 223
おつくり お造り………………170
おつくりになる お造りになる …71
おつくりになる お作りになる 109, 129
おつけ(汁) お付け …………168
おつげ お告げ ………………151
おつけする お付けする ………53
おつげする お告げする ……224
おつけになる お漬けになる 165
おつけになる お付けになる 241
おつげになる お告げになる 224
おつけもの お漬物 …………171
おっしゃい おっしゃい ………218
おっしゃる おっしゃる…………22
おっしゃるとおり おっしゃる通り 6
おつたえする お伝えする …224
おつたえになる お伝えになる ………………………224, 230
おっちゃん おっちゃん ………268
おつづけになる お続けになる 222
おつつしみになる お慎みになる 132
おつつみになる お包みになる 43
おっと→うちの人 ……………269
おっと 夫 ……………………269
おつどいになる お集いになる 14
おつとめ お盗 ………………339
おつとめ お勤め ……………135
おつとめさき お勤め先………142
おつとめする お勤めする …135
おつとめひん お勤め品 ………51
おつなぎする おつなぎする 230
おつねりになる おつねりになる 76
おつのりになる お募りになる 14
おっぱい おっぱい………77, 322
おつぶしになる お潰しになる 305
おつぶやきになる お呟きになる 74
おつぶりになる お瞑りになる 75
おつぼねさま お局様 ………280
おつまみ おつまみ …………164
おつまみになる お摘まみになる ………………………76, 163
おつみたてになる お積み立てになる ………………………101
おつみになる お積みになる 126, 197
おつみになる お摘みになる 126
おつむ おつむ ………72, 322
おつめ お爪 …………………76
おつめ お詰め ………………213
おつめする お詰めする ………52
おつめになる お詰めになる

……165,185,289
おつもり お積もり ……105,158
おつや お通夜……188
おつゆ お汁……168
おつよい お強い……159
おつらい おつらい……248
おつり お釣り……65
おつりになる お釣りになる…181
おつれあい お連れ合い……267
おつれさま お連れ様……262
おつれする お連れする……33
おつれになる お連れになる…33
おつれのかた お連れの方……33
おて お手……76
おて お筆跡……296
おてあげ お手上げ……123
おてあし お手足……78
おてあて お手当……69,79,285
おてあらい お手洗い……90,232
おてあわせ お手合わせ……12
おていさい お体裁……199
おていさいや お体裁屋……199
おでいりがおおい お出入りが多い 220
おていれ お手入れ……71,128
おてうえ お手植え……126
おてうち お手打ち……339
おておい お手負い……339
おでかけ お出かけ……4,28
おでかけになる お出かけになる ……28,93,211
おてかず お手数……247,281
おてがみ お手紙……227
おてがら お手柄……183
おてがる お手軽……164
おでき おでき……79
おできになる お出来になる ……251,297
おてきびしい お手厳しい…326
おてぎわ お手際……233
おてぐち お手口……339
おでぐち お出口……226
おでこ(額) おでこ……72
おてごろ お手頃……53
おでし お弟子……243
おでしさん お弟子さん……243
おてしょ(皿) お手塩……172
おてずから お手ずから……161
おてすき お手すき……281
おてせい お手製……127
おてぜま お手狭……23
おてだし お手出し……205
おてだま お手玉……12
おてぢか お手近……253
おてつき お手付き……12,339
おてつだい お手伝い……96
おてつだいする お手伝いする 96
おてて お手々……322
おてなみ お手並……233
おてなみはいけん お手並拝見 120
おてにかかる お手にかかる 296
おてにとる お手に取る……52
おでになる お出になる……19
おてぬぐい お手拭い……292
おてのうち お手の内……60
おてのもの お手の物……233
おてはい お手配……154
おてはず お手筈……154
おてひとつ お手ひとつ……195
おてふき お手拭き……292
おてほん お手本……243
おてま お手間……281
おてまえ お点前……213
おてまえ お手前……334
おでまし お出まし……19,120
おてまわりひん お手回り品…311
おでむかえ お出迎え……310
おでむきになる お出向きになる 28
おてもち お手持ち……311
おてもと お手元……253
おてもと(箸) お手許……172
おてもときん お手許金……100
おてもり お手盛り……179
おてやわらかに お手柔らかに 12
おてら お寺……150
おてらさん お寺さん……150
おてらまいり お寺参り……46
おてれになる お照れになる 254
おてをおかりする お手をお借りする 96
おてをとめまして お手を止めまして 230
おてをはいしゃく お手を拝借 120
おてをわずらわす お手を煩わす ……230,281
おでん おでん……170
おてんき お天気……4,140
おてんきあめ お天気雨……140
おてんきや お天気屋……202
おてんぐ お天狗……199
おてんとうさま お天道様……140
おてんとさん おてんとさん…140
おてんば お転婆……275
おでんわ お電話……90,231
おでんわがとおい お電話が遠い 231
おでんわぐち お電話口……230
おでんわする お電話する…231
おでんわばかりで お電話ばかりで 9
おでんわをいただく お電話をいただく……231
おでんわをさしあげる お電話をさしあげる……230
おといあわせ お問い合わせ 143
おといれ おトイレ……232
おどう お堂……150
おどうぐ お道具……213
おとうさま お父様……268
おとうさん お父さん……268
おとうちゃん お父ちゃん……268
おとうとご 弟御……272
おとうとさん 弟さん……272
おとうばん お当番……313
おとうふ お豆腐……170
おとうみょう お灯明……290
おどうらく お道楽……12
おとおし お通し……164
おとおしする お通しする……39
おとおしになる お通しになる…31
おとおりになる お通りになる 144
おとがめ お咎め……339
おとがめなし お咎め無し……149
おとがめになる お咎めになる 133
おときになる お解きになる…112
おときになる お説きになる…217
おとぎになる お研ぎになる…126
おとぎのくに お伽の国……102
おとぎばなし お伽噺……324
おとく お得……53
おとくい お得意……233,262
おとくいさま お得意様……262
おとくいさん お得意さん……262
おとくいまわり お得意回り…304
おとくよう お徳用……53
おとけい お時計……307

おとこ お床 ……245
おとこのかた 男の方 ……265
おとこのこ■男の子 ……273
おところ お所 ……142
おとざしになる お閉ざしになる 238
おとし お年齢 ……142, 260
おとしうえ お年上 ……260
おとしごろ お年頃 ……260
おとしだま お年玉 ……69, 95
おとじになる お閉じになる ……49
おとしより お年寄り ……261
おとしをめしたかた お年齢を召した方 ……261
おとしをめす お年齢を召す ……260
おとそ お屠蘇 ……95
おとっちゃん お父ちゃん ……268
おととい→一昨日（いっさくじつ） ……119
おとどけさき お届け先 ……43
おとどけする お届けする ……43
おととし→一昨年（いっさくねん） ……119
おととのえする お整えする ……154
おととのえする お調えする ……154
おとなえになる お唱えになる 291
おとなり お隣 ……253
おとなりさん お隣さん ……265
おとのさま お殿様 ……336
おとぼけになる お惚けになる 200
おとまり お泊まり ……234
おとまりになる お泊まりになる 234
おとむらい お弔い ……188
おとむらいをする お弔いをする 188
おとめする お止めする ……218
おとめする お泊めする ……234
おとめになる お泊めになる ……234
おとも お供 ……33
おともする お供する ……33, 144
おともしになる お灯しになる 290
おともだち お友達 ……221
おどられる 踊られる ……107
おとりあげになる お取りあげになる 82
おとりあつかいする お取り扱いする 298
おとりおきする お取り置きする 52
おとりかえ お取り替え ……98
おとりかえする お取り替えする 54
おとりきめになる お取り決めになる 109
おとりくみになる お取り組みになる 235
おとりけし お取り消し ……315
おとりけしになる お取り消しになる 315
おとりこみちゅう お取り込み中 32
おとりさげになる お取り下げになる 130
おとりさま お酉様 ……94
おとりしらべ お取り調べ ……173
おとりする お取りする ……160
おとりする お撮りする ……129
おとりたてになる お取り立てになる 83
おとりつぎする お取り次ぎする 39
おとりつくろいになる お取り繕いになる ……81
おとりなし お取り成し ……80
おとりになる お撮りになる ……129
おとりばし お取り箸 ……172
おとりはずし お取り外し ……288
おとりひき お取引 ……109
おとりまき お取り巻き ……221
おとりみだしになる お取り乱しになる ……45
おとりやめになる お取りやめになる 315
おとりよせする お取り寄せする 52
おどる→踊られる ……107
おとろえる→衰えられる ……287
おどろく→驚かれる ……45
おどんぶり お丼 ……166
おな お名 ……340
お直し お直し ……289
おなおしする お直しする ……54
おなおしになる お直しになる 54
おなおりになる お治りになる 286
おなか お腹 ……5, 81, 161
おなか→ぽんぽん ……322
おなかがいっぱい お腹がいっぱい 161
おなかせになる お泣かせになる 326
おなかま お仲間 ……221
おながれ お流れ ……159, 315
おなきなさい お泣きなさい……239
おなきになる お泣きになる……239
おなぐさみ お慰み ……120, 207
おなぐさめする お慰めする ……190
おなぐさめになる お慰めになる 248
おなくしになる お失くしになる 240
おなくなりになる お亡くなりになる 146
おなげき お嘆き ……238
おなげきになる お嘆きになる 238
おなげになる お投げになる ……181, 315
おなこうど お仲人 ……111
おなごやか お和やか ……237
おなごりおしい お名残り惜しい ……93, 329
おなさけ お情け ……176
おなざし お名指し ……241
おなじみさん お馴染みさん……262
おなす お茄子 ……169
おなつかしい お懐かしい ……3
おなつめ お棗 ……213
おなでになる お撫でになる ……76
おなのりになる お名乗りになる 340
おなべ お鍋 ……171
おなま お生 ……275
おなまえ お名前 ……9, 38, 241
おなまけになる お怠けになる 244
おなます お膾 ……170
おなみだちょうだい お涙頂戴 239
おなめし お菜飯 ……167
おなめになる お舐めになる 163, 199
おなやみ お悩み ……242
おなやみごと お悩み事 ……242
おなやみになる お悩みになる 242
おなら おなら ……77
おならいする お習いする……243
おならいになる お習いになる 243
おならびになる お並びになる 134
おなり 御形 ……340
おなり お成り ……340
おなりになる おなりになる ……195
おなれになる お慣れになる 103
おなわになる お縄になる ……340
おなんぎ お難儀 ……247
おなんど お納戸 ……24
おにあい お似合い ……110, 288
おにいさま お兄様 ……272
おにいさん お兄さん ……272
おにいちゃん お兄ちゃん……272
おにかい お二階 ……24
おにがしになる お逃がしになる 244
おにぎやか お賑やか ……203
おにぎり お握り ……166
おにぎりになる お握りになる……76
おにく お肉 ……170
おにげなさい お逃げなさい 244

おにげになる お逃げになる 244
おにしさん お西さん ……150
おにしめ お煮染め ……171
おにもつ お荷物 …93, 279, 311
おにらみになる お睨みになる 75
おにわ お庭 ……23
おにわばん お庭番 ……337
おにんぎょうさん お人形さん 320
おぬいになる お縫いになる 127
おぬきになる お抜きになる…126
おぬぎになる お脱ぎになる …78
おぬくもり お温もり ……13
おぬけになる お抜けになる…186
おぬし お主 ……334
おぬりになる お塗りになる …126
おぬれになる お濡れになる …13
おねうちもの お値打ちもの …53
おねえさま お姉様 ……274
おねえさん お姉さん …121, 274
おねえちゃん お姉ちゃん……274
おねがい お願い ……208, 246
おねがいごと お願い事 209, 230
おねがいする お願いする ……52, 208, 246
おねがいだから お願いだから 209
おねがいになる お願いになる 87
おねぎ お葱……169
おねぎらいになる おねぎらいになる ……248
おねしょ おねしょ……232
おねたみになる お妬みになる 27
おねだりする おねだりする…318
おねだん お値段 ……53
おねつ お熱……285
おねつをあげる お熱を上げる 327
おねば お粘……166
おねぼうさん お寝坊さん …323
おねまき お寝巻 ……307
おねむ(眠い) おねむ ……323
おねむりになる お眠りになる 245
おねらいになる お狙いになる 332
おねり お練り……47
おねりになる お練りになる …105
おねんが お年賀 ……95
おねんし お年始 ……95
おねんしまわり お年始回り …95
おねんね おねんね ……323
おねんぶつ お念仏 ……291
おのう お能 ……106
おのおのがた 各々方 ……334
おのがしになる お逃しになる 240
おのがれになる お逃れになる 244
おのこしになる お遺しになる…145
おのこしになる お残しになる 163
おのこり お残り ……124
おのこりになる お残りになる 124
おのせする お乗せする ……250
おのせになる お乗せになる 126, 200
おのぞきになる お覗きになる 309
おのぞみ お望み ……87
おのぞみどおり お望み通り …87
おのぞみになる お望みになる 87
おのぞみになる お臨みになる 185
おのど お喉 ……72
おのばしになる お伸ばしになる 72
おのばしになる お延ばしになる 317
おのべになる お述べになる …22
おのみになる お飲みになる 158, 163
おのみもの お飲み物 ……160
おのり お海苔 ……170
おのりかえになる お乗り換え 250
おのりこしになる お乗り越し 250
おのりになる お乗りになる …250
おのろけ お惚気 ……327
おは お葉……169
おば→おばさん ……270
おばあさま お祖母様 ……261
おばあさん お婆さん ……261
おばあちゃん お祖母ちゃん…261
おはいり お入り ……226
おはいりになる お入りになる ……131, 226
おばうえ 伯母上 ……270
おはおり お羽織……99
おはか お墓……290
おはがき お葉書 ……227
おばかさん お馬鹿さん ……279
おはがしになる お剝がしになる 76
おはかまいり お墓参り……290
おはからい お計らい ……81
おはからいになる お計らいになる 81
おはかりになる お諮りになる 191
おはぎ おはぎ ……215
おはきになる お吐きになる …74
おはきになる お掃きになる…128
おはきになる お履きになる 91, 82
おはきもの お履物 ……307
おはぐろ お歯黒 ……340
おはげまし お励まし……251
おはげましになる お励ましになる 251
おはげみになる お励みになる 252
おはこ 十八番 ……233
おはこび お運び ……28, 310
おはこびする お運びする …162
おばさま おば様 ……270
おばさん おばさん ……270
おはし お箸 ……172
おはじき おはじき ……12
おはじめになる お始めになる…235
おはしゃぎになる おはしゃぎになる 203
おはしょり お端折り ……99
おはしら お柱 ……150
おはしりになる お走りになる 181
おはずかしい お恥ずかしい ……192, 254
おはずしになる お外しになる 186
おはだ お肌 ……70
おはたしになる お果たしになる 316
おはたもと お旗本 ……335
おはたらきになる お働きになる 135
おはち お鉢 ……172
おばちゃん おばちゃん ……270
おはつ お初……9, 197
おはづけ お葉漬け ……169
おはで お派手……203
おはてになる お果てになる…146
おはな お鼻 ……75, 322
おはな お洟……322
おはな お花……188
おはな(華道) お華 ……106
おはなし お話 ……255
おはなしあい お話し合い……191
おはなしあいになる お話し合いになる ……191
おはなしいただく お話しいただく 255
おはなしする お話しする 230, 255
おはなしになる お話しになる 255
おはなしちゅう お話し中 ……187
おはなしになる お放しになる 76
おはなしになる お離しになる 195
おはなすじ お鼻筋……70

おはなばたけ お花畑 ……140
おはなみ お花見 ……94
おはなりょう お花料 ……189
おはなれになる お離れになる 326
おはなをつぶされる お鼻をつぶされる ……75
おばば お婆……261
おはやい お早い ……4, 32
おはやし お囃子……47
おはやばや お早々 ……32
おはやめに お早めに……32
おはよう お早う ……4
おはよう お早うございます……5
おはらい お祓い……46
おはらいする お払いする ……68
おはらいになる お祓いになる 46
おはらいばこ お払い箱 ……139
おはらだち お腹立ち ……26
おはらをめす お腹を召す……340
おはり（裁縫） お針 ……127
おはりしごと（裁縫） お針仕事 289
おはりになる お貼りになる …77
おはりになる お張りになる …126
おばんざい お万菜 ……171
おばんちゃ お番茶 ……214
おび→おみ帯 ……99
おひいさま お姫様 ……279
おびーる おビール ……158
おひえになる お冷えになる …13
おひかえする お控えする ……41
おひかえなすって お控えなすって 340
おひかえになる お控えになる ……41, 212
おひがし お干菓子 ……215
おひがしさん お東さん ……150
おひがら お日柄 ……36
おひかりになる お光りになる 296
おひがん お彼岸 ……94
おひきあわせする お引き合わせする ……10
おひきうけする お引き受けする 298
おひきうけになる お引き受けになる 299
おひきかえけん お引換券 ……51
おひきする お引きする ……53
おひきだし お引き出し ……100
おひきだしになる お引き出しになる 100
おひきたて お引き立て……83
おひきたてになる お引き立てになる ……83
おひきとめする お引き止めする 93
おひきとりになる お引き取りになる ……122, 195
おひきになる お引きになる…132
おひきになる お弾きになる…107
おひきはらいになる お引き払いになる ……34
おひきまわし お引き回し ……10
おひげ お髭 ……73
おひけらかしになる おひけらかしになる ……199
おひざ お膝 ……78
おひざおくり お膝送り ……185
おひさしい お久しい ……3
おひさしぶり お久しぶり ……3
おひさま お日様 ……140, 321
おひざもと お膝元 ……253
おひさん お日さん ……140
おひたし お浸し ……169
おひつ お櫃……171
おひつぎ お柩 ……188
おひっこし お引っ越し ……34
おひと お人 ……264
おひとかた お一方 ……258
おひとがら お人柄 ……276
おひとつ おひとつ ……192
おひとばらい お人払い ……282
おひとよし お人好し……279
おひとり お一人 ……258
おひとりさま お一人様 ……258
おひとりさん お一人さん……258
おひとりみ お独り身……103
おひなまつり お雛祭り ……94
おひねり お捻り ……47, 69
おひねりになる お捻りになる 107
おひばち お火鉢 ……13
おひま お暇 ……156, 281
おひまをおだしになる お暇をお出しになる ……139
おひまをもらう お暇をもらう 139
おひめになる お秘めになる 282
おひや お冷や……163
おひゃくどまいり お百度参り …46
おひより（晴天） お日和 ……140
おひらき お開き……49
おひらき お披楽喜……49
おひらきになる お開きになる 235
おひる（昼食） お昼 ……164
おひるごはん お昼ご飯 ……164
おひるね お昼寝 ……245
おひろい お広い ……220
おひろいになる お拾いになる 128
おひろげになる お広げになる 235
おひろめ お披露目 ……25
おひろめになる お広めになる 252
おひん お品……278
おふ お麩……170
おぶ お湯……323
おふえ お笛 ……106
おふえになる お増えになる 103
おふかめになる お深めになる 112
おふきになる お吹きになる…107
おふきになる お拭きになる…292
おふく お福 ……151
おふくかげん お服加減 ……213
おふくみおき お含みおき …331
おふくみになる お含みになる 331
おふくよか おふくよか……196
おふくろ お袋 ……270
おふくろさん お袋さん……270
おふくろのあじ お袋の味 ……162
おふくわけ お福分け ……192
おぶけさま お武家様 ……335
おふけになる お老けになる 260
おふさぎになる お塞ぎになる 61
おふざけになる おふざけになる 200
おふさわしい お相応しい……110
おふせ お布施 ……69
おふせする お伏せする ……282
おふせになる お伏せになる …75
おふだ お札……151
おふたかた お二方 ……258
おふたり お二人 ……258
おふたりさま お二人様……258
おふたりさん お二人さん……258
おぶつぜん お仏前 ……189
おぶつだん お仏壇 ……290
おぶつま お仏間 ……24
おふで お筆……106
おふでさき お筆先 ……106
おふどうさま お不動様……152
おふとりになる お太りになる 196

おふとん おふとん …………245
おふね お船…………………320
おふみする お踏みする………78
おふみになる お踏みになる 197
おふやしになる お増やしになる
…………………………58, 101
おふりそで お振り袖 …………99
おふりになる お振りになる …326
おふる お古 ……………………98
おふるまい おふるまい ……161
おふれ お触れ…………………340
おふれになる お触れになる 289
おふろ お風呂 ………………292
おへそ お臍 ……………………77
おべっかつかい おべっか遣い 202
おべべ(服) おべべ…………321
おへや お部屋………………234
おへやさま お部屋様 ………333
おへらしになる お減らしになる 41
おべんきょう お勉強…………302
おへんじ お返事 ………143, 323
おへんじする お返事する …143
おへんじなさる お返事なさる 143
おべんじょ お便所 …………232
おべんちゃら おべんちゃら …202
おべんとう お弁当 …………164
おへんろ お遍路 ……………210
おぼうさま お坊様 …………153
おぼうさん お坊さん ………153
おぼうし お帽子 ……………307
おぼうずさん お坊主さん …153
おぼえがめでたい 覚えが目出度い 83
おほしさま お星様………140, 321
おほしになる お干しになる …127
おぼしめし 思し召し …………340
おぼっちゃま お坊ちゃま ……273
おぼっちゃまきぶん お坊ちゃま気分 279
おぼっちゃん お坊ちゃん ……273
おぼっちゃんそだち お坊ちゃん育ち
……………………………279
おほね お骨……………………340
おほねおり お骨折り ………176
おほめにあずかる お褒めにあずかる ……………………296
おほめになる お褒めになる…283
おほめのことば お褒めの言葉 296
おぼん お盆 ……………94, 171
おまいになる お舞いになる…107
おまいり お参り …………………46
おまいりする お参りする ……46
おまえさま お前様 …………334
おまえさん お前さん …263, 269
おまかしになる お負かしになる 60
お任せ お任せ…………………298
おまかせする お任せする …298
おまかせになる お任せになる 298
おまがりになる お曲がりになる 144
おまきになる お蒔きになる…126
おまくら お枕…………………307
おまけ おまけ…………53, 193
おまけする おまけする ………53
おまけになる お負けになる…328
おまげになる お曲げになる …77
おまごさん お孫さん ………267
おまじない お呪い …………151
おまじり(重湯) お混じり ……166
おませ おませ ………………275
おまぜになる お混ぜになる 163
おまたせ お待たせ ……187, 301
おまち お待ち ………………218
おまちあわせ お待ち合わせ 301
おまちがい お間違い ………300
おまちがいなく お間違いなく 300
おまちがえになる お間違えになる
……………………231, 300
おまちかね お待ちかね ……301
おまちください お待ちください 301
おまちする お待ちする 230, 301
おまちになる お待ちになる
……………………187, 231, 301
おまちどお お待遠 …………301
おまちどおさま お待遠様 249, 301
おまつげ お睫 …………………75
おまっちゃ お抹茶 …………214
おまつり お祭り …………………47
おまつりさわぎ お祭り騒ぎ …203
おまつりする お祀りする ……152
おまとめになる おまとめになる 31
おまなびになる お学びになる 302
おまぬがれになる お免れになる 244
おまねき お招き ……………156
おまねきする お招きする……156
おままごと おままごと …320, 327
おまめ(ちび) お豆 …………267
おまめさん(ちび) お豆さん…267
おまめさん お豆さん ………169
おまもり お守り………………151
おまもりする お守りする ……303
おまもりになる お守りになる
……………………303, 312
おまよいになる お迷いになる
……………………40, 242
おまる お丸 …………………323
おまる(便器) おまる ………232
おまわしする お回しする ……231
おまわりになる お回りになる…20
おまんじゅう お饅頭 ………215
おまんどうえ お万灯会 ………94
おまんま おまんま …………121
おみあい お見合い …………10
おみあいしゃしん お見合い写真…10
おみあし おみ足…………………78
おみうけする お見受けする …19
おみうち お身内 ……………266
おみえにならない お見えにならない 3
おみえになる お見えになる
…………19, 39, 104, 124, 295
おみおくり お見送り …………92
おみおつけ おみおつけ ……168
おみおび おみ帯 ………………99
おみがきになる お磨きになる 88
おみかぎり お見限り …………3
おみかけする お見かけする …19
おみかた お味方 ……………303
おみかん おみかん …………169
おみき お神酒 …………………47
おみくじ お神籤 ………………46
おみぐるしい お見苦しい ……16
おみこさん お巫女さん ……153
おみこし お神輿…………………47
おみこしをあげる お神輿をあげる 92
おみごと お見事 ……………296
おみしりおき お見知り置き ……9
おみず お水…………………163
おみすてなく お見捨てなく …16
おみすてになる お見捨てになる 326
おみずとり お水取り …………94
おみせ お店…………………304
おみせする お見せする ……308
おみそ お味噌 ………………168
おみそしる お味噌汁 ………168

おみそれ お見それ ……296, 300
おみたて お見立て …………40
おみたてする お見立てする …40
おみだれになる お乱れになる 200
おみちびき お導き …………151
おみちびきになる お導きになる 44
おみつぎになる お貢ぎになる 194
おみつけになる お見つけになる 125
おみつめになる お見つめになる 328
おみつもり お見積り ………108
おみつもりする お見積りする 108
おみとおし お見通し ………330
おみとめいん お認め印 ……100
おみとめになる お認めになる 306
おみぬきになる お見抜きになる 330
おみのがしになる お見逃しになる 15
おみのがしなく お見逃しなく 240
おみまい お見舞 ……………284
おみまいにうかがう お見舞に伺う 284
おみみ お耳 ……………75, 322
おみみざわり お耳触り ………16
おみみにいたい お耳に痛い 217
おみみにいれる お耳に入れる 86
おみみにはいる お耳に入る…141
おみみをはいしゃく お耳を拝借 86
おみもち お身持ち …………276
おみや お宮 …………………150
おみや（土産） おみや ………162
おみやげ お土産 ……………210
おみやいり お迷宮入り ……125
おみやまいり お宮参り ………46
おみより お身寄り …………266
おむかい お向かい …………253
おむかいさん お向かいさん 265
おむかえ お迎え ……………310
おむかえがくる お迎えが来る 146
おむかえする お迎えする …310
おむかえになる お迎えになる 310
おむかえにいく お迎えに行く 158
おむきする お剝きする ……165
おむきになる お剝きになる…165
おむきになる お向きになる …73
おむこさん お婿さん ………269
おむすび お結び ……………166
おむつ おむつ ………………232
おむね お胸 ………77, 117, 238
おむら（しょうゆ） お紫 ………168
おめあて お目当て …………178
おめいし お名刺 …………9, 241
おめいじになる お命じになる 148
おめうつり お目移り …………40
おめえさま おめえ様 ………334
おめえさん おめえさん ……334
おめかし お粧し ……………71
おめかしなさる お粧しなさる…71
おめがたかい お目が高い……40
おめがね お眼鏡 ……………307
おめがねにかなう お眼鏡に適う 83
おめぐみ お恵み ……………246
おめくりになる おめくりになる 12
おめぐりになる お巡りになる 210
おめこぼし お目こぼし ………15
おめざ おめざ …………215, 323
おめざめ お目覚め …………245
おめざめになる お目覚めになる 245
おめざわり お目触り …………16
おめし（縮緬） お召し …………99
おめしかえ お召し替え ………98
おめしになる お召しになる …99
おめしもの（服） お召し物 ……99
おめずらしい お珍しい …………3
おめだまをくらう お目玉を食らう
……………………………133
おめつけやく お目付役 ……313
おめでた おめでた …………11
おめでたい おめでたい…36, 279
おめでとう おめでとう ………36
おめどおし お目通し ………308
おめどおり お目通り…………9
おめにかかった お目にかかった 9
おめにかかる お目にかかる 8, 9, 10
おめにかける お目にかける 228, 308
おめにとまる お目に留まる …82
おめみえ お目見え …………19
おめめ お目々 ………………322
おめもじ お目文字を賜る ……10
おめもと お目元 ………………70
おめん お面 …………………47
おめんじょう お免状 ………106
おもいたつ→思い立たれる 235
おもいつく→思いつかれる ……7
おもいつめる→思い詰められる 242
おもいなやむ→思い悩まれる 242
おもいまどう→思い惑われる 242
おもいをよせる 思いをお寄せになる ……………327
おもう→お思いになる …29, 327
おもうしこし お申し越し ……319
おもうしこみ お申し込み ……319
おもうしこみになる お申し込みになる ……………319
おもうしつけ お申し付け ……38
おもうしで お申し出 ………180
おもがわりする→面変わりなさる 73
おもくろみ お目論見 ………332
おもたせ お持たせ …………91
おもたせになる お持たせになる 311
おもち お餅 …………………166
おもち お持ち ………………311
おもちあわせ お持ちあわせ …65
おもちかえり お持ち帰り ……52
おもちする お持ちする …52, 311
おもちになる お持ちになる 52, 311
おもちより お持ちより ………14
おもちつき お餅つき …………95
おもてなし おもてなし…160, 161
おもてなしになる おもてなしになる 162
おもてになる おもてになる…328
おもどしになる お嘔しになる…74
おもとめになる お求めになる 50
おもとめのしな お求めの品 …51
おもどりになる お戻りになる…55, 230
おもはゆい 面映い気持ち …254
おもみする お揉みする ………72
おもむく→赴かれる ………211
おもゆ（重湯）→お混じり ……166
おもらし おもらし …………322
おもらしになる お漏らしになる 282
おもりやく お守り役 ………303
おや→親御さん ……………267
おやかた お館 ………………340
おやかたさま お館様 ………336
おやかましい おやかましい…203
おやかん おやかん …………214
おやき お焼き ………………166
おやきになる お焼きになる 165, 328
おやく お役 …………………340
おやくごめん お役御免 ……139
おやくしさん お薬師さん ……152
おやくしになる お訳しになる…56
おやくしょしごと お役所仕事 279

おやくしょづとめ お役所勤め 135
おやくそく お約束 ……38, 312
おやくそくする お約束する …312
おやくそくになる お約束になる 312
おやくそくのしな お約束の品 312
おやくだてになる お役立てになる 219
おやくにたつ お役に立つ 96, 299
おやくにたてなくて お役に立てなくて ……122
おやくにんさま お役人様 ……335
おやくにんさん お役人さん …335
おやくめ お役目 ……313, 340
おやごさん 親御さん ……267
おやさい お野菜 ……169
おやさしい お優しい ……278
おやじ→親父さん ……268
おやしき お屋敷 ……341
おやしないになる お養いになる 195
おやしょく お夜食 ……164
おやしろ お社 ……150
おやすい お安い ……53
おやすいごよう お安いご用 120, 299
おやすくない お安くない 121, 327
おやすみ お休み ……304, 314
おやすみ お休みする ……314
おやすみになる お休みになる 314
おやすみなさい おやすみなさい 5
おやすみになる お寝みになる 245
おやすらか お安らか ……21
おやせになる お痩せになる 196
おやちん お家賃 ……68
おやつ おやつ ……215
おやつ→お三時(おさんじ) 215
おやつれになる お窶れになる 287
おやど お宿 ……234
おやといがいこくじん お雇い外国人 139
おやといする お雇いする …139
おやといになる お雇いになる 139
おやね お屋根 ……321
おやぶりになる お破りになる 60, 149
おやぶれになる お破れになる 328
おやぶん 親分 ……280
おやま お山 ……140
おやまのたいしょう お山の大将 199
おやまやき お山焼き ……94
おやめ おやめ ……218
おやめなさい おやめなさい 218
おやめになる おやめになる 218, 315
おやめになる お辞めになる 139
おやりになる おやりになる 182, 194
おゆ お湯 ……214, 292
おゆいになる お結いになる …71
おゆうぎ お遊戯 ……320
おゆうしょく お夕食 ……164
おゆうはん お夕飯 ……164
おゆかげん お湯加減 ……292
おゆかた お浴衣 ……292
おゆすぎになる お濯ぎになる 127
おゆずり お譲り ……98
おゆずりする お譲りする ……50
おゆずりになる お譲りになる ……50, 185, 293, 298
おゆだねになる お委ねになる 208
おゆでになる お茹でになる 165
おゆどの お湯殿 ……292
おゆのみ お湯呑み ……214
おゆび お指 ……76
おゆびもと お指元 ……70
おゆるし お許し ……15
おゆるしになる お許しになる…15
おゆるみになる 気がお緩みになる 216
おゆるめになる お緩めになる 98
おゆわり お湯割り ……158
およいになる お酔いになる…158
おようかん お羊羹 ……215
おようふく お洋服 ……98
およぐ→泳がれる ……181
およごしになる お汚しになる 127
およしなさい およしなさい …218
およしになる およしになる …218
およそ お余所 ……321
およつぎ お世継ぎ ……337
およばず 及ばずながら ……299
およばれ お呼ばれ ……156
およびする お呼びする ……156
およびだし お呼び出し ……156
およびたてする お呼び立てする ……157, 230
およびでない お呼びでない 121
およびになる お呼びになる 157
およみいただく お読みいただく 324
およみする お読みする ……324
およみになる お読みになる 324
およめさん お嫁さん ……271
およりする お寄りする ……295
およりになる お寄りになる 93, 295
およろこび お喜び ……325
およろこびする お慶びする …36
およろこびになる お喜びになる 325
およわい お弱い ……159
おらく お楽 ……103
おらくに お楽に ……91
おられる おられる ……124
おりかえしおでんわ 折り返しお電話 231
おりこうさん お利口さん ……323
おりし お利子 ……101
おりそく お利息 ……101
おりょうり お料理 ……165
おりる→お降りになる ……78
おりんご おりんご ……169
おる→お折りになる ……79
おるす お留守 ……124
おるすばん お留守番 ……313
おれい お礼 ……48
おれい お礼にあがる ……48
おれいじょう お礼状 ……48
おれいのおしな お礼のお品 …48
おれいぼうこう お礼奉公 ……135
おれいまいり お礼参り …46, 332
おれいまわり お礼回り ……48
おれいをする お礼をする ……48
おれきれき お歴々 ……280
おろうか お廊下 ……24
おろうそく お蠟燭 ……47
おろおろ→おろおろなさる …45
おわかい お若い …70, 260, 297
おわかいころ お若い頃 ……260
おわかりになる お分かりになる ……144, 330
おわかれ お別れ ……329
おわかれかい お別れ会 188, 329
おわかれする お別れする …329
おわかれになる お別れになる 329
おわかれのぎ お別れの儀 …188
おわかれのごあいさつ お別れのご挨拶 ……329
おわかれをする お別れをする 146
おわきまえになる おわきまえになる 132
おわけえの お若けえの ……337
おわけになる お分けになる …85
おわずらいになる お患いになる 287

おわすれがたみ お忘れ形見 337
おわすれになる お忘れになる ……328, 240
おわすれもの お忘れ物 ……240
おわたしする お渡しする ……85
おわたしになる お渡しになる 85
おわたりになる お渡りになる 144
おわび お詫び ……15
おわびする お詫びする……15
おわらい お笑い ……106
おわらいぐさ お笑いぐさ ……121
おわらいになる お笑いになる 325
おわり→お終い 49, 120, 304, 305
おわり→お開き ……49
おわり→お披楽喜 ……49
おわりにする→終わらせていただく ……49
おわりにする→終わりになさる 49
おわりになる お割りになる …126
おわるい お悪い ……198
おわれる 負われる ……316
おわん お椀 ……172
おん→ご恩 ……176
おんがえし→ご恩返し ……299
おんしゃ 御社 ……39
おんぞうし 御曹司 ……273
おんたい 御大 ……280
おんたいしょう 御大将 ……280
おんち 御地 ……228
おんちゅう 御中 ……228
おんとし 御年 ……337
おんな■女 ……335
おんなのかた 女の方 ……265
おんのじ 御の字 ……121, 325
おんまえ 御前 ……342
おんみ 御身 ……229
おんみずから 御自ら ……334
おんも(外) おんも ……321
おんもと 御許 ……228

か

かあさん 母さん ……270
かあちゃん 母ちゃん ……270
かいあげる→お買上 ……50
かいがん→ご開眼 ……152
かいぎょう→ご開業 ……236
かいぎょう→開業なさる ……236
かいけい→お会計 ……65
かいけつ→解決なさる ……89
かいこ→お蚕さん ……140
かいこ→回顧なさる ……197
かいご→介護なさる ……284
かいさい→開催なさる……236
かいさん→解散なさる ……49
かいさん→ご開山 ……153
かいしゃ(相手の)→御社 ……39
かいしゃ(相手の)→貴社 ……39
かいしゃ(自社)→小社 ……39
かいしゃ(自社)→当社 ……39
かいしゃ(自社)→弊社 ……39
かいしゃく→ご解釈 ……112
かいしゃく→解釈なさる ……112
かいしゅう→改修なさる……25
がいしゅつ→外出なさる ……28
かいじょ→解除なさる……109
かいじょ→介助なさる……284
かいしょう→解消なさる ……109
かいしん→改心なさる ……18
かいしん→ご回診 ……285
かいせつ→ご解説 ……224
かいせつ→解説なさる ……224
かいせつ→ご開設 ……236
かいせつ→開設なさる ……236
かいぜん→ご改善……18
かいぜん→改善なさる ……18
かいそう→改装なさる ……25
かいそう→ご会葬……188
かいそう→回想なさる……197
かいぞう→改造なさる ……18
かいたい→解体なさる ……25
かいたく→開拓なさる……236
かいだく→ご快諾……306
かいだく→快諾なさる……306
かいだん→ご会談 ……255
がいたん→慨嘆なさる ……238
かいちく→ご改築 ……25
かいちく→改築なさる ……25
かいちょう→ご開帳 ……152
かいてん→ご開店 ……236
かいてん→開店なさる ……236
かいとう→ご解答……143
かいとう→解答なさる ……143
かいとう→ご回答……143
かいとう→回答なさる ……143
かいどく→お買得 ……53
かいにゅう→ご介入 ……80
かいにゅう→介入なさる ……80
かいにん→解任なさる ……139
かいはつ→開発なさる ……236
かいひ→回避なさる ……244
かいふう→開封なさる……227
かいふく→ご回復……286
かいふく→回復なさる……286
かいほう→介抱なさる ……79
かいほう→解放なさる……179
かいほう→開放なさる……236
かいめい→解明なさる ……125
かいもとめる→お買い求めになる ……50
かいもの→お買物 ……50
かいもの→買物なさる ……50
かいやく→ご解約……109
かいやく→解約なさる……109
かいゆ→ご快癒 ……286
かいゆ→快癒なさる ……286
がいゆう→外遊なさる……210
かいよう(許し)→ご海容 ……228
かいらん→ご回覧 ……308
かいらん→回覧なさる……308
かいりょう→改良なさる……18
かいわ→会話なさる ……255
かいわをかわす→会話を交わされる ……255
かう(買う)→いただく ……50
かう→お買いになる ……50
かう→お飼いになる ……126
かえす→お帰しになる ……54
かえす→お返し ……65, 194
かえす→お返しする ……54, 66
かえす→お返しになる ……54
かえる→お帰り……5, 55, 93
かえる→お帰りください ……122
かえる→お帰りなさい……5
かえる→お帰りになる ……55
かえる→帰られる ……55
かえる→お変えになる ……18
かお→お顔 ……73
かお→お顔は存じあげる …141
かお→お顔に出る ……330
かお→貴顔 ……228
かおいろ→お顔色 ……198

かおうつり→お顔写り……73
かおうつり→お顔映り……288
かおがきく→お顔が利く……220
かおがひろい→お顔が広い 220
かおだち→お顔立ち……70
かおつき→お顔つき……73
かおぶれ→お顔ぶれ……221
かおみしり→お顔見知り……141
かおをあからめる→お顔を赤らめる……254
かおをそむける→顔をおそむけになる……97
かおをだす→顔をお出しになる 19
かおをゆがめる→お顔をゆがめる……239
かかえる→お抱え……139
かかえる→お抱えになる 77, 139
かかげる→お掲げになる……105
かがみ→お鏡……71
かがみもち(餅)→お鏡……95
かがやく→輝かれる……36
かかりのもの 係りの者……39
かかれる 書かれる……56, 227
かかれる 描かれる……129
かかわる→お関わりになる……80
かかわる→関わられる……80
かきとめる→お書き留めになる……155
かきなおす→お書き直しになる……109
かきもち(欠餅)→おかき……215
かく→お書きする……56
かく→お書きになる 56, 107, 227
かく→書かれる……56, 227
かく→お掻きになる……72
かく→お描きになる……107, 129
かく→描かれる……129
かぐ→お嗅ぎになる……75
かくい 各位……259
かくご→お覚悟……338
かくご→覚悟なさる……132
かくさく→画策なさる……332
かくじ(各自)→各位……259
かくしごと→お隠し事……282
がくしゃ→学者さん……280
がくしゅう→学習なさる……302
かくしん→確信なさる……174
かくす→お隠しになる……282
がくせい→学生さん……62
かくとう→ご格闘……252
かくとう→格闘なさる……252
かくとく→ご獲得……58
かくとく→獲得なさる……58
かくにん→ご確認……59
かくにん→ご確認する……59
かくにん→確認なさる……59
かくほ→確保なさる……185
がくもん■学問……112
かくやく→確約なさる……312
がくゆう→ご学友……221
かぐら→お神楽……47
かくりつ→確立なさる……316
かけつける→お駆け付けになる 32
かける→おかけになる……91, 186
かける→お駆けになる……32
かける→お賭けになる……87
かげん→お加減……198
かご→ご加護……151
かご→お駕籠……338
かこむ→お囲みになる……12
かさ→お傘……307
かさねる→お重ねになる……81
かざり→お飾り……95, 279
かざる→お飾りになる……71
かざる→飾られる……296
かし→お菓子……215
かしかり■貸し借り……66
かしこ かしこ(畏)……228
かしこまる 畏まる……38, 299
かしつ→ご過失……300
かしら 頭……337
かす→お貸しする……66, 89
かす→お貸しになる……66, 89
かぜ→お風邪……198
かぜ→お風邪を召す……229
かせい→ご加勢……303
かせい→加勢なさる……303
かせぐ→お稼ぎになる……64
かせぐ→稼がれる……64
かぞえる→お数えになる……108
かぞく→ご家族……266
かた→お肩……72
かたのにをおろす→肩の荷を下ろされる……21
かたをおとす→肩を落とされる 61
かたをならべる→肩をお並べになる……296
かたをもつ→肩を持たれる……303
かた→お方……264
かたい→お固い……326
かたいれ→肩入れなさる……303
かたがた 方々……259, 334
かたがわり→肩代わりなさる 66
かたじけない かたじけない……341
かたづけ→お片付け……128, 320
かたみ→お形見……145
かたむける→お傾けになる……305
かためる→お固めになる……81
かたらう→お語らい……255
かたる→お語りになる……255
かちまけ■勝ち負け……60
かつ→お勝ちになる……60
かつおぶし→おかか(お鰹) 168
がっかり→がっかりなさる……61
かつぐ→お担ぎになる……200
がっこう(相手の)→貴校……62
がっこう(自分の)→当校……62
かっさい→ご喝采……121, 296
かっさい→喝采なさる……296
がっしょう→合掌なさる……146
かったつ→ご闊達……278
かって→お勝手……24
かってぐち→お勝手口……24
かってに→ご勝手に……179
かっとう→葛藤なさる……242
かつどう→活動なさる……197
かっぱ→喝破なさる……330
かっぱつ→ご活発……275
かっぷく→恰幅がいい……196
がっぺい→合併なさる……138
かっぽ→闊歩なさる……20
かつやく→ご活躍……3, 183
かつやく→活躍される……183
かつよう→ご活用……219
かつよう→活用なさる……219
かてい→ご家庭……266
かない 家内……271
かなえる→お叶えになる……87
かなしむ→お悲しみ……190, 238
かなしむ→お悲しみになる……238
かなしむ→悲しまれる……238

かなでる→お奏でになる……107
かにゅう→ご加入……131
かにゅう→加入される……131
かね→お金……64
かねもうけ→お金儲け……64
かねもち→お金持ち……64
かばいあう→庇い合われる…303
かばう→お庇いになる……303
かばん→お鞄……307
かひつ→加筆なさる……56
かふう→ご家風……276
かぶる→被られる……72
かぶん 寡聞……141
かぶんな 過分な……193
かぼちゃ→おかぼ……169
かま→お釜……24, 213
かまう→お構い……93
かまう→お構いなく……90
かまう→お構いなし……203
かまう→お構いになる……80
かまえる→お構えになる……103
かまど→おくどさん……24
かまぼこ→お蒲……170
がまん→我慢なさる……41
かみ→お髪(かみ)・お髪(おぐし)……72
かみ→神様……152
かみさん かみさん……271
かみしめる→おかみしめになる 74
かみなり→雷さん……140
かむ→お噛みになる……76
かめい→ご加盟……131
かめい→加盟なさる……131
かゆ→お粥……166
かよう→お通いになる……20
かよう→通われる……20
がら→お柄……288
からかう→おからかいになる 200
からだ→お身体……196, 198
からだつき→お身体つき……196
からむ→お絡みになる……200
かりる→お借りする……66, 85, 96, 156, 191, 212
かりる→お借りになる……89
かりる→拝借 …66, 86, 120, 191
かわいそう→お可哀相……248
かわく→お渇きになる……74
かわす→お交わしになる……75, 227, 312
かわり→お代わり……160
かわらない→お変わりない 3, 229
かわる→お変わり……2
かわる→お変わりになる……3
かわる→変わられる……3
かん→お燗……158
かんおけ→お棺(おかん) …188
かんがえ→御意(ぎょい) …341
かんがえ→お考え……29
かんがえさせて 考えさせて…113
かんがえちがい→お考え違い……257, 300
かんがえる→お考えになる…113
かんがんのいたり 汗顔の至り 254
かんきょう→ご環境……276
かんけい→ご関係……80
かんけい→関係なさる……80
かんげき→感激なさる……84
かんご→ご看護……284
かんご→看護なさる……284
かんこう→ご刊行……57
かんこう→敢行なさる……316
かんこう→ご観光……210
かんこう→観光なさる……210
かんこく→勧告なさる……180
かんさい→ご完済……101
かんさつ→ご観察……309
かんさつ→観察なさる……309
かんし→お目付役……313
がんじつ→お元日……95
かんじょ→ご寛恕……15
かんしょう→ご干渉……80
かんしょう→干渉なさる……80
かんしょう→ご鑑賞……207
かんしょう→鑑賞なさる……207
かんじょう→お勘定……65
かんしょく→ご感触……82
かんじる→お感じになる 84, 175
かんしん→ご関心……82
かんしん→感心なさる……84
かんせい→ご完成……129
かんせい→完成なさる……129
かんせい→歓声をあげられる 203
かんせん→ご観戦……309
かんせん→観戦なさる……309
かんそう→ご感想……82
かんそく→ご観測……309, 324
かんそく→観測なさる……309
かんたい→歓待なさる……162
かんだい→ご寛大……15
かんたん→感嘆なさる……84
かんだん→ご歓談……255
かんだん→歓談なさる……255
かんちがい→勘違いなさる 300
かんてつ→貫徹なさる……316
かんどう→感動なさる……84
かんどう→勘当なさる……329
かんとく→監督さん……280
かんねん→観念なさる……132
かんびょう→ご看病……284
かんびょう→看病なさる……284
かんぷく→感服なさる……84
かんべん→ご勘弁……15
かんめい→感銘なさる……84
かんゆう→ご勧誘……157
かんゆう→勧誘なさる……157
かんよ→関与なさる……80
かんよう→ご寛容……15
かんらん→ご観覧……207
かんり→管理なさる……149
かんろく→ご貫禄……277

き

きか 貴下……228
きこう 貴校……62
きこう 貴行……100
きこう 貴公……334
きこく 貴国……102
きし 貴紙……57
きし 貴誌……57
きしゃ 貴社……39
きうん→ご機運……151
きえる→お消えになる……244
きおく→ご記憶……197
きおくがあやしい→ご記憶が怪しい……300
きおくちがい→ご記憶違い …300
きがえる→お着替え……98
きがえる→お着替えになる …98
きがかわる→お気が変わる …18
きがかわる→気が変わられる 18
きがききませんで 気が利きませ

んで ……16
きがすすまない→お気が進まない ……97
きがすむ→お気が済む ……18
きがすむ→気が済まれる ……18
きかせる→お聞かせする ……86
きかせる→お聞かせになる …86
きかせる→お耳に入れる ……86
きかせる→お耳を拝借 ……86
きがつきませんで 気がつきませんで ……16
きがつく→気がつかれる……287
きがながい→お気が長い …279
きがね→気兼ねなさる ……41
きがねしないで→気兼ねなさらないで ……179
きがねなく→お気兼ねなく …179
きがはやい→お気が早い ……32
きがやすまる→お気が休まる 21
きがる→お気軽 ……156, 279
きかん→ご帰還 ……55, 121
きがん 貴顔 ……228
きがん→ご祈願 ……246
きがん→祈願なさる ……246
ききいれる→お聞き入れになる ……306
ききおよぶ→お聞き及び……141
ききぐるしい→お聞き苦しい …16
ききすてる→お聞き捨て ……300
ききたい→お聞きになりたい ……231, 319
ききとどける→お聞き届ける 246
ききとれない→お電話が遠い 231
ききながす→お聞き流しになる ……86
ききょう→ご帰郷 ……55
ききょう→帰京される……55
きぎょう→起業なさる ……236
きく→承ります ……38
きく→承る……231
きく→お伺いする……144, 231
きく→お伺いをたてる ……86
きく→伺う ……86
きく→お聞きする …86, 141, 144
きく→お聞きになる ……86
きく→お聴きになる ……86
きく→お尋ねする……144
きく→拝聴 ……86
きく→拝聞 ……86
きく→お効きになる……285
きぐ→危惧なさる ……175
きくばり→気配りなさる ……177
ぎくりとする→ぎくりとなさる 45
きけん→棄権なさる ……315
きげん→ご機嫌 ……2, 117, 325
きげんうかがい→ご機嫌伺い 295
きげんがわるい→お冠(おかんむり) ……26
きげんがわるい→ご機嫌が悪い 26
きげんがわるい→ご機嫌斜め 27
きげんとり→ご機嫌取り ……202
きげんをなおす→機嫌を直される ……26
きけんをおかす→危険を冒される ……206
きこう→ご寄稿 ……56
きこく→ご帰国 ……55
きこしめす 聞こし召す ……158
きこなす→着こなされる ……98
きさい→記載なさる ……56
きさき→お后様……333
きざむ→お刻みになる ……73
きじ→お生地 ……289
きしつ→ご気質 ……276
きじつ→ご忌日 ……147
きしゃ→ご喜捨 ……67
きしゃ→喜捨なさる ……67
きじゅつ→ご記述 ……56
きしょう→ご起床 ……245
きしょう→起床なさる ……245
きしょう→ご気性・お気性……276
きしょく→ご気色……27
きしん→ご寄進 ……67
きしん→寄進なさる ……67
きず→お傷……79
きずく→お築きになる …64, 103
きずつく→傷つかれる……328
きせい→帰省される ……55
ぎせいをはらう→犠牲を払われる ……240
きせつ 貴説 ……29
きそう→競われる ……60
きぞう→ご寄贈 ……67
きぞう→寄贈なさる ……67
きた(来た)→お出なすった ……19, 120
きたい→ご期待 ……87
きたい→期待なさる ……87
きたえる→お鍛えする ……88
きたえる→お鍛えになる ……88
きたく→ご帰宅 ……55
きたく→帰宅される ……55
きちょ 貴著 ……57
きちょう→ご帰朝 ……55
きちょう→ご記帳 ……134
きちょう→記帳なさる ……134
きつえん→喫煙なさる ……212
きづかい→お気遣い ……177
きづかい→お気遣いなく ……90
きづく→お気づき……330
きづく→お気づきになる……330
きづまり→お気詰まり ……41
きつもん→ご詰問 ……133
きて(来て)→おいで ……322
きて(来て)→お出ください…310
きてもらう→お越し願う ……156
きてん 貴店 ……304
きでん 貴殿 ……334
きとう→ご祈祷 ……246
きとう→祈祷なさる ……246
きとく→ご奇特 ……277
きとく→ご危篤 ……287
きどる→お高くとまる ……199
きにいらない→お気に召さない 97
きにいられる→お眼鏡に適う…83
きにいる→お気に入り ……178
きにいる→気に入られる ……178
きにいる→お気に召される…178
きにいる→お気に召す……178
きにかける→お気にかける …177
きにさわる→お気に障る …16, 27
きにする→お気になさる ……175
きにとめる→お気に留める …82
きにやむ→お気に病む ……242
きにやむ→気に病まれる……242
きにゅう→ご記入 ……56
きねん→ご祈念する …229, 246
きのう→昨日(さくじつ) ……119
きのうのばん→昨晩(さくばん) 119
きのどく→お気の毒様……249
きびしい→お厳しい……326

きふ→ご寄付……67
きふ→寄付なさる……67
きふう→ご気風……276
きぶん→ご気分……117, 198
きぼう→ご希望……87, 122, 319
きぼう→希望される……319
きまる→お決まり……52, 93
きめる→お決めする……89
きめる→お決めになる……89
きもち→お気持ち……117
きもちだけ→お気持ちだけ…193
きもちばかり 気持ちばかり…192
きもの→お着物……99
きもの(服)→お召し物……99
きゃく■客……90〜93
きゃく→お客様……38, 262
きゃく→お客さん……262, 279
キャンセル→キャンセルなさる……315
きゅう→お灸をすえる……133
きゅうきん→お給金……69
きゅうくつ→ご窮屈様……249
きゅうけい→ご休憩……314
きゅうけい→休憩なさる……314
きゅうこん→求婚なさる……110
きゅうじ→お給仕……162
きゅうじょう→ご窮状……248
きゅうす→お急須……214
きゅうせい→急逝なさる……146
きゅうだん→糾弾なさる……133
きゅうゆう→ご級友……221
きゅうよう→ご休養……314
きゅうよう→休養なさる……314
きゅうりょう→お給料……69
きよ→寄与なさる……223
ぎょい 御意……341
きょう(今日)→本日(ほんじつ)……119
きょう→お経……291
きよう→起用なさる……83
きょういく→ご教育……44
きょういく→教育なさる……44
きょうえん→ご競演……116
きょうえん→ご共演……116
きょうえん→共演なさる……116
きょうおう→ご饗応……162
きょうがく→驚愕なさる……45
きょうかん→ご共感……84
きょうかん→共感なさる……84
きょうぎ→ご協議……191
きょうぎ→協議なさる……191
ぎょうぎ→お行儀……276
きょうぐう→ご境遇……276
きょうくん→ご教訓……217
きょうさん→ご協賛……96, 131
きょうさん→協賛なさる……131
きょうじ→ご教示……44
きょうじ→ご矜持……277
ぎょうじ■行事……94
きょうしつ→お教室……321
きょうしゅく 恐縮……230
ぎょうせき→ご業績……183
きょうそう→競争なさる……60
きょうぞん→共存なさる……305
きょうだい→ご兄弟……272
きょうちゅう→ご胸中……117
きょうちょう→協調なさる……205
きょうぼう→共謀なさる……332
きょうみ→ご興味……82
ぎょうむ■業務……304
きょうめい→ご共鳴……84
きょうめい→共鳴なさる……84
きょうゆう→共有なさる……311
きょうよう→ご共用……219
きょうよう→ご教養……297
きょうらん→ご供覧……308
きょうり→ご郷里……102
きょうりょく→ご協力……96
きょうりょく→ご協力する……96
きょうりょく→協力なさる……96
ぎょうれつ→お行列……47
ぎょうれつ→お練り……47
きょか→ご許可……306
きょか→許可なさる……306
きょだく→許諾なさる……306
ぎょっこう 玉稿……57
きょねん→昨年(さくねん)…119
きょひ→拒否なさる……244
きよめのしお→お清めの塩…189
きよめる→お清め……189
きよめる→お清めする……46
きらう→お嫌い……97
きらう→お嫌いなもの……160
きらう→お嫌いになる……97
きらう→お厭いになる……97
きらく→お気楽……279
ぎり→お義理……41
きりすてる→お切り捨てになる 326
きりつ→ご起立……186
きりつ→起立なさる……186
きりょう→ご器量……277
きる→お切りする……165
きる→お切りになる……72
きる(着る)→お召しになる…99
きれい→おきれい……70
きろく→記録なさる……155
ぎろん→ご議論……31
ぎろん→議論なさる……31
きわめる→お極めになる……112
きをおとす→お気を落とす…190
きをおとす→気を落とされる…61
きをしずめる→お気を鎮める…26
きをつかう→気をお遣いになる……177
きをつかう→気を遣われる…177
きをつけて→お気をつけて 93, 216
きをつよく→お気を強く……190
きをひく→気をお引きになる 328
きをもむ→気をもまれる……175
きをゆるす→気をお許しになる 328
きをよくする→気を良くなさる 325
きをわるくする→お気を悪くなさる……97
きをわるくする→気を悪くなさる 27
きんえん→禁煙なさる……212
きんぎょ(金魚)→きんとと…320
きんきょう→ご近況……229
きんけい 謹啓……228
ぎんこう(相手の)→貴行……100
ぎんこう(自社の)→当行……100
ぎんこう(自社の)→弊行……100
きんざい→ご近在……253
きんじょ→ご近所……253
きんじょのひと→ご近所さん 265
ぎんじる→吟じられる……107
きんしん→ご謹慎……149
きんしん→謹慎なさる……149
きんせい 謹製……51
きんちょう→緊張なさる……45
きんてい 謹呈……194
きんべん→ご勤勉……204

ぎんみ→ご吟味……40
ぎんみ→吟味なさる……40
きんむ→ご勤務……137

く

ぐあい→お具合……198
くげ→お公家さん……336
ぐこう 愚考……29
くじ→お神籤(おみくじ)……46
くしん→ご苦心……247
くしん→苦心なさる……7
くすり→お薬……285
ください ください……318
くださる くださる……182, 193
くだす→下される……130
くち→お口……74, 322
くちがかるい→お口が軽い…201
くちかず→お口数……203
くちがわるい→お口が悪い…201
くちずさむ→口ずさまれる……74
くちぞえ→お口添え……81
くちどめ→口止めなさる……282
くちなおし→お口直し……160
くちにあう→お口に合う……160
くちはばったいこと 口幅ったいこと……257
くちぶり→お口振り……201
くちょう→ご口調……201
くちよごし→お口汚し……192
くつ→お靴……307
くつ(靴)→くっく……321
くつがえす→覆される……256
くっぷく→屈服なさる……206
くつろぐ→おくつろぎ……187
くつろぐ→おくつろぎになる 314
くどく→ご功徳……151
くどく→お口説きになる……328
くに→お故郷(おくに)……102
くに(相手の)→お国…102, 142
くに(相手の)→貴国……102
くにいり→お国入り……102
くにがら→お国柄……276
くにことば→お国言葉……201
くにじまん→お国自慢……233
くにする→苦になさる……97
くのう→苦悩なさる……242
くばる→お配りする……85
くばる→お配りになる……85
くび→お首……72
くび→御首(みしるし)……344
くびすじ→お首筋……70
くびにする→お払い箱……139
くびをかしげる→首を傾げられる……59
くふう→工夫なさる……7
くみとる→お汲み取りになる 331
くむ→お組みになる……100
くめん→工面なさる……64
くもつ→お供物……291
くやみ→お悔やみ……190
くやみじょう→お悔やみ状…189
くやむ→お悔やみになる……238
くよう→ご供養……290
くよう→供養なさる……290
くよくよする→くよくよなさる 251
くら→お蔵……24
くらしむき→お暮らし向き……103
くらす→お暮らし……103
くらす→お暮らしになる……103
くらべる→お比べする……283
くらべる→お比べになる……283
くらむ→眩まれる……75
くりょ→苦慮なさる……242
くる→いらっしゃる……104
くる→お出になる……104
くる→お顔を見せる……93
くる→お越し……310
くる→お越しになる……104
くる→お運び……310
くる→お見えになる……39, 295
くる→来られる……104
くるしい→お苦しい……247
くるしむ→お苦しみになる…247
くるま→お車……250
くるま(車)→ブーブ……321
くるまだい→お車代……69
くるむ→おくるみになる……13
くれる→くださる……182, 193
くれる→ちょうだい……5, 318
くろう→ご苦労……121, 247
くろう→ご苦労様……249
くろう→ご苦労さん……249
くろう→苦労なさる……247
くわえる→お咥えになる……74
くわえる→年齢をお加えになる……260
くわしい→お詳しい……297
くわわる→加わられる……131
くんれん→訓練なさる……88

け

けいえい→経営なさる……138
けいえん→敬遠なさる……97
けいかい→警戒なさる……216
けいかく→ご計画……105
けいかく→計画なさる……105
けいがん→ご炯眼……330
けいけん→ご経験……197
けいけん→経験なさる……197
けいこ→お稽古……243
けいこ→稽古なさる……243
けいこう→携行なさる……311
げいごう→迎合なさる……202
けいこく→警告なさる……216
げいごと■芸事……106, 107
けいさん→計算なさる……108
けいじ→ご啓示……151
けいしょう→継承なさる……222
けいじょう→計上なさる……108
けいぞう→ご恵贈……193
けいそく→計測なさる……108
けいぞく→ご継続……222
けいぞく→継続なさる……222
けいはつ→啓発なさる……44
けいべつ→軽蔑なさる……326
けいやく→ご契約……109
けいやく→ご契約する……109
けいやく→契約なさる……109
けいるい→ご係累……266
けいれき→ご経歴……135
けが→お怪我……79
けが→怪我なさる……79
けが→お手負い……339
げきど→激怒なさる……26
けさ→今朝ほど……118
けしょう→お化粧……71
けしょうしつ→お化粧室…71, 232
けしょうひん→お化粧品……71
けす→お消しになる……332
げた→お下駄……99
けつい→ご決意……89

けつい→決意なさる……89
けつえん→ご血縁……266
けつぎ→ご決議……89
けつぎ→決議なさる……89
けっこう→もう結構……122
けっこうです 結構です……6
けっこうなもの 結構なもの…193
けっこう→決行なさる……235
げっこう→激昂なさる……26
けっこん→ご結婚……110
けっこん→結婚なさる……110
けっこんしき→ご結婚式……111
けっさん→ご決算……108
げっしゃ→お月謝……68
けっしゅう→結集なさる……96
けっしん→ご決心……89
けっしん→決心なさる……89
けっせい→ご結成……14
けっせい→結成なさる……14
けっせき→ご欠席……157
けっせき→欠席なさる……157
けっそく→ご結束……96
けっそく→結束なさる……96
けつだん→ご決断……89
けつだん→決断なさる……89
けっちゃく→ご決着……49
けっちゃく→決着なさる……49
けってい→決定なさる……89
けつべつ→決別なさる……329
けつろん→ご結論……31
けねん→ご懸念……175
けねん→懸念なさる……175
ける→お蹴りになる……78
けわしい→お険しい……73
けんかい→ご見解……29
けんがく→ご見学……302
けんがく→見学なさる……302
げんかん→お玄関……24
げんかんさき→お玄関先……90
げんき→お元気……2, 92
げんきをだす→元気をお出しよ
……251
けんきゃく→ご健脚……2
けんきゅう→ご研究……112
けんきゅう→研究なさる……112
けんきん→献金なさる……67
けんこう→ご健康……2
げんこう→お原稿……57
げんこう(相手の)→玉稿……57
けんざい→ご健在……2
けんさつ→ご賢察……331
けんさん→ご研鑽……297
けんしき→ご見識……297
けんしょう→ご健勝……2, 229
けんしょう→ご検証……155
けんしょう→検証なさる……155
けんせき→ご譴責……133
けんそん→ご謙遜……293
けんそん→謙遜なさる……293
けんたん→ご健啖……2
けんとう→ご健闘……252
けんとう→健闘なさる……252
けんとう→ご検討……113
けんとう→検討なさる……113
けんとうさせて 検討させて…113
けんとうちがい→お門違い…300
けんぶつ→ご見物……308
けんぶつ→見物なさる……308
けんぶん→ご検分……173
けんやく→ご倹約……103
けんよう→ご兼用……219
けんよう→兼用なさる……219

こ

ごあいきょう ご愛敬……159
ごあいこ ご愛顧……83
ごあいさつ ご挨拶……8, 90, 204
ごあいさつ ご挨拶が後回し…9
ごあいさつする ご挨拶する……8
ごあいさつなさる ご挨拶なさる 8
ごあいさつまで ご挨拶まで…70
ごあいせき ご相席……185, 187
ごあいどく ご愛読……324
ごあいよう ご愛用……219
ごあんざん ご安産……11
ごあんじする ご案じする……229
ごあんじになる ご案じになる 175
ごあんしん ご安心……21
ごあんせい ご安静……284
ごあんぜん ご安全……2, 216
ごあんたい ご安泰……21
ごあんど ご安堵……21
ごあんない ご案内……157
ごあんないじょう ご案内状…157
ごあんないする ご案内する…39
ごあんぴ ご安否……3
ごいぎ ご異議……256
ごいぎがない ご異議がない…6
ごいくん ご遺訓……145
ごいけん ご意見……29
ごいけんする ご意見する…217
ごいけんばん ご意見番……313
ごいこう ご意向……29
ごいこう ご遺稿……145
ごいこう ご威光……277
ごいこつ ご遺骨……145
ごいし ご意志……117
ごいしん 御維新……341
ごいぞう ご遺贈……145
ごいぞく ご遺族……145
ごいぞん ご異存……256
ごいたい ご遺体……145
ごいたく ご遺沢……145
ごいちぞく ご一族……266
ごいちどうさま ご一同様……259
ごいちどく ご一読……324
ごいちにん ご一任……298
ごいちめいさま ご一名様……258
ごいちもん ご一門……341
こいちゃ→お濃茶……214
ごいちょ ご遺著……145
ごいちらん ご一覧……308
ごいっか ご一家……266
ごいっかつ ご一括……68
ごいっこうさま ご一行様……259
ごいっこん ご一献……157, 159
ごいっしょ ご一緒……157
ごいっしょする ご一緒する 33, 187
ごいっしょのかた ご一緒の方 33
ごいっしょう ご一生……184
ごいっぷく ご一服……212
ごいっぽう ご一報……294
ごいてん ご移転……34
ごいとく ご遺徳……145
ごいはい ご遺灰……145
ごいはい ご位牌……290
ごいはつ ご遺髪……145
ごいらい ご依頼……208
ごいろん ご異論……256
ごいんかん ご印鑑……100
ごいんきょ ご隠居……336

ごいんきょさん ご隠居さん …280
ごいんそつ ご引率……33
ごいんたい ご引退……35
こう■公……114
こう→お香……106, 292
こう→お講……150
こうあん→ご考案……7
こうあん→考案なさる……7
こうい→ご厚意……176
こうい→ご好意……176
こううん→ご幸運……36
こうえつ→ご校閲……56
こうえん→ご公演……116
こうえん→公演なさる……116
こうえん→ご好演……116
こうえん→好演なさる……116
こうえん→ご後援……205
こうえん→後援なさる……205
こうえん→ご講演……44
こうかい→後悔なさる……27
こうかい→公開なさる……115
こうがい→口外なさらないで 282
ごうかく→合格なさる……63
こうかん→交換なさる……31
こうぎ→ご厚誼……176
こうぎ→ご抗議……256
こうぎ→抗議なさる……256
こうぎ→ご講義……44
こうぎ→講義なさる……44
ごうきゅう→号泣なさる……239
こうぐう→ご厚遇……83
こうけつ→ご高潔……278
こうけん→ご貢献……223
こうけん→貢献なさる……223
こうけん→ご高見……29
こうげん→ご公言……114
こうげん→公言なさる……114
こうけんにん→ご後見人……303
こうけんやく→ご後見役……313
こうさい→ご交際……327
こうさい→交際なさる……327
こうさつ→ご高察……297
こうさつ→ご考察……112
こうし→ご厚志……176
こうしゃく→ご講釈……204
こうじゅつ→ご口述……56
こうしょう→交渉なさる……81
こうしょう→ご考証……297
こうじょう→ご口上……22, 120
こうじょう→ご厚情……176
こうじょう→向上なさる……296
こうしん→ご更新……18
こうしん→更新なさる……18
こうすい→お香水……94
こうせき→ご功績……183
こうせつ→ご高説……29, 204
こうそう→ご構想……7
こうそう→構想なさる……7
こうたい→交代なさる……181
こうちく→ご構築……112
こうちく→構築なさる……112
こうちゃ→お紅茶……214
こうでん→お花料……189
こうでん→お香典……189
こうでん→お香料……189
こうでんがえし→お香典返し 189
こうどう→行動なさる……235
こうどく→ご購読……324
こうどく→購読なさる……324
こうにゅう→ご購入……50
こうにゅう→購入なさる……50
こうにん→ご公認……114
こうにん→公認なさる……306
こうはい→ご高配……177
こうひょう→ご好評……283
こうひょう→ご講評……283
こうひょう→ご高評……283
こうひょう→ご公表……115
こうひょう→公表なさる……115
こうふ→ご交付……115
こうふ→ご公布……115
こうふく→ご幸福……36
こうぶつ→ご好物……178
こうふん→興奮なさる……84
こうぼ→公募なさる……115
こうめい→ご高名……277
こうやく→ご公約……114
こうやく→公約なさる……114
こうゆう→ご交友……220
こうゆう→ご交遊……237
こうらん→ご高覧……308
こうりゅう→ご交流……220
こうりゅう→交流なさる……220
こうりょ→ご高慮……177
こうりょ→ご考慮……177
こうりょ→考慮なさる……31
こうれい→ご恒例……89
こうれい→ご高齢……260
こうろん→ご高論……29
ごうん ご運……151
ごうんせい ご運勢……151
ごうんよう ご運用……101
こえ→お声……74
こえをあげる→声をおあげになる……256
こえをかける→お声をかける 156
こえがかかる→お声がかり …83
こえがかかる→お声がかかる 156
ごえいてん ご栄転……183
こえる→お越えになる……260
ごえん ご縁……9, 220
ごえんかい ご宴会……159
ごえんぐみ ご縁組……110
ごえんじょ ご援助……205
ごえんじょする ご援助する …205
ごえんだん ご縁談……110
ごえんちょう ご延長……317
ごえんぽう ご遠方……253
ごえんまん ご円満……237
ごえんりょ ご遠慮 …41, 179, 212
ごえんりょする ご遠慮する …122
ごえんりょなく ご遠慮なく …179
ごおうぼ ご応募……42
こおどり→小躍りなさる……325
ごおん ご恩……176
ごおんがえし ご恩返し……299
ごかいぎょう ご開業……236
ごかいげん ご開眼……152
ごかいさん ご開山……153
ごかいしゃく ご解釈……112
ごかいしゃく ご介錯……341
ごかいしん ご回診……285
ごかいせつ ご解説……224
ごかいせつ ご開設……236
ごかいぜん ご改善……18
ごかいそう ご会葬……188
ごかいだく ご快諾……306
ごかいだん ご会談……255
ごかいちく ご改築……25
ごかいちょう ご開帳……152
ごかいてん ご開店……236

ごかいとう ご解答 ……143
ごかいとう ご回答 ……143
ごかいにゅう ご介入 ……80
ごかいふく ご回復 ……286
ごかいやく ご解約 ……109
ごかいゆ ご快癒 ……286
ごかいよう ご海容 ……228
ごかいらん ご回覧 ……308
ごかくとう ご格闘 ……252
ごかくとく ご獲得 ……58
ごかくにん ご確認 ……59
ごかくにんする ご確認する ……59
ごがくゆう ご学友 ……221
ごかご ご加護 ……151
ごかしつ ご過失 ……300
ごかせい ご加勢 ……303
ごかぞく ご家族 ……266
ごかっさい ご喝采 ……121, 296
ごかったつ ご闊達 ……278
ごかってに ご勝手に ……179
ごかっぱつ ご活発 ……275
ごかつやく ご活躍 ……3, 183
ごかつよう ご活用 ……219
ごかてい ご家庭 ……266
ごかとく ご家督 ……341
ごかにゅう ご加入 ……131
ごかふう ご家風 ……276
ごかめい ご加盟 ……131
ごかろうさま ご家老様 ……335
ごかんきょう ご環境 ……276
ごかんけい ご関係 ……80
ごかんご ご看護 ……284
ごかんこう ご刊行 ……57
ごかんこう ご観光 ……210
ごかんさい ご完済 ……101
ごかんさつ ご観察 ……309
ごかんじょ ご寛恕 ……15
ごかんしょう ご干渉 ……80
ごかんしょう ご鑑賞 ……207
ごかんしょく ご感触 ……82
ごかんしん ご関心 ……82
ごかんせい ご完成 ……129
ごかんせん ご観戦 ……309
ごかんそう ご感想 ……82
ごかんそく ご観測 ……309, 324
ごかんだい ご寛大 ……15
ごかんだん ご歓談 ……255
ごかんびょう ご看病 ……284
ごかんべん ご勘弁 ……15
ごかんゆう ご勧誘 ……157
ごかんよう ご寛容 ……15
ごかんらん ご観覧 ……207
ごかんろく ご貫禄 ……277
ごきうん ご機運 ……151
ごきおく ご記憶 ……197
ごきおくがあやしい ご記憶が怪しい
……300
ごきおくちがい ご記憶違い ……300
ごきかん ご帰還 ……55, 121
ごきがん ご祈願 ……246
ごききょう ご帰郷 ……55
ごきげん ご機嫌 ……2, 117, 325
ごきげん ごきげんよろしゅう 92
ごきげんうかがい ご機嫌伺い 295
ごきげんがわるい ご機嫌が悪い ……26
ごきげんとり ご機嫌取り ……202
ごきげんななめ ご機嫌斜め ……27
ごきげんよう ごきげんよう ……92
ごきこう ご寄稿 ……56
ごきこく ご帰国 ……55
ごきしつ ご気質 ……276
ごきじつ ご忌日 ……147
ごきしゃ ご喜捨 ……67
ごきじゅつ ご記述 ……56
ごきしょう ご起床 ……245
ごきしょう ご気性 ……276
ごきしょく ご気色 ……27
ごきしん ご寄進 ……67
ごきぞう ご寄贈 ……67
ごきたい ご期待 ……87
ごきたく ご帰宅 ……55
ごきちょう ご帰朝 ……55
ごきちょう ご記帳 ……134
ごきつもん ご詰問 ……133
ごきとう ご祈祷 ……246
ごきとく ご奇特 ……277
ごきとく ご危篤 ……287
ごきにゅう ご記入 ……56
ごきねんする ご祈念する ……229, 246
ごきふ ご寄付 ……67
ごきふう ご気風 ……276
ごきぶん ご気分 ……117, 198
ごきぼう ご希望 ……87, 122, 319
ごきぼうにそえない ご希望に添え
ない ……122
ごきぼうのしな ご希望の品 ……51
ごきぼうをうかがう ご希望を伺う 319
ごきゅうくつさま ご窮屈様 ……249
ごきゅうけい ご休憩 ……314
ごきゅうじょう ご窮状 ……248
ごきゅうゆう ご級友 ……221
ごきゅうよう ご休養 ……314
こきょう■故郷 ……102
ごきょういく ご教育 ……44
ごきょうえん ご競演 ……116
ごきょうえん ご共演 ……116
ごきょうおう ご饗応 ……162
ごきょうかん ご共感 ……84
ごきょうぎ ご協議 ……191
ごきょうぐう ご境遇 ……276
ごきょうくん ご教訓 ……217
ごきょうさん ご協賛 ……96, 131
ごきょうじ ご教示 ……44
ごきょうじ ご矜持 ……277
ごぎょうせき ご業績 ……183
ごきょうだい ご兄弟 ……272
ごきょうちゅう ご胸中 ……117
ごきょうみ ご興味 ……82
ごきょうめい ご共鳴 ……84
ごきょうよう ご共用 ……219
ごきょうよう ご教養 ……297
ごきょうらん ご供覧 ……308
ごきょうり ご郷里 ……102
ごきょうりょく ご協力 ……96
ごきょうりょくする ご協力する ……96
ごきょか ご許可 ……306
ごきりつ ご起立 ……186
ごきりょう ご器量 ……277
ごぎろん ご議論 ……31
ごきんきょう ご近況 ……229
ごきんざい ご近在 ……253
ごきんじょ ご近所 ……253
ごきんじょさん ご近所さん ……265
ごきんしん ご謹慎 ……149
ごきんせい ご禁制 ……341
ごきんべん ご勤勉 ……204
ごぎんみ ご吟味 ……40
ごきんむ ご勤務 ……137
ごくしん ご苦心 ……247
ごくちょう ご口調 ……201
ごくどく ご功徳 ……151

こくはく→告白なさる ………282
こくふく→克服なさる ………252
ごくよう ご供養………………290
ごくろう ご苦労…………121, 247
ごくろうさま ご苦労様 ………249
ごくろうさん ご苦労さん ……249
こげ→お焦げ …………………166
ごけいかく ご計画 …………105
ごけいがん ご炯眼 …………330
ごけいけん ご経験 …………197
ごけいじ ご啓示 ……………151
ごけいぞう ご恵贈 …………193
ごけいぞく ご継続 …………222
ごけいやく ご契約 …………109
ごけいやくする ご契約する …109
ごけいるい ご係累 …………266
ごけいれき ご経歴 …………135
ごけつい ご決意 ……………89
ごけつえん ご血縁 …………266
ごけつぎ ご決議 ……………89
ごけっこん ご結婚 …………110
ごけっこんしき ご結婚式 ……111
ごけっさん ご決算 …………108
ごけっしん ご決心 …………89
ごけっせい ご結成……………14
ごけっせき ご欠席 …………157
ごけっそく ご結束 …………96
ごけつだん ご決断……………89
ごけっちゃく ご決着 ………49
ごけつろん ご結論……………31
ごけねん ご懸念 ……………175
ごけらい ご家来 ……………335
ごけらいしゅう ご家来衆 ……335
ごけんかい ご見解……………29
ごけんがく ご見学 …………302
ごけんきゃく ご健脚 ………2
ごけんきゅう ご研究 ………112
ごけんこう ご健康 …………2
ごけんざい ご健在 …………2
ごけんさつ ご賢察 …………331
ごけんさん ご研鑽 …………297
ごけんしき ご見識 …………297
ごけんしょう ご健勝 ………2, 229
ごけんしょう ご検証 ………155
ごけんじょうひん ご献上品 …341
ごけんせき ご譴責 …………133
ごけんそん ご謙遜 …………293
ごけんたん ご健啖 …………2
ごけんとう ご検討…………113
ごけんとう ご健闘…………252
ごけんぶつ ご見物 …………308
ごけんぶん ご検分 …………173
ごけんやく ご倹約 …………103
ごけんよう ご兼用 …………219
ごこうあん ご考案 …………7
ごこうい ご厚意 ……………176
ごこうい ご好意 ……………176
ごこううん ご幸運 …………36
ごこうえつ ご校閲 …………56
ごこうえん ご講演 …………44
ごこうえん ご公演 …………116
ごこうえん ご好演 …………116
ごこうえん ご後援 …………205
ごこうぎ ご講義………………44
ごこうぎ ご厚誼 ……………176
ごこうぎ ご抗議 ……………256
ごこうぎ ご公儀 ……………341
ごこうぐう ご厚遇 …………83
ごこうけつ ご高潔 …………278
ごこうけん ご高見 …………29
ごこうけん ご貢献 …………223
ごこうげん ご公言 …………114
ごこうけんにん ご後見人 ……303
ごこうけんやく ご後見役 ……313
ごこうさい ご交際…………327
ごこうさつ ご考察…………112
ごこうさつ ご高察…………297
ごこうし ご厚志………………176
ごこうしつさま ご後室様 ……333
ごこうしゃく ご講釈 ………204
ごこうじゅつ ご口述 ………56
ごこうしょう ご考証 ………297
ごこうじょう ご口上………22, 120
ごこうじょう ご厚情 ………176
ごこうしん ご更新 …………18
ごこうせき ご功績…………183
ごこうせつ ご高説 ………29, 204
ごこうそう ご構想……………7
ごこうちく ご構築 …………112
ごこうどく ご購読 …………324
ごこうにゅう ご購入 ………50
ごこうにん ご公認 …………114
ごこうはい ご高配 …………177
ごこうひょう ご公表 ………115
ごこうひょう ご好評 ………283
ごこうひょう ご講評 ………283
ごこうひょう ご高評 ………283
ごこうふ ご交付 ……………115
ごこうふ ご公布 ……………115
ごこうふく ご幸福 …………36
ごこうぶつ ご好物 …………178
ごこうめい ご高名 …………277
ごこうやく ご公約…………114
ごこうゆう ご交友…………220
ごこうゆう ご交遊…………237
ごこうらん ご高覧…………308
ごこうりゅう ご交流 ………220
ごこうりょ ご考慮 …………177
ごこうりょ ご高慮 …………177
ごこうれい ご恒例 …………89
ごこうれい ご高齢 …………260
ごこうろん ご高論 …………29
こごと→お小言 ………………133
こころ→お心 …………117, 338
こころ→お心にかける…………177
こころ→お心のこもった ……193
こころ→お心のままに…………179
こころ→お心を傷める…………175
こころ→お心を安らかに ……21
こころがうごく→お心が動く…178
こころにきざむ→心に刻まれる 197
こころにとめる→お心に留める 82
こころあたり→お心当たり …331
こころえ→お心得………………233
こころえちがい→お心得違い…300
こころおきなく→お心置きなく 179
こころがける→お心掛け ……252
こころがける→心掛けられる 252
こころがまえ→お心構え ……117
こころくばり→お心配り ……177
こころざし(金)→お志 ………67
こころじょうぶ→お心丈夫 ……21
こころぞえ→お心添え…………176
こころづかい→お心遣い………177
こころづくし→お心尽し ……161
こころづけ→お心付け ………69
こころづもり→お心積もり …105
こころづよい→お心強い ……21
こころのこり→お心残り………27
こころぼそい→お心細い………175
ごこんい ご懇意 ……………237

ごこんぎ ご婚儀 ……111
ごこんやく ご婚約 ……110
ごこんりゅう ご建立 ……150
ごこんれい ご婚礼 ……111
ごさいかい ご再会 ……8
ごさいかい ご再開 ……236
ごさいき ご再起 ……251
ごさいけつ ご裁決 ……130
ごさいご ご最期 ……341
ごさいこう ご再考……113
ごさいさん ご採算 ……108
ございしょ ご在所……253
ございしょく ご在職 ……124
ございせき ご在籍 ……124
ごさいそく ご催促 ……66
ごさいたく ご採択……115
ございたく ご在宅 ……124, 230
ごさいだん ご裁断 ……130
ごさいてい ご裁定 ……130
ごさいてん ご祭典……47
ごさいてん ご採点 ……283
ごさいなん ご災難 ……248
ごさいはい ご采配 ……148
ございます ございます ……52
ごさいやく ご災厄……248
ごさいよう ご採用……139
ごさいりょう ご裁量 ……130
ごさいれい ご祭礼……47
ごさしゅう ご査収 ……43
ごさた ご沙汰 ……341
ござら→お小皿 ……172
ござる ござる ……341
ごさんか ご参加 ……131
ごさんかく ご参画……105
ごさんかん ご参観……62
ごさんけ 御三家 ……259
ごさんけい ご参詣……46
ごさんこう ご参考……173
ごさんざい ご散財 ……161
ごさんさく ご散策 ……20
ごさんじ ご賛辞 ……296
ごさんしゅう ご参集 ……14
ごさんしょう ご参照 ……173
ござんす ござんす ……341
ごさんせい ご賛成 ……6
ごさんだん ご算段 ……105
ごさんてい ご算定 ……108
ごさんどう ご賛同……6
ごさんなん ご三男 ……273
ごさんよ ご参与 ……115
ごさんれつ ご参列 ……134
こし→お腰 ……77
こじ→固辞なさる ……122
ごじあい ご自愛 ……229
ごしあん ご思案 ……113
ごじえい ご自営 ……138
ごしえん ご支援 ……205
ごじかく ご自覚 ……132
ごじきさん ご直参……335
ごしさ ご示唆 ……30
ごしさん ご資産 ……101
ごじさんになる ご持参になる 311
ごしじ ご指示 ……148
ごししょう ご支障 ……317
ごじじょう ご事情 ……317
ごじしょく ご辞職 ……139
ごじしん ご自身(あなた) ……263
ごしせい ご姿勢 ……278
ごじせい ご時世 ……118
ごじせい ご時勢 ……118
ごじせい ご自制 ……132
ごしそく ご子息……273
ごじたいする ご辞退する……122
ごじたく ご自宅 ……23
ごじっか ご実家 ……266
ごしっせい ご叱正 ……133
ごしっせき ご叱責……133
ごしつねん ご失念 ……300
ごしっぴつ ご執筆……56
ごしつぼう ご失望 ……61
ごしつもん ご質問 ……142
ごしつもんする ご質問する ……142
ごしてい ご子弟 ……267
ごしてい ご指定 ……312
ごしてき ご指摘 ……30
ごしどう ご指導 ……44
ごしどうする ご指導する ……44
こじなさる 固辞なさる ……122
ごしなん ご指南 ……12, 30
ごじなん ご次男 ……273
ごしなんばん ご指南番 ……313
ごじぶん ご自分(あなた) ……263
ごしまい ご姉妹 ……274
こしまき(腰巻)→お腰 ……99
ごじまん ご自慢 ……233
ごしめい ご指名 ……159, 241
ごしめい ご氏名 ……241
ごしめい ご使命 ……316
ごしゃふう ご社風……276
ごしゅ 御酒 ……158
ごじゆう ご自由 ……179
ごしゅうかく ご収穫……58
ごしゅうぎ ご祝儀……37, 69
ごしゅうぎぶくろ ご祝儀袋 ……37
ごしゅうげん ご祝言 ……111
ごしゅうごう ご集合……14
ごしゅうし ご収支 ……108
ごしゅうし ご宗旨 ……291
ごじゅうじ ご従事 ……135
ごしゅうしゅう ご収集 ……58
ごしゅうじゅく ご習熟……233
ごじゅうしょ ご住所 ……142
ごしゅうしょうさま ご愁傷様 ……190
ごしゅうしょく ご就職……135
ごじゅうしょく ご住職……153
ごしゅうしん ご執心 ……178, 204
ごしゅうしん ご就寝 ……245
ごしゅうせい ご修正 ……109
ごじゅうせき ご重責 ……316
ごしゅうぜん ご修繕 ……25
ごじゅうたい ご重体 ……287
ごしゅうちゃく ご執着 ……204
ごしゅうとく ご修得 ……302
ごじゆうに ご自由に……179
ごしゅうにゅう ご収入 ……69
ごしゅうにん ご就任 ……313
ごしゅうめい ご襲名 ……222
ごしゅうゆう ご周遊 ……210
ごしゅうよう ご修養……88
ごしゅうり ご修理 ……54
ごしゅうりょう ご終了 ……49
ごしゅうりょう ご修了……302
ごしゅうれん ご修練 ……88
ごしゅえん ご主演……116
ごしゅえん ご酒宴……159
ごしゅき ご手記 ……57
ごしゅぎょう ご修行……88
ごしゅくえん ご祝宴 ……37
ごしゅくが ご祝賀 ……37
ごしゅくはく ご宿泊 ……234
ごしゅくはくりょう ご宿泊料 ……68

ごしゅし ご趣旨 ……29
ごじゅしょう ご受賞 ……42
ごしゅじん ご主人 ……269, 304
ごしゅじんさま ご主人様 ……269
ごしゅちゅう ご手中 ……58
ごしゅちょう ご主張 ……31
ごしゅつえん ご出演 ……116
ごしゅっかん ご出棺 ……188
ごしゅつがん ご出願 ……42
ごしゅっきん ご出勤 ……137
ごしゅっけつ ご出血 ……79
ごしゅっけつ ご出欠 ……157
ごしゅつげん ご出現 ……19
ごしゅっこう ご出向 ……136
ごしゅっこう ご出航 ……211
ごじゅっこう ご熟考 ……31
ごしゅっこく ご出国 ……102
ごしゅつざ ご出座 ……341
ごしゅっさん ご出産 ……11
ごしゅっし ご出資 ……138
ごしゅつじ ご出自 ……102
ごしゅっしゃ ご出社 ……137
ごしゅつじょう ご出場 ……226
ごしゅっしん ご出身 ……102
ごしゅっせ ご出世 ……183
ごしゅっせい ご出生 ……184
ごしゅっせき ご出席 ……185
ごしゅつだい ご出題 ……62
ごしゅったつ ご出立 ……211
ごしゅっちょう ご出張 ……137
ごしゅってん ご出展 ……42
ごしゅつば ご出馬 ……114
ごしゅっぱつ ご出発 ……211
ごしゅっぱん ご出版 ……57
ごしゅっぴ ご出費 ……68
ごしゅっぴん ご出品 ……42
ごしゅつぼつ ご出没 ……19
ごしゅっぽん ご出奔 ……244
ごじゅなん ご受難 ……248
ごじゅのう ご受納 ……192
ごしゅみ ご趣味 ……106, 207
ごしゅわん ご手腕 ……183
ごじゅんしゅ ご遵守 ……149
ごじゅんしょく ご殉職 ……146
ごじゅんび ご準備 ……154
ごしょ 御所 ……342
ごしよう ご使用 ……219
ごじょうあい ご情愛 ……342
ごじょうか ご城下 ……342
ごしょうかい ご紹介 ……10
ごしょうかいする ご紹介する ……10
ごしょうかい ご照会 ……173
ごしょうがい ご生涯 ……184
ごじょうきょう ご上京 ……104
ごしょうげん ご証言 ……155
ごしょうこう ご焼香 ……189
ごしょうごう ご照合 ……173
ごじょうしゃ ご乗車 ……250
ごしょうじょう ご症状 ……285
ごしょうしん ご昇進 ……183
ごしょうしん ご傷心 ……238
ごしょうじん ご精進 ……88
ごしょうすい ご憔悴 ……287
ごじょうせん ご乗船 ……250
ごしょうそく ご消息 ……3
ごしょうたい ご招待 ……157
ごしょうたいじょう ご招待状 ……157
ごしょうたいする ご招待する 157
ごしょうだから 後生だから ……209
ごしょうだく ご承諾 ……306
ごじょうたつ ご上達 ……296
ごしょうだん ご商談 ……191
ごじょうだん ご冗談 ……121, 201
ごしょうち ご承知 ……141
ごしようちゅう ご使用中 ……232
ごしょうちん ご消沈 ……61
ごしょうてん ご昇天 ……147
ごしょうとつ ご衝突 ……206
ごしょうにん ご昇任 ……183
ごしょうにん ご承認 ……306
ごしょうのう ご笑納 ……192
ごしょうばい ご商売 ……135, 304
ごしょうぶん ご性分 ……276
ごしょうみ ご笑味 ……160, 192
ごしょうみょう ご声明 ……291
ごしょうもん ご証文 ……155
ごしょうらん ご笑覧 ……192
ごじょうれん ご常連 ……262
ごしょうわ ご唱和 ……134
ごしょくぎょう ご職業 ……135
ごしょけん ご所見 ……285
ごじょげん ご助言 ……30, 191
ごじょげんする ご助言する ……30
ごしょざい ご所在 ……124
ごしょぞう ご所蔵 ……58
ごしょぞく ご所属 ……124
ごしょぞん ご所存 ……105
ごしょち ご処置 ……130
ごしょぶん ご処分 ……130
ごしょめい ご署名 ……241
ごしょめん ご書面 ……155
ごしょもう ご所望 ……318
ごしょゆう ご所有 ……311
ごじょりょく ご助力 ……96
ごしれい ご司令 ……280
ごしれん ご試練 ……247
ごじん ご仁 ……264
ごしんい ご真意 ……117
ごしんがく ご進学 ……63
ごしんぎ ご審議 ……149
ごしんきさん ご新規さん ……262
ごしんきょ ご新居 ……25
ごしんきょう ご心境 ……117
ごしんげん ご進言 ……30
ごしんげんする ご進言する ……30
ごしんこう ご信仰 ……174
ごしんこう ご親交 ……237
ごしんこく ご申告 ……115
ごしんこん ご新婚 ……110
ごしんさつ ご診察 ……285
ごしんしゃく ご斟酌 ……176
ごしんしゅつ ご進出 ……138
ごしんしょう ご心証 ……82
ごしんじょう ご真情 ……117
ごしんじょう ご心情 ……117
ごしんじょう ご信条 ……174
ごしんじん ご信心 ……174
ごしんすい ご心酔 ……204
ごしんせき ご親戚 ……266
ごしんせつ ご親切 ……176
ごしんせつに ご親切に ……176
ごしんぞ ご新造 ……333
ごしんぞく ご親族 ……266
ごしんだい ご身代 ……64
ごしんたく ご神託 ……151
ごしんだん ご診断 ……285
ごしんちく ご新築 ……25
ごしんちゅう ご心中 ……117
ごしんちょう ご身長 ……196
ごしんちょう ご新調 ……289
ごしんつう ご心痛 ……238

ごじんとく ご人徳 ……277
ごしんぱい ご心配 ……175, 177
ごしんぱいなく ご心配なく …175
ごしんぷ ご新婦 ……111
ごしんぷさま ご親父様 ……111
ごしんぺん ご身辺 ……216
ごしんぼう ご辛抱 ……41
ごしんぼうづよい ご辛抱強い 278
ごしんぼく ご親睦 ……237
ごしんみつ ご親密 ……327
ごしんみょう ご神妙 ……73
ごしんもつ ご進物 ……51
ごしんゆう ご親友 ……221
ごしんよう ご信用 ……174
ごしんらい ご信頼 ……174
ごしんらいする ご信頼する …174
ごしんらつ ご辛辣 ……201
ごじんりょく ご尽力 ……223
ごしんるい ご親類 ……266
ごしんろ ご進路 ……105
ごしんろう ご新郎 ……111
ごしんろう ご心労 ……177, 247
ごずいいに ご随意に ……179
ごすいきょ ご推挙 ……180
ごすいきょう ご酔狂 ……204
ごすいこう ご推敲 ……56
ごすいこう ご遂行 ……316
ごすいさつ ご推察 ……331
ごすいしょう ご推奨 ……180
ごすいしん ご推進 ……235
ごすいせん ご推薦 ……180
ごすいせんする ご推薦する 180
ごすいそく ご推測 ……125
ごすいり ご推理 ……125
ごすうこう ご崇高 ……277
ごすうはい ご崇拝 ……204
ごすんぽう ご寸法 ……289
ごせいえい ご清栄 ……228
ごせいえん ご声援 ……303
ごせいがでる ご精が出る ……4
ごせいかん ご生還 ……184
ごせいがん ご請願 ……208
ごせいきゅう ご請求 ……65
ごせいきゅうする ご請求する…65
ごせいきょ ご逝去 ……147
ごせいきょう ご盛況 ……305
ごせいぎょう ご生業 ……135
ごせいきん ご精勤 ……137
ごせいけつ ご清潔 ……278
ごせいこう ご成功 ……183
ごせいさん ご成算 ……60
ごせいさん ご精算 ……108
ごせいじつ ご誠実 ……278
ごせいしゅくに ご静粛に ……134
ごせいしょう ご清祥 ……228
ごせいじん ご成人 ……195
ごせいぜん ご生前 ……184
ごせいぞん ご生存 ……184
ごせいだい ご盛大 ……134
ごせいたん ご生誕 ……184
ごせいちょう ご清聴 ……86
ごせいちょう ご静聴 ……134
ごせいちょう ご成長 ……195
ごせいつう ご精通 ……297
ごせいてい ご制定 ……115
ごせいどう ご政道 ……342
ごせいどう ご正道 ……342
ごせいばい ご成敗 ……342
ごせいめい ご姓名 ……241
ごせいもん ご誓文 ……342
ごせいよう ご静養 ……314
ごせっしょう ご折衝 ……81
ごせっとく ご説得 ……217
ごせつめい ご説明 ……224
ごせつめいする ご説明する 224
ごせつりつ ご設立 ……138
こぜに(小銭)→細かいの ……65
ごぜんかい ご全快 ……286
ごせんこう ご専攻 ……112
ごせんこく ご宣告 ……224
ごぜんさま 御前様 ……153, 336
ごぜんさま 午前様 ……55
ごせんぞ ご先祖 ……290
ごせんぞさま ご先祖様 ……290
ごせんたく ご選択 ……40
ごぜんだな ご膳棚 ……171
ごせんもん ご専門 ……112
ごせんやく ご先約 ……312
ごぜんりょう ご膳料 ……189
ごそうぎ ご葬儀 ……188
ごそうきん ご送金 ……100
ごそうきんする ご送金する …100
ごそうげい ご送迎 ……310
ごぞうけい ご造詣 ……297
ごそうけん ご壮健 ……2
ごぞうさ ご造作 ……161
ごそうそう ご葬送 ……188
ごそうぞう ご想像 ……331
ごそうぞうどおり ご想像通り …6
ごそうぞく ご相続 ……222
ごそうだんする ご相談する …191
ごぞうとうひん ご贈答品 ……51
ごそうふ ご送付 ……43
ごそうふする ご送付する ……43
ごそうめい ご聡明 ……204
ごそくさい ご息災 ……2
ごそくじょ ご息女 ……274
ごそくろう ご足労 ……310
ごそつぎょう ご卒業 ……63
ごそん ご損 ……240
ごそんがい ご損害 ……240
ごそんがんをはいす ご尊顔を拝す 10
ごそんげん ご尊厳 ……277
ごぞんじ ご存知 ……141
ごぞんじない ご存知ない 121, 141
ごそんしつ ご損失 ……240
ごそんぞく ご存続 ……222
ごそんぷさま ご尊父様 ……268
ごそんめい ご尊名 ……241
ごぞんめい ご存命 ……184
ごたいいん ご退院 ……286
ごたいかん ご退官 ……35
ごたいくつ ご退屈 ……281
ごたいけつ ご対決 ……60
ごたいけん ご体験 ……197
ごたいざい ご滞在 ……234
ごたいしつ ご体質 ……196
ごたいしつ ご退室 ……226
ごたいしゃ ご退社 ……137
ごたいしゅつ ご退出 ……226
ごたいじょう ご退場 ……226
ごたいしょく ご退職 ……35
ごたいじん ご退陣 ……35
ごたいせき ご退席 ……185
ごたいそう ご大層 ……199
ごたいちょう ご体調 ……198
ごたいにん ご退任 ……35
ごたいにん ご大任 ……316
ごたいぼう ご待望 ……87
ごたいめん ご対面 ……8
こたえる→お応えする ……116

こたえる→お答え……143
こたえる→お答えする……143
こたえる→お答えになる……143
ごたかい ご他界……342
ごたくせん ご託宣……342
ごたくをならべる ご託を並べる…121
ごたこう ご多幸……229
こたつ→お炬燵……13
ごたっけん ご卓見……297
ごたっぴつ ご達筆……233
ごたぼう ご多忙……32
ごたよう ご多用……32
ごたんきゅう ご探求……125
ごたんじょう ご誕生……184
ごたんとうしゃさま ご担当者様…39
ごたんとう ご担当……313
ごたんにん ご担任……62
ごたんのう ご堪能……207, 233
ごたんりょ ご短慮……342
ごたんれん ご鍛錬……88
ごちそうさま ご馳走様 5, 121, 161
ごちそうする ご馳走する……162
ごちそうになる ご馳走になる 161
ごちゃくがん ご着眼……7
ごちゃくせき ご着席……186
ごちゃくそう ご着想……7
ごちゃくにん ご着任……136
ごちゃくよう ご着用……98
ごちゅういする ご注意する…216
ごちゅうかい ご仲介……10
ごちゅうかい ご仲介する……81
ごちゅうこく ご忠告……217
ごちゅうこくする ご忠告する…217
ごちゅうさい ご仲裁……80
ごちゅうしん ご注進……121
ごちゅうもく ご注目……82
ごちゅうもん ご注文……52, 318
ごちょうあい ご寵愛……342
ごちょうい ご弔意……190
ごちょうこう ご徴候……198
ごちょうさ ご調査……173
ごちょうじゅ ご長寿……260
ごちょうじょ ご長女……274
ごちょうしょく ご朝食……164
ごちょうせん ご挑戦……60
ごちょうたつ ご調達……64
ごちょうど ご調度……307
ごちょうない ご町内……253
ごちょうなん ご長男……273
ごちょうはつ ご挑発……200
ごちょうめい ご長命……229, 261
ごちょうもん ご弔問……188
ごちょしょ ご著書……57
こちら こちら……118
こちらさま こちら様……264
こつ→お骨……189
こつあげ→お骨上げ……189
ごつうがく ご通学……63
ごつうきん ご通勤……137
ごつうこう ご通行……144
ごつうち ご通知……294
ごつうちする ご通知する……294
ごつうほう ご通報……294
こづかい→おこづかい……69
ごつごう ご都合……317
ごつごうしゅぎ ご都合主義…202
こっせつ→骨折なさる……79
こっち→こちら……118
ごていあん ご提案……225
ごていあんする ご提案する…225
ごていき ご提起……225
ごていきょう ご提供……194
ごていきょう ご提供ください 318
ごていけい ご提携……138
ごていけつ ご締結……115
ごていけん ご定見がない…202
ごていげん ご提言……225
ごていじ ご提示……225
ごていしゅ ご亭主……269
ごていしゅく ご貞淑……278
ごていしゅつ ご提出……225
ごていしょう ご提唱……225
ごていたく ご邸宅……23
ごていちょう ご丁重……48
ごていねい ご丁寧……48
ごていねん ご定年……35
ごてきかく ご的確……277
ごてん 御殿……23
ごてんきょ ご転居……34
ごてんきん ご転勤……137
ごてんけん ご点検……173
ごでんごん ご伝言……224, 231
ごでんごんする ご伝言する 224
ごてんしょく ご転職……136
ごてんそうする ご転送する…43
ごてんにゅう ご転入……34
ごてんにん ご転任……34
こと→お琴……106
ごどうい ご同意……6
ごどうきょ ご同居……23
ごどうきょう ご同郷……102
ごどうぎょう ご同業……221
ごとうけ ご当家……266
ごどうけい ご同慶……36
ごどうこう ご同好……221
ごとうしゅく ご投宿……234
ごとうしょ ご当所……253
ごとうじょう ご登場……19
ごとうじょう ご搭乗……250
ごどうじょうする ご同情する…248
ごとうじょうぐち ご搭乗口……250
ごどうせき ご同席……185
ごとうせん ご当選……114
ごどうそう ご同窓……221
ごとうち ご当地……253
ごとうちソング ご当地ソング 253
ごとうちゃく ご到着……310
ごどうどう ご同道……33
ごとうにん ご当人……264
ごどうはい ご同輩……221
ごどうはん ご同伴……33
ごとうびょう ご闘病……284
ごとうべん ご答弁……143
ごどうよう ご同様……103
ごとうりゅう ご逗留……234
ごどうるい ご同類……221
ごとうろく ご登録……155
ごとうろん ご討論……31
ごどきょう ご読経……291, 342
ごとくしん ご得心……342
ことづて→お言伝……230
ことば ■言葉……36, 118, 120
ことば→お言葉……22, 257
ことば→お言葉に甘えて…193
ことばをかえす→お言葉を返す 257
ことばをかける→言葉をおかけになる……22
ことばをにごす→言葉をお濁しになる……201
こども→お子様……267
こども→お子さん……142

こども→御子(みこ)…………336
こどもたち→お子達……267, 336
こどもたち→お子さん方……267
ごどりょく ご努力…………252
ことわる→お断りする………122
ことわる→お断りになる……122
こな→お粉………………71, 168
こない→お見えにならない……3
こない→お見限り……………3
ごないしつ ご内室…………333
ごないみつに ご内密に……282
ごなついん ご捺印…………109
ごなっとく ご納得……………59
ごなん ご難…………………343
ごなんしょく ご難色………256
ごなんつづき ご難続き………46
ごにってい ご日程…………317
ごにゅういん ご入院………286
ごにゅうえん ご入園…………63
ごにゅうかい ご入会………131
ごにゅうがく ご入学…………63
ごにゅうきん ご入金………100
ごにゅうこく ご入国………102
ごにゅうしゃ ご入社………135
ごにゅうじょう ご入場……226
ごにゅうせん ご入選…………42
ごにゅうよう ご入用……38, 66
ごにゅうらい ご入来…………19
ごにんしき ご認識……………29
ごねっしん ご熱心……178, 204
ごねん ご念…………………343
ごねんが ご年賀………………95
ごねんし ご年始………………95
ごねんじゅ ご念誦…………291
ごねんぱい ご年配・ご年輩 261
このかた この方……………264
このたび この度……………118
このひと→この方…………264
このむ→お好みになる……178
このむ→お好みで…………178
ごばいしゃく ご媒酌………111
ごばいしゃくにん ご媒酌人…111
ごはいりょ ご配慮…………177
ごはさん ご破算……………240
ごはつげん ご発言……………30
ごはってん ご発展……305, 327
ごはっと ご法度………149, 343
こばむ→お拒みになる………97
ごはん ご飯………………5, 166
ごはん→まんま……………323
ごはんえい ご繁栄……36, 305
ごはんけつ ご判決…………130
ごばんじゃく ご磐石…………21
ごはんじょう ご繁盛………305
ごはんたき ご飯炊き………166
ごはんだん ご判断……6, 283
ごはんちゅう ご範疇………112
ごはんつぶ ご飯粒…………166
ごはんどき ご飯時……………90
ごはんりょ ご伴侶…………267
ごひいき ご贔屓………………83
ごひいきすじ ご贔屓筋……262
ごひたん ご悲嘆……………238
ごひはん ご批判……………256
ごひはんをあおぐ ご批判を仰ぐ 283
ごひひょう ご批評…………283
ごひよう ご費用………………68
ごびょうき ご病気…………198
ごびょうしつ ご病室………284
ごびょうじゃく ご病弱……196
ごひょうじょう ご表情………73
ごひょうじょう ご評定……343
ごびょうしょう ご病床……284
ごびょうじょう ご病状…229, 287
ごびょうしん ご病身………196
ごひょうばん ご評判……204, 278
ごびょうれき ご病歴………285
ごひろう ご披露………111, 308
ごひろうえん ご披露宴……111
ごひんかく ご品格…………278
ごふうふ ご夫婦……………267
ごふうふなか ご夫婦仲……237
ごふうぼう ご風貌……………70
ごふうりゅう ご風流………204
ごふうん ご不運……………248
ごぶうん ご武運……………343
ごふかい ご不快………………27
ごふきょう ご不興……………27
ごふけい ご父兄………………62
ごふこう ご不幸……………147
ごふさい ご夫妻……………267
ごふざい ご不在……………124
ごぶさたする ご無沙汰する……3
ごぶじ ご無事…………………3
ごふじゆう ご不自由………123
ごふじょう ご不浄…………232
ごふしん ご普請………………25
ごふしん ご不審………………59
ごふしん ご不振……………305
ごふじん ご夫人……………265
ごふじん ご婦人……………265
ごふじんがた ご婦人方……265
ごふそく ご不足………………38
ごふたん ご負担……………247
ごふち ご扶持………………343
ごふちょう ご不調…………198
ごぶつぜん ご仏前…………189
ごぶつだん ご仏壇…………290
ごぶつま ご仏間………………24
ごふにん ご赴任……………136
ごふびん ご不憫……………248
ごふべん ご不便……………123
ごふまん ご不満………………27
ごふめい ご不明………………59
ごふよう ご不用……………128
ごぶれい ご無礼………………15
ごぶれいする ご無礼する……15
ごふんがい ご憤慨……………26
ごふんとう ご奮闘…………252
ごふんべつ ご分別…………132
ごへいをかつぐ ご幣を担ぐ…121
ごへんきゃく ご返却…………54
ごへんさい ご返済……………66
ごへんじ ご返事……………143
ごへんそう ご返送……………54
ごべんたつ ご鞭撻…………251
ごへんとう ご返答…………143
ごへんぱい ご返杯…………159
ごへんぴん ご返品……………54
ごほう 御法…………………343
ごぼう 御坊…………………334
ごほうこう ご奉公…………223
ごほうこく ご報告…………294
ごほうこくする ご報告する…294
ごほうし ご芳志………67, 176
ごほうじ ご法事……………290
ごほうしかかく ご奉仕価格……53
ごほうしゃ ご報謝……………67
ごほうしゅう ご報酬…………69
ごほうしょ ご芳書…………227
ごほうじょう ご芳情………176

ごほうねん ご放念 ……175
ごほうのう ご奉納……343
ごほうび ごほうび ……323
ごほうめい ご芳名 ……241
ごほうめいちょう ご芳名帳 …241
ごほうもん ご訪問 ……38, 295
ごほうもんぎ ご訪問着 ……99
ごほうもんする ご訪問する …295
ごほうよう ご法要……290
こぼす→おこぼしになる……238
ごぼどうさま ご母堂様 ……270
ごほん ご本 ……57
ごほんい ご本意 ……117
ごほんかい ご本懐 ……343
ごほんぎょう ご本業……135
ごほんけ ご本家 ……266
ごほんごく ご本国 ……102
ごほんしょく ご本職 ……135
ごほんしん ご本心 ……117
ごほんぞん ご本尊 ……152
ごほんにん ご本人 ……264
ごほんにんさま ご本人様……262
ごほんまる ご本丸 ……343
ごほんみょう ご本名……241
ごほんりょう ご本領 ……343
こまかいの 細かいの ……65
こまる→お困り……123
こまる→お困りになる ……123
ごまんえつ ご満悦 ……325
ごまんきつ ご満喫 ……207
ごまんぞく ご満足 ……325
ごみぶん ご身分 ……204, 343
ごみょうじ ご名字……241
ごみょうだい ご名代……313
ごむしん ご無心 ……318
ごむたい ご無体 ……343
ごむねん ご無念 ……27
ごむよう ご無用 ……343
ごむり ご無理 ……247
こめ→お米 ……166
ごめいかい ご明快 ……277
ごめいかく ご明確 ……277
ごめいき ご明記……56
ごめいさつ ご明察 ……331
ごめいさん ご名算 ……108
ごめいとう ご名答 ……143
ごめいにち ご命日 ……147
ごめいはく ご明白 ……130
ごめいふく ご冥福 ……190
ごめいめい ご銘々 ……259
ごめいれい ご命令 ……343
ごめいわく ご迷惑 …17, 92, 123
ごめいわくさま ご迷惑様 ……249
ごめん ごめん ……17
ごめんあそばせ ごめんあそばせ 92
ごめんください ごめんください
……90, 92, 187, 329
ごめんこうむる ごめんこうむる
……97, 122
ごめんなさい ごめんなさい
……5, 17, 301
ごめんやす ごめんやす ……344
ごめんかい ご面会 ……286
ごめんしき ご面識 ……220
ごめんそう ご面相 ……73
ごめんだん ご面談 ……255
ごめんどう ご面倒 ……17, 247
ごもっとも ごもっとも ……6
こもる→お籠りになる ……244
こもる→籠られる……244
ごもん ご紋 ……344
ごもんがまえ ご門構え ……23
ごもんしょう ご紋章 ……344
ごもんぜき ご門跡 ……153
ごやっかい ご厄介……48
ごやっかいさま ご厄介様……249
ごゆいごん ご遺言 ……145
ごゆいのう ご結納 ……110
ごゆうし ご融資 ……101
ごゆうじん ご友人……221
ごゆうずう ご融通 ……66
ごゆうぜい ご遊説 ……114
ごゆうそう ご郵送 ……43
ごゆうたい ご優待券 ……51
ごゆうよ ご猶予 ……281, 317
ごゆうらん ご遊覧……210
ごゆっくり ごゆっくり ……91, 160
ごよう ご用……38
ごようい ご用意 ……154
ごよういする ご用意する……154
ごようおさめ ご用納め ……95
ごようがくしゃ 御用学者 ……202
ごようきき ご用聞き……337
ごようきゅう ご要求 ……318
ごようけん ご用件 ……38, 231
ごようし ご容姿 ……70
ごようし ご養子 ……267
ごようじ ご用事 ……38
ごようしゃ ご容赦 ……15
ごようしょう ご幼少 ……337
ごようじょう ご養生 ……229
ごようしょうにん ご用商人 …337
ごようしょく ご容色……70
ごようじん ご用心……216
ごようす ご様子 ……2
ごようだ ご用だ ……344
ごようだい ご容態 ……287
ごようたし ご用達 ……51
ごようだて ご用立て ……66
ごようだてする ご用立てする 66
ごようはじめ ご用始め ……95
ごようぼう ご要望……319
ごようむき ご用向き ……38
ごようめい ご用命 ……39
ごよきん ご預金 ……101
ごよさん ご予算……68
ごよてい ご予定……317
ごよやく ご予約 ……319
ごらいかい ご来会 ……104
ごらいかん ご来館 ……104
ごらいきょう ご来京 ……104
ごらいこう ご来校 ……62
ごらいこう ご来光……140
ごらいざん ご来山 ……104
ごらいしゃ ご来社 ……39
ごらいじょう ご来場 ……104
ごらいせき ご来席 ……134
ごらいちょう ご来朝 ……102
ごらいてん ご来店 ……304
ごらいにち ご来日 ……102
ごらいはん ご来阪 ……104
ごらいひん ご来賓 ……134
ごらいほう ご来訪……295
ごらいりん ご来臨……104
こらえる→お堪えになる ……41
ごらくいん ご落胤……337
ごらくたん ご落胆 ……61
こられる 来られる……104
ごらん ご覧 ……309
ごらんぎょう ご乱行 ……200
ごらんしん ご乱心 ……344

ごらんなさい ご覧なさい……309
ごらんにいれる ご覧に入れる 308
ごらんになりたい ご覧になりたい……319
ごらんになる ご覧になる……309
ごりかい ご理解……330
ごりっぱ ご立派……204, 277
ごりっぷく ご立腹……26
ごりねん ご理念……29
ごりやく ご利益……151
ごりゅうい ご留意……216
ごりゅうがく ご留学……302
ごりゅうぎ ご流儀……243
ごりゅうせい ご隆盛……344
ごりよう ご利用……50, 219
ごりょうえん ご良縁……110
ごりょうかい ご了解……330
ごりょうきん ご料金……68
ごりょうけ ご両家……259
ごりょうけん ご了見……332
ごりょうじ ご療治……285
ごりょうしょう ご了承……306
ごりょうしん ご両親……267
ごりょうにん ご両人……258
ごりょこう ご旅行……210
ごりょんさん ご寮人さん……271
ごりんじゅう ご臨終……147
ごりんせき ご臨席……134
ごれいさい ご例祭……47
ごれいせいに ご冷静に……216
ごれいぜん ご霊前……189
ごれいそう ご礼装……98
ごれっせき ご列席……134
ごれんらく ご連絡……294
ごれんらくする ご連絡する…294
ごろうこう ご老公……336
ごろうさく ご労作……129
ごろうし ご老師……336
ごろうじろ ご覧じろ……121
ごろうじん ご老人……261
ごろうたい ご老体……261
ごろうにん ご浪人……335
ごろうばい ご狼狽……45
ころぶ→お転びになる……79
ころぶ→転ばれる……79
こわめし→お強(おこわ)……166
こんい→ご懇意……237
こんいにする→懇意になさる…237
こんかい→この度……118
こんがん→懇願なさる……208
こんぎ→ご婚儀……111
こんだて→お献立……164
こんど→この度……118
こんどう→混同なさる……300
こんにちは こんにちは……4
こんばんは こんばんは……4
こんやく→ご婚約……110
こんやく→婚約なさる……110
こんらん→混乱なさる……45
こんりゅう→ご建立……150
こんりゅう→建立なさる……150
こんれい→ご婚礼……111
こんわく→困惑なさる……123

さ

さい→お菜……171
さいかい→ご再会……8
さいかい→再会なさる……8
さいかい→ご再開……236
さいかい→再開なさる……236
さいき→ご再起……251
さいき→再起なさる……251
さいくん 細君……271
さいけつ→ご裁決……130
さいけつ→裁決なさる……130
さいけつ→採決なさる……130
さいけん→再建なさる……150
さいこう→ご再考……113
さいこう→再考なさる……113
さいこん→再婚なさる……110
さいさん→ご採算……108
ざいしょ→ご在所……253
ざいしょく→ご在職……124
ざいせき→ご在籍……124
ざいせき→在籍される……124
さいせん→お賽銭……67
さいそく→ご催促……66
さいそく→催促なさる……66
さいそくがましい 催促がましい 66
さいたく→ご採択……115
さいたく→採択なさる……115
ざいたく→ご在宅……124, 230
さいだん→ご裁断……130
さいてい→ご裁定……130
さいてい→裁定なさる……130
さいてん→ご祭典……47
さいてん→ご採点……283
さいてん→採点なさる……283
さいなん→ご災難……248
さいなんつづき→ご難続き…46
さいはい→ご采配……148
さいばし→お菜箸……172
さいばん■裁判……130
さいふ→お財布……307
ざいふざい■在不在……124
さいほう→お裁縫……127
さいほう→お針……127
さいほう→お針仕事……289
さいやく→ご災厄……248
さいよう→ご採用……139
さいよう→採用なさる……139
さいりょう→ご裁量……130
さいれい→ご祭礼……47
さかえる→お栄えになる……305
さかき→お榊……291
さがす→お探しする……52
さがす→お探しになる…52, 125
さかずき→お杯・お盃……159
さかな→お魚……170
さからう→お逆らいになる…256
さがる→お下がり……218
さがる→お下がりになる……293
さかん→お盛ん……327
さきがみえない→お先真っ暗 123
さきさま 先様……264
さきに→お先に……92
さきほど 先ほど……118
さぎょう■作業……126, 127, 128
さく→お裂きになる……326
さくじつ 昨日……119
さくねん 昨年……119
さくばん 昨晩……119
さくひん→お作……129
さぐる→お探りになる……125
さけ→お神酒(おみき)……47
さけ→お酒……158
さけ→御酒(ごしゅ)……158
さけ→粗酒……158
さけがのめない→不調法……159
さけぶ→お叫びになる……203
さける→お避けになる……244

ささえる→お支えする ………205
ささえる→お支えになる ……205
ささげる→お捧げになる ……223
ささやかなもの ささやかなもの
……………………………192
さじ→お匙 ……………………172
さしあげる さしあげる …194, 227
ざしき→お座敷 ………………24
さしさわり→お差障り ………317
さしず→お指図 ……………148
さしつかえ→お差支え ………317
さしでがましい さしでがましい…257
さしみ→お刺身 ……………170
さしみ→お造り………………170
さしゅう→ご査収……………43
さしょう 些少 ………………118
さす→お挿しになる …………71
さずける→お授けになる ……246
ざせき→お座席 ……………185
させていただく させていただく 182
さそう→お誘いする……156, 328
さそう→お誘いになる ………156
さちおおき 幸多き …………36
さつ→お札……………………64
さつえい→撮影なさる………129
さっき→先ほど………………118
ざっし(相手の)→貴誌 ………57
ざっし(自社の)→小誌 ………57
ざっし(自社の)→弊誌 ………57
さっする→お察しする ………331
さっする→お察しになる ……331
さっする→お察しの通り ……331
さっする→拝察………………331
さっそく 早速………………119
さつまいも→お薩(おさつ) …169
さと→お里 …………102, 266
さとう→お砂糖………………168
さどう(茶道)→お茶…………106
さとがえり→お里帰り…………55
さとす→お諭しになる ………217
さとる→お悟りになる ………331
さばく→お裁き………………338
さばく→お裁きになる ………130
さびしい→お寂しい…………190
ざぶとん→おざぶとん ……307
さほう→お作法………………213
さま■様 ………………152, 249
さむい→お寒い ………4, 13, 305
さめる→お覚めになる………287
さようで さようで……………113
さら→お皿 …………………172
さる→お猿さん ……………320
さる(去る)→おさらば………244
さわがしい→お騒がしい……203
さわがせる→お騒がせする …16
さわぐ→お騒ぎになる………203
さわる→お触りになる ………76
さんか→ご参加 ……………131
さんか→参加なさる ………131
さんかく→ご参画……………105
さんかく→参画なさる ………105
さんかん→ご参観……………62
さんかん→参観なさる ………62
ざんきのいたり 慚愧の至り …254
さんけい→ご参詣……………46
さんけい→参詣なさる ………46
さんこう→ご参考……………173
さんざい→ご散財 …………161
さんさく→ご散策 ……………20
さんさく→散策される…………20
さんじ→ご賛辞………………296
さんしゅう→ご参集……………14
さんしょう→ご参照 …………173
さんしょう→参照なさる ……173
さんじょうする 参上する …28, 344
さんせい→ご賛成 ……………6
さんせい→賛成します…………6
さんだん→ご算段 …………105
さんてい→ご算定 …………108
さんてい→算定なさる………108
さんどう→ご賛同………………6
さんなん→ご三男 …………273
さんにゅう→参入なさる ……131
さんにん■三人 ……………258
さんにんしょう■三人称 264, 334
さんぽ→お散歩………………20
さんぽ→散歩なさる……………20
さんよ→ご参与 ……………115
さんれつ→ご参列 …………134
さんれつ→参列なさる ……134

し

じあい→ご自愛 ……………229
しあがり→お仕上がり………129
しあわせ→お幸せ ……………36
しあん→ご思案 ……………113
しあん→思案なさる ………113
じいさま 爺様 ……………261
じいさん■爺・祖父 …………261
しうち→お仕打ち……………338
じえい→ご自営 ……………138
しえん→ご支援 ……………205
しえん→支援なさる…………205
しお→お塩 …………………168
しおき→お仕置き …………338
じかい→自戒なさる ………132
じがい 自害なさる …………344
じかく→ご自覚………………132
じかく→自覚なさる …………132
しかける→お仕かけになる …332
しかられる→お叱りをこうむる 133
しかられる→お目玉を食らう 133
しかる→お叱り………………133
しかる→お叱りになる ………133
しがん→志願なさる ………223
じかん→お時間 ………113, 281
じかん→お時間をいただく…281
しき→お式 …………………111
しき→指揮なさる …………148
じきさん→ご直参 …………335
しきてん■式典………………134
しきょ→死去なさる…………147
じきょ■辞去する ……………92
じく→お軸……………………213
しくむ→お仕組みになる ……332
しけん→お試験 ………………63
しごと■仕事 ………………135
しごと→お仕事 ……………142
しさ→ご示唆 …………………30
しさん→ご資産………………101
じさん→お持たせ ……………91
じさん→ご持参………………311
じさん→ご持参になる ………311
しじ→支持なさる……………114
しじ→ご指示 ………………148
しじ→指示なさる……………148
しじ→師事なさる……………243
ししゃ→お使者………………313
じしゅく→自粛なさる …………41
ししょう→お師匠さん ………243
ししょう→ご支障 …………317

じじょう→ご事情 ……317
ししょく→試食なさる ……125
じしょく→ご辞職 ……139
じしょく→辞職なさる ……139
じしん→ご自身(あなた) ……263
しずかに→お静かに ……134
しせい→ご姿勢 ……278
じせい→ご時世 ……118
じせい→ご時勢 ……118
じせい→ご自制 ……132
じせい→自制なさる ……132
しぜん■自然 ……140
じぞう→お地蔵様 ……152
しそく→ご子息 ……273
したい(死体) 仏さん ……147
じたい→ご辞退する ……122
じたい→辞退なさる ……122
じだい→御代(みよ) ……344
じだいげき■時代劇 ……333
したう→お慕いする ……327
したがう→お従いになる ……148
したく→お支度 ……154
したく→お支度をする ……154
じたく(相手の)→お宅 …23, 263
じたく(相手の)→ご自宅 ……23
したしい→お親しい ……237
したしい→お近づき ……159
したしくする→親しくなさる …237
したしくなる→お近づきになる 220
したてもの→お仕立物 ……289
したてる→お仕立てする ……289
したてる→お仕立てになる …289
したみ→お下見 ……25, 308
したみ→下見なさる ……25
したらどう→なさったらいかが 180
じちょう→自重なさる ……41
じっか→お里 ……266
じっか→ご実家 ……266
じっかん→実感なさる ……84
しっけい 失敬 ……17
じっけん→実験なさる ……112
しっこ しっこ ……322
しっせい→ご叱正 ……133
しっせき→ご叱責 ……133
しっせき→叱責なさる ……133
しっている→お耳に入る ……141
しっている→ご存知 ……141
しっている→存じあげる ……141
しっている 存じる ……141
しつねん→ご失念 ……300
しつねん→失念なさる ……300
しっぱい→失敗なさる ……251
しっぴつ→ご執筆 ……56
しっぴつ→執筆なさる ……56
しつぼう→ご失望 ……61
しつぼう→失望なさる ……61
しつめい→失明なさる ……75, 79
しつもん→ご質問 ……142
しつもん→ご質問する ……142
しつもん→質問なさる ……142
しつれい 失礼 ……17, 187
しつれい→すぐ失礼する ……90
しつれん→失恋なさる ……328
して→おくれ ……182
してい→ご子弟 ……267
してい→ご指定 ……312
してい→指定なさる ……312
していた→いらした ……182
していただく していただく …182
している→していらっしゃる…182
してき→ご指摘 ……30
してき→指摘なさる ……30
してちょうだい してちょうだい 182
してもらう→していただく……182
してもらう→賜る …182, 193, 344
していらっしゃる していらっしゃる 182
しどう→ご指導 ……44
しどう→ご指導する ……44
しどう→指導なさる ……44
しとやか→お淑やか ……278
しな→お品 ……51
しな→粗品 ……192
しない→なさらない ……182, 218
しながき→お品書き ……162
しなもの→お品物 ……51
しなん→ご指南 ……12, 30
じなん→ご次男 ……273
しなんばん→ご指南番 ……313
しぬ■死ぬ ……145
しぬ→お隠れになる ……338
しのぶ→お忍び ……282
しはい→支配なさる ……149
しばい→お芝居 ……106, 201
しはらい■支払 ……100
しはらいまどぐち→お支払窓口 68
しはらう→お支払 ……68
しはらう→お支払する ……68
しはらう→お支払になる ……68
しばる→お縛りになる ……149
じひ→お慈悲 ……246
じぶん→ご自分(あなた) …263
じぶん→小職 ……263
じぶん→当方 ……263
じぶん→小生 ……263
じぶんたち→手前ども ……263
しまい→ご姉妹 ……274
しまう→おしまいになる ……128
しまつ→お始末 ……128
しまつ→始末なさる ……128
じまん→ご自慢 ……233
じまん→自慢なさる ……199
じみ→お地味 ……288
しめい→ご氏名 ……241
しめい→ご使命 ……316
しめい→ご指名 ……159, 241
しめい→指名なさる ……241
しめす→お示しになる ……30
しめす→示される ……30
しめる→お閉めになる …305, 304
しめる→お占めになる ……186
しものせわ→お下の世話 ……284
しゃか→お釈迦様 ……152
ジャガイモ→おじゃが ……169
しゃがむ→おしゃがみになる…77
しゃくをする→お酌をする …158
じゃくはい 若輩 ……263
じゃこ→お雑魚 ……170
しゃじ■社寺 ……150
しゃしん→お写真 ……129
しゃふう→ご社風 ……276
しゃべる→お喋り ……203, 255
じゃま→おじゃま様 ……249
じゃま→おじゃまさん ……92
じゃま→おじゃましてます ……90
じゃま→おじゃましました ……92
じゃま→おじゃまする ……70, 187
しゃみせん→お三味線 ……106
しゃもじ→おしゃもじ ……172
じゆう→ご自由 ……179
じゆう→ご自由に ……179
じゆうにする→自由になさる 179

しゅうかく→ご収穫 ……58
しゅうかく→収穫なさる ……58
しゅうぎ→ご祝儀 ……37, 69
しゅうぎぶくろ→ご祝儀袋 ……37
しゅうけい→集計なさる ……108
しゅうげん→ご祝言 ……111
しゅうごう→ご集合 ……14
しゅうごう→集合なさる ……14
しゅうし→ご収支 ……108
しゅうし→ご宗旨 ……291
しゅうじ→お習字 ……106
じゅうし→重視なさる ……82
じゅうじ→ご従事 ……135
しゅうしゅう→ご収集 ……58
しゅうしゅう→収集なさる ……58
しゅうじゅく→ご習熟 ……233
じゅうしょ→ご住所 ……142
しゅうしょうさま→ご愁傷様 ……190
しゅうしょく→ご就職 ……135
しゅうしょく→就職なさる ……135
じゅうしょく→ご住職 ……153
しゅうしん→ご執心 ……178, 204
しゅうしん→ご就寝 ……245
しゅうせい→ご修正 ……109
しゅうせい→修正なさる ……109
じゅうせき→ご重責 ……316
しゅうぜん→ご修繕 ……25
しゅうぜん→修繕なさる ……25
じゅうたい→ご重体 ……287
しゅうちゃく→ご執着 ……204
しゅうと→お舅さん ……268
しゅうとく→ご修得 ……302
しゅうとく→修得なさる ……302
しゅうとめ→お姑さん ……270
しゅうにゅう→ご収入 ……69
しゅうにん→ご就任 ……313
じゅうばこ(重箱)→お重 ……171
しゅうめい→ご襲名 ……222
しゅうめい→襲名なさる ……222
じゅうや→お十夜 ……94
しゅうゆう→ご周遊 ……210
しゅうゆう→周遊なさる ……210
しゅうよう→ご修養 ……88
しゅうり→ご修理 ……54
しゅうりょう→ご終了 ……49
しゅうりょう→終了なさる ……49
しゅうりょう→ご修了 ……302
しゅうれん→ご修練 ……88
しゅうれん→修練なさる ……88
しゅえん→ご主演 ……116
しゅえん→主演なさる ……116
しゅえん→ご酒宴 ……159
しゅき→ご手記 ……57
しゅぎょう→ご修行 ……88
しゅぎょう→修行なさる ……88
しゅぎょう→修業なさる ……88
じゅぎょう→授業なさる ……62
しゅくえん→ご祝宴 ……37
しゅくが→ご祝賀 ……37
しゅくじ→お祝辞 ……37
しゅくはく→ご宿泊 ……234
しゅくはく→宿泊なさる ……234
しゅくはくりょう→ご宿泊料 ……68
じゅけん→お受験 ……63
じゅけん→受験なさる ……63
しゅさい→主催なさる ……236
しゅし→ご趣旨 ……29
じゅしょう→ご受賞 ……42
じゅしょう→受賞なさる ……42
しゅじん→ご主人 ……269, 304
しゅじん→ご主人様 ……269
じゅず→お数珠 ……291
しゅせき■酒席 ……159
しゅちゅう→ご手中 ……58
しゅちょう→ご主張 ……31
しゅちょう→主張なさる ……31
しゅつえん→ご出演 ……116
しゅつえん→出演なさる ……116
じゅっかい→述懐なさる ……197
しゅっかん→ご出棺 ……188
しゅつがん→ご出願 ……42
しゅつがん→出願なさる ……42
しゅっきん→ご出勤 ……137
しゅっきん→出勤なさる ……137
しゅっけ→出家なさる ……344
しゅっけつ→ご出血 ……79
しゅっけつ→出血なさる ……79
しゅっけつ→ご出欠 ……157
しゅつげん→ご出現 ……19
しゅっこう→ご出向 ……136
しゅっこう→出向なさる ……136
しゅっこう→ご出航 ……211
しゅっこう→出航なさる ……211
じゅっこう→ご熟考 ……31
じゅっこう→熟考なさる ……31
しゅっこく→ご出国 ……102
しゅつざ→ご出座 ……341
しゅっさん→お産 ……11
しゅっさん→ご出産 ……11
しゅっさん→出産なさる ……11
しゅっし→ご出資 ……138
しゅっし→出資なさる ……138
しゅつじ→ご出自 ……102
しゅっしゃ→ご出社 ……137
しゅっしゃ→出社なさる ……137
しゅつじょう→ご出場 ……226
しゅつじょう→出場なさる ……226
しゅっしん→ご出身 ……102
しゅっせ→ご出世 ……183
しゅっせ→出世なさる ……183
しゅっせい→ご出生 ……184
しゅっせき→ご出席 ……185
しゅっせき→出席なさる ……185
しゅつだい→ご出題 ……62
しゅつだい→出題なさる ……62
しゅったつ→ご出立 ……211
しゅっちょう→ご出張 ……137
しゅっちょう→出張なさる ……137
しゅってん→ご出展 ……42
しゅってん→出展なさる ……42
しゅつば→ご出馬 ……114
しゅつば→出馬なさる ……114
しゅっぱつ→ご出発 ……211
しゅっぱつ→出発なさる ……211
しゅっぱん→ご出版 ……57
しゅっぴ→ご出費 ……68
しゅっぴん→ご出品 ……42
しゅっぴん→出品なさる ……42
しゅつぼつ→ご出没 ……19
しゅっぽん→ご出奔 ……244
しゅとく→取得なさる ……58
じゅなん→ご受難 ……248
じゅのう→ご受納 ……192
じゅばん→お襦袢 ……99
しゅみ→ご趣味 ……106, 207
しゅわん→ご手腕 ……183
じゅんしゅ→ご遵守 ……149
じゅんしゅ→遵守なさる ……149
じゅんしょく→ご殉職 ……146
じゅんしょく→殉職なさる ……146
じゅんび→ご準備 ……154

じゅんび→準備なさる……154
しよう→ご使用……219
しょうかい→ご紹介……10
しょうかい→ご紹介する……10
しょうかい→紹介なさる……10
しょうかい→ご照会……173
しょうかい→照会なさる……173
しょうがい→ご生涯……184
しょうがつ→お正月……95
しょうきゃく→お正客……213
じょうきょう→ご上京……104
じょうきょう→上京なさる……104
しょうげん→ご証言……155
しょうげん→証言なさる……155
しょうこう→お焼香……189
しょうこう→ご焼香……189
しょうごう→ご照合……173
しょうこうをたもつ→小康を保たれる
……287
しょうし 小誌……57
しょうじ→お障子……24
しょうしゃ 小社……39
じょうしゃ→ご乗車……250
じょうしゃ→乗車なさる……250
しょうしょう 少々……118
しょうじょう→ご症状……285
しょうしょく 小職……263
しょうしん→ご昇進……183
しょうしん→昇進なさる……183
しょうしん→ご傷心……238
しょうじん→ご精進……88
しょうじん→精進なさる……88
じょうず→お上手…201, 233, 297
しょうすい→お小水……232
しょうすい→ご憔悴……287
しょうすい→憔悴なさる……287
じょうずにする→上手になさる 103
しょうせい 小生……263
じょうせん→ご乗船……250
じょうせん→乗船なさる……250
しょうそく→ご消息……3
しょうたい→ご招待……157
しょうたい→ご招待する……157
しょうたいじょう→ご招待状…157
しょうたく(自宅) 小宅……23
しょうだく→ご承諾……306
しょうだく→承諾なさる……306
じょうたつ→ご上達……296
じょうたつ→上達なさる……297
しょうだん→ご商談……191
じょうだん→ご冗談……121, 201
しょうち→ご承知……141
しょうち→承知なさる……141
しょうちする 承知する……299
しようちゅう→ご使用中……232
しょうちん→ご消沈……61
しょうてん→ご昇天……147
じょうど→お浄土……147
しょうとつ→ご衝突……206
しょうとつ→衝突なさる……206
しょうにん→ご昇任……183
しょうにん→ご承認……306
しょうにん→承認なさる……306
しょうのう→ご笑納……192
しょうばい→ご商売……135, 304
しょうばん→お相伴……159, 161
しょうひん■商品……51
じょうひん→お上品……278
じょうひん→お品……278
じょうぶ→お丈夫……2
しょうぶん→ご性分……276
しょうべん→おしっこ……232
じょうほ→譲歩なさる……293
しょうみ→ご笑味……160, 192
しょうみょう→ご声明……291
しょうめい→証明なさる……155
しょうもん→ご証文……155
しょうゆ→お下地……168
しょうゆ→お紫……168
しょうゆ→お醤油……168
しょうらん→ご笑覧……192
しょうれい→奨励なさる……180
じょうれん→ご常連……262
しょうろうながし→お精霊さん 94
しょうわ→ご唱和……134
しょくぎょう→ご職業……135
しょくじ→お食事……91, 164
しょくじ→粗餐(そさん) 157, 162
しょくじどき→ご飯時……90
しょくじにする→お食事になさる 163
しょくせいかつ■食生活……164
しょくん 諸君……259
しょけん→ご所見……285
じょげん→ご助言……30, 191
じょげん→ご助言する……30
じょげん→助言なさる……30
しょざい→ご所在……124
しょじ→所持なさる……311
じょせい→女の方……265
しょぞう→ご所蔵……58
しょぞく→ご所属……124
しょぞん→ご所存……105
しょたいめん■初対面……9
しょち→ご処置……130
しょっき■食器……171, 172
しょぶん→ご処分……130
しょぶん→処分なさる……128
しょめい→ご署名……241
しょめい→署名なさる……241
しょめん→ご書面……155
しょもう→ご所望……318
しょもう→所望なさる……318
しょゆう→ご所有……311
じょりょく→ご助力……96
しらが→お白髪……72
じらす→お焦らしになる……326
しらせる→お知らせする……224
しらせる→お知らせになる…294
しらない→ご存じない……141
しらない→存じません……141
しらべる→お調べ……173
しらべる→お調べする……173
しらべる→お調べになる……173
しらべる→お取り調べ……173
しり→お尻……77
しり→お居処(おいど)……77
しりあい→お知り合い……141
しりぞく→退かれる……35
しりたい→お知りになりたい 319
しる→お知りになる……141
しる(知る)→存じる……141
しるこ→お汁粉……215
しるし→お印……192
しれい→ご司令……280
しれん→ご試練……247
しろ→お城……339
しろい→お白い……70
しわ→お皺……73
しんい→ご真意……117
しんがく→ご進学……63
しんがく→進学なさる……63

しんき→ご新規さん……262
しんぎ→ご審議……149
しんきょ→ご新居……25
しんきょう→ご心境……117
しんげん→ご進言……30
しんげん→ご進言する……30
しんげん→進言なさる……30
しんこ→お新香……171
しんこう→ご信仰……174
しんこう→信仰なさる……174
しんこう→ご親交……237
しんこく→ご申告……115
しんこく→申告なさる……115
しんこん→ご新婚……110
しんさつ→ご診察……285
しんさつ→診察なさる……285
じんじゃ→お社(やしろ)・御社(みやしろ)……150
しんしゃく→ご斟酌……176
しんしゅつ→ご進出……138
しんしゅつ→進出なさる……138
しんしょう→ご心証……82
しんじょう→ご真情……117
しんじょう→ご心情……117
しんじょう→ご信条……174
しんじる→お信じになる……174
しんじん→ご信心……174
しんじん→新人さん……243
しんすい→ご心酔……204
しんせき→ご親戚……266
しんせつ→ご親切……176
しんぞく→ご親族……266
しんだい→ご身代……64
しんたく→ご神託……151
しんだん→ご診断……285
しんだん→診断なさる……285
しんちく→ご新築……25
しんちゅう→ご心中……117
しんちょう→ご身長……196
しんちょう→ご新調……289
しんちょう→新調なさる……289
しんつう→ご心痛……238
しんてい→進呈なさる……194
じんとく→ご人徳……277
しんにん→信任なさる……174
しんぱい→ご心配……175, 177
しんぱい→心配なさる……175
しんぱいなく→ご心配なく…175
しんぷ→ご新婦……111
しんぷ→ご親父様……111
しんぶん(相手の)→貴紙……57
しんぶん(自社の)→弊紙……57
しんぺん→ご身辺……216
しんぽ→進歩なさる……297
しんぼう→ご辛抱……41
しんぼう→辛抱なさる……41
しんぼうづよい→ご辛抱強い 278
しんぼく→ご親睦……237
しんみつ→ご親密……327
しんみょう→ご神妙……73
しんもつ→ご進物……51
しんゆう→ご親友……221
しんよう→ご信用……174
しんよう→信用してくださる 174
しんよう→信用なさる……174
しんらい→ご信頼……174
しんらい→ご信頼する……174
しんらい→信頼なさる……174
しんらつ→ご辛辣……201
じんりょく→ご尽力……223
じんりょく→尽力なさる……223
しんるい→ご親類……266
しんろ→ご進路……105
しんろう→ご新郎……111
しんろう→ご心労……177, 247

す

す→お酢……168
すあし→お素足……78
ずいい→ご随意に……179
すいえい→水泳なさる……181
すいきょ→ご推挙……180
すいきょ→推挙なさる……180
すいきょう→ご酔狂……204
すいこう→ご推敲……56
すいこう→ご遂行……316
すいこう→遂行なさる……316
すいさつ→ご推察……331
すいさつ→推察なさる……331
すいじ→おさんどん……165
すいじ→お炊事……165
すいしょう→ご推奨……180
すいしょう→推奨なさる……180
すいしん→ご推進……235
すいしん→推進なさる……235
すいせん→ご推薦……180
すいせん→ご推薦する……180
すいせん→推薦なさる……180
すいそく→ご推測……125
すいそく→推測なさる……125
すいもの→お吸い物……167
すいり→ご推理……125
すいり→推理なさる……125
すう→お吸いになる……212
すう→吸われる……212
すうこう→ご崇高……277
すうはい→ご崇拝……204
すうはい→崇拝なさる……178
すがた→お姿を拝見……19
すがたをみせる→姿をお見せになる……19
すがる→おすがりする……208
すき→お好き……178
すき→お好みになる……178
すきなもの→お好きな物……160
すきに→お好きに……179
すきにする→好きになさる…179
すぐ→早速(さっそく)……119
すぐいく→すぐに参ります…301
すくう→お掬いになる……76
すくう→お救いする……205
すくう→お救いになる……205
すぐおいとま すぐお暇……90
すぐしつれい すぐ失礼……90
すこし→些少……118
すこし→少々……118
すごす→お過ごしになる……103
すごす→過ごされる……103
すこやか→お健やか……2
すし→お寿司……167
すすむ→お進みになる……20, 105, 144
すすむ→進まれる……105
すずむ→お涼みになる……13
すずむ→涼まれる……13
すすめる→お勧め……180
すすめる→お勧めする……180
すすめる→お勧めになる……180
すすめる→お進めになる……235
すする→お啜りになる……163
すそ→お裾……288

すそたけ→お裾丈 ……289
すだつ→お巣立ちになる …195
すてる→お捨てになる ……326
ストップ→ストップなさる …315
すな→お砂 ……320
すなあそび→お砂遊び ……320
すなば→お砂場 ……320
すのもの→お酢の物 ……167
すべりだい→おすべり ……320
すべる→お滑りになる ……181
スポーツ■スポーツ ……181
ズボン→おズボン ……288
すまい→お住まい ……23, 142
すましじる→お清し ……167
すましている→お澄まし ……199
すましや→お澄ましやさん …275
すませる→お済ませになる …49
すまないけど 済まないけど …209
すみ→お墨 ……106
すみ→お炭 ……213
すみません→相すみません …16
すみませんが すみませんが 187
すむ→お済み ……49
すむ→お済みになる ……49
すむ→お住みになる ……23
すむ→住まわれる ……23
すもう→お相撲 ……181
する■する ……182
する→遊ばす ……182
する→いたす(致す) ……182
する→させていただく ……182
する→なさる ……182
すわる→お座り ……5, 218, 322
すわる→お座りになる ……186
すわれる 吸われる ……212
すんぽう→ご寸法 ……289

せ

せいえい→ご清栄 ……228
せいえん→ご声援 ……303
せいえん→声援なさる ……303
せいかん→ご生還 ……184
せいかん→生還なさる ……184
せいがん→ご請願 ……208
せいがん→請願なさる ……208
せいきゅう→ご請求 ……65
せいきゅう→ご請求する ……65
せいきゅう→請求なさる ……65
せいきょ→ご逝去 ……147
せいきょ→逝去なさる ……147
せいきょう→ご盛況 ……305
せいぎょう→ご生業 ……135
せいきん→ご精勤 ……137
せいきん→精勤なさる ……137
せいけい→整形なさる ……75
せいけいなさる 整形なさる …75
せいけつ→ご清潔 ……278
せいけんをとる→政権をお取りになる ……114
せいこう→ご成功 ……183
せいこう→成功なさる ……183
せいさん→清算なさる ……49
せいさん→ご成算 ……60
せいさん→ご精算 ……108
せいし■生死 ……184
せいし■制止 ……218
せいじつ→ご誠実 ……278
せいしゅくに→ご静粛に ……134
せいしょう→ご清祥 ……228
せいじん→ご成人 ……195
せいじん→成人なさる ……195
せいぜん→ご生前 ……184
せいそう→正装なさる ……98
せいぞん→ご生存 ……184
せいだい→ご盛大 ……134
せいたん→ご生誕 ……184
せいちょう→ご清聴 ……86
せいちょう→ご静聴 ……134
せいちょうする→ご成長 ……195
せいちょう→成長なさる ……195
せいちょうする→おなりになる 195
せいつう→ご精通 ……297
せいつう→精通なさる ……297
せいてい→ご制定 ……115
せいてい→制定なさる ……115
せいと→生徒さん ……62
せいぼ→お歳暮 ……51
せいめい→ご姓名 ……241
せいよう→ご静養 ……314
せいよう→静養なさる ……314
せいり→整理なさる ……128
せがむ→おせがみになる …318
せがれ せがれ ……273
せき→お咳 ……74
せき→お席 ……185
せきをたつ→席をお立ちになる ……186
せきじゅん→お席順 ……185
せきにんをとる→責任をお取りになる ……316
せきはん→お赤飯 ……166
せじ→お世辞 ……202
せたけ→お背丈 ……196
せつ(相手の)→お説 ……29
せつ(相手の)→貴説 ……29
せっきょう→お説教 ……133
せっく→お節句 ……94
せっしゃ 拙者 ……334
せっしょう→ご折衝 ……81
せっしょう→折衝なさる ……81
せったい■接待 ……160, 161
せったい→お接待 ……162
せったい→接待なさる ……162
せったく(自宅) 拙宅 ……23
せっちょ 拙著 ……57
せっとく→ご説得 ……217
せっとく→説得なさる ……217
せつぶん 拙文 ……57
せつめい→ご説明 ……224
せつめい→ご説明する ……224
せつめい→説明なさる ……224
せつりつ→ご設立 ……138
せつりつ→設立なさる ……138
せなか→お背中 ……77
せなかをながす→背中をお流しする ……292
ぜに(銭)→お足 ……64
ぜに(金)→おぜぜ ……64
せめる→お責めになる ……133
せわ→お世話する ……10, 96
せわ→お世話になる ……48
せわ→大きなお世話 ……120
せわ→お世話様 ……249
せわ→お世話さん ……249
せわしい→お忙しい ……32
ぜん→お膳 ……162
せんえつですが 僭越ですが …257
ぜんかい→ご全快 ……286
ぜんかい→全快なさる ……286
せんきょ■選挙 ……114
せんこう→選考なさる ……40

せんこう→ご専攻……112
せんこう→専攻なさる……112
せんこう→お線香……189
せんこく→ご宣告……224
せんこく→宣告なさる……224
せんじつ 先日……119
せんす→お扇子……307
せんせい→大先生……280
せんぞ→ご先祖……290
せんぞ→ご先祖様……290
せんたく→ご選択……40
せんたく→お洗濯……127
せんたく→洗濯なさる……127
ぜんだて→お膳立て…154, 160
センチ→おセンチ……238
せんちゃ→お煎茶……214
せんばつ→選抜なさる……40
せんべい→お煎餅……215
せんべつ→選別なさる……40
せんべつ→お餞別……329
せんぽう→先様(さきさま)…264
せんもん→ご専門……112
せんやく→ご先約……312
ぜんりょう→ご膳料……189

そ

そいとげる→添い遂げられる…237
そういわずに→そうおっしゃらずに……257
そうぎ→ご葬儀……188
そうきん→ご送金……100
そうきん→ご送金する……100
そうきん→送金なさる……100
ぞうきん→お雑巾……128
そうげい→ご送迎……310
そうげい→送迎なさる……310
ぞうけい→ご造詣……297
そうけん→ご壮健……2
そうごうをくずす→相好を崩される……325
ぞうさ→ご造作……161
そうざい→お菜(おかず)……171
そうざい→お総菜……171
そうざい→お万菜……171
そうじ→お掃除……128
そうじ→掃除をなさる……128
そうしき→お葬式……188
そうじゅう 操縦なさる……250
ぞうすい→おじや……167
ぞうすい→お雑炊……167
そうそう→ご葬送……188
そうぞう→ご想像……331
そうぞう→想像なさる……331
そうぞうどおり→ご想像通り……6
そうぞく→ご相続……222
そうぞく→相続なさる……222
そうだん→ご相談する……191
そうだん→相談なさる……191
そうですか→さようで……113
ぞうとうひん→ご贈答品……51
ぞうに→お雑煮……95
そうはいかない→そうは参りません……257
そうふ→ご送付……43
そうふ→ご送付する……43
そうめい→ご聡明……204
そうめん→お素麺……167
ぞうり→お草履……99
そうりょ→和尚さん……153
ソース→おソース……168
そくさい→ご息災……2
そくろう→ご足労……310
そさん 粗餐……157, 162
そし→お祖師様……152
そしな 粗品……192
そしゅ 粗酒……158
そそう 粗相……254
そそぐ→注がれる……178
そだち→お育ち……276
そだつ→お育ちになる……195
そだてる→お育てになる……195
そち そち……334
そちゃ 粗茶……214
そちら そちら……118
そちらさま そちら様……264
そつぎょう→ご卒業……63
そつぎょう→卒業なさる……63
そっち→そちら……118
そっち→そちら様……264
そで→お袖……288
そでぐち→お袖口……289
そでをとおす お袖を通す……288
そと→お外……321
そと→おんも……322
そなえもの→お供え物……291
そなえる→お備えになる……216
そなえる→備えられる……154
そなえる→お供え……291
そなえる→お供えする……291
そなた そなた……334
そのとおり その通り……6
そのひと→その方……264
そば→お蕎麦……167
そば→お側……253
そばづかえ→お側仕え……223
そぼ→お祖母さま……261
そぼ→お祖母ちゃん……261
そまつ→お粗末……16
そむく→お背きになる……256
そめる→お染めになる……127
そめる→染められる……72
そら→お空……321
それがし 某……334
そろう→お揃い……33, 288
そろう→お揃いになる……14
そろえる→お揃えになる……14
そん→ご損……240
そんがい→ご損害……240
そんげん→ご尊厳……277
ぞんじあげる 存じあげる……141
そんしつ→ご損失……240
ぞんじません 存じません……141
そんする→損なさる……240
そんぞく→ご存続……222
そんぞく→存続なさる……222
そんだい 尊大……199
そんちょう→尊重なさる……31
そんめい→ご尊名……241
ぞんめい→ご存命……184

た

たいいん→ご退院……286
たいいん→退院なさる……286
たいかく■体格……196
たいかん→ご退官……35
たいかん→退官なさる……35
だいきん→お代……65, 120
だいきん→お代金……65
たいくつ→お退屈……281
たいくつ→ご退屈……281
たいくつ→退屈なさる……281

たいくつ→お茶をひく ………281
たいくつ→お退屈様…………249
たいくつしのぎ→お退屈しのぎ 281
たいけつ→ご対決 ……………60
たいけつ→対決なさる ……206
たいけん→ご体験 …………197
たいけん→体験なさる ……197
たいこう→対抗なさる………206
だいこく→大黒様……………152
だいこく→大黒さん …………153
たいこむすび→お太鼓結び …99
だいこん→お大根 …………169
たいざい→ご滞在 …………234
たいざい→滞在なさる ……234
だいし→お大師様 …………152
たいしつ→ご体質 …………196
たいしつ→ご退室 …………226
たいしつ→退室なさる………226
だいじに→お大事に
……………93, 198, 229, 286
たいしゃ→ご退社……………137
たいしゃ→退社なさる ………137
たいしゅつ→ご退出 ………226
たいしゅつ→退出なさる ……226
たいしょう→御大将 …………280
たいじょう→ご退場 …………226
たいじょう→退場なさる ……226
たいしょく→ご退職……………35
たいしょく→退職なさる ………35
たいじん→ご退陣 ……………35
たいじん→退陣なさる ………35
たいせき→ご退席 …………185
たいせき→退席なさる ……185
たいせつに→御身お大切に 229
たいそう→ご大層……………199
たいだん→対談なさる ……255
たいちょう→ご体調 …………198
たいど■態度 ………………200
だいどころ→お台所 …………24
たいにん→ご退任 ……………35
たいにん→退任なさる ………35
たいにん→ご大任 …………316
たいのう→滞納なさる ………68
たいびょう→大病なさる ……287
だいふき→お台拭き ………171
だいぶつ→大仏さん ………152
たいぼう→ご待望 ……………87
たいめん→ご対面 ……………8
たいめん→対面なさる ………8
だいもく→お題目 ……………291
たいよう→お日様………140, 321
たいよう→お日さん…………140
たいよう→お天道様…………140
たいよう→おてんとさん ……140
たいらに→お平らに …………91
たおす→お倒しになる ………60
たおれる→お倒れになる …287
たかい→お高い ………………53
たかい→お高め ………………53
たかい→ご他界 ……………342
たかい→他界なさる ………147
たがい→お互い ……………221
たがい→お互い様 …………249
たから→お宝 …………………64
たき→お滝 …………………140
たく→お焚きになる…………127
たく→お炊きになる…………165
たく 宅 ………………………269
だく→お抱きになる …………76
だく→抱っこ…………………323
たくされる 託される …………298
たくす→お託しになる ………298
たくらむ→お企み ……………339
たくわえる→お蓄え …………101
たくわえる→お蓄えになる …101
たけ→お丈 …………………288
たこう→ご多幸………………229
だされる 出される …………225
だし→お出汁 ………………168
たしかめる→お確かめする …59
たしかめる→お確かめになる 59
たしなむ→嗜まれる……158, 207
たす→お足しになる ………108
だす→お出しする …………227
だす→お出しになる 68, 89, 225
だす→出される ……………225
たすける→お助けする………205
たすける→お助けになる……205
たずさわる→携わられる ……80
たずねる→お尋ね …………142
たずねる→お尋ねになる …142
たずねる→伺う ……………142
たずねる→お訪ねする ……295
たずねる→お訪ねになる …295
ただいま ただいま ………5, 301
たたかう→闘われる…………206
たたく→お叩きになる ………107
たたずむ→佇まれる ………186
たたむ→お畳みになる 127, 305
たたれる 発たれる …………211
たち→お発ち・お立ち ………211
たちあう→お立会い……120, 155
たちあう→立ち会われる 11, 155
たちなおる→お立ち直りになる
……………………………251
たちなおる→立ち直られる …251
たちのく→立ち退かれる ……34
たちば→お立場 ……………132
たちばなし 立ち話 ……………91
たちよる→お立ち寄りになる 295
たちよる→立ち寄らせていただく
……………………………295
たちよる→立ち寄られる ……295
だちん→お駄賃………………69
たつ→お断ちになる…………41
たつ→お発ちになる ………211
たつ→発たれる ……………211
たつ→お立ちなさい ………186
たつ→お立ちになる ………186
たっかん→達観なさる………277
たっけん→ご卓見 …………297
だっこ 抱っこ ………………321
たっしゃ→お達者 ………93, 233
たっぴつ→ご達筆 …………233
たてかえる→お立て替えする 65
たてかえる→お立て替えになる 65
たてる→お建てになる ………25
たてる→お立てになる ……105
たてる→生計を立てられる…103
たどる→辿られる……………210
たな→お店(おたな) …304, 339
たなあげ→棚上げになさる…113
たにん→人様・他人様………265
たのしむ→お愉しみ…………207
たのしみにする→楽しみになさる
……………………………87
たのしむ→お楽しみ ……87, 207
たのしむ→お楽しみになる …207
たのしむ→楽しまれる ………207
たのみ→お頼み ……………299
たのむ→お頼みする ………208

たのむ→お頼みになる ……208
たばこ→お煙草 ……212
たばこぼん→お煙草盆 ……212
たばこや→煙草屋さん ……212
たばねる→お束ねになる ……81
たび→お足袋 ……99
たびだつ→お旅立ち ……210
たびだつ→お旅立ちになる 146
たびだつ→旅立たれる ……210
たべもの■食べ物 ……167
たべる→お食べになる ……163
たべる→おあがりになる……163
たべる→召しあがる …160, 163
たべる→いただく ……163
たべる→いただきます …5, 161
たぼう→ご多忙 ……32
たましい→御霊(みたま)……344
たまじゃくし→お玉 ……172
だます→お騙しになる……201
たまのような 玉のような ……11
たまもの 賜物 ……176
だまる→お黙りになる ……27
だまる→お黙り……218
たまわる 賜る ……193, 344
ためす→お試しになる……288
だめになる→お陀仏……147
ためらう→ためらわれる ……242
たもつ→お保ちになる ……252
たよう→ご多用 ……32
たより→お便り ……227
たよる→お頼りする……208
だれ→どちら様 ……264
だれ→どなた ……264
だれ→どなた様 ……265
たわむれ→お戯れを ……339
たわむれる→お戯れになる ……12, 200
たんか■啖呵 ……120
だんぎ→お談義 ……217
たんきゅう→ご探求 ……125
たんきゅう→探求なさる ……125
だんご→お団子 ……215
だんごう→談合なさる……332
たんじょう→お誕生・ご誕生…184
たんじょう→誕生なさる ……184
たんじょういわい→お誕生祝い…37
たんじょうび→お誕生日……94
たんせい→丹精なさる ……178
だんせい→男の方 ……265
だんせい→殿方 ……265
だんたい→団体さん ……259
だんつく 旦つく ……269
たんとう→ご担当 ……313
たんとう→担当なさる……313
たんとうしゃ→ご担当者様……39
たんとうのもの 担当の者 ……39
だんな→旦さん ……121
だんな→旦那様 ……262, 269
だんな→旦那さん ……269
たんにん→ご担任 ……62
たんにん→担任なさる ……62
たんのう→ご堪能 ……207, 233
たんのう→堪能なさる……207
たんりょ→ご短慮 ……342
たんれん→ご鍛錬 ……88
たんれん→鍛錬なさる ……88

ち

ちえ→お知恵 ……7, 191
ちかい→お近い ……253
ちかいうち→お近いうちに……93
ちかう→お誓いする……312
ちかう→お誓いになる……312
ちかしい→お近しい……237
ちかづく→お近づき……159
ちかづく→お近づきになる…220
ちから→お力 ……96
ちからおとし→お力落とし …190
ちからぞえ→お力添え ……96
ちからづける→お力づけ ……251
ちからづける→お力づけになる 251
ちからになる→お力になる …190
ちからになれない→お力になれない ……122
ちからをおとす→力を落とされる ……61
ちご→お稚児さん……47
ちしきがない→お暗い ……141
ちそう→ご馳走する ……162
ちそう→ご馳走になる ……161
ちち→おっぱい ……77
ちち(乳)→お乳 ……77
ちち■父 ……268
ちちうえ 父上 ……336
ちび→お豆 ……267
ちゃ→お茶 ……156, 214
ちゃ→粗茶 ……214
ちゃかい→お茶会 ……213
ちゃがし→お茶菓子……215
ちゃくがん→ご着眼 ……7
ちゃくがん→着眼なさる ……7
ちゃくせき→ご着席 ……186
ちゃくせき→着席なさる ……186
ちゃくそう→ご着想 ……7
ちゃくそう→着想なさる ……7
ちゃくにん→ご着任 ……136
ちゃくにん→着任なさる ……136
ちゃくよう→ご着用 ……98
ちゃくよう→着用なさる ……98
ちゃじ→お茶事……213
ちゃしつ→お茶室……213
ちゃしゃく→お茶杓 ……213
ちゃづけ→お茶漬 ……167
ちゃづつ→お茶筒 ……214
ちゃのま→お茶の間 ……24
ちゃめ→お茶目 ……275
ちゃわん→お茶碗 ……172, 213
ちゃをだす→お茶をさしあげる ……214
ちゅうい→ご注意 ……216
ちゅうい→ご注意する ……216
ちゅうい→注意なさる ……216
ちゅうかい→ご仲介 ……10
ちゅうかい→ご仲介する ……81
ちゅうかい→仲介なさる ……81
ちゅうげん→お中元 ……51
ちゅうこく→ご忠告 ……217
ちゅうこく→ご忠告する ……217
ちゅうこく→忠告なさる ……217
ちゅうざ■中座 ……187
ちゅうさい→ご仲裁……80
ちゅうさい→仲裁なさる……80
ちゅうし■中止 ……315
ちゅうし→お蔵入り ……315
ちゅうしゃ→駐車なさる ……250
ちゅうしゃ→お注射 ……285
ちゅうしん→ご注進 ……121
ちゅうだん→中断なさる ……315
ちゅうにち→お中日 ……94
ちゅうもく→ご注目 ……82
ちゅうもく→注目なさる ……82

ちゅうもん→ご注文………52, 318
ちゅうもん→注文なさる…52, 318
ちょうあい→ご寵愛…………342
ちょうい→ご弔意……………190
ちょうこう→ご徴候…………198
ちょうこう→聴講なさる……302
ちょうさ→ご調査……………173
ちょうさ→調査なさる………173
ちょうし→お銚子……………172
ちょうしがいい→お調子者…202
ちょうじゅ→ご長寿…………260
ちょうじょ→ご長女…………274
ちょうしょく→ご朝食………164
ちょうず→お手水……………232
ちょうせい→調整なさる……81
ちょうせん→ご挑戦…………60
ちょうせん→挑戦なさる……60
ちょうだい ちょうだい……5, 318
ちょうだいする 頂戴する……193
ちょうたつ→ご調達…………64
ちょうたつ→調達なさる………64
ちょうど→ご調度……………307
ちょうない→ご町内…………253
ちょうなん→ご長男…………273
ちょうば→お帳場……………234
ちょうはつ→ご挑発…………200
ちょうはつ→挑発なさる……200
ちょうほう→重宝なさる……219
ちょうみりょう■調味料………168
ちょうめい→ご長命……229, 261
ちょうめん→お帳面…………339
ちょうもん→ご弔問…………188
ちょきん→お貯金……………101
ちょこ→お猪口………………172
ちょしょ(相手の)→ご著書……57
ちょしょ(相手の)→貴著………57
ちょしょ(自分の)→拙著………57
ちらかってますけど 散らかってますけど……91
ちんもく→沈黙なさる………27

つ

ついきゅう→追及なさる……125
ついきゅう→追求なさる……125
ついしょう→お追従…………202
ついしょうもの→お追従者…202
ついたち→お朔日……………95
ついで→おついで…………281
つうがく→ご通学…………63
つうがく→通学なさる………63
つうきん→ご通勤…………137
つうきん→通勤なさる………137
つうこう→ご通行…………144
つうち→ご通知……………294
つうち→ご通知する………294
つうちょう→お通帳………101
つうほう→ご通報…………294
つうほう→通報なさる………294
つえ→お杖……………307
つかい→お使い………209, 313
つかう→お使い立て………208
つかう→お使いください……219
つかう→お使いになる……219
つかえる→お仕えする……223
つがせる→お継がせになる 222
つかむ→お掴みになる………58
つかれる→お疲れ…………198
つかれる→お疲れ様………249
つかれる→お疲れさん……249
つかれる→お疲れになる…247
つかれる 付かれる…………186
つがれる 継がれる…………222
つかわす→お遣わしになる…339
つき→お月様…………140, 321
つきあう→お付き合い…220, 327
つきあう→お付き合いのほど…9
つきあう→お付き合いする…220
つきあう→付き合われる……220
つきそう→お付き添い………33
つきそう→付き添われる……33
つぎのひと→お次の方……265
つきびと→お付きの方……265
つきみ→お月見……………94
つぐ→お注ぎする…………159
つく■就く……………135
つく→お就きになる………313
つく→お着き……………310
つく→お着きになる………310
つく→お突きになる………60
つく→お付きになる………186
つく→付かれる……………186
つぐ→お継ぎになる………222
つぐ→継がれる……………222
つくえ→お机……………307
つくす→お尽しする………223
つくす→お尽しになる……223
つくる→お作りする………129
つくる→お作りになる…109, 129
つくる→作られる…………129
つくる→お造りになる………71
つけもの→お葉漬け………169
つけもの→お香の物………171
つけもの→お香香…………171
つけもの→お新香…………171
つけもの→お漬物…………171
つける→お漬けになる……165
つける→お付けする…………53
つける→お付けになる……241
つげる→お告げ……………151
つげる→お告げする………224
つげる→お告げになる……224
つごう→ご都合……………317
つごうをつける→お繰り合わせ 317
つたえる→お伝えする……224
つたえる→お伝えになる 224, 230
つたえる→申し伝える………231
つづける→お続けになる……222
つつしむ→お慎みになる……132
つつむ→お包みになる………43
つどう→お集いになる………14
つどう→集われる……………14
つとめさき→お勤め先………142
つとめる→お勤め……………135
つとめる→お勤めする………135
つなぐ→おつなぎする……230
つねる→おつねりになる……76
つのる→お募りになる………14
つぶす→お鼻をつぶされる…75
つぶす→お潰しになる……305
つぶやく→お呟きになる……74
つぶる→お瞑りになる………75
つま→お裏様………………153
つま→うちの奴……………271
つま→お内儀さん…………271
つま→ご寮人さん…………271
つま→家内…………………271
つま→細君…………………271
つま→山の神………………271
つま→お上さん……………271
つまむ→お摘まみになる 76, 163
つみたてる→お積み立てになる

……101
つむ→お積みになる …126, 197
つむ→お摘みになる ……126
つめ→お爪 ……76
つめたくする→冷たくなさる 326
つめる→お詰めする ……52
つめる→お詰めになる
……165, 185, 289
つもり→お積もり ……105, 158
つや→お通夜 ……188
つゆ→お汁 ……168
つよい→お強い ……159
つらい→おつらい ……248
つらぬく→貫かれる ……316
つり→お釣り ……65
つる→お釣りになる ……181
つれ→お連れ様 ……262
つれ→お連れの方 ……33
つれあい→お連れ合い ……267
つれていく→お連れする ……33
つれていく→お連れになる …33

て

て→お手 ……76
て→お手ひとつ ……195
て→お手々 ……322
てあし→お手足 ……78
てあて→お手当 ……69, 83, 285
てあらい→お手洗い ……90, 232
てあわせ→お手合わせ ……12
ていあん→ご提案 ……225
ていあん→ご提案する ……225
ていあん→提案なさる ……225
ていき→ご提起 ……225
ていき→提起なさる ……225
ていきょう→ご提供 ……194, 318
ていきょう→提供なさる ……194
ていけい→ご提携 ……138
ていけい→提携なさる ……138
ていけつ→ご締結 ……115
ていけつ→締結なさる ……115
ていけん→ご定見がない …202
ていげん→ご提言 ……225
ていげん→提言なさる ……225
ていこう→抵抗なさる ……206
ていさい→お体裁 ……199
ていさいや→お体裁屋 ……199
ていじ→ご提示 ……225
ていじ→提示なさる ……225
ていしゅ→ご亭主 ……269
ていしゅ 亭主 ……269
ていじゅう→定住なさる ……211
ていしゅく→ご貞淑 ……278
ていしゅつ→ご提出 ……225
ていしゅつ→提出なさる ……225
ていしょう→ご提唱 ……225
ていしょう→提唱なさる ……225
ていせい→訂正なさる ……109
ていたく→ご邸宅 ……23
ていちょう→ご丁重 ……48
ていねい→ご丁寧 ……48
ていねん→ご定年 ……35
でいり■出入り ……226
でいりがおおい→お出入りが多い
……220
ていれ→お手入れ ……71, 128
てうえ→お手植え ……126
てうち→お手打ち ……339
てがける→手がけられる ……235
でかける→お出かけ ……4, 28
でかける→お出かけになる
……28, 93, 211
でかける→出かけられる ……211
てかず→お手数 ……247, 281
てがみ→お手紙 ……227
てがみをだす→お便りする …227
てがら→お手柄 ……183
てがる→お手軽 ……164
てき→敵さん ……265
てきかく→ご的確 ……277
てきたい→敵対なさる ……206
できない→致しかねる ……122
てきびしい→お手厳しい ……326
できもの→おでき ……79
てきよう→適用なさる ……149
できる→お出来になる …251, 297
てぎわ→お手際 ……233
てぐち→お手口 ……339
でぐち→お出口 ……226
てごろ→お手頃 ……53
てさき→お先棒を担ぐ ……332
でし→お弟子 ……243
でし→お弟子さん ……243
てしお(皿)→お手塩 ……172
てずから→お手ずから ……161
てすき→お手すき ……281
てせい→お手製 ……127
てぜま→お手狭 ……23
てだし→お手出し ……205
てぢか→お手近 ……253
てっかい→撤回なさる ……315
てつだう→お手伝い ……96
てつだう→お手伝いする ……96
てなみ→お手並 ……233
てなみ→お手並拝見 ……120
てにいれる→手に入れられる 58
てにかかる→お手にかかる …296
てにとる→お手に取る ……52
てぬぐい→お手拭い ……292
てのうち→お手の内 ……60
てはい→お手配 ……154
てはい→手配なさる ……154
てはず→お手筈 ……154
てふき→お手拭き ……292
てほん→お手本 ……243
てま→お手間 ……281
てまえ→お点前 ……213
てまえ 手前 ……334
てまえども 手前ども ……263
てまわりひん→お手回り品 …311
でむかえ→お出迎え ……310
でむく→お出向きになる ……28
でむく→出向かれる ……28
てもち→お手持ち ……311
てもと→お手元 ……253
てもと(箸)→お手許 ……172
てもときん→お手許金 ……100
てら→お寺 ……150
てら→お寺さん ……150
てらまいり→お寺参り ……46
でる→お出になる ……19
てれる→お照れになる ……254
てをかりる→お手をお借りする 96
てをかりる→お手を拝借 ……120
てをつなぐ→手をおつなぎになる
……237
てをとめる→お手を止めまして
……230
てをわずらわす→お手を煩わす
……281
てをわずらわせる→お手を煩わせる

……230
てんいん→店員さん……304
てんいん→お店者(おたなもの)
……337
てんき→お天気……4,140
てんきあめ→お天気雨……140
てんきや→お天気屋……202
てんきょ→ご転居……34
てんきょ→転居なさる……34
てんぎょう→転業なさる……136
てんきん→ご転勤……137
てんきん→転勤なさる……137
てんぐになる→お天狗……199
てんけん→ご点検……173
てんけん→点検なさる……173
でんごん→ご伝言……224,231
でんごん→ご伝言する……224
でんごん→伝言なさる……224
てんしゅつ→転出なさる……136
てんしょく→ご転職……136
てんしょく→転職なさる……136
てんしん→転身なさる……18
てんせき→転籍なさる……136
てんそう→ご転送する……43
てんぞく→転属なさる……136
てんち→転地なさる……34
てんにゅう ご転入……34
てんにゅう→転入なさる……34
てんにん→ご転任……34
てんにん→転任なさる……34
でんわ→お電話……90,231
でんわ→お電話する……231
でんわぐち→お電話口……230
でんわをもらう→お電話をいただく
……231
でんわをする→お電話をさしあげる
……230

と

といあわせる→お問い合わせ 143
トイレ→おトイレ……232
どう■胴……77
どう→お堂……150
どうい→ご同意……6
どうかした→どうかなさった
……182,198
どうかん→同感です……6
どうかん→同感なさる……84
どうきょ→ご同居……23
どうきょ→同居なさる……23
どうきょう→ご同郷……102
どうぎょう→ご同業……221
どうぐ→お道具……213
とうけ→ご当家……266
どうけい→ご同慶……36
とうこう 当校……62
とうこう 当行……100
とうこう→投稿なさる……42
とうこう→登校なさる……63
どうこう→ご同好……221
どうこう→同行なさる……33
どうこく→慟哭なさる……239
どうさつ→洞察なさる……330
とうさん 父さん……268
とうし→投資なさる……138
とうしゃ 当社……39
とうしゅく→ご投宿……234
とうしゅく→投宿なさる……234
とうしょ→投書なさる……227
とうしょ→ご当所……253
とうじょう→お出まし……19,120
とうじょう→ご登場……19
とうじょう→登場なさる……19
とうじょう→ご搭乗……250
とうじょうぐち→ご搭乗口……250
とうじょう→搭乗なさる……250
どうじょう→ご同情する……248
どうじょう→同情なさる……248
とうじょう(登場)→お目見え…19
どうせき→ご同席……185
どうせき→同席なさる……185
とうせん→ご当選……114
とうせん→当選なさる……114
どうぞ どうぞ……180
どうそう→ご同窓……221
とうたつ→到達なさる……316
とうち→統治なさる……149
とうち→ご当地……253
とうちゃく→ご到着……310
とうちゃく→到着なさる……310
とうちゃん→お父ちゃん……268
とうちゃん 父ちゃん……268
とうてん 当店……304
どうどう→ご同道……33
とうにん→ご当人……264
どうはい→ご同輩……221
とうばん→お当番……313
どうはん→ご同伴……33
どうはん→同伴なさる……33
とうびょう→ご闘病……284
とうびょう→闘病なさる……284
とうふ→お豆腐……170
とうべん→ご答弁……143
とうべん→答弁なさる……143
とうほう 当方……263
とうみょう→お灯し(おあかし) 290
とうみょう→お灯明……290
とうよう→登用なさる……83
どうよう→動揺なさる……45
どうよう→ご同様……103
どうらく→お道楽……12
とうりゅう→ご逗留……234
とうりゅう→逗留なさる……234
どうるい→ご同類……221
とうろく→ご登録……155
とうろく→登録なさる……155
とうろん→ご討論……31
とうろん→討論なさる……31
とうわく→当惑なさる……123
とおす→お通しする……39
とおす→お通しになる……31
とおる→お通りになる……144
とがめなし→お咎め無し……149
とがめる→お咎めになる……133
どきょう→ご読経……291,342
とく→お得……53
とく→お解きになる……112
とく→お説きになる……217
とぐ→お研ぎになる……126
とくい→お得意……233,262
とくい→お家芸……233
とくい→お株を奪う……233
とくい→お手の物……233
とくいきゃく→お得意様……262
とくいきゃく→お得意さん……262
とくいまわり→お得意回り……304
とくしん→ご得心……342
どくせん→独占なさる……58
とくよう→お徳用……53
どくりつ→独立なさる……195
とけい→お時計……307

とげる→大往生を遂げられる 146
とこ→お床……245
ところ→お所……142
とざす→お閉ざしになる……238
とし→御年（おんとし）……337
とし→お年齢（おとし）…142, 260
としをとる→年齢をお重ねになる……260
としをとる→年齢をお加えになる……260
としをとる→お年齢を召す…260
としうえ→お年上……260
としごろ→お年頃……260
としだま→お年玉……69, 95
としより→お年寄り……261
としより→お年齢を召した方 261
とじる→お閉じになる……49
とそ→お屠蘇……95
とち→御地（おんち）……228
どちら どちら……118
どちらさま どちら様……264
どっち→どらち……118
とどけさき→お届け先……43
とどける→お届けする……43
ととのえる→お整えする……154
ととのえる→お調えする……154
ととのえる→調えられる……154
となえる→お唱えになる……291
どなた どなた……264
どなたさま どなた様……265
となり→お隣……253
となりのひと→お隣さん……265
との→お殿様……336
とのがた 殿方……265
とぼける→お惚けになる……200
とまる→お泊まり……234
とまる→お泊まりになる……234
とむらう→お弔い……188
とむらう→お弔いをする……188
とめる→お泊めする……234
とめる→お泊めになる……234
とめる→お止めする……218
とも→お供……33
ともする→お供する……33, 144
ともす→お灯しになる……290
ともだち→お友達……221
とりあげる→お取りあげになる…82
とりあつかう→お取り扱いする 298
とりおき→お取り置き……52
とりかえる→お取り替え……98
とりかえる→お取り替えする…54
とりきめる→お取り決めになる 109
とりくむ→お取り組みになる 235
とりくむ→取り組まれる……235
とりけす→お取り消し……315
とりけす→お取り消しになる 315
とりけす→取り消される……315
とりこみちゅう→お取り込み中 32
とりこんでおります 取り込んでおります……301
とりさげる→お取り下げになる……130, 315
とりさげる→取り下げられる 315
とりしきる→取り仕切られる…148
とりたてる→お取り立てになる 83
とりつぐ→お取り次ぎする……39
とりつくろう→お取り繕いになる 81
とりなす→お取り成し……80
とりのいち→お酉様……94
とりばし→お取り箸……172
とりはずし→お取り外し……288
とりひき→お取引……109
とりまき→お取り巻き……221
とりみだす→お取り乱しになる…45
とりやめる→お取りやめになる 315
どりょく→ご努力……252
どりょく→努力なさる……252
とりよせる→お取り寄せする…52
とる→お取りする……160
とる→お取りになる……114, 316
とる→お撮りする……129
とる→お撮りになる……129
とんでもない とんでもない…293
どんぶり→お丼……166

な

ないみつ→ご内密に……282
なおす→お直し……289
なおす→お直しする……54
なおす→お直しになる……54
なおる→お治りになる……286
なおる→治られる……286
ながい（長居）→お尻が重い…92
ながす→背中をお流しする 292
ながす→噂をお流しになる 201
ながす→涙をお流しになる 239
なかせる→お泣かせになる…326
なかま→お仲間……221
ながめる→眺めていらっしゃる……309
なかよし■仲良し……237
ながれる（中止）→お流れ…315
なきさけぶ→泣き叫ばれる…239
なく→お泣きなさい……239
なく→お泣きになる……239
なぐさみ→お慰み……120, 207
なぐさめる→お慰めする……190
なぐさめる→お慰めになる…248
なくす→お失くしになる……240
なくす→失くされる……240
なくす→亡くされる……240
なくなる→お亡くなりになる 146
なくなる→亡くなられる……146
なげく→お嘆き……238
なげく→お嘆きになる……238
なげく→嘆かれる……238
なげる→お投げになる 181, 315
なこうど→お仲人……111
なごやか→お和やか……235
なごりおしい→お名残り惜しい……93, 329
なさい なさい……182
なさけ→お情け……176
なざし→お名指し……241
なさったらいかが なさったらいかが……180
なさらない なさらない…182, 218
なさる なさる……182
なじみきゃく→お馴染みさん 262
なす→お茄子……169
なついん→ご捺印……109
なつかしい→お懐かしい……3
なっとく→ご納得……59
なっとく→納得なさる……59
なっとくできない 納得できない…257
なっぱ→お葉……169
なつめ→お棗……213
なでる→お撫でになる……76
なにとぞ 何とぞ……209
なにぶん 何ぶん……209
なのる→名乗られる……222

なべ→お鍋 ……171
なまいき→お生ま……275
なまいきをもうす 生意気を申す…257
なまえ→お名前 ……9, 38, 241
なまえ→御名(みな) ……344
なまける→お怠けになる ……244
なます→お膾 ……170
なみだぐむ→涙ぐまれる ……239
なみだをうかべる→涙をお浮かべになる ……239
なみだをうかべる→涙を浮かべられる ……239
なみだをながす→涙をお流しになる ……239
なみだをながす→涙を流される ……239
なみだをぬぐう→涙をお拭いになる ……239
なめし→お菜飯 ……167
なめる→お舐めになる 163, 199
なやみごと→お悩み事 ……242
なやむ→お悩み ……242
なやむ→お悩みになる ……242
なやむ→悩まれる ……242
ならう→お習いする……243
ならう→お習いになる……243
ならう→習われる……243
ならぶ→お並びになる ……134
なり→御形(おなり)……340
なり→お成り ……340
なる→おなりになる……195
なるほど なるほど ……6
なれる→お慣れになる ……103
なんぎ→お難儀 ……247
なんさい(何歳)→おいくつ ……142, 323
なんしょく→ご難色 ……256
なんど→お納戸 ……24
なんとか 何とか ……209
なんめい→何名様 ……259

に

にあう→お似合い ……110, 288
にいさん■兄 ……272
にかい→お二階……24
にがす→お逃がしになる …244
にぎやか→お賑やか ……203
にぎりめし→お握り ……166
にぎる→お握りになる ……76
にく→お肉 ……170
にげる→お逃げなさい ……244
にげる→お逃げになる ……244
にこにこ→にこにこなさる …325
にしほんがんじ→お西さん …150
にしめ→お煮染め ……171
にってい→ご日程 ……317
にていらっしゃる 似ていらっしゃる 73
にていらっしゃる 煮ていらっしゃる 165
ににんしょう■二人称 …263, 334
にもつ→お荷物 ……279, 311
にゅういん→ご入院 ……286
にゅういん→入院なさる ……286
にゅうかい→ご入会 ……131
にゅうかい→入会なさる ……131
にゅうえん→ご入園 ……63
にゅうがく→ご入学……63
にゅうがく→入学なさる……63
にゅうきん→ご入金 ……100
にゅうきん→入金なさる ……100
にゅうこく→ご入国 ……102
にゅうしゃ→ご入社 ……135
にゅうしゅ→入手なさる ……58
にゅうしょう→入賞なさる ……42
にゅうじょう→ご入場……226
にゅうじょう→入場なさる……226
にゅうしん→入信なさる ……174
にゅうせき→入籍なさる ……110
にゅうせん→ご入選 ……42
にゅうせん→入選なさる ……42
にゅうだん→入団なさる ……131
にゅうもん→入門なさる 226, 243
にゅうよう→ご入用 ……38, 66
にゅうよく→入浴なさる ……292
にゅうらい→ご入来……19
にらむ→お睨みになる ……75
にる→似ていらっしゃる ……73
にる→煮ていらっしゃる……165
にわ→お庭……23
にんか→認可なさる ……306
にんぎょう→お人形さん ……320
にんしき→ご認識 ……29
にんしき→認識なさる……132
にんしょう■人称 …263, 264, 334
にんしん→妊娠なさる ……11
にんずう■人数 ……258

ぬ

ぬう→お縫いになる ……127
ぬく→お抜きになる……126
ぬぐ→お脱ぎになる……78
ぬぐ→脱がれる……78
ぬくもり→お温もり……13
ぬける→お抜けになる ……186
ぬる→お塗りになる ……126
ぬれる→お濡れになる ……13

ね

ねうち→お値打ちもの ……53
ねえさん→お姉さん …121, 274
ねえさん 姉さん ……274
ねおき■寝起き ……245
ねがい→重ねてのお願い …209
ねがいごと→お願い事 209, 230
ねがう→お願い ……208, 246
ねがう→お願いする 52, 208, 246
ねがう→お願いになる ……87
ねがってもない 願ってもない 325
ねぎ→お葱 ……169
ねぎらう→おねぎらいになる…248
ねしょうべん→おねしょ ……232
ねたむ→お妬みになる ……27
ねだる→おねだりする ……318
ねだん→お値段……53
ねつ→お熱 ……285
ねつをあげる→お熱を上げる 327
ねっしん→ご熱心……178, 204
ねつぼう→熱望なさる ……87
ねばねば→お粘 ……166
ねぼう→お寝坊さん ……323
ねぼう→寝坊なさる ……245
ねまき→お寝巻 ……307
ねまわし→根回しなさる ……81
ねむい→おねむ ……323
ねむる→お眠りになる……245
ねらう→お狙いになる……332
ねる→お練りになる ……105
ねる→お寝みになる ……245
ねる→おねんね ……323
ねん→ご念 ……343
ねんが→お年賀・ご年賀 ……95
ねんし→お年始・ご年始 ……95

ねんしまわり→お年始回り……95
ねんじゅ→ご念誦……291
ねんぱい→ご年配・ご年輩…261
ねんぶつ→お念仏……291
ねんれい■年齢……260

の

のう→お能……106
のがす→お逃しになる……240
のがれる→お逃れになる…244
のこす→お遺しになる……145
のこす→お残しになる……163
のこる→お残り……124
のこる→お残りになる……124
のせる→お乗せする……250
のせる→お乗せになる 126, 200
のぞく→お覗きになる……309
のぞみどおり→お望み通り…87
のぞむ→お望み……87
のぞむ→お望みになる……87
のぞむ→お臨みになる……185
のち→後ほど……119
のど→お喉……72
のばす→お伸ばしになる……72
のばす→お延ばしになる…317
のべる→お述べになる……22
のべる→述べられる……22
のぼる→昇られる……78
のぼる→登られる……181
のみもの→お飲み物……160
のむ→お飲みになる…158, 163
のむ(酒)→召しあがる……158
のむ(酒)→聞こし召す……158
のり→お海苔……170
のりかえる→お乗り換え……250
のりこす→お乗り越し……250
のりもの■乗物……250
のる→お乗りになる……250
のろけ→お惚気……327
のんびりやさん のんびり屋さん 279

は

はいかん 拝観……309
はいけい 拝啓……228
はいけん 拝見 120, 227, 309, 324
はいさつ 拝察……331
はいしゃく 拝借…66, 86, 120, 191
ばいしゃく→ご媒酌……111
ばいしゃくにん→ご媒酌人…111
はいじゅ 拝受……43, 228
はいちょう 拝聴……86
はいどく 拝読……324
はいふく 拝復……228
はいぶん 拝聞……86
はいりょ→ご配慮……177
はいりょ→配慮なさる……177
はいる→お入り……226
はいる→お入りになる…131, 226
はいる→入られる……131, 226
はおり→お羽織……99
はか→お墓……290
ばか→お馬鹿さん……279
はがき→お葉書……227
はがす→お剝がしになる……76
はかまいり→お墓参り……290
はからう→お計らい……81
はからう→お計らいになる……81
はかる→お諮りになる……191
はきもの→お履物……307
はく→お掃きになる……128
はく→お吐きになる……74
はく→お履きになる……82, 91
はく→履かれる……78
はくじょう→白状なさる……332
はげます→お励まし……251
はげます→お励ましになる…251
はげむ→お励みになる……252
はげむ→励まれる……252
はこぶ→お運びする……162
はし→お箸……172
はじめてのきゃく→一見さん…262
はじめまして 初めまして……9
はじめる→お始めになる……235
はじめる→始められる……235
はしゃぐ→おはしゃぎになる 203
ばしょ■場所……253
はしら→お柱……150
はしる→お走りになる……181
はしる→走られる……181
はじをかく→恥をおかきになる 254
はじをすすぐ→恥をお漱ぎになる……254
はしをつける→箸をおつけになる……160
はずかしい→お恥ずかしい……192, 254
はずす→お外しになる……186
はせさんじる 馳せ参じる……32
はだ→お肌……70
はたす→お果たしになる……316
はたす→果たされる……316
はたらく→お働きになる……135
はち→お鉢……172
はつ→お初……9, 197
はっけん→発見なさる……125
はつげん→ご発言……30
はつげん→発言なさる……30
はっさん→発散なさる……181
はっそう→発想をなさる……7
はっそう→発送なさる……43
はっちゅう→発注なさる……52
ばってき→抜擢なさる……83
はってん→ご発展……305, 327
はってん→発展なさる……305
はっと→ご法度……149, 343
はっぴょう→発表なさる……294
はつめい→発明なさる……7
はで→お派手……203
はてる→お果てになる……146
はな→お花……188
はな→お華……106
はな→お鼻……75, 322
はな→お洟……322
はなしあう→お話し合い……191
はなしあう→お話し合いになる 191
はなしあう→話し合われる…191
はなす→お話……255
はなす→お話しいただく……255
はなす→お話しする…230, 255
はなす→お話し中……187
はなす→お話しになる……255
はなす→お放しになる……76
はなす→お離しになる……195
はなすじ→お鼻筋……70
はなばたけ→お花畑……140
はなみ→お花見……94
はなれる→お離れになる……326
はなをそえる→花をお添えになる……36
はは■母……270, 333
ばば→お婆……261

ばば→お婆さん ……261
ははうえ 母上 ……333
ははご 母御 ……333
はばむ→阻まれる ……60
はめをはずす→羽目を外される ……200
はやい→お早い……4, 32
はやばや→お早々……32
はやめに→お早めに ……32
はら→お腹(おなか) …5, 81, 161
はらう→お祓い ……46
はらう→お払いする ……68
はらう→お祓いになる ……46
はらだち→お腹立ち ……26
はる→お貼りになる ……77
はる→お張りになる……126
はんえい→ご繁栄 ……36, 305
ばんかい→挽回なさる ……251
はんげき→反撃なさる ……206
はんけつ→ご判決 ……130
はんこう→反抗なさる ……206
ばんごはん 晩ご飯 ……164
ばんじゃく→ご磐石 ……21
はんじょう→ご繁盛 ……305
はんじょう→繁盛なさる ……305
はんたい→反対される ……256
はんたいです 反対です ……257
はんだん→ご判断 ……6, 283
はんだん→判断なさる ……283
ばんちゃ→お番茶 ……214
はんちゅう→ご範疇 ……112
はんてい→判定なさる ……283
ばんとう→番頭さん……337
はんばい→販売なさる ……50
はんぱつ→反発なさる ……206
はんりょ→ご伴侶 ……267
はんろん→反論なさる ……257

ひ

ひいき→ご贔屓……83
ひいき→贔屓なさる ……83
ひいきすじ→ご贔屓筋……262
ビール→おビール ……158
ひえる→お冷えになる ……13
ひかえる→お控えする ……41
ひかえる→お控えになる 41, 212
ひかえる→控えられる……212
ひがし→お干菓子 ……215
ひがしほんがんじ→お東さん 150
ひがながくなる 日が長くなる …4
ひがみじかくなる 日が短くなる 4
ひがむ→僻まれる……27
ひがら→お日柄 ……36
ひかる→お光りになる……296
ひかん→悲観なさる ……61
ひがん→お彼岸 ……94
ひきあわせる→お引き合わせする ……10
ひきうける→お引き受けする…298
ひきうける→お引き受けになる ……298
ひきかえけん→お引換券 ……51
ひきだす→お引き出し ……100
ひきだす→お引き出しになる 100
ひきたてる→お引き立て ……83
ひきたてる→お引き立てになる 83
ひきとめる→お引き止めする 93
ひきとる→お引き取りになる ……122, 195
ひきはらう→お引き払いになる 34
ひきまわし→お引き回し ……10
ひく→お引きする ……53
ひく→お引きになる ……132
ひく→お弾きになる ……107
ひげ→お髭 ……73
ひげをそる→髭をお剃りになる 73
ひけらかす→おひけらかしになる ……199
ひけん 卑見 ……29
ひざ→お膝 ……78
ひざおくり→お膝送り ……185
ひさしい→お久しい ……3
ひさしく→幾久しく ……36
ひさしく 久しく ……118
ひさしぶり→お久しぶり ……3
ひざもと→お膝元 ……253
ひぞう→秘蔵なさる ……282
ひたい→おでこ ……72
ひたん→ご悲嘆 ……238
ひつ→お櫃 ……171
ひつぎ→お柩 ……188
びっくり→びっくりなさる ……45
ひっこす→お引っ越し ……34
ひっこす→引っ越される ……34
ひつよう→お入り用 ……38
ひつよう→ご入用……38, 66
ひと■人 ……153, 258～275, 333～337
ひと→お人 ……264
ひと→方 ……264
ひとえに ひとえに ……17
ひとかたならぬ ひとかたならぬ 118
ひとがら→お人柄 ……276
ひとさま 人様・他人様 ……265
ひとつ→おひとつ ……192
ひとばらい→お人払い……282
ひとめをしのぶ→人目を忍ばれる ……282
ひとやくかう→一役買われる 223
ひとり■一人 ……258
ひとりみ→お独り身 ……103
ひなまつり→お雛祭り ……94
ひなん→避難なさる ……244
ひにく■皮肉 ……204
ひねる→お捻りになる……107
ひので→ご来光 ……140
ひばち→お火鉢……13
ひはん→ご批判 ……256
ひはん→ご批判を仰ぐ ……283
ひはん→批判なさる ……256
ひひょう→ご批評……283
ひひょう→批評なさる……283
ひま→お暇 ……156, 281
ひまをだす→お暇をお出しになる ……139
ひまをもらう→お暇をもらう…139
ひみつ→秘密になさる ……282
ひめごぜ 姫御前 ……274
ひめさま 姫様 ……333
ひめる→お秘めになる ……282
ひやあせ→冷や汗をおかきになる ……123
ひよう→ご費用 ……68
ひょうか→評価なさる ……283
びょうき→ご病気 ……198
びょうき→病気なさる ……3
びょうしつ→ご病室 ……284
びょうじゃく→ご病弱……196
ひょうじょう→ご表情 ……73
ひょうじょう→ご評定……343
びょうしょう→ご病床……284

びょうじょう→ご病状……229, 287
びょうしん→ご病身……196
ひょうばん→ご評判……204, 278
びょうれき→ご病歴……285
ひより(晴天)→お日和……140
ひらく→お開きになる……236
ひらに 平に……17
ひりき 非力……299
びりょく 微力……299
ひる(昼食)→お昼……164
ひるごはん→お昼ご飯……164
ひるね→お昼寝……245
ひろい→お広い……220
ひろう→お拾いになる……128
ひろう→ご披露……111, 308
ひろうえん→ご披露宴……111
ひろげる→お広げになる…235
ひろめる→お披露目……25
ひろめる→お広めになる……252
ひをかりる→火をお借りする 212
ひんかく→ご品格……278

ふ

ふ→お麩……170
ふいちょう→吹聴なさる……203
ふうふ→ご夫婦……267
ふうふ→ご夫妻……267
ブーブ(車) ブーブ……321
ふうふなか→ご夫婦仲……237
ふうぼう→ご風貌……70
ふうりゅう→ご風流……204
ふうん→ご不運……248
ぶうん→ご武運……343
ふえ→お笛……106
ふえる→お増えになる……103
ふかい→ご不快……27
ふかめる→お深めになる……112
ふきょう→ご不興……27
ふく→お福……151
ふくをかう■服を買う……288
ふく(服)→おべべ……321
ふく→お拭きになる……292
ふく→お吹きになる……107
ふくしゅう(復習)→お浚い…243
ふくぶくしい 福々しい……196
ふくみおく→お含みおき……331
ふくむ→お含みになる……331
ふくよう→服用なさる……285
ふくよか→おふくよか……196
ふけい→ご父兄……62
ふける→お老けになる……260
ふける→老けられる……260
ふこう→ご不幸……147
ふざい→ご不在……124
ふさぐ→お塞ぎになる……61
ふざける→おふざけになる…200
ぶさた→ご無沙汰……3
ふさわしい→お相応しい……110
ぶじ→ご無事……3
ぶしつけながら 不躾ながら…293
ふじゆう→ご不自由……123
ふじゆうする→不自由なさる 123
ふしょう 不肖……299
ふじょう→ご不浄……232
ふしん→ご普請……25
ふしん→普請なさる……25
ふしん→ご不審……59
ふしん→腐心なさる……175
ふしん→ご不振……305
ふじん→ご夫人……265
ふじん→ご婦人……265
ふじん→ご婦人方……265
ふせる→お伏せする……282
ふせる→お伏せになる……75
ふそく→ご不足……38
ふだ→お札……151
ふたり→お二人……258
ふたり→お二人様……258
ふたり→お二人さん……258
ふたり→ご両人……258
ふたり→両君……258
ふたん→ご負担……247
ふたん→負担なさる……247
ふだん→平素(へいそ)……119
ふちょう→ご不調……198
ぶちょうほう 不調法……159
ふっかつ→復活なさる……251
ふっくら→福々しい……196
ぶつじ■仏事……290
ぶつぜん→ご仏前・お仏前…189
ぶつだん→お仏壇・ご仏壇…290
ふつつかもの 不束者……293
ぶつま→お仏間・ご仏間……24
ふで→お筆……106
ふでき 不出来……293
ふてぎわ 不手際……17
ふでさき→お筆先……106
ふどう→お不動様……152
ふとく 不徳……17
ふとる→お太りになる……196
ふとる→太られる……196
ふとる→ふくよかになられる…196
ふとん→おふとん……245
ふにん→ご赴任……136
ふにん→赴任なさる……136
ふね→お船……320
ふびん→ご不憫……248
ふべん→ご不便……123
ふまん→ご不満……27
ふむ→お踏みする……78
ふむ→お踏みになる……197
ふめい→ご不明……59
ふやす→お増やしになる 58, 101
ふゆきとどき 不行き届き……17
ふよう→ご不用……128
ふりそで→お振り袖……99
ふる→お振りになる……326
ふるぎ→お下がり……98
ふるぎ→お古……98
ふるぎ→お譲り……98
ふるまう→おふるまい……161
ふるまう→ふるまわれる……278
ぶれい→ご無礼……15
ぶれい→ご無礼する……15
ふれがき→お触れ……340
ふれる→お触れになる……289
ふろ→お風呂……292
ぶん(自分の)→拙文……57
ふんがい→ご憤慨……26
ふんしつ→紛失なさる……240
ぶんしょう■文章……57
ぶんつう→文通なさる……227
ふんとう→ご奮闘……252
ふんとう→奮闘される……252
ふんべつ→ご分別……132

へ

へいこう→閉口なさる……97
へいこう 弊行……100
へいし 弊紙……57
へいし 弊誌……57

へいしゃ 弊社……39
へいそ 平素……119
へいてん 弊店……304
へきえき→辟易なさる……123
へそ→お臍……77
べっぴん→別嬪さん……70
へや→お部屋……234
へらす→お減らしになる……41
へりくだる■へりくだる……293
へんかん→返還なさる……54
へんきゃく→ご返却……54
へんきゃく→返却なさる……54
べんきょう→お勉強……302
べんきょう→勉強なさる……302
へんこう→変更なさる……312
へんさい→ご返済……66
へんさい→返済なさる……66
へんじ→お返事・ご返事 143, 323
へんじ→お返事する……143
へんじ→お返事なさる……143
べんじょ→お便所……232
へんじょう→返上なさる……54
へんそう→ご返送……54
へんそう→返送なさる……54
べんたつ→ご鞭撻……251
べんつう→お通じ……232
へんとう→ご返答……143
べんとう→お弁当……164
へんぱい→ご返杯……159
へんぴん→ご返品……54
へんぴん→返品なさる……54
へんろ→お遍路……210

ほ

ほう→御法……343
ぼう→御坊……334
ぼう 坊……336
ほうこう→ご奉公……223
ほうこく→ご報告……294
ほうこく→ご報告する……294
ほうこく→報告なさる……294
ほうし→ご芳志……67, 176
ほうし→ご奉仕価格……53
ほうし→奉仕なさる……223
ほうじ→ご法事……290
ぼうし→お帽子……307
ほうしゃ→ご報謝……67
ほうしゅう→ご報酬……69
ほうしょ→ご芳書……227
ほうじょう→ご芳情……176
ほうじょうさま 方丈様……153
ぼうず■坊主……153
ぼうず（男の子） 坊主……273
ほうにん→放任なさる……195
ほうねん→ご放念……175
ほうのう→ご奉納……343
ほうのう→奉納なさる……67
ほうび→ご褒美……323
ほうめい→ご芳名……241
ほうめいちょう→ご芳名帳……241
ほうもん→ご訪問……38, 295
ほうもん→ご訪問する……295
ほうもん→訪問なさる……295
ほうもんぎ→ご訪問着……99
ぼうや 坊や……273
ほうよう→ご法要……290
ほおずり→頬ずりなさる……73
ほおをそめる→頬を染められる 254
ぼきん→募金なさる……67
ぼく ぼく……273
ほし→お星様……140, 321
ほしょう→保証なさる……155
ほす→お干しになる……127
ぼっちゃん→お坊ちゃま……273
ぼっちゃん→お坊ちゃま気分……279
ぼっちゃん→お坊ちゃん 273, 279
ほっとする→ほっとなさる……21
ほとけ→仏様……291
ほとけ→仏さん……147
ほとけ→御仏（みほとけ）……344
ほね→お骨……189, 340
ほねおり→お骨折り……176
ほめことば→お褒めの言葉……296
ほめられる→お褒めにあずかる……296
ほめる→お褒めになる……283
ほん→ご本……57
ぼん→お盆……94, 171
ほんい→ご本意……117
ほんかい→ご本懐……343
ほんぎょう→ご本業……135
ほんけ→ご本家……266
ほんごく→ご本国……102
ほんじつ 本日……119
ほんしょく→ご本職……135
ほんしん→ご本心……117
ほんぞん→ご本尊……152
ほんとうですか 本当ですか……257
ほんにん→ご本人……264
ほんにん→ご本人様……262
ほんのきもち ほんの気持ち……192
ぼんぼん 坊々……273
ぽんぽん（お腹） ぽんぽん……322
ほんまる→ご本丸……343
ほんみょう→ご本名……241
ほんりょう→ご本領……343

ま

まいど 毎度……48
まいる 参る……28
まいる→お参り……46
まいる→お参りする……46
まう→お舞いになる……107
まう→舞われる……107
まかす→お負かしになる……60
まかせて 任せて……299
まかせる→お任せ……298
まかせる→お任せする……298
まかせる→お任せになる……298
まがる→お曲がりになる……144
まく→お蒔きになる……126
まくら→お枕……307
まげて まげて……209
まける→おまけ……53, 193
まける→おまけする……53
まける→お負けになる……328
まげる→お曲げになる……77
まご→お孫さん……267
まじない→お呪い……151
まじわる→交わられる……220
マスオさん マスオさん……269
ませる→おしゃま……275
ませる→おませ……275
まぜる→お混ぜになる……163
またぐ→跨がられる……78
またされる→お預けを食う……301
またせる→お待たせ……187, 301
またせる→お待遠……301
またせる→お待遠様……249, 301
まちあわせ→お待ち合わせ……301
まちがい→お間違い……300

まちがいなく→お間違いなく 300
まちがえる→お間違えになる ……231, 300
まちかねる→お待ちかね……301
まつ→お待ち ……218
まつ→お待ちください ……301
まつ→お待ちする ……230, 301
まつ→お待ちになる 187, 231, 301
まつげ→お睫……75
まっせきをおかりする 末席をお借りする ……156
まっちゃ→お抹茶……214
まっぴらごめん まっぴらごめん 121
まつり→お祭り ……47
まつる→お祀りする……152
まとめる→おまとめになる……31
まなぶ→お学びになる ……302
まなぶ→学ばれる ……302
まにあいませんで 間に合いませんで ……301
まぬがれる→お免れになる…244
まねく→お招き……156
まねく→お招きする……156
ままごと→おままごと …320, 327
まめ→お豆さん ……169, 267
まもる→お守りする……303
まもる→お守りになる …303, 312
まよう→お迷いになる …40, 242
まよう→迷われる……144, 242
まる→お丸 ……323
まわす→お回しする……231
まわる→お回りになる ……20
まわる→回られる ……20
まわれる 舞われる ……107
まんえつ→ご満悦 ……325
まんきつ→ご満喫 ……207
まんきつ→満喫なさる……207
まんじゅう→お饅頭 ……215
まんぞく→御の字(おんのじ) 325
まんぞく→ご満足……325
まんぞく→満足なさる……325
まんどうえ→お万灯会 ……94
まんま まんま ……323
まんま→おまんま……120

み

み(身)→御身(おんみ) ……229
みあい→お見合い……10
みうける→お見受けする ……19
みうち→お身内 ……266
みえる(来る)→お見えになる ……19, 39, 104, 124, 295
みおくる→お見送り ……92
みがく→お磨きになる ……88
みがく→磨かれる ……88, 128
みかける→お見かけする ……19
みかた→お味方 ……303
みかた→味方なさる ……303
みかん→おみかん ……169
みぐるしい→お見苦しい ……16
みこ→お巫女さん ……153
みこ→巫女さん ……153
みこ 御子 ……336
みこし→お神輿 ……47
みごと→お見事 ……296
みしりおき→お見知り置き ……9
みしるし 御首 ……344
みず→お冷や ……163
みず→お水 ……163
みずから→御自ら……334
みすてる→お見捨てなく ……16
みすてる→お見捨てになる…326
みせ(相手の)→貴店 ……304
みせ(自分の)→当店 ……304
みせ(自分の)→弊店 ……304
みせ→お店(おみせ) ……304
みせ→お店(おたな) …304, 339
みせてもらう→見せていただく 309
みせる→お見せする ……308
みせる→お見せになる ……308
みせる→お目にかける 228, 308
みせる→悪筆をお目にかける 228
みせる→ご披露 ……308
みせる→ご覧に入れる ……308
みそ→お味噌 ……168
みそしる→おみおつけ……168
みそしる→お付け……168
みそしる→お味噌汁……168
みたい→ご覧になりたい……319
みだいさま 御台様 ……333
みたてる→お見立て ……40
みたてる→お見立てする ……40
みたま 御霊 ……344
みたらし 御手洗 ……46
みだれる→お乱れになる …200
みちあんない■道案内……144
みちがえる→お見それ 296, 300
みちびく→お導き……151
みちびく→お導きになる ……44
みつぐ→お貢ぎになる ……194
みつける→お見つけになる…125
みつめる→お見つめになる…328
みつもる→お見積り……108
みつもる→お見積りする……108
みて→ご覧じろ ……121
みとおす→お見通し……330
みとめいん→お認め印……100
みとめる→お認めになる……306
みとる→看取られる……147
みな■皆 ……259
みな 御名……344
みなさま 皆様 ……259
みなさん 皆さん ……259
みなさん→方々 ……259, 334
みなみなさま 皆々様 ……259
みならう→見習われる……302
みにあまる 身に余る ……293
みぬく→お見抜きになる……330
みのがす→お見逃しになる …15
みのがす→お見逃しなく …240
みのちぢむ 身の縮む思い …254
みのまわり■身の回りの物 …307
みぶん→ご身分 ……204, 343
みほとけ 御仏 ……344
みまい→お見舞 ……284
みまう→お見舞に伺う……284
みみ→お耳 75, 86, 141, 217, 322
みみ■耳 ……72
みみざわり→お耳触り ……16
みみにいたい→お耳に痛い…217
みみをかす→耳をお貸しになる 86
みむね 御胸 ……77
みもち→お身持ち ……276
みもほそる 身も細る思い …254
みや→お宮 ……150
みやげ→お荷物 ……93
みやげ→おみや……162
みやげ→お土産 ……210
みやしろ 御社 ……150
みやまいり→お宮参り ……46
みよ 御代 ……344

みょうごにち 明後日 …………119
みょうじ→ご名字 ……………241
みょうだい→ご名代 …………313
みょうちょう 明朝 ……………119
みょうにち 明日…………………119
みょうばん 明晩 ……………119
みより→お身寄り……………266
みる→お目通し ……………308
みる→ご覧 ……………………309
みる→ご覧なさい …………309
みる→ご覧になる …………309
みる→拝観 ……………………309
みる→拝見 ………120, 227, 309
みる→お手紙を拝見 ………227
みるめがある→お目が高い …40
みをとうじる→身を投じられる 223

む

むかい→お向かい …………253
むかいのひと→お向かいさん 265
むかう→向かわれる ………211
むかえがくる→お迎えが来る
……………………146, 310
むかえる→お迎え …………310
むかえる→お迎えする………310
むかえる お迎えになる ……310
むかしばなし→お伽噺 ………324
むかわれる 向かわれる ……211
むく→お向きになる …………73
むく→運がお向きになる……151
むく→お剝きする …………165
むく→お剝きになる…………165
むこ→お婿さん ……………269
むこ→婿殿 …………………269
むこう→向こう様 …………265
むさくるしいところ むさ苦しい所 …91
むしん→ご無心 ……………318
むしん→無心なさる ………318
むすこ■息子 ………………273
むすぶ→結ばれる …………220
むすめ■娘 …………274, 275
むね→お胸・御胸(みむね)
……………………77, 117, 238
むねをいためる→お胸を痛める
……………………………238
むねをなでおろす→胸を撫で下ろ
される ……………………21
むねん→ご無念………………27
むよう→ご無用………………343
むり→ご無理 ………………247
むり→無理なさる …………247

め

め■目 ……………………75
め→お目々 …………………322
めあて→お目当て …………178
めい→姪御(めいご)さん …274
めいかい→ご明快 …………277
めいかく→ご明確…………277
めいき→ご明記 ……………56
めいきゅういり→お迷宮入り…125
めいごさん 姪御さん ………274
めいさつ→ご明察 …………331
めいさん→ご名算 …………108
めいし→お名刺 …………9, 241
めいじる→お命じになる ……148
めいちゅう→命中なさる ……181
めいとう→ご名答…………143
めいにち→ご命日 …………147
めいはく→ご明白…………130
めいふく→ご冥福…………190
めいめい→ご銘々 …………259
めいれい→仰せ ……………148
めいれい→仰せつかる ……148
めいれい→仰せつけ ………148
めいれい→仰せの通り ……148
めいれい→ご命令 …………343
めいれい→命令なさる ……148
めいわく→ご迷惑……17, 92, 123
めいわく→迷惑なさる………123
めいわく→ご迷惑様…………249
めうつり→お目移り …………40
めがさめる→目がお覚めになる
……………………………132
めかす→お粧し ……………71
めかす→お粧しなさる ………71
めがね→お眼鏡 ……………307
めがわるくなる→目がお悪くなる
……………………………75
めくばせ→目くばせなさる …75
めぐむ→お恵み ……………246
めくる→おめくりになる ………12
めぐる→お巡りになる ………210
めこぼし→お目こぼし ………15
めざめる→おめざ ……215, 323
めざめる→お目覚め ………245
めざめる→お目覚めになる…245
めされる 召される …………147
めざわり→お目触り …………16
めしあがる 召しあがる
……………………158, 160, 163
めしかえ→お召し替え ………98
めずらしい→お珍しい …………3
めでたい→おめでたい …36, 279
めでたい→おめでとう ………36
めでたい→おめでとうございます
……………………………36
めにとまる→お目に留まる……82
メニュー→お品書き…………162
めもと→お目元 ……………70
めをさます→目をお覚ましになる
……………………………245
めん→お面…………………47
めんかい→ご面会 …………286
めんかい→面会なさる ……286
めんしき→ご面識…………220
めんじょう→お免状 …………106
めんそう→ご面相 ……………73
めんだん→ご面談 …………255
めんだん→面談なさる ……255
めんどう→ご面倒 ………17, 247
めんぼくない 面目ない ……254

も

もうおひとかた もうお一方 …258
もうけっこう もう結構 ………122
もうしあげにくい 申しあげにくい…22
もうしあげる 申しあげる…22, 182
もうしいれる 申し入れる ……318
もうしおくれる 申し遅れる ……9
もうしかねる 申しかねる ……22
もうしこし→お申し越し………319
もうしこむ→お申し込み ……319
もうしこむ→お申し込みになる 319
もうしこむ→申し込まれる …319
もうしつける→お申し付け ……38
もうしつたえる 申し伝える …231
もうしでる→お申し出 ………180
もうしでる 申し出る …………22
もうしわけありません 申し訳ありま
せん ……………………17

もうしわけないけど 申し訳ないけど 17
もうす 申す……22
もうひとり→もうお一方 ……258
もくにん→黙認なさる ………306
もぐる→潜られる ……181
もくろみ→お目論見 ……332
もしゅ→喪主様……188
もたせる→お持たせになる…311
もち→お餅 ……166
もちあわせ→お持ちあわせ …65
もちかえる→お持ちになる …52
もちかえる→お持ち帰り ……52
もちつき→お餅つき ……95
もちよる→お持ちより ……14
もつ→お持ちになる ……52, 311
もつ→関心をお持ちになる …82
もつ→疑いをお持ちになる …59
もっていく→持ってあがる …311
もっていく→ご持参する ……311
もっている→お持ち ……311
もってくる→お持ちする …52, 311
もっとも→ごもっとも ……6
もてなし→おもてなし …160, 161
もてなす→おもてなしになる…162
もてなす→もてなされる……162
もてる→おもてになる……328
もどす→お嘔しになる ……74
もとめる→お求めになる ……50
もどる→お戻りになる …55, 230
もどる→戻られる ……55
もむ→お揉みする ……72
もよおす→催される……236
もらいなき→もらい泣きされる ……239
もらう→いただく ……193
もらう→お手紙をいただく …227
もらう→頂戴……5, 318
もらう→頂戴する ……193
もらう→賜る ……182, 193, 344
もらす→おもらし ……322
もらす→お漏らしになる ……282
もれきく→漏れ承る ……86
もん→ご紋 ……344
もんがまえ→ご門構え ……23
もんしょう→ご紋章 ……344
もんぜき→ご門跡 ……153

や

やかた→お館 ……340
やかましい→おやかましい …203
やかん→おやかん ……214
やく→お焼きになる …165, 328
やく→お役 ……340
やくし→お薬師さん ……152
やくしょ■役所 ……115
やくしょしごと→お役所仕事…279
やくしょづとめ→お役所勤め 135
やくす→お訳しになる ……56
やくそく→お約束 ……38, 312
やくそく→お約束する ……312
やくそく→お約束になる ……312
やくそく→約束なさる ……312
やくそくのしな→お約束の品 312
やくだてる→お役立てになる 219
やくにたつ→お役に立つ 96, 299
やくにたつ→お役に立てなくて ……122
やくめ→お役目 ……313, 340
やくわり■役割 ……313
やさい→お野菜 ……169
やさしい→お優しい ……278
やしき→お屋敷 ……341
やしなう→お養いになる ……195
やしなう→養われる ……195
やしょく→お夜食 ……164
やしろ→御社(みやしろ)……150
やすい→お安い……53
やすむ(休暇)→お休み ……314
やすむ(休暇)→お休みする 314
やすむ(休暇)→休まれる …314
やすむ(休業)→お休み ……304
やすむ(休業)→休ませていただく ……304
やすむ(休憩)→お休みになる 314
やすむ(寝る)→おやすみなさい 5
やすむ(寝る)→休ませていただく ……245
やすらか→お安らか ……21
やせる→お痩せになる ……196
やせる→痩せられる ……196
やちん→お家賃……68
やっかい→ご厄介 ……48
やっかい→ご厄介様 ……249
やつれる→お窶れになる …287
やど→お宿 ……234
やとう→お雇いする……139
やとう→お雇いになる……139
やどす→宿される ……11
やどろく 宿六 ……269
やね→お屋根 ……321
やぶる→お破りになる …60, 149
やぶれる→お破れになる …328
やぶん 夜分……119
やま→お山 ……140
やまのかみ 山の神 ……271
やまやき→お山焼き ……94
やめる→おやめ ……218
やめる→おやめください …218
やめる→おやめなさい ……218
やめる→おやめになる 218, 315
やめる→お辞めになる ……139
やめる→ご破算に ……240
やりとげる■やりとげる ……316
やる→おやりになる …182, 194

ゆ

ゆ→お湯 ……214, 292
ゆ→お湯(おぶ) ……322
ゆいごん→ご遺言 ……145
ゆいごん→遺言なさる ……145
ゆいのう→ご結納 ……110
ゆう→お結いになる ……71
ゆうぎ→お遊戯 ……320
ゆうぐう→優遇なさる ……83
ゆうごはん 夕ご飯 ……164
ゆうし→ご融資……101
ゆうしょう→優勝なさる ……60
ゆうしょく→お夕食 ……164
ゆうじん→ご友人……221
ゆうずう→ご融通 ……66
ゆうぜい→ご遊説 ……114
ゆうぜい→遊説なさる……114
ゆうせん→優先なさる ……83
ゆうそう→ご郵送 ……43
ゆうたい→勇退なさる ……35
ゆうたい→ご優待券 ……51
ゆうち→誘致なさる……138
ゆうどう→誘導なさる ……332
ゆうはん→お夕飯……164
ゆうよ→ご猶予……281, 317

ゆうよ→猶予なさる……317
ゆうらん ご遊覧 ……210
ゆうらん→遊覧なさる……210
ゆうりょ→憂慮なさる……175
ゆかげん→お湯加減……292
ゆかた→お浴衣……292
ゆきとどきませんで 行き届きませんで……16
ゆすぐ→お濯ぎになる……127
ゆずる→お譲りする……50
ゆずる→お譲りになる……50, 185. 293, 298
ゆだねる→お委ねになる…208
ゆだん→油断なさる……216
ゆっくり→ごゆっくり……91, 160
ゆっくり→ゆっくりなさる……314
ゆでる→お茹でになる……165
ゆどの→お湯殿……292
ゆのみ→お湯呑み……214
ゆび→お指……76
ゆびもと→お指元……70
ゆめをおう→夢を追われる…87
ゆるす→お許し……15
ゆるす→お許しになる……15
ゆるむ→気がお緩みになる 216
ゆるめる→お緩めになる……98

よ

よい→ようございました……2
よい→よろしい……93, 209
よい→よろしゅう……209
よい■良い……278
よう→お酔いになる……158
よう→酔われる……158
よう→ご用……38
ようい→ご用意……154
ようい→ご用意する……154
ようい→用意なさる……154
ようかん→お羊羹……215
ようきゅう→ご要求……318
ようきゅう→要求なさる……318
ようけん→ご用件……38, 231
ようこそ ようこそ……91, 310
ようし→ご容姿……70
ようし→ご養子……267
ようじ→ご用事……38
ようじ■幼児……320
ようしゃ→ご容赦……15
ようしょう→ご幼少……337
ようじょう→ご養生……229
ようじょう→養生なさる……314
ようしょく→ご容色……70
ようじん→ご用心……216
ようじん→用心なさる……216
ようす→ご様子……2
ようせい→要請なさる……318
ようせつ→夭折される……147
ようだい→ご容態……287
ようだてる→ご用立て……66
ようだてる→ご用立てする…66
ようふく→お洋服……98
ようぼう→ご要望……319
ようぼう→要望なさる……319
ようむき→ご用向き……38
ようめい→ご用命……39
ようをたす→用をお足しになる……232
よきん→ご預金……101
よきん→預金なさる……101
よごす→お汚しになる……127
よさん→ご予算……68
よす→およしなさい……218
よす→およしになる……218
よそ→お余所……321
よつぎ→お世継ぎ……337
よてい→ご予定……317
よてい→予定なさる……317
よばれる→お座敷がかかる 156
よばれる→お呼ばれ……156
よびだす→お呼び出し……156
よぶ→お呼びする……156
よぶ→お呼び立てする 157, 230
よぶ→お呼びになる……157
よむ→お読みいただく……324
よむ→お読みする……324
よむ→お読みになる……324
よむ→読まれる……324
よむ→読んでいらっしゃる…324
よむ→読ませていただく…324
よむ→拝見……324
よむ→拝読……324
よめ→お嫁さん……271
よめ→嫁さん……271
よやく→ご予約……319
よやく→予約なさる……319
よやくをいれる→予約をお入れする……319
よる→お寄りする……295
よる→お寄りになる……93, 295
よる→寄らせていただく……92
よる→夜分……119
よろこぶ→お慶びする……36
よろこぶ→お喜び……325
よろこぶ→お喜びになる……325
よろこんで 喜んで……299
よろしい よろしい……93, 209
よろしく よろしく……9
よろしゅう よろしゅう……209
よわい→お弱い……159
よわれる 酔われる……158

ら

らいかい→ご来会……104
らいかん→ご来館……104
らいきょう→ご来京……104
らいこう→ご来校……62
らいこう→来校なさる……62
らいざん→ご来山……104
らいしゃ→ご来社……39
らいじょう→ご来場……104
らいじょう→来場なさる……104
らいせき→ご来席……134
らいちょう→ご来朝……102
らいてん→ご来店……304
らいにち→ご来日……102
らいはん→ご来阪……104
らいひん→ご来賓……134
らいほう→ご来訪……295
らいほう→来訪なさる……295
らいりん→ご来臨……104
らく→お楽……103
らくに→お楽に……91
らくいん→ご落胤……337
らくしゅ 落手……43
らくせん→落選なさる……114
らくだい→落第なさる……63
らくたん→ご落胆……61
らくたん→落胆なさる……61
らんぎょう→ご乱行……200
らんしん→ご乱心……344

り

りかい→ご理解 ……330
りかい→理解なさる ……330
りこう→お利口さん ……323
りこん→離婚なさる ……329
りし→お利子 ……101
りそく→お利息 ……101
リタイア→リタイアなさる ……35
りっぱ→ご立派 ……204, 277
りっぷく→ご立腹 ……26
りねん→ご理念 ……29
りべつ→離別なさる ……329
りやく→ご利益 ……151
りゅうい→ご留意 ……216
りゅうがく→ご留学 ……302
りゅうがく→留学なさる ……302
りゅうぎ→ご流儀 ……243
りゅうせい→ご隆盛 ……344
りゅうほ→留保なさる ……113
りよう→ご利用 ……50, 219
りよう→利用なさる ……219
りょうえん→ご良縁 ……110
りょうかい→ご了解 ……330
りょうかい→了解なさる ……330
りょうかいする 了解する ……299
りょうきん→ご料金 ……68
りょうくん 両君 ……258
りょうけ→ご両家 ……259
りょうけん→ご了見 ……332
りょうじ→ご療治 ……285
りょうしょう→ご了承 ……306
りょうしん→ご両親 ……267
りょうにん→ご両人 ……258
りょうよう→療養なさる ……314
りょうり→お料理 ……165
りょうり→料理なさる ……165
りょこう→ご旅行 ……210
りんご→おりんご ……169
りんじゅう→ご臨終 ……147
りんせき→ご臨席 ……134

る

ルール■ルール ……149
るす→お留守 ……124
るすばん→お留守番 ……313

れ

れい→お礼 ……48
れいさい→ご例祭 ……47
れいしょう→冷笑なさる ……326
れいじょう→お礼状 ……48
れいせいに→ご冷静に ……216
れいぜん→ご霊前 ……189
れいそう→ご礼装 ……98
れいそく 令息 ……273
れいをする→お礼をする ……48
れきれき→お歴々 ……280
れっせき→ご列席 ……134
れっせき→列席なさる ……134
れんあい■恋愛 ……327
れんらく→ご連絡 ……294
れんらく→ご連絡する ……294
れんらく→連絡なさる ……294

ろ

ろうか→お廊下 ……24
ろうこう→ご老公 ……336
ろうさく→ご労作 ……129
ろうし→ご老師 ……336
ろうじん→ご老人 ……261
ろうそく→お蝋燭 ……47
ろうたい→ご老体 ……261
ろうどく→朗読なさる ……324
ろうばい→ご狼狽 ……45
ろうばい→狼狽なさる ……45
ろうばしんながら 老婆心ながら…293
ろんぎ→論議なさる ……31

わ

わか→若様 ……336
わかい→お若い……70, 260, 297
わかい→お若い頃 ……260
わかい→お小さい ……260
わかいひと→お若けえの……337
わかおくさん 若奥さん ……271
わかさま 若様 ……336
わかだんな 若旦那 ……262
わかる→お分かりになる 144, 330
わかれのかい→お別れ会 188, 329
わかれのぎ→お別れの儀 …188
わかれのあいさつ→お別れのご挨拶 ……329
わかれる→お別れ ……329
わかれる→お別れする ……329
わかれる→お別れになる……329
わかれる→お別れをする …146
わかれをつげる→別れをお告げになる ……329
わきまえる→おわきまえになる 132
わける→お分けする ……50
わける→お分けになる ……85
わずらう→お患いになる ……287
わずらう→患われる ……287
わすれもの→お忘れ物 ……240
わすれる→お忘れになる 328, 240
わたくし わたくし ……263
わたくしども 私ども ……263
わたしのかおにめんじて 私の顔に免じて ……17
わたしのふめい 私の不明 ……17
わたす→お渡しする ……85
わたす→お渡しになる ……85
わたる→お渡りになる ……144
わたる→渡られる ……144
わびる→お詫び ……15
わびる→お詫びする ……15
わらい→お笑い ……106
わらう→お笑いになる ……325
わる→お割りになる ……126
わるい→お悪い ……198
わるいけど 悪いけど ……209
わるだくみ■悪巧み ……332
わん→お椀 ……172

数

一人 ……258
二人 ……258
三人 ……258
一人称 ……263, 334
二人称 ……263, 334
三人称 ……264, 334
人数 ……258